海外著名汉学家评传丛书

葛桂录 主编

国家出版基金项目
NATIONAL PUBLICATION FOUNDATION

Academic Biographies
of Renowned
Sinologists

黄秋硕 著

A CRITICAL 丁韪良 评传 BIOGRAPHY

William Alexander Parsons Martin

山东教育出版社
·济南·

图书在版编目（CIP）数据

丁韪良评传 / 黄秋硕著 . — 济南：山东教育
出版社，2023. 12
　　（海外著名汉学家评传丛书 / 葛桂录主编）
　　ISBN 978-7-5701-2739-9

　　I.①丁… II.①黄… III.①丁韪良（Martin,
William Alexander Parsons 1827—1916）—评传
IV.① B979. 971. 2

中国国家版本馆 CIP 数据核字（2023）第 223713 号

DING WEILIANG PINGZHUAN
丁韪良评传

黄秋硕　著

总　策　划	祝　丽
责 任 编 辑	李俊亭
责 任 校 对	舒　心
装 帧 设 计	书籍 / 设计 / 工坊 刘瑞来工作室

主 管 单 位	山东出版传媒股份有限公司
出　版　人	杨大卫
出 版 发 行	山东教育出版社

地　　　址	济南市市中区二环南路 2066 号 4 区 1 号
邮　　　编	250003
电　　　话	(0531) 82092660
网　　　址	www.sjs.com.cn

印　　　刷	济南精致印务有限公司
开　　　本	710 毫米 x 1000 毫米　1/16
印　　　张	27.5
字　　　数	382 千
版　　　次	2023 年 12 月第 1 版
印　　　次	2023 年 12 月第 1 次印刷
定　　　价	132.00 元

如印装质量有问题，请与印刷厂联系调换，电话:0531-88783898

丁韪良（William Alexander Parsons Martin，1827—1916）

总　序

　　"汉学"（Sinology）[1]概念正式出现于 19 世纪。1814 年，法国法兰西学院设立了被称为西方汉学起点的汉学讲座。我国学界关于汉学概念的认知有所差异，比如有关"汉学"的称谓就包括海外汉学、国际汉学、域外汉学、世界汉学、中国学、海外中国学、国际中国学、国际中国文化等，近年来更有"汉学"与"中国学"概念之争及有关"汉学主义"的概念讨论。[2]李学勤先生将"汉学"看作外国学者对中国历史文化和语言文学等方面的研究。阎纯德先生在为"列国汉学史书系"所写的序言中说，中国人对中国文化的研究应该称为国学，而外国学者研究中国文化的那种学问则应称为汉学，汉学既符合中国文化的学术规范，又符合国际上的历史认同与学术发展实际。[3]这样，我们在综合国内外学者主流观点的基础上，目前拟将"（海外）汉学"初步界定为国外对中国的人文学科（如语言、文学、历史、哲学、地理、宗教、艺术、考古、人类学等）的研究，也将其作为本套"海外著名汉学家评传丛书"选择

---

〔1〕指代"汉学"的 Sinologie（即英文的 Sinology）一词出现在 18 世纪末。

〔2〕顾明栋：《汉学主义——东方主义与后殖民主义的替代理论》，张强、段国重、冯涛等译，北京：商务印书馆，2015 年，第 40-140 页。

〔3〕阎纯德：《汉学历史与学术形态》，载阎纯德主编：《汉学研究》总第十集，北京：学苑出版社，2007 年。

传主对象的依据之一。当然，随着海外汉学研究不断深入拓展，它所囊括的范围也将包括政治、社会、经济、管理、法律、军事等国际中国学研究所涉及的社会科学范围，打通国际"汉学"和"中国学"研究的学术领域。正如国内海外汉学研究的领军人物张西平教授所说，我们要树立历史中国和当代中国统一性的正确史观。[1]

中国自公元 1219 年蒙古大军第一次西征引发与欧洲的"谋面"始，与西欧就有了越来越多的接触与交流。数百年来的中西文化交流史，同时也是海外汉学的发展史，在这一历史过程中，海外汉学家是研究与传播中国文化的特殊群体。他们在本国学术规范与文化传统下做着有关中国文化与文学的研究和翻译工作。从中外交流的角度挖掘一代代海外汉学家的存在价值并给予其科学的历史定位，既有益于中国文化走向世界，也有利于中国学术与世界接轨，因而该领域的研究工作亟待拓展与深化。

本丛书旨在通过撰著汉学家评传的方式，致力于海外汉学研究的深耕掘进，具体涉及汉学家的翻译、研究、教学、交游，重点是考察中国文化、文学在异域的接受轨迹与变异特征，进而从新世纪世界文化学术史的角度，在中华文化与世界主要国家文化的交流、碰撞和融合之中深入探索中华文化的现代意义，加深对中华传统文化价值的认识，借此推动学术界关于"中学西传"的研究更上新台阶，并促进海外汉学在学科自觉意义上达到一个新高度。

一、海外汉学与中华文化国际传播

海外汉学的发展历程是中华文化与异质文化交流互动的历史，

---

[1] 张西平：《历史中国和当代中国的统一性是开展中国研究的出发点》，《国际人才交流》2022 年第 10 期。

也是域外学人认识、研究、理解、接受中华文化的足迹，它昭示着中华文化的世界性意义。参与其中的汉学家是国外借以了解中华文化的主要媒介，中华文化正是在他们的不懈努力下逐渐走向了异域他乡，他们在中华文化走向世界的过程中做出了特殊的贡献。

季羡林先生早在为《汉学研究》杂志创刊号作序时就提醒世人不可忽视西方汉学家的重要价值："所幸在西方浑浑噩噩的芸芸众生中，还有一些人'世人皆醉，而我独醒'，人数虽少，意义却大，这一小部分人就是西方的汉学家……我现在敢于预言：到了 21 世纪，阴霾渐扫，光明再现，中国文化重放异彩的时候，西方的汉学家将是中坚人物，将是中流砥柱。"[1] 季先生还指出："中国学术界对国外的汉学研究一向是重视的。但是，过去只限于论文的翻译，只限于对学术论文、学术水平的评价与借鉴。至于西方汉学家对中西文化交流所起的作用，他们对中国所怀的特殊感情等等则注意还不太够。"[2]

事实上，海外汉学家将中华文化作为自己的兴趣关注点与学术研究对象，精心从事中华文化典籍的翻译、阐释和研究，他们丰富的汉学研究成果在其本国学术界、文化界、思想界相继产生了不小的影响，并反过来对中国学术发展产生了一定的促进作用。汉学家独特的"非我"眼光是中国文化反照自身的一面极好的镜子。通常汉学家不仅对中华文化怀着极深的感情，而且具有深厚的汉学功底，是向域外大众正确解读与传播中华文化的最可依赖的力量之一。尤其是专业汉学家以对异域文化、文明的译研认知为本位，其研究与译介中国文化与文学本着一种美好的交流愿景，最终也成就

---

[1] 季羡林：《重新认识西方汉学家的作用》，载季羡林研究所编：《季羡林谈翻译》，北京：当代中国出版社，2007 年，第 60 页。
[2] 同上，第 60 页。

了中外文化与文学宏大的交流事业。他们的汉学活动提供了中国文化、文学在国外流播的基本资料，因而成为研讨中华文化外播与影响的首要考察对象。

自《约翰·曼德维尔游记》（ *The Travels of Sir John Mandeville* ，1357 年）所代表的游记汉学时代起，海外汉学至今已有六个多世纪的历史。如果从传教士汉学、外交官汉学或学院专业汉学算起，也分别有四百多年、近三百年以及约两百年的历史。而中外文化、文学交流的顺利开展无法绕过汉学家这一特殊的群体，"惟有汉学家们才具备从深层次上与中国学术界打交道的资格"[1]。

19 世纪下半叶至 20 世纪初，随着第二次工业革命的兴起，西方国家对海外市场开拓的需求打破了以往传教士汉学时代以传教为目的而研讨中华文明的格局，经济上的实用目的由此成为重要驱动力，这一时期是海外汉学由"业余汉学"向"专业汉学"转变的过渡时期。海外汉学在这一时期取得了较大的突破，不论汉学家的人数抑或汉学著述的数量皆有很大增长。

尤其随着二战以后国际专业汉学时代的来临，各国学府自己培养的第一代专业汉学家成长起来，他们对中华文化的解读与接受趋于准确和理性，在中华文化较为真实地走向世界的过程中做出了巨大贡献。他们是献身学术与友谊的专业使者，是中国学术与世界接轨的桥梁。其中如英国著名汉学家大卫·霍克思（David Hawkes），他把自己最美好的时光献给了他所热爱的汉学事业。霍克思一生大部分时间都用于中国文化、文学的翻译、研究、阐释与传播。即使到晚年，他对中华文化的热爱与探究之情也丝毫未减。2008 年，

---

[1] 方骏：《中国海外汉学研究现状之管见》，载任继愈主编：《国际汉学》第六辑，郑州：大象出版社，2000 年，第 14 页。

八十五岁高龄的他与牛津大学汉学教授杜德桥（Glen Dudbridge）、卜正民（Timothy Brook）专程从牛津搭乘火车赶到伦敦，为中国昆剧《牡丹亭》青春版的英国首次演出助阵。翌年春，霍克思抱病接待前来拜访的时任中国驻英大使傅莹女士。傅莹大使赠送的一套唐诗茶具立即引起霍克思的探究之心，几天后他给傅莹大使发去电子邮件，指出这套唐诗茶具中的"唐"指的是明代唐寅而非唐代，茶具所画乃唐寅的《事茗图》，还就茶具所印诗作中几个不甚清楚的汉字向傅莹大使讨教。霍克思这样的汉学家对中华文化的熟悉程度与探究精神让人敬佩，他们是理性解读与力图准确传播中国文学与文化的专业汉学家。确实如前引季羡林先生所说，这些汉学家对中国怀有特殊的感情。

霍克思与他的汉学前辈翟理斯（Herbert Allen Giles）、阿瑟·韦利（Arthur David Waley）可以共称为推动中国文学译介最为有力的"英国汉学三大家"，在某种程度上他们改变了西方对中国的成见与偏见。他们三人均发自内心地热爱中华文化，从而成为向英语国家乃至西方世界读者推介中国文学特别是中国古典文学的闯将。西方读者正是通过他们对中国优美诗歌及文学故事的移译，才知晓中国有优美的文学，中国人有道德承担感。如此有助于国际的平等交流，也提升了中国在西方的地位，同时他们也让西方读者看到了中国的重要性，使关于中国的离奇谣言不攻自破，让外国人明白原来中国人可以沟通并理解，并非像过去西方出于成见与偏见而想象的那样异样与怪诞。

由此可见，海外汉学家在中国文学与文化向域外传播的过程中扮演着重要的角色，他们与中华文化国际传播存在着天然的联系。诚如北京语言大学原校长刘利教授在题为《构建以汉学为重要支撑的国际传播体系》的文章中指出："汉学自诞生之日起，便担负着中华文化国际传播的重要使命。汉学家们在波澜壮阔的中外交流史中留下了独特且深厚的历史印记，他们广博精深的研究成果推动了中外文化交流和文明交融互鉴，世界各国对中国形象的认知也因此更为清晰、立体、真实。"[1]确实，中外文明交流互鉴的结果有利于在世界上显现丰富而真实的中国形象，这不仅意味着中华文明"外化"的传播，也意味着异域文明对中华文明"内化"的接受，这有助于展示中华文明走向外部世界的行行足迹。

在新的时代背景下，推进中华文明国际传播，推动中华文化更好地走向世界，除了我们自身要掌握思想和文化主动，还要特别关注海外汉学家的著译成果，特别是海外汉学家的全球史视野、跨文化比较视阈以及批判性反思与自我间离的能力，有助于增强不同文化之间的共识，创建我们所渴求的文化对话，并发展出一套相互认同的智性标准。[2]因而，在此时代语境中，探讨海外汉学具有重大战略意义。

从中国角度看，海外汉学可以帮助我们了解中华优秀传统文化在国外的传播与影响情况，了解域外的中国形象构成及其背后的诸多因素，并吸收他们传播中华文化的有益经验。从世界角度看，海外汉学著译成果及汉学家的诸多汉学活动（教育教学、与中国学人的互动交流等），可以让世界了解中华文化的特性及其与域外文化交流互补的特征。

充分关注与深度研讨丰富多彩的海外汉学成果，有助于我们站在全球史视野与新世纪世界文化学术史的角度，在中华文明与异域文化的碰撞交流与融合发展之中，梳理与总结出中国文学与文化对

---

〔1〕刘利：《构建以汉学为重要支撑的国际传播体系》，《学习时报》2023 年 7 月 21 日。
〔2〕葛桂录：《中华文明国际传播与话语建设》，《外国语言文学》2023 年第 3 期。

外传播影响的多元境遇、历史规律、思路方法，为国家制定全球文
化战略提供学术佐证，为深化文明交流互鉴提供路径策略，为中华
文化国际传播与中国话语体系建设提供历史经验。

　　本丛书正是以海外汉学家为中心的综合研究的成果，我们将从
十位汉学家的思想观念中理解和分析具体的汉学文本或问题，从产
生汉学著作的动态社会历史和知识文化背景中理解汉学家思想观念
的转折和变化，从而总体性把握与整体性评价汉学家在中华文明外
播域外的进程中所做的诸种努力及其实际效果，以确证海外汉学的
知识体系和思想脉络。在外国人对中国认知逐步深入的过程中，汉
学研究的成果始终起着传播和梳理中国知识、打破旧有思想体系束
缚、引领国民中国观念、学习和融合中华文化的重要作用。

二、撰著的方法路径与比较文学视角

　　海外汉学研究离不开汉学知识史的建构与汉学家身份的认知。
正如张西平教授所说："在西方东方学的历史中，汉学作为一个独
立学科存在的时间并不长，但学术的传统和人脉一直在延续。正像
中国学者做研究必须熟悉本国学术史一样，做中国文化典籍在域外
的传播研究首先也要熟悉域外各国的汉学史，因为绝大多数中国古
代文化典籍的译介是由汉学家们完成的。不熟悉汉学家的师承、流
派和学术背景，自然就很难做好中国文化的海外传播研究。"[1]
　　海外汉学自身的跨文化、跨语言、跨学科的特质要求我们打破
学科界限，使用综合性的研究方法；用严谨的史学方法搜集整理汉

---

[1] 葛桂录主编：《中国古典文学的英国之旅——英国三大汉学家年谱：翟理斯、韦利、霍克思》，郑州：大
象出版社，2017年，"总序"第5页。

学原典材料，用学术史、思想史的眼光来解释这些材料，用历史哲学的方法来凸显这些材料的观念内涵；尽可能将丰富的汉学史料放在它形成和演变的整个历史进程中动态地考察，区分其主次源流，辨明其价值与真伪，将汉学史料的甄别贯穿于史料研究、整理工作的全过程之中；充分借鉴中国传统学术如版本目录学、校雠学、史料检索学以及西方新历史学派的方法论与研究理念，遵循前人所确立的学术规范。

目前已出版的海外汉学专题研究论著，不少是在翻译研究的学术框架下以译本为中心的个案研究，通过原本与译本的比较，援引翻译研究理论，重点是考察与比较汉学家翻译工作中的误读、误释的基本情况，揭示汉学典籍在域外的传播与变异特征。本丛书旨在文献史料、研究视野、学理方法、思想交流诸方面创新海外汉学研究的观念价值，拓展海外汉学领域的学术空间，特别是深度呈现中外文化交流语境里中华文化的命运，详尽考察中华文化从走出国门（翻译、教学与研究）到走进异域思想文化（碰撞、认知与吸纳）的路径，再到以融合中华文明因子的异域思想文化为参照系，激活中国本土文化的提升空间与持久动力的历程。具体也涉及特定历史文化语境中的汉学家如何直接拥抱所处时代的文化思想及学术大潮，构建自身的异域认知与他者形象。我们要借助丰富多彩的海外汉学成果，关注中外哲学文化思想层面的交互作用，在此意义上评估中华文明的延展性、适时性、繁殖力等影响力问题。

在方法路径上，首先，要在中外文化交流史的基础上弄清楚中华文化向域外传播的历史轨迹，从这个角度梳理出海外汉学形成的历史过程及汉学家依附的文化语境。其次，以历史文献学考证和分析的基本方法来掌握海外汉学文献的传播轨迹和方式，进而勾勒出构成海外汉学家知识来源的重要线索。最后，借用历史语境主义的研究范式探究海外汉学家不同发展阶段的汉学成就及观念诉求。

因而，文献史料的发掘与研究不仅是重要的基础研究工作，同时也意味着学术创新的孕育与发动，其学术价值不容低估。应该说，独立的文献准备是学术创见的基础，充分掌握并严肃运用文献，是每一位海外汉学研究人员必须具备的基本素养。而呈现数百年来中华文化在域外传播影响的复杂性与丰富性的途径之一，就是充分重视文献史料对海外汉学家研究和评传写作的意义。海外汉学史研究领域的发展、成熟与文献学相关，海外汉学研究史料的挖掘、整理和研究，仍有许许多多的工作要做。丛书在这方面付出了诸多努力，包括每位传主的年谱简编及相关文献史料的搜集整理，为厘清中华文化向域外传播的历史轨迹，梳理海外汉学发展的历史过程及汉学家依附的文化语境，起到了重要的支撑作用。

构建海外汉学史的框架脉络，需要翻阅各种各样的包括书刊、典籍、图片在内的原始材料，如此才能对海外汉学交流场有所感悟。这种感悟决定了从史料文献的搜集中，可以生发出关于异域文化交流观念的可能性及具体程度。海外汉学史研究从史料升华为史识的中间环节是"史感"。"史感"是在与汉学史料的触摸中产生的生命感。这种感觉应该以历史感为基础，同时含有现实感甚至还会有未来感。史料正是在研究者的多重感觉中获得了生命。

通过翔实的中外文原典文献资料的搜罗梳理及综合阐释，我们既可以清晰地看出海外汉学家、思想家对中国文化、文学典籍的译介策略与评述尺度，又能获知外国作家借助于所获取的汉学知识而书写的中国主题及其建构的中国形象，从而加深对中外文学、文化同异性的认知，重新审视中外文学交流的历史性价值和世界性意义，有助于提升中外文学交流史的研究层次，提出新的研究课题，拓展新的研究领域，并奠定中外文学交流文献史料学的研究基础。

海外汉学家研究属于中外文学、文化交流的研究领域，从属于比较文学研究的学科范畴。我们要以海外汉学数百年的发展史为背景，从中外文化与文学交流的角度来重新观照、审视汉学家的汉学经历、成就及影响，因而必须借鉴历史分析等传统学术研究方法，并综合运用西方新史学理论，接受传播学理论、文本发生学理论、跨文化研究理论，以及文化传播中的误读与误释理论等理论成果，从文化交流角度准确定位海外汉学家的历史地位，清晰勾勒他们如何通过汉学活动以促进中外文明交流发展的脉络。这不仅有利于传主汉学面貌的清晰呈现，也裨益于中国文学与文化的域外传播，同时更有助于我们透视外国人眼中的中华文化。因此，海外汉学家研究作为中国比较文学学科的一个重要领域，必将能为中华文化的海外弘扬贡献力量，它昭示的是中华文化的世界性意义。

同样，海外汉学家在其著译与教育交流实践中，也非常关注比较文学视角的运用。比如，霍克思担任牛津汉学讲座教授几年后，从比较文学的视角正面回答了汉学学科这一安身立命的问题。在他看来，中国文学的价值在于其与西方的相异性，作为世界文化的一个组成部分，其独特性使其有了存在与被研究的必要。霍克思认为，对不同文学间主题、文体、语言表达与思想表达差异的寻找等都是中西文学比较中可展开的话题。他在多年的汉学研究中时刻不忘比较视域，其学术路径在传统语文学研究方法基础上增加了比较思想史视野下审视学术文献意义的步骤。对于霍克思而言，研究汉学既是为了了解中国，了解一个不同于西方的文学世界，也是为了中英互比、互识与互证。此中贯穿着比较，贯穿着两种文化的互识与交流。霍克思对中国典籍译研的文化阐释影响深远，比较文学意识可算是贯穿其汉学著译始终的重要研究理念。

比较文学视角有助于促成跨文化交流与文明互鉴的理想结果，

也就是对话双方能够在交流中找寻本土思想文化创新发展的契机并实现互惠。因为，跨文化对话有一种镜子效应，把陌生文化当作一面镜子，在双方的对话中更好地认识自己，而且新意往往形成于两者的交锋对话之中。当然，安乐哲（Roger T. Ames）也提醒我们："文化比较需要一把'双面镜'，除了要站在西方文化的立场上依据西方的思想体系和结构翻译与诠释中国文化外，我们更应当以平等的态度和眼光，通过回归经典去实事求是地理解中国的传统，即从中国哲学和文化本身出发去理解它，并且从中认识到其所具有的独特性。"[1]

在此意义上，海外汉学家在中国典籍翻译阐释中所展示的跨文化对话意识具有特殊意义。他们固然可以复制出忠实于原作的译本，同时更可能出于自己的理论构想与文化诉求，通过主观性阐释与创造性误读，使译作具有独立于原作之外的精神气质与文化品格，同时进行着本民族文化传统的"自我重构"。他们借助于独具特色的译介中国行动，既构筑了新的中国形象，也试图通过东西方文明对话构筑起新的世界，从而实现跨文化对话的目标。

本丛书在撰著过程中立足于比较文学视角，依靠史料方面的深入探究，结合思想史研究的路径、文献学的考证和分析、跨文化形象学研究的视角与方法发掘，在具体汉学家的思想观念中理解和分析具体的汉学文本或问题，从产生汉学著作的动态社会历史和知识文化背景中把握汉学家思想观念的转折和变化，展示海外汉学学科体系奠基与进行中西文化融合的过程，从而把握海外汉学的知识体系和思想脉络。

---

[1] 安乐哲：《"生生"的中国哲学：安乐哲学术思想选集》，北京：人民出版社，2021年，第141页。

三、编撰理念与总体构想

海外汉学家数量颇为可观。本丛书选择海外著名汉学家十位，每位传主一卷，分别展开他们的综合研究工作，评述每位传主的汉学历程、特点及重要贡献。通过评传编撰，呈现每位传主汉学生涯的生成语境；通过分析阐释传主的翻译策略、文集编选、汉学论著、教育教学理念等，揭示传主汉学身份特征，论析传主汉学思想的载体与构成要素，站在中外文化交流史与海外汉学思想发展史的高度，客观评述传主的汉学成就。反之亦然，从传主的汉学成就观照其所处时代、所在区域的汉学思想演进脉络。撰述过程中关注时代性、征实性、综合性，最终凸显作为汉学思想家的传主形象。

本丛书编撰遵循历史还原、生动理解与内在分析的基本思路。所谓历史还原，即通过对文献史料的爬梳，重现传主汉学成就的历史文化语境。所谓生动理解，即通过消化史料，借助合适的解释框架，理解及重构传主鲜活的汉学发展脉络。所谓内在分析，即通过厘清传主汉学生涯的基本理路，分析传主饱含学养的汉学体验与著译成就。

本丛书各卷的撰述风格与笔法，希望能与今天的阅读习惯接轨，在丰厚翔实、鲜活生动的叙述之中，将传主立体地呈现在读者面前。丛书将以丰富的史料、准确稳妥且富有见地的跨文化传播观点、开放的文化品格、独特的行文风格，使不同层面的读者都能在书中找到各自需要的灵韵，使之在不知不觉的阅读中形成这样的共识：通过几代海外汉学家的不懈努力，中华文化走进异域他乡，引发了中外文学与文化的交融、异质文化的互补，这不仅是昨天的骄傲，更是今天的时尚与主题。

本丛书各卷采用寓评于传、评传结合的体例，充分考虑学术性（吸收学界最新成果）与可读性（充满活力的语言），有趣亦有益。各卷引言总论传主的汉学思想特征，各章梳理传主的生活时代与社会思想背景，呈示传主的生平事迹、著述考辨、学养构成，阐释传主的各种汉学成果，从传主的译介、研究、教育教学活动等方面全方位呈现其汉学成就，概括传主的汉学贡献，以确认其应有的汉学地位，最终凸显作为汉学思想家的传主形象，继而为全面深入探讨海外汉学史提供知识谱系与思考路径。同时，我们通过以海外著名汉学家为中心的比较文学跨文化、跨学科（跨界）研究，深入研究、阐释中华优秀传统文化蕴含的思想观念、人文精神、道德规范，力争在中外文明的双向交流中阐发中华文明的内在精髓与独特魅力，努力提高推动中华文明走进域外世界的社会意识，借此回应与推进国家文化发展与国际传播战略，实现中华优秀传统文化的创造性转化与创新性发展，彰显中外人文交流与文明互鉴的价值与意义。

葛桂录

2023 年 10 月 6 日定稿于福建师范大学外语楼

目录

绪　言　丁韪良与美国早期汉学

　　丁韪良（William Alexander Parsons Martin，1827—1916），1850 年来华，原为美国长老会传教士，后任清政府京师同文馆总教习、京师大学堂西学总教习等职，在华生活 60 余年，经历了中国近代一系列重大历史事件，在中西文化交流中居有重要地位。1950 年之前，除了一般性介绍之外，中外学术界对丁韪良基本没开展学术性研究。国内学者对美国早期汉学的研究最早可追溯到 1949 年出版的莫东寅的《汉学发达史》[1]。莫东寅之后国内学者对于美国早期汉学的状况一直处于语焉不详的状态。[2] 改革开放之前，中国学术界关于丁韪良的研究成果仍然不多；只是近 20 年来，才出现了百花齐放、学术观点活跃之局面。

　　就当代美国汉学研究来看，二战后的中国学是重点。美国学者谭维理（Laurence G. Thompson）于 1961 年发表《一八三〇年至一九二〇年美国人之汉学研究》一文，简要评述了 1830 年至 1920 年美国汉学研究状况。[3] 此后的很长一段时间，美国学者很少对美国早期汉学进行专题研究。近些年来，美国学者研究早期美国汉学史的成果有所增加。

　　中外学术界对丁韪良的研究取得一定成果，但仍有不少薄弱环节。总

---

〔1〕莫东寅：《汉学发达史》，北京：文化出版社，1949 年。
〔2〕参见顾钧：《美国汉学的历史分期与研究现状》，《国外社会科学》2011 年第 2 期，第 106 页。
〔3〕谭维理：《一八三〇年至一九二〇年美国人之汉学研究》，《清华学报》（台北）1961 年第 2 卷第 2 期，第 286-290 页。

体上看，宏观综合研究较多，细致分析不够；涉及同文馆、《万国公报》、传教等内容较多，对丁韪良的汉学著作研究不够；涉及"西学东渐"较多，涉及"中学西渐"较少；从历史学角度研究较多，从比较文学视角的研究偏少。王文兵、傅德元两位学者从历史学学科角度完成并出版了两部博士论文，但在文学学科领域，迄今尚无关于丁韪良的学术研究专著出现。尤其对于丁韪良的汉学思想、汉学研究与活动，尚缺乏较为系统和较为深入的论述与分析。譬如：对于丁韪良比较宗教学与比较哲学视野下对儒释道文化之释读，仍缺乏深入细致的阐述；关于丁韪良等创建重要汉学机构"北京东方学会"的内容，迄今学术界尚无一篇论文发表；关于丁韪良对中国文学的译介，目前也缺乏系统深入研究之成果；等等。并且，对丁韪良的评价，仍存在不少分歧。可见，在前人已有研究的基础上，对丁韪良这一重量级汉学家的进一步系统深入研究，依然有着很大的拓展空间。

在展开对汉学家丁韪良深入述评之前，笔者先就以下两个相关问题作出探讨。

一、关于美国早期汉学史分期之思考

美国早期汉学分期是一个中外学术界尚在探讨的问题，美国"早期汉学"起始于何时？美国"早期汉学"结束于何时？目前众说纷纭。

所谓"汉学"（Sinology），一般特指外国人研究中国的学问，其内涵主要体现外国汉学家的汉学研究及其相关活动。因此，划分美国汉学发展史之分期，应以汉学家汉学研究及其活动为主要依据；应以不同时期美国汉学家的汉学研究及其活动作为美国汉学发展历史的主线。

中美早期关系史、美国早期汉学创立的历史背景，的确应追溯到 1784 年，即英国正式承认美国独立后一年，美国商人山茂召（Samuel Shaw）乘"中国皇后号"（*Empress of China*）商船到广州贸易，这是中美正式通商的开端。但直到 1830 年传教士裨治文（Elijah Coleman Bridgman）来华之前，美国没有出现过潜心研究汉学且发表过公认汉学作品的汉学家，这是不争事实。裨治文创办《中国丛报》之后，1832 年 9 月 4 日马礼逊发给欧洲、美国和其他地区教会关于在中国开教 25 周年的报告书，说到裨治文等来华之后的变化："汉学家已经增加……在马六甲出版的刊物、广州出版的英文报纸和由裨治文主编的英文的《中国丛报》都已在中国兴起了。"[1] 裨治文是美国历史上第一位传教士汉学家。因此，1830 年裨治文来华，是美国汉学发展史上的标志性事件，可作为美国早期汉学史的开端。

裨治文、卫三畏（Samuel Wells Williams）、丁韪良等均可称为美国汉学发展史上第一代汉学家，其所处历史大背景基本相似。该时期美国早期汉学家群体业已形成。美国第一代汉学家，除了裨治文、卫三畏、丁韪良之外，还有亨特（William C. Hunter）、雅裨理（David Abeel）、伯驾（Peter Parker）、布朗（Samuel Robbins Brown）、克陛存（Micheal Simpson Culbertson）、文惠廉（William Jones Boone）、怀德（Moses Clark White）、麦嘉缔（Divie Bethune McCartee）、卢公明（Justin Doolittle）、傅兰雅（John Fryer，英国人，后加入美国籍）、林乐知（Young John Allen）、李佳白（Gilbert Reid）、柔克义（W. W. Rockhill）、明恩溥（Arthur Henderson Smith）等等。

费正清（John King Fairbank）被誉为"美国汉学之父"。[2] 借用这个说法，如果说费正清汉学研究时期的美国汉学家们，均可称为美国汉学史"父辈"时期的汉学家，那么，裨治文、卫三畏、丁韪良等皆可视为美国汉学史"祖辈"时期的汉学家。这样划分，在逻辑上是说得通的。

当然，不管如何划分，都会有少数汉学家属于"过渡性"人物。最典

---

〔1〕[英]马礼逊夫人编：《马礼逊回忆录》，顾长声译，桂林：广西师范大学出版社，2004 年，第 280–281 页。
〔2〕参见顾钧：《美国汉学的历史分期与研究现状》，《国外社会科学》2011 年第 2 期，第 103 页。

004

型的当属明恩溥（Arthur Henderson Smith，1845—1932）和马士（Hosea B.
Morse，1855—1934）等。

　　明恩溥的主要汉学论著是在中国生活期间发表出版的。他在鲁西北传
教30年，写了大量有关中国的著作。[1]第一次世界大战爆发后，明恩溥返
回美国，继续对美国汉学界产生影响。

　　继丁韪良之后，美国最具代表性的杰出汉学家无疑当属马士。马士自
1874年从哈佛大学毕业后，便一直在中国海关任职。退休后，马士开始投
入到对中国近代政治外交和社会经济的研究。马士的著名汉学作品是在丁
韪良去世前后出版的，主要有《中华帝国对外关系史》《东印度公司对华
贸易编年史》《远东国际关系史》等等。费正清1907年出生于南达科他州。
丁韪良去世时，费正清正当少年。1929年费正清于哈佛大学毕业后前往牛
津大学攻读博士学位，从此开始了对中国的研究。在马士的指导下，费正
清把中国海关问题定为其博士论文的题目，从而确立了从外交史和制度史
入手、以近代中国为课题的研究方向。1936年费正清获得牛津大学博士学
位，并回哈佛大学执教。笔者以为：在注重现实与重视研究近代中国历史
的问题上，从卫三畏、丁韪良到马士，再到费正清，存在一定的学术继承
关系。

　　美国学者谭维理《一八三〇年至一九二〇年美国人之汉学研究》一文
指出：19世纪及20世纪初年，美国的汉学研究，大半是在中国的美国人
业余的工作，而不是在美国设有研究中国的中心，师生相传授，如同在法
国那样。并且致力研究的人，多数是传教士，由需要而转成终身兴趣。[2]

　　第一次世界大战前后，美国本土高校的汉学家才逐渐崭露头角。20世
纪开始，美国大学开始延聘欧洲学者来美任教，从事汉学研究。劳费尔

---

[1] 参见王晴佳：《美国的中国学研究评述》，《历史研究》1993年第6期，第182页。
[2] 谭维理：《一八三〇年至一九二〇年美国人之汉学研究》，《清华学报》（台北）1961年第2卷第2期，
第290页。

（Berthold Laufer）是一战前后美国本土的著名汉学家，本是德国学者，于
1898 年来到美国，初期作品尚用德文，后乃用英文发表。"他成为美国的
汉学泰斗，学术界的第一流人才。"[1]此外，20 世纪初年及一战前后在美国
高校从事汉学研究的，还有德国人夏德（F. Hirth）。夏德于 1902 年任哥伦
比亚大学的丁龙汉学讲座教授。经夏德安排，一些欧洲汉学大师来美讲学，
如法国的伯希和（Paul Pelliot）与英国的翟理斯（A. H. Giles）等。中国人
在那个时期也推动了美国汉学的发展。[2]此外，这时期美国汉学研究，近
代哲学的介绍有亨克（Henke）教授的《王阳明》（1916）；早期中美关系
的研究有赖德烈（Kenneth Scott Latourette）教授的著作《早期中美关系
史：1784—1844》（1917）。20 世纪美国本土汉学著述的量与质，迥非 19
世纪所可比拟。[3]

　　考虑到第一次世界大战前后的上述变化，即美国汉学家的主要活动舞
台，开始由中国转向美国；美国汉学的主要研究者，由在中国以传教士、
同文馆教习、外交官、海关人员身份为主的汉学家转向美国以高校学者为
主的汉学家。再综合考虑到上述"过渡性"著名汉学家明恩溥和马士等亦
于该时期离开中国，直接对美国本土汉学发展产生重大影响。因此，丁韪
良 1916 年去世，标志着美国第一代汉学家在中国的汉学研究活动基本结
束，或可作为美国早期汉学史的终结。

二、早期美国汉学家"中国观"类型之演变

　　中国社会科学院张铠研究员认为，裨治文、卫三畏、丁韪良等汉学家

---

〔1〕谭维理：《一八三〇年至一九二〇年美国人之汉学研究》，《清华学报》（台北）1961 年第 2 卷第 2 期，
第 289 页。
〔2〕参见王晴佳：《美国的中国学研究评述》，《历史研究》1993 年第 6 期，第 183 页。
〔3〕谭维理：《一八三〇年至一九二〇年美国人之汉学研究》，《清华学报》（台北）1961 年第 2 卷第 2 期，
第 289 页。

006

所处的"这一历史时期的美国中国观大致可归纳为三种类型"：第一种，
"以'欧洲中心论'为出发点，对华夏文明采取全面否定的态度"；第二
种，"在承认中国古代文明的价值的同时，判定近代中国已处于'停滞'
状态，唯有用西方社会模式，采取渐进的方式，才能使中国再生"；第三
种，"承认与美国不同质的华夏文明的存在价值以及尊重中国独立发展的
权利"。[1] 张铠先生的论述启迪笔者做以下思考。

以裨治文、卫三畏、丁韪良为例，美国早期汉学家们在中国观"类
型"上有个逐步变化的过程。裨治文、卫三畏、丁韪良都是带着传教使命
来"征服"中国的，应该说，他们初到中国都曾属于第一种类型，即基本
"以'欧洲中心论'为出发点，对华夏文明采取全面否定的态度"。

由于最初的浓厚宗教意识，对华认识有限，加上现实中西存在差距，
导致裨治文最初曾主观片面夸大中国负面，正面极少关注。他曾说："在
过去漫长的两千多年里，中国人似乎从未有过任何革新进步的想法；而且，
在任何学科领域，任何超越古人的想法都会被视为异端。当代文人的著述
已经充分证明，几百年来，这个国家的风尚（包括道德和宗教在内）在不
断败落。反面典型与不良教育大行其道，良好的规范与优良操守几乎被摧
毁。这是中国人的教育方式所带来的必然后果，如果不对此加以革新，我
看不出他们有任何发展进步的可能。"[2] 早期"裨治文对中国的口诛笔伐显
然缺乏历史的全景式观照，譬如，他丝毫没有提及中世纪早期（6—11 世
纪），西方历史学家大多将这一时期视为欧洲知识史上的蒙昧时代，与中
国此际唐宋时期辉煌的文化相比，更是黯淡无光。裨治文并非不知道中国
的这段历史，而是将一切与他关于西方历史持续进步的描述不兼容的东西

〔1〕张铠：《美中贸易与美国中国史研究的奠基（殖民时期至第一次世界大战）》，《中国史研究动态》1995
年第 5 期，第 8 页。
〔2〕裨治文：《中国的教育》，《中国丛报》1835 年第 5 期，第 4-5 页。转引自［美］雷孜智：《千禧年的感
召——美国第一位来华新教传教士裨治文传》，尹文涓译，桂林：广西师范大学出版社，2008 年，第 111 页。

有意否认或忽视了，而且，他认为西方的历史进步自然是基督教和西方传统文化的必然产物"〔1〕。

但随着对中华文化认识的加深，裨治文观点逐渐发生变化。美国当代学者雷孜智认为："除了奠定了中美早期关系以外，裨治文作为学者和出版者的一生同时也奠定了美国汉学的基础，并唤起了美国人民对世界上人口最多的文明的奇迹的关注。此外，他还为中国关注外部世界的知识分子打开了了解西方的大门，并参与发起了大规模的西学东渐的活动。"〔2〕

当被中华文化吸引之后，裨治文、卫三畏为了办好汉学刊物《中国丛报》，不惜与教会机构闹翻。美部会还批评裨治文夫妇在上海办女子学校，坚持认为他应该把更多的精力投入到"朴实的福音传播"中去，而不该热衷于开办学校、医院和印刷所这类文化事业。〔3〕"由于对裨治文的判断逐渐失去信心，美部会开始比先前更强硬地抵制他的任何建议和行动。"〔4〕但同时，裨治文直到去世仍把传教作为自己的首要使命，并和卫三畏等传教士汉学家，为美国侵华外交发挥了重要作用。显然，裨治文生前的中国观，属于第二种类型，即"在承认中国古代文明的价值的同时，判定近代中国已处于'停滞'状态，唯有用西方社会模式，采取渐进的方式，才能使中国再生"。

1848年卫三畏的《中国总论》（ *The Middle Kingdom* ）于纽约出版。此时他的中国观早已从第一种类型转变为第二种类型。卫三畏在《中国总论》初版序中说，这本书的另一个目标在于，要为中国人民及其文明洗刷掉如

〔1〕［美］雷孜智：《千禧年的感召——美国第一位来华新教传教士裨治文传》，尹文涓译，桂林：广西师范大学出版社，2008年，第111页。
〔2〕同上，第333页。
〔3〕"裨治文致安德森"，上海，1851年8月7日，美部会档案，卷259。转引自［美］雷孜智：《千禧年的感召——美国第一位来华新教传教士裨治文传》，尹文涓译，桂林：广西师范大学出版社，2008年，第266页。
〔4〕参见美部会委员会1854年的年度报告，载《教士先驱报》1855年第1期，第26页。转引自［美］雷孜智：《千禧年的感召——美国第一位来华新教传教士裨治文传》，尹文涓译，桂林：广西师范大学出版社，2008年，第266页。

008

此经常地加给他们的那些奇特的、几乎无可名状的可笑印象：似乎他们是
欧洲人的模仿者，而他们的社会状况、艺术和政府不过是基督教世界同一
事物的滑稽表演。"简而言之，几乎中国及其人民的每一方面，无不成为
嘲笑的对象或讽刺的主题。"[1]1883年7月卫三畏还指出：《中国总论》的
修订版以同一的目标，坚持初版序言中所述的观点——为中国人民及其文
明洗刷掉古怪的、模糊不清的可笑印象，这种印象是如此通常地由外国作
家加给他们的。"我致力于展示他们民族性格中更美好的品质。"[2]但卫三
畏在《中国总论》修订版序中又说，"我确信汉人的子孙有着伟大的未来；
但是，唯有纯粹基督教的发展才是适当的手段，足以拯救在这一进步中的
各个冲突因素免于互相摧残"。"传教事业可能得到发扬。在这一事业取
得成功的基础上，中国作为一个民族，在道义和政治两方面，将会得到拯
救。"[3]卫三畏始终坚持西方国家是中国的救世主。可见，卫三畏去世之前
亦和裨治文一样，同属于中国观的第二种类型。

　　19世纪50年代丁韪良在宁波传教时期，他的中国观已由第一种类型
转为第二种类型。这表现在他一方面对中国古代文明颇为重视，一方面依
然坚持基督教"征服"中国之信念。但后来情况发生了变化，与包括裨治
文、卫三畏在内的绝大多数传教士及汉学家不同的是，丁韪良后来逐渐向
中国观的第三种类型转变。这种转变是从丁韪良脱离传教而进入同文馆成
为职业教育家逐渐开始的。我们不妨品味一下丁韪良如下一些相关言论。

　　1869年丁韪良在《中国的文艺复兴》中，罕见地与当时西方社会主流
意识大唱反调。他从社会发展规律的角度，提出了全新的中国历史观，即：
"中华文明的不变因素确实很少，而各种变化因素却有很多。在他们漫长
历史中，不时可见大胆的创新和激进的革命，我们可以对他们的未来抱有

〔1〕[美]卫三畏：《中国总论》上册，陈俱译，上海：上海古籍出版社，2005年，"初版序"第2页。
〔2〕同上，"修订版序"第4页。
〔3〕同上，"修订版序"第4页。

同样的预期。"[1]

1881 年，丁韪良就说过：勿忘东方与西方存在着"思维和情感方式不一致"，"文明人民的古老习惯做法应该以他们自己的价值来判断"，不应以西方价值观取代东方价值观，"我们的目标不是要欧化中国人"。[2]这是丁韪良长期研究汉学悟出的一个重要观点。

1896 年丁韪良撰《花甲忆记》，他说："中国人尊师重教、孝敬父母、敬畏祖先，在这些方面他们比我们做得好。"[3]

1901 年丁韪良撰《汉学菁华》，他向西方读者展示自己的预见："我们可以轻易地预见，两个文明之间的互相影响将来会远比过去大得多。当中国在一两个世纪之内开发出广袤国土上的自然资源，并用现代科学把自己全副武装起来，跻身于世界上三四个最强大的国家之后，难道你认为全世界还会继续对它过去的历史无动于衷吗？不仅人们会认为了解中国历史对于文科教育是必不可少的——乘我现在正灵感附身，我还要预言——中国的语言和文学也将成为西方各大学的研究科目。"[4]

1904 年丁韪良在《教务杂志》上发表《祖先祭拜——我们应如何处理？》一文。该文结尾提出：中国社会应该以西方的模式重构吗？"我的回答是：不需要。"[5]

以上丁韪良的言论，表明他已逐步转变为第三种类型，即"承认与美国不同质的华夏文明的存在价值以及尊重中国独立发展的权利"。

---

〔1〕"The Renaissance in China", *New Englander*（《新英格兰人》）, Vol. XXVIII, New Haven: Thomas J. Stafford, January 1869, p. 54.

〔2〕W. A. P. Martin. "The Worship of Ancestors", *The Chinese: Their Education, Philosophy and Letters*, New York: Harper and Brothers, 1881, p. 350. 转引自王文兵：《丁韪良与中国》，北京：外语教学与研究出版社，2008 年，第 425 页。

〔3〕丁韪良：《花甲忆记——一位美国传教士眼中的晚清帝国》，沈弘等译，桂林：广西师范大学出版社，2004 年，第 242 页。

〔4〕丁韪良：《汉学菁华》，沈弘等译，北京：世界图书出版公司，2010 年，第 272 页。

〔5〕W. A. P. Martin. "The Worship of Ancestors: How shall we deal with it?", *The Chinese Recorder*, Vol. 35, 1904, pp. 301-308.

010

　　丁韪良晚年重要著作英文版《中国觉醒》于 1907 年问世后，"只受到不冷不热的欢迎。大多数（外国）评论家嘲笑他的乐观"[1]。有一位西方评论家"则揭穿了他天真的道德理想主义"，认为："中国的复兴归根结底是一个问题：她是否会成为一流军事强国？"[2]从丁韪良的上述观点不为当时多数西方评论家所认同，亦可说明：在那个列强欺辱中国的年代，像丁韪良这样的第三种类型中国观的汉学家，的确不为多见。虽然如此，丁韪良的中国观，却揭示了近现代美国汉学的演绎方向。

　　由上可见，美国早期汉学并非一种模式，并非一成不变；美国早期汉学家们并非一副面孔，即使是汉学家个人，前后状况亦不可同日而语。1850 年丁韪良来华之前，像裨治文、卫三畏这样的著名美国传教士汉学家，虽然人数不多，但研究汉学已初步形成风气和潮流。丁韪良来华之际，"传教士汉学"方兴未艾。从年代节点上看：大体上，自丁韪良脱离教会、受聘为清政府的职业教育家之后，美国早期汉学的方方面面——无论是汉学家们身份之构成，或是汉学思想与汉学方法论之递进，或是汉学研究领域的拓展与社会影响的扩大，均逐步发生深刻变化。本书随后各章节，即通过分析阐述不同时期丁韪良的汉学活动，进一步揭示美国早期汉学嬗变之具体历史进程。

　　与早期美国传教士汉学家裨治文、卫三畏等比较，丁韪良汉学研究具有许多新的特点。除了上述"中国观"的深刻变化之外，还有三个方面值得重视：

　　其一，丁韪良是晚清时期特别重视纠正西方谬误的汉学家。他批评当时西方社会主流意识已将中国妖魔化到如此程度："从来也没有一个伟大的民

---

〔1〕 *Review of The Awakening of China in Athenaeum*, October 12, 1907, p. 44. 转引自 Ralph Covell. *W. A. P. Martin: Pioneer of Progress in China*, Washington: Christian University Press, 1978, p. 262.

〔2〕 *Review of The Awakening of China in The Nation*, July 18, 1907, p. 60. 转引自 Ralph Covell. *W. A. P. Martin: Pioneer of Progress in China*, Washington: Christian University Press, 1978, p. 262.

族受到过更大的误解"；中国人"被指责为野蛮透顶"。推介中华文化，肯定中华文明的实际价值与积极意义，是丁韪良许多汉学作品的主基调。

其二，丁韪良是高度重视中西文化双向交流的汉学家。丁韪良对西方读者说："（研究中国文化）对于我们西方人来说是否有任何价值呢？假如有的话，它们怎么才能对西方世界的文学财富做出贡献呢？"他回答说：世界将重视中国文明。"中国和欧洲的文明正如在海底涌动的暗流那样，无论相隔有多远，确实各自都受到了对方的影响，尽管这些影响比较隐蔽。发现中国与西方的接触点，并且展示双方互动的证据，这些将是中国历史研究者所将面对的最有趣的问题。"

其三，在美国早期汉学史上，丁韪良是最早倡导"自由思辨精神"的汉学家。他受西方近代人文学科理论方法之影响，将比较研究方法广泛运用于汉学的宗教、哲学、历史、文学等诸多领域，立足于深入发掘探索汉学新论题，重视汉学研究与当时社会改革实际相联系，促进了美国早期汉学的转型。

考虑到以上种种情况，本书采用的研究方法包括：一是运用比较文学跨文化研究方法。重视剖析丁韪良汉学思想、汉学作品之特色、成就与影响。通过对裨治文、卫三畏与丁韪良等不同时期汉学家的比较分析，阐明美国早期汉学不同阶段的特点与演变趋势。二是运用宏观与微观研究结合方法。宏观上，把丁韪良的汉学研究，放置于美国早期汉学演变发展进程的大背景中进行动态考察与论述。微观上，对丁韪良在各阶段的汉学研究及其活动的具体表现，作深入细致分析。三是运用历史研究方法。阐明美国早期汉学家所处社会历史背景，揭示汉学家们的活动与社会改革进程的关系，揭示该时期美国汉学由"传教士汉学"向"专业汉学"转型之深层发展规律。四是运用文献考证和文本细读之方法。厘清丁韪良等汉学家作品的思想与资料信息来源，阐释其作品的学术与文化价值，并指出其不足。同时，重视借鉴学界汉学研究的最新理论与方法论成果，遵循学术规范。

第一章 丁韪良宣教经历与汉学研习

第一节 丁韪良来华与汉学初步研习

一、丁韪良来华前的教育背景

丁韪良之所以成为晚清时期著名汉学家，绝非一蹴而成。要弄清丁韪良汉学思想的演绎过程与来龙去脉，必须考察其来华前的家世背景、教育经历及来华之原因。

1. 父辈之影响

丁韪良父亲威廉姆·威尔森·马丁（William Wilson Martin，1781—1850）是美国长老会牧师，母亲为苏珊·马丁（Susan Depew Martin）。丁韪良父亲出生于美国东部宾夕法尼亚州一个具有苏格兰及爱尔兰血统的传教士家庭，后移居肯塔基州，进入位于该州帕里斯（Paris）的波旁书院（Bourbon Academy）接受了 5 年普通教育，之后被委任为牧师。1817 年肯塔基西来克星屯长老会派马丁到南印第安纳当传教士。马丁积极参与兴办教育。1819 年马丁在印第安纳州利沃尼亚（Livonia）创办威廉·马丁学院（William Martin's Academy），这是当地最早的私立学校之一。马丁在自己家里开办这所学校，亲自教授英文阅读、拼写、语法、初级算术、高级数学、希腊语、拉丁语、伦理学等课程；原先只打算教育自己和邻居的孩子，但学校的质量很快就吸引了来自其他地区的学生，并增加了新的校舍和设施。[1]这所学校大部分课程与州立教育的县学（county seminaries）的课程相同，但增加了《新约》等宗教方面的内容，这反映了马丁的观点，认为"基督教和教育应该像在新英格兰那样，在社会发展中携手并进"[2]。1827年马丁又与另外几位传教士创办哈诺沃学院（Hanover Academy，1833年改名为 Hanover College）。[3]

1827年4月10日，丁韪良出生在印第安纳州利沃尼亚的家中，他虽然没有在父亲的学校接受过正规教育，但感受到它的影响；4岁的时候，已经通过与学院学生的来往学会了一些拉丁短语。[4]父亲在以下两方面对丁韪良产生过影响。

第一，父亲在印第安纳边疆的宗教开拓活动，对丁韪良日后在中国传教产生了榜样作用。1916年丁韪良在北京去世时，一位传教士同事评论道："丁韪良博士从未忘记他父亲的榜样和教诲。他父亲是一位忠实而有效的先驱传教士。"[5]

第二，父亲重视教育与兴办学校对丁韪良日后产生了重要影响。父亲的学校为印第安纳州边疆地区培养出了教会领军人物，也促使丁韪良决定将教育作为他传教工作的主要内容。[6]父亲对教育的信念也影响了丁韪良。印第安纳长老会的教会制度以培养新英格兰模式的受过良好教育的牧师为荣。而当地其他教派的牧师大多是门外汉，他们只依靠宗教信心和西部普通人的身份认同来传教。[7]马丁认为希腊语、希伯来语以及拉丁语是

〔1〕Minnie Clark. "The Old Log College at Livonia", *Indiana Magazine of History*, Vol. XXIII, March 1927, p. 75. 转引自 Ralph Covell. *W. A. P. Martin: Pioneer of Progress in China*, Washington: Christian University Press, 1978, p. 9.

〔2〕Ralph Covell. *W. A. P. Martin: Pioneer of Progress in China*, Washington: Christian University Press, 1978, p. 9.

〔3〕Norma J. Burns. *W. A. P. Martin and the Westernization of China*. M. A. thesis, Bloomington: Indiana University, 1954, pp. 4-5. 转引自傅德元：《丁韪良与近代中西文化交流》，台北：台大出版中心，2013年，第53-54页。

〔4〕Albert Porter. "An American Mandarin", *The Outlook*, Vol. 86, August 24, 1907, p. 885. 转引自 Ralph Covell. *W. A. P. Martin: Pioneer of Progress in China*, Washington: Christian University Press, 1978, p. 10.

〔5〕Ralph Covell. *W. A. P. Martin: Pioneer of Progress in China*, Washington: Christian University Press, 1978, p. 6.

〔6〕Ralph Covell. *W. A. P. Martin: Pioneer of Progress in China*, Washington: Christian University Press, 1978, p. 10.

〔7〕Ralph Covell. *W. A. P. Martin: Pioneer of Progress in China*, Washington: Christian University Press, 1978, p. 8.

牧师所应该掌握的。马丁经常不满意他的儿子们在当地学校接受的教育，辅之以希腊语和希伯来语的个人辅导。[1]父亲注重学术的教育理念以及所从事的基督教与教育并行的教育活动，无疑对丁韪良后来在中国从事世俗教育产生了一定影响。[2]丁韪良自述道："道光七年（1827年）吾生于美之婴省（印第安纳州），该省初垦时，先严（父亲）即迁居而传道设学焉。"[3]"传道设学"成了丁韪良最初的职业抱负。

2. 丁韪良来华前的教育经历

1843年，丁韪良和哥哥孟丁元（Samuel N. D. Martin）完成预科教育（preparatory education），被布卢明顿（Bloomington）的印第安纳大学录取。[4]早期印第安纳大学虽然是州立学校（State Institution），但被认为是长老会学校。最初的四位教授是长老会成员，学校董事会（Board of Trustees）成员大多数也是长老会成员。这种长老会在学校的统治地位逐渐被放弃，到了丁韪良的学生时代，其本质上的世俗性特征已经非常明显。[5]丁韪良1897年回忆中提到印第安纳大学的算学教习，从中也能看到一些世俗化特征："回忆50年前，肄业于婴省大书院，其算学教习，系卫斯坡（Westpoint，今译西点军校）考准之武弁，借以指示兵法。"[6]1846年，丁韪良前往新奥尔巴尼神学院接受《圣经》培训。[7]在上述过程中，丁韪良除了接受神学理论、树立起基督教信念和传播福音责任感之外，还受到如下三方面熏陶与历练。

〔1〕Ralph Covell. *W. A. P. Martin: Pioneer of Progress in China*, Washington: Christian University Press, 1978, p. 13.
〔2〕王文兵：《丁韪良与中国》，北京：外语教学与研究出版社，2008年，第23页。
〔3〕丁韪良：《花甲忆记》，赵受恒译，上海：商务印书馆，1910年，"花甲忆记序"第1页。
〔4〕Albert Porter. "An American Mandarin"，*The Outlook*, Vol. 86, August 24, 1907, p. 886. 转引自Ralph Covell. *W. A. P. Martin: Pioneer of Progress in China*, Washington: Christian University Press, 1978, p. 13.
〔5〕Ralph Covell. *W. A. P. Martin: Pioneer of Progress in China*, Washington: Christian University Press, 1978, p. 14.
〔6〕王文兵：《丁韪良与中国》，北京：外语教学与研究出版社，2008年，第25页。
〔7〕Daniel Fisher. *The Story of the Seminary in McCormick Theological Seminary—Historical Celebration*, Chicago, 1910, pp. 13–17. 转引自Ralph Covell. *W. A. P. Martin: Pioneer of Progress in China*, Washington: Christian University Press, 1978, p. 18.

其一，学习所谓"常识哲学"、道德哲学方面的理论。

印第安纳大学校长安德鲁·怀利笃信苏格兰哲学"唯实论"学派，或称作"常识学派"。这是印第安纳大学课程的基础，明确体现在高年级的学习内容中。[1]这种哲学体系是对笛卡尔、休谟、洛克和贝克莱的著作中的"怀疑论（the germ of skepticism）"的一种反抗。[2]常识学派的代表人物有托马斯·里德（Thomas Reid，1710—1796）、格拉斯哥大学道德哲学系主任亚当·史密斯（Adam Smith）、爱丁堡大学的两位教授杜格尔德·斯图尔特（Dugald Stewart，1753—1828）和托马斯·布朗（Thomas Brown，1778—1820）。他们主张物质独立于精神而存在，并且可以直接被认知。知识不是从真实世界的观念或想象中获取的，而是从物质本身而来。这些论断的真实性通过"常识"是不言而喻的，在这个系统中，"常识"是理性的同义词。[3]这一思想体系虽然是为了解决欧洲特殊的哲学问题而发展起来的，却广受美国宗教思想家的欢迎。[4]常识学派支持正统神学，不提出危险的问题，不进行智力的冒险。常识学派把美国人的政治偶像洛克树立为休谟的对立面，以反对休谟的怀疑主义；他们断言，观念和对象忠实地彼此对应。[5]常识学派的基本教义并不是长老会或东正教会所独有的，自然神论者信奉其中许多观点，一神论者和不信教者也是如此。[6]"常识学派"本质上是一种哲学体系，而不是一种宗教体系。19世纪中期，大多数美国人相信自然法则，相信"自由和负责任的个人"，相信美国将在国内

〔1〕Ralph Covell. *W. A. P. Martin*: *Pioneer of Progress in China*, Washington: Christian University Press, 1978, p. 16.

〔2〕Thomas Reid. *The Encyclopedia Britannica*, 11th Edition, Vol. XXIII, Cambridge, 1911, p. 51. 转引自 Ralph Covell. *W. A. P. Martin*: *Pioneer of Progress in China*, Washington: Christian University Press, 1978, p. 16.

〔3〕Thomas Reid. *The Encyclopedia Britannica*, 11th Edition, Vol. XXIII, Cambridge, 1911, p. 51. 转引自 Ralph Covell. *W. A. P. Martin*: *Pioneer of Progress in China*, Washington: Christian University Press, 1978, p. 16.

〔4〕Ralph Covell. *W. A. P. Martin*: *Pioneer of Progress in China*, Washington: Christian University Press, 1978, p. 16.

〔5〕Perry Miller. *American Thought I. Civil War to World War I*, San Francisco, 1954, p. x. 转引自 Ralph Covell. *W. A. P. Martin*: *Pioneer of Progress in China*, Washington: Christian University Press, 1978, p. 16.

〔6〕William K. Wright. *A History of Modern Philosophy*, New York, 1941, p. 248. 转引自 Ralph Covell. *W. A. P. Martin*: *Pioneer of Progress in China*, Washington: Christian University Press, 1978, p. 17.

016

实现其理想并将其传播到世界各国。[1]这些是"美国民主信仰的教义"，与新教并行不悖。[2]

印第安纳大学校长安德鲁·怀利在教学中所灌输的"常识学派"哲学观念，影响了丁韪良的思想。[3]

丁韪良自述："道光二十六年（1846年）吾与家兄于婴省大学堂（即印第安纳大学）毕业，复于二十九年（1849年）毕业于道学院（即新奥尔巴尼神学院）。"[4]在新奥尔巴尼神学院，丁韪良进行了《圣经》和加尔文主义神学体系的正式学习，此神学系统支持他从安德鲁·怀利处学到的苏格兰现实主义。丁韪良对新奥尔巴尼神学院院长、第一任教授约翰·马修斯（John Mathews）印象尤其深刻。[5]马修斯撰写的唯一的教科书是《长老会的信仰告白》（*Confession of Faith of the Presbyterian Church*），这本书共35章，涵盖了基督教信仰的所有领域，从基督教圣经、三位一体、人类的堕落到各种各样的救赎论和最后的审判，可以说是一个全面的、问答式的神学教学方法。[6]马修斯撰写的另一本著作《天意与恩典之作的神圣目的》（*The Divine Purpose Displayed in the Works of Providence and Grace*）中，论述了"上帝"对历史和宇宙的控制。丁韪良早先就认定宇宙的法则支持他的信仰。此时他被教导"上帝亲自控制着宇宙的法则"，以实现其永恒的目标。[7]

美国学者柯饶富认为，丁韪良在新奥尔巴尼神学院期间，可能接触到

〔1〕Ralph Gabriel. *The Course of American Democratic Thought*, 2nd ed. New York, 1956, pp. 12-39. 转引自 Ralph Covell. *W. A. P. Martin: Pioneer of Progress in China*, Washington: Christian University Press, 1978, p. 17.
〔2〕Ralph Covell. *W. A. P. Martin: Pioneer of Progress in China*, Washington: Christian University Press, 1978, p. 17.
〔3〕Ralph Covell. *W. A. P. Martin: Pioneer of Progress in China*, Washington: Christian University Press, 1978, p. 16.
〔4〕丁韪良：《花甲忆记》，赵受恒译，上海：商务印书馆，1910年，"花甲忆记序"第1页。
〔5〕Ralph Covell. *W. A. P. Martin: Pioneer of Progress in China*, Washington: Christian University Press, 1978, p. 18.
〔6〕"The Constitution of the Presbyterian Church in the United States of America. Including the Confession of Faith", *The Shorter Catechism and the Longer Catechism*, Philadelphia: Halsey McCormick Seminary, 1839, p. 45. 转引自 Ralph Covell. *W. A. P. Martin: Pioneer of Progress in China*, Washington: Christian University Press, 1978, p. 18.
〔7〕Ralph Covell. *W. A. P. Martin: Pioneer of Progress in China*, Washington: Christian University Press, 1978, p. 18.

威廉·佩利（William Paley）的《自然神学》（*Natural Theology*），这本书成为他在宁波最初几年编写的《天道溯原》一书的一部分。[1]在 19 世纪30—40 年代不同时期，威廉·佩利的书，在鲍登大学、布朗大学、哥伦比亚大学、达特茅斯大学、普林斯顿大学、威廉斯学院、耶鲁大学以及西部保护区的大学等学校作为教科书使用。当时威廉·佩利关于道德哲学和自然神学的书籍在美国大学里广为人知。[2]

其二，关注世俗科学与传教之关系。

丁韪良于青少年时期同时受到西方世俗知识影响，注意到世俗科学在传教中的作用。1849 年 5 月，丁韪良在新奥尔巴尼神学院发表毕业演说，题目是"传教士对物理学的运用"（"The Uses of Physical Science for a Missionary"）。[3]在启程前往中国之前，他表示希望有时间从事"科学研究"，并询问是否应该在离开之前学医。[4]

其三，参加教学实践。

丁韪良在印第安纳大学的生活费用至少有一部分是靠他母亲剥夺的奴隶的劳动成果。他对此表示不满，并于 1845 年大三结束时离开学校寻求经济独立。在怀利校长的帮助下，他在俄亥俄河畔利文沃思（Leavenworth）的一所学校（在路易斯维尔的俄亥俄河对岸的长老会教区学校）谋得一份教职。他一边教书，一边继续神学院的学习，并于 1846 年从印第安纳大学毕业。[5]丁韪良自述说："后代理高等学堂（路易斯维尔教区学校）古文

---

[1] Wilson Smith. *Professors of Public Ethics: Studies of Northern Philosophers Before the Civil War*, New York: Cornell University Press, 1956, pp. 215-216. 转引自 Ralph Covell. *W. A. P. Martin: Pioneer of Progress in China*, Washington: Christian University Press, 1978, p. 18.

[2] Wilson Smith. *Professors of Public Ethics: Studies of Northern Philosophers Before the Civil War*, New York: Cornell University Press, 1956, p. 44. 转引自 Ralph Covell. *W. A. P. Martin: Pioneer of Progress in China*, Washington: Christian University Press, 1978, p. 18.

[3] Ralph Covell. *W. A. P. Martin: Pioneer of Progress in China*, Washington: Christian University Press, 1978, p. 22.

[4] *Chinese Letter*, III, Martin to Board, #108, April 2, 1849. 转引自 Ralph Covell. *W. A. P. Martin: Pioneer of Progress in China*, Washington: Christian University Press, 1978, p. 22.

[5] Ralph Covell. *W. A. P. Martin: Pioneer of Progress in China*, Washington: Christian University Press, 1978, p. 19.

一席年余，总理即委吾补授，辞未就。因闻中国奉教弛禁，广开通商，拟携书来华传道设学也。"[1]此语说明，丁韪良在该校教学效果是不错的，因而该校负责人（总理）希望他留校继续从事教学。丁韪良"辞未就"的原因，就是听说中国已开放传教，广开通商，他决定当传教士，"携书来华传道设学"。丁韪良原本只想来华传承父业"传道设学"；他万万没想到："然吾之东来安能预知国朝立同文馆，设大学堂，先后请吾充总教习至三十年之久哉。"[2]

此外，当时还有两方面社会变化，对丁韪良产生过潜移默化的影响：

其一，了解1846年至1870年的长老会教区学校运动，可能对理解丁韪良后来在中国的教育事业有所启发。在19世纪30年代中期，教会开始关注成员子女教育的问题。人们主要担心的是，教育正变得越来越世俗化，公立学校将无法提供宗教方面的训练。[3]该时期长老会因教义上的纷争，形成了长老会旧派和新派的分歧。长老会旧派教会的成员担心，他们的孩子在新派教会赞助的学校和公立学校可能接触到异端邪说。[4]为了解决这些问题，长老会大会于1847年5月31日通过了一份报告，主张建立教区学校制度，这一行动在教会内外都没有得到普遍赞同。长老会教徒被指责为偏执和宗派主义。[5]这场运动在1846年至1853年间最为流行。尽管分歧仍然存在，但教区制度还是建立了，在1846年到1870年间，28个州建立了246所学校。1870年，教区教育计划被长老会大会终止。[6]

---

〔1〕丁韪良：《花甲忆记》，赵受恒译，上海：商务印书馆，1910年，"花甲忆记序"第1页。

〔2〕同上，"花甲忆记序"第1页。

〔3〕Lewis Joseph Sherrill. *Presbyterian Parochial Schools*, New York, 1969, pp. 11-13. 转引自 Ralph Covell. *W. A. P. Martin: Pioneer of Progress in China*, Washington: Christian University Press, 1978, p. 20.

〔4〕Ralph Covell. *W. A. P. Martin: Pioneer of Progress in China*, Washington: Christian University Press, 1978, p. 20.

〔5〕Lewis Joseph Sherrill. *Presbyterian Parochial Schools*, New York, 1969, p. 39. 转引自 Ralph Covell. *W. A. P. Martin: Pioneer of Progress in China*, Washington: Christian University Press, 1978, p. 20.

〔6〕Lewis Joseph Sherrill. *Presbyterian Parochial Schools*, New York, 1969, pp. 73-83. 转引自 Ralph Covell. *W. A. P. Martin: Pioneer of Progress in China*, Washington: Christian University Press, 1978, pp. 20-21.

　　这场运动开始时，丁韪良也参与了教区学校的教学；显然，教区学校的宗教与教育结合的教学模式，对丁韪良后来在宁波举办教会学校产生了影响。"但这段短暂的时间让丁韪良尝到了教书的滋味，也有机会锻炼能力。这也预示了他在中国的奋斗，决定是成为一个教育工作者还是一个传教士。"[1]

　　其二，丁韪良青少年时期美国发生的社会变革。丁韪良青少年时期，启蒙主义思想、大觉醒（Great Awakening）[2]和美国革命（American Revolution）[3]摧毁了殖民时期的宗教制度，但教会仍想建立一个道德与宗教相合作的基督教社会。[4]美国在文明、政治、宗教自由的名义下，进行领土扩张，使印第安人流离失所，征服墨西哥人、占领英国殖民地，并将这一切合理化。[5]科学、道德改革和福音传播被用来使美国基督教化。一种旧约圣经式的神权政治，尽管许多人认为是一种相当世俗的神权政治，但它在信仰"上帝"的美国被自愿地重建。[6]进步的迹象无处不在。佛罗里达、加拿大、得克萨斯、墨西哥和俄勒冈州都进行了领土扩张。汽船和火车使交通运输发生了革命性的变化。监狱正在进行改革。反对奴隶制的斗争取得了一些进展。1851年缅因州通过了一项州禁酒法。妇女比过去任何时候都更具有男女平等的地位。马萨诸塞州的贺拉斯·曼（Horace Mann）率先进行了重大的教育改革。一场毁灭性的经济萧条（1837—1843）被克服了。从1844年到1857年，经济以大规模的工业增长为特征。在世界范围内，1848年的欧洲革命运动最初被视为民主传播的标志。"去

[1] Ralph Covell. *W. A. P. Martin: Pioneer of Progress in China*, Washington: Christian University Press, 1978, p. 21.
[2] 大觉醒运动（Great Awakening），也称大觉醒复兴运动，是在美国基督教历史上出现的数次复兴运动。
[3] 美国革命（American Revolution），泛指北美十三个殖民地脱离大英帝国，并创建美利坚合众国的一连串事件与思潮。
[4] Robert Handy. *A Christian America, Protestant Hopes and Historical Realities*, Oxford, 1971, Chapters 1 and 2. 转引自 Ralph Covell. *W. A. P. Martin: Pioneer of Progress in China*, Washington: Christian University Press, 1978, p. 23.
[5] Ralph Covell. *W. A. P. Martin: Pioneer of Progress in China*, Washington: Christian University Press, 1978, p. 23.
[6] Ralph Covell. *W. A. P. Martin: Pioneer of Progress in China*, Washington: Christian University Press, 1978, p. 23.

中国的年轻传教士们，基本上都会把进步与基督教联系起来。"[1]这也是丁韪良之所以热衷关注晚清社会改革的一个方面的原因。

美国独立战争之后，人们才对国外传教产生了浓厚的兴趣，这种兴趣与早期的英国传教活动密切相关，尤其是1792年浸信会和1795年伦敦传教会的成立。[2]丁韪良在1849年准备去中国时，当时中国的新教基督徒还不到三百人。[3]

丁韪良曾说过，他之所以选择来华，第一次鸦片战争是其中一个重要因素。"我对中国发生兴趣最早是在1839年，当时英军的隆隆炮声使这个国家的'外部城墙'轰然倒塌。"[4]

丁韪良还曾说到大姐对自己的影响：大姐玛莎·韦纳布尔（Martha Venable）于1834年与丈夫一起去了南非，当时丁韪良只有7岁，她寄回家的信对大家是一种激励。1839年大姐夫妇回到美国后，她经常给弟弟们讲述非洲的令人激动的冒险故事。1896年她去世时，丁韪良为她写下了充满敬意的悼词，承认"通过她的影响，她的两个弟弟把目光转向了国外"[5]。

丁韪良显然相信，世界各地的人都需要福音的信息，而基督已经命令自己的门徒到世界各地去赢得他们。这是一个他应该遵守的明确的使命召唤。在1850年中期，他（在中国）写信回家："我的心一定要去内陆的

〔1〕Ralph Covell. *W. A. P. Martin: Pioneer of Progress in China*, Washington: Christian University Press, 1978, p. 23.

〔2〕Ralph Covell. *W. A. P. Martin: Pioneer of Progress in China*, Washington: Christian University Press, 1978, p. 23.

〔3〕Arthur Brown. "Memorial to W. A. P. Martin", *Minutes of the Board of Foreign Missions of the Presbyterian Church in the U. S. A.*, Vol. XXXIV, January 15, 1917, p. 319. 转引自 Ralph Covell. *W. A. P. Martin: Pioneer of Progress in China*, Washington: Christian University Press, 1978, p. 24.

〔4〕[美]丁韪良：《花甲忆记——一位美国传教士眼中的晚清帝国》，沈弘等译，桂林：广西师范大学出版社，2004年，第4页。

〔5〕W. A. P. Martin. "An African Pioneer", *Missionary Review of the World*, New Series IX, June 1896, pp. 449–451. 转引自 Ralph Covell. *W. A. P. Martin: Pioneer of Progress in China*, Washington: Christian University Press, 1978, p. 7.

某个地方，那里福音还没有被传播过。"〔1〕直到美国内战〔2〕期间的1861年，丁韪良仍坚持认为"上帝向他的人民灌输了崇高的爱国主义精神"，国内的麻烦不应妨碍他们去征服世界。〔3〕丁韪良"更坚信，他是为基督去占领和征服异教徒土地的军队中的一名士兵"〔4〕。

1848年6月30日，新奥尔巴尼长老会（New Albany Presbytery）批准了丁韪良的执照。新奥尔巴尼神学院的一位教授丹尼尔·斯图尔特（Daniel Stewart）牧师，为他写了推荐信。〔5〕丁韪良于1849年1月10日向美国长老会外国传道部提出申请，"表示愿意去中国或日本"〔6〕。外国传道部于1849年1月29日正式任命他去中国的厦门传教。〔7〕丁韪良去中国的任命使新奥尔巴尼长老会兴奋不已。他是第一个"在这个长老会的范围内长大"的进入外国传教服务的人。〔8〕1849年11月12日，丁韪良和孟丁元都被重新分配到宁波，但怀着一个模糊的希望，即当上海的长老会工作开启时，他们能够去上海传教。〔9〕11月13日丁韪良与范善静（Jan Vansant）

---

〔1〕 *China Letters of the Board of Foreign Missions of the Presbyterian Church in the United States of America*, IV, Martin to Board, #45, n. d. 转引自 Ralph Covell. *W. A. P. Martin: Pioneer of Progress in China*, Washington: Christian University Press, 1978, p. 21.

〔2〕 美国内战（American Civil War，1861年4月12日—1865年4月9日），即南北战争，是美国历史上唯一一次内战，参战双方为北方的美利坚众国和南方的美利坚联盟国。战争最终以北方联邦胜利告终。

〔3〕 *China Letters*, Martin to Board, #326, August 10, 1861. 转引自 Ralph Covell. *W. A. P. Martin: Pioneer of Progress in China*, Washington: Christian University Press, 1978, p. 22.

〔4〕 Ralph Covell. *W. A. P. Martin: Pioneer of Progress in China*, Washington: Christian University Press, 1978, p. 24.

〔5〕 *Minutes of the Executive Committee of the Board of Foreign Missions*, Vol. V, January 29, 1849, p. 109. 转引自 Ralph Covell. *W. A. P. Martin: Pioneer of Progress in China*, Washington: Christian University Press, 1978, p. 26.

〔6〕 *Minutes of the Executive Committee of the Board of Foreign Missions*, Vol. V, January 22, 1849, p. 109. 转引自 Ralph Covell. *W. A. P. Martin: Pioneer of Progress in China*, Washington: Christian University Press, 1978, p. 26.

〔7〕 *Minutes of the Executive Committee of the Board of Foreign Missions*, Vol. V, January 22, 1849, p. 109. 转引自 Ralph Covell. *W. A. P. Martin: Pioneer of Progress in China*, Washington: Christian University Press, 1978, p. 26.

〔8〕 Ralph Covell. *W. A. P. Martin: Pioneer of Progress in China*, Washington: Christian University Press, 1978, p. 26.

〔9〕 *Minutes of the Executive Committee of the Board of Foreign Missions*, Vol. V, October 15, 1849, p. 136, and November 12, 1849, p. 140. 转引自 Ralph Covell. *W. A. P. Martin: Pioneer of Progress in China*, Washington: Christian University Press, 1978, p. 27.

022

结婚。[1] 11 月 23 日他与妻子、兄嫂孟丁元夫妇以及美国公理会的卢公明
（Justus Doolittle）夫妇乘"蓝涛号"（Lantao）从费城出发前往中国。[2]

二、丁韪良初到广州、福州的社会观察力

　　经过 134 天海上航行，1850 年 4 月 10 日清晨，丁韪良乘坐"蓝涛号"
由波士顿抵达香港。[3]这一天正好是他 23 岁生日。他住在美国浸礼会约翰
逊（John Johnson）家中，曾登临维多利亚峰凭眺香港风景。[4]当时并无船
只直接到宁波，丁韪良和其他传教士拟经沿海各口北上。趁船未备，他往
游广州。[5]从随后丁韪良考察广州、福州的阅历可知：初到中国，他就表
现出良好的社会观察能力。

　　丁韪良记述初次考察广州情景：为了使丁韪良他们看得更加全面，有
一群朋友陪他们绕城走了一圈，并不是像包令（John Bowring）那样带他
们在广州绕城墙外走一圈，而是在城墙的顶上走。他们雇了几顶轿子，每
顶轿子由两个精壮的苦力来抬，那些身份显贵的人通常要由四人来抬。在
没有马匹和车子的地方，为了遮阴和防止过于疲劳，轿子对于外国人来说
是必不可少的。这个源于经验的明智看法当时在他的头脑里还没有形成，
因此丁韪良经常让他的轿夫整天抬着空轿子跟在他的后面，因为他对骑在
别人脖子上的方式深为反感。然而十英里的徒步旅行（城墙长约九英里）
使他消除了原有的顾虑。[6]

---

[1] *The North China Herald*, Dec. 23, 1916, p. 304. 转引自 Ralph Covell. *W. A. P. Martin: Pioneer of Progress in China*, Washington: Christian University Press, 1978, p. 27.
[2] 丁韪良：《花甲忆记》，沈弘等译，桂林：广西师范大学出版社，2004 年，第 3 页。
[3] 同上，第 3 页。
[4] 同上，第 4 页。
[5] 同上，第 7 页。
[6] 同上，第 16-22 页。

丁韪良在广州逗留了十天，认识了英国领事包令，美国驻华使团秘书伯驾（Peter Parker），美国传教士卫三畏（S. Wells Williams）、罗孝全（Issacher Roberts）、哈巴安德（A. P. Happer）[1]，英国传教士宾为霖（William Burns，又译为宝为霖），参观了行商伍浩官的花园，再经由澳门返回香港。[2]

1850 年 5 月 7 日丁韪良搭乘"澳门号"帆船与一群传教士离开香港。"澳门号"在厦门停留了四五天，他们在此受到伦敦会传教士亚历山大·施敦力（Alexander Stronach）的热情接待。[3]随后他们乘船沿闽江行至福州，受到了美国公理会摩嘉立（C. C. Baldwin）夫妇的接待。[4]在福州度过一周后，他们继续海上的航行，但刚出发就因暴风折断主桅杆而返回，于是在福州又多待了五天。接着继续海上航程，于 6 月 26 日抵达宁波。[5]丁韪良回忆说："1850 年我在福州受到过牧师摩嘉立博士的接待。我很高兴地向人家介绍，摩嘉立博士在五十五年后的今天仍然健在，只是他已经不再从事传教工作了。"[6]

丁韪良记述了这次福州之行带有思考性的种种观感。

福州贡院给丁韪良留下深刻印象。他记述道：目光所及之处倒是有一座建筑反映了中国文明中最好的一面。这就是举行科举考试的贡院。那一排排低矮的小屋足以容纳一万名考生，还有考官们住的大房子，以及高耸的、用以监考的多层瞭望塔——所有这一切都被高墙团团围住，墙上还长满了刺人的荆棘。每个城市，无论大小，都有一个类似的贡院。[7]丁韪良

---

〔1〕哈巴安德（Andrew Patton Happer，1818—1894），美北长老会最早派往中国的传教士之一。1844 年 11 月，哈巴安德在香港的马礼逊教育协会学校协助工作。1865 年，哈巴安德在广州同文馆担任英文教习。
〔2〕丁韪良：《花甲忆记》，沈弘等译，桂林：广西师范大学出版社，2004 年，第 10-11 页。
〔3〕同上，第 17 页。
〔4〕同上，第 22 页。摩嘉立（Caleb Cook Baldwin，1820—1911），又译摩怜，是最早进入福州的传教士之一。
〔5〕丁韪良：《花甲忆记》，沈弘等译，桂林：广西师范大学出版社，2004 年，第 16-22 页。
〔6〕丁韪良：《中国觉醒》，沈弘等译，北京：世界图书出版公司，2010 年，第 12-14 页。
〔7〕丁韪良：《花甲忆记》，沈弘等译，桂林：广西师范大学出版社，2004 年，第 16-22 页。

024

认为：这不仅可以被看作是中国教育制度的特征，而且除此之外，中国实际上没有别的公共教育。因为从理论上来说，中国政府鼓励教育的目的只有一个，那就是为自己提供有能力的官员。出于这个目的，公共学校就被认为没有存在的必要，尽管政府也出钱办了一些学校，并将这些学校置于官方的监督和管理之下。这儿最重要的是学习的动机——所有能够达到规定成绩标准的人都可以获得荣誉和报酬。[1]

丁韪良对福州乌石山有如此描述：城墙里面有一座小山，山上布满了茂密的树林和巨石，树叶后面时不时地显露出一间间隐蔽的小屋。这是福州城里的保护神之山，即能够吸收四面来风的吉利影响，并将其反馈给山下居民的一块高地。就像西方人相信避雷针那样，中国人坚信这类泥土占卜的灵验。他们称之为"风水"，因为这两种因素经常被人们用来判断吉凶。[2]

1844 年至 1848 年（道光二十四年至二十八年），福州爆发反对英国人强占乌石山积翠寺事件。后来丁韪良把乌石山教案，作为典型个案，分析其冲突关键原因，是外国人触犯了中国传统"风水"观念。他认为："这种看法的起源也许是因为对于风和水的观察跟商业繁荣密切相关。然而它逐渐演变成一整套迷信的东西"；"在美中条约的一个条款中也涉及了这种具有很大影响的异端邪说，因为该条款规定美国人买地盖房子时'当地政府不得干涉，除非本地居民因这块地本身的问题提出反对'。若干年后，当英国传教士们开始在这座山上盖房子时，此地的民众因害怕这些房子破坏原来的风水而变得群情激昂，他们一哄而起，捣毁了山上新建的教堂、学校和住房"。[3]这件事，引发了丁韪良长时期对中国"风水"观念耿耿于怀。如，他后来所主持的同文馆天文实验室，就因受到"风水"问

---

〔1〕丁韪良：《花甲忆记》，沈弘等译，桂林：广西师范大学出版社，2004 年，第 16-22 页。
〔2〕同上，第 16-22 页。
〔3〕同上，第 16-22 页。

题干扰而一再推迟。

清当局曾以乌石山教案处置不当而严厉处分时任福建省巡抚的徐继畬。1850 年（道光三十年），徐继畬因在处理神光寺事件时的方法与林则徐等人的意见不合，被言官多次上书弹劾，终在 1851 年（咸丰元年）因"身膺疆寄，抚驭之道，岂竟毫无主见，任令滋扰"的理由被革职，并召回北京，接受咸丰帝的当面问询，被降为太仆寺少卿。时隔多年后，徐继畬复任职总理衙门，成为丁韪良的顶头上司。[1]丁韪良对徐继畬在福建巡抚任上所撰写的《瀛环志略》，给予很高评价。

丁韪良对福州方方面面均感兴趣，并详加记述。如：

关于闽江：进入台湾海峡后，他们便进而来到了闽江的入海口。闽江是一条清澈的河流，溯流而上大约三十英里就到了福州。因为闽江的缘故，这个省份常常被称作闽地，但它的正式名称却是福建省。这个字并不像很多书中所说的那样，表示"幸福地建立"，而是将省内的两座主要城市名字[2]的第一个音节合并而成的。这与美国阿肯色州的首批殖民者给边境城市取名为特克萨卡纳（Taxarkana）有异曲同工之处。[3]（厦门）再往北两百英里，他们的船驶入了闽江，直奔福建省的省会福州。闽江风景如画，两岸断壁陡峭。在闽江的这一边有一组山峰被称作"五虎峰"，而在对岸则耸立着一座"鼓山"，那山上有一个著名的佛教寺庙。拥有七十万居民的福州坐落于距海岸线二十二英里的平原上，是中国最干净和建设得最好的沿海城市之一。[4]

关于城郊建筑：福州城及其郊区的全景图中包括了在清朝任何一个大城市都能看到的东西——随处可见的灰色瓦片、无数低矮房屋的屋顶，那

〔1〕丁韪良：《格物入门》，同治七年（1868）京师同文馆刊本，"徐继畬序"第 1-2 页。
〔2〕即福州与建州。
〔3〕丁韪良：《中国觉醒》，沈弘等译，北京：世界图书出版公司，2010 年，第 12-14 页。
〔4〕丁韪良：《花甲忆记》，沈弘等译，桂林：广西师范大学出版社，2004 年，第 17、19 页。

026

长长的一排排民居被称之为街道的砖铺小路所隔开。如果要寻找风景如画
的地方，就得把目光移向远处高耸的蓝色山峦，或是一条弯弯曲曲地流经
肥沃山谷的银色小河。[1]

　　关于万寿桥：用未经琢磨的花岗岩筑成庞大基座的"万寿桥"堪称是
一个原始工程的奇迹。我们特别赞赏那粗犷而坚固的桥身，但没想到这座
已经经受了好几百年风吹雨打的古桥竟在不久以后被一次洪水所冲垮。这
座桥上的走道两旁都摆满了商贩的货摊，就像人们在佛罗伦萨的阿尔诺桥
上所看到的情景一样。[2]福州城里最令人难忘的是它壮丽的石砌城墙和一
座叫"万寿桥"的长石桥。[3]

　　丁韪良初来中国，时年23岁。对年轻人而言，丁韪良初到中国就具备
敏锐的观察社会的能力，客观上对他后来的汉学研究是十分有利的。丁韪
良初到广州、福州，中国文化、民情风俗及社会状况方面面都引起他的
关注。重视对中国社会实地考察，成为丁韪良日后研究汉学的重要方法与
途径之一。丁韪良抵华之初在福州所见所闻，尤其引起了他两方面的观察
与思考：一是乌石山教案，促使其日后比一般传教士更为重视传教策略问
题；一是抵华伊始就表现出对中国文化的兴趣。本书随后将展开论述，在
来华后的相当一个时期里，丁韪良汉学研究具有"两重性"，即：某些方
面的汉学研究是为传教服务的；而某些方面的汉学研究却与传教无关，属
世俗性文化研究，这与他早年在美国所受教育显然有一定关系。

三、丁韪良宁波研习汉语三步骤

　　1850年6月26日，丁韪良到达此行的目的地宁波。从香港到宁波，

〔1〕丁韪良：《花甲忆记》，沈弘等译，桂林：广西师范大学出版社，2004年，第16-22页。
〔2〕同上，第16-22页。
〔3〕同上，第12-14页。

海上航行一共用时 35 天。[1]宁波是美国长老会在华活动的主要据点，美国长老会传教士麦嘉缔（D. B. MacCartee，1820—1900）首先到达这里传教。[2]1843 年 8 月，麦嘉缔成为长老会派往中国的医学传教士；10 月 9 日，他同柯理夫妇以及布里奇曼一同乘坐"女猎人号"离开纽约，1844 年 2 月 19 日抵达香港。麦嘉缔于 6 月 20 日到达宁波，此后在宁波传教多年。[3]

此外，在孟丁元和丁韪良之前，其他美国长老会传教士到达宁波的时间分别是：1844 年的炜理哲（Richard Ways）和娄理华（Walter Lowrie），1845 年的柯理（Richard Cole）和克陛存（M. C. CuBertson），1846 年的露密士（A. W. Loomis）和卦德明（John Quarterman），以及 1849 年的怀特（Joseph Wight）、歌德（Moses Coulter）和蓝亨利（Henry Rankin）。[4]

宁波长老会传教士都住在宁波老城外的河岸边，与老城里的中国居民相隔绝。丁韪良不满意住在偏僻的长老会居住区里，几周后，"尽管以友好的方式"，他仍坚持要搬到城里去住。这个"试验"得到了教会机构的谨慎批准。[5]丁韪良记述道：在宁波城护城河的对岸有一排漂亮的平房——长老会传教团的住处和学校。这地方近水而通风，住在这儿被认为要比住在城里更有益于健康。然而当面临要为自己找住房的问题时，丁韪良却决定住在城里。他希望能跟当地居民靠得更近些。安立甘会的传教使团也在城里，这个使团能够忍受的东西，他们也可以。同事们都规劝他不要这么做，并且拒绝为他在城里造房子。但他不愿意改变初衷，于是便同意住在

---

〔1〕丁韪良：《中国觉醒》，沈弘等译，北京：世界图书出版公司，2010 年，第 22 页。
〔2〕王文兵：《丁韪良与中国》，北京：外语教学与研究出版社，2008 年，第 32 页。
〔3〕[英]伟烈亚力：《1867 年以前来华基督教传教士列传及著作目录》，倪文君译，桂林：广西师范大学出版社，2011 年，第 140 页。
〔4〕N. C. Garrett, ed. *Jubilee Papers of the Central China Presbyterian Mission, 1844-1894*, Shanghai, 1894, pp. 2-3. 转引自 Ralph Covell. *W. A. P. Martin: Pioneer of Progress in China*, Washington: Christian University Press, 1978, p. 47.
〔5〕*China Letters*, III, Ningpo, McCartee to Board, #160, October 5, 1850. 转引自 Ralph Covell. *W. A. P. Martin: Pioneer of Progress in China*, Washington: Christian University Press, 1978, p. 56.

跟他们新教堂相连接的一座小房子里。那座房子原来是准备给一个负责教
义问答的中国传教士住的。在那儿他度过了一生中最富有成果的六年，而
且他逐渐了解了当地的居民，这是住在城外所做不到的。[1]丁韪良深信，
住在城里，可以促进和中国民众有更加友好的关系，使传教士更深入地与
民众接触，将消除偏见，吸引更多人来访。此外，他补充说，住在城里可
以便于传教士举行夜间聚会，他们的妻子可以联系中国妇女，也可以吸引
更好的学生进入他们的学校。[2]这种做法使丁韪良一家与长老会的同事有
些脱离，但他们还有英国圣公会的禄赐悦理（William Russell）和郭保德
（Robert Cobbold）做伴，这两人的家庭也在宁波城里。[3]此事再次表明：
丁韪良初到中国，就重视贴近中国人，主动与中国人打交道——这也是丁
韪良一生研究汉学所具备的重要因素之一。

　　和裨治文、卫三畏一样，丁韪良初到宁波也遭遇了语言交流的困难；
与他们有所不同的是：丁韪良中文入门，是从学习宁波话开始的。丁韪良
记述道：在宁波他们受到了克陛存（M. C. CuBertson）教士的接待，但几
天后克陛存被调往上海去参加《圣经》的翻译，只留下他们在深水中拼
命挣扎。他们有克陛存的房子作为掩蔽所，还有克陛存的仆人们来伺候他
们，但他们却不能用语言来表达自己的需求。他们学会的第一句宁波话是
"zaban"（"柴爿"），厨子拿来一根柴火棍子，让他们明白自己想要买柴火
来烧饭。第二句宁波话是"fanping"（"番饼"），那厨子用手指形成一个
圈来表示钱，然后指着柴火棍子，这两者之间的联系使人一目了然。他们
请到了一位连一个英语单词都不懂的汉语老师，而他们获得知识的钥匙就
是一句"keh-z-soh-go-i-sze"（"这是啥个意思"），这句话是一个传教士

〔1〕丁韪良：《花甲忆记》，沈弘等译，桂林：广西师范大学出版社，2004年，第37页。
〔2〕 *China Letters*, IV, Ningpo, Martin to Board, #45, 1854, n. d. 转引自 Ralph Covell. *W. A. P. Martin: Pioneer of Progress in China*, Washington: Christian University Press, 1978, p. 57.
〔3〕 *China Letters*, III, Ningpo, McCartee to Board, #214, March 10, 1852. 转引自 Ralph Covell. *W. A. P. Martin: Pioneer of Progress in China*, Washington: Christian University Press, 1978, p. 56.

朋友教给他们的。汉语课是从实物开始的，老师先说一声 "wongki" （"黄狗"），见他们听不懂，就牵来一只小狗，说声 "这就是"，然后爆发出一阵大笑，因为老师突然想到居然有人会愚蠢到连 "wongki" 都听不懂。有时模仿足以代替解释，例如老师来回奔跑，时而喘气，时而鸣叫，使他们明白 "holungtsaw" （"火轮车"）就是指火车。当这位老师不能承受整天以这种方式授课时，丁韪良便雇用了一位辅助人员在下午和晚上继续教他汉语。几天以后，迷雾开始消散，而他们随后的学习进展从一个使人厌倦的任务变成了令人兴奋的消遣。他妻子是他学习汉语的伙伴，开始一直走在他的前头，直到后来受到家务事的妨碍。然而她成功地学会了当地的方言。[1]

　　学会宁波方言之后，丁韪良中文研习的第二个步骤，就是学习文言。他记述道：学说宁波话，就像学说任何一种汉语方言那样，跟阅读文言文和古文相比，简直就像是一桩轻而易举的事。正如麦都思博士（Dr. Medhurst）所说，文言诉诸眼睛，而不是耳朵，它不该被称作 language，而是 occulage（occulage 是麦都思生造词，occu 指眼睛）。它的五六千常用词都是由一些与众不同的字符来表示的。这些字符之间的关系具有很大的任意性和不明确性，以致任何分类法都是不完整的。于是学习文言文便成了死记硬背的过程。汉字起初就像古埃及文一样，是象形文字；但很快就进入了一个表音的阶段，虽然它后来停留在一个字形发展受到抑止的状态下，就连一个字母表都没有。[2]

　　丁韪良从学习方言着手，"以便自己能跟别人交流，逐步探索汉语中

---

〔1〕丁韪良：《花甲忆记》，沈弘等译，桂林：广西师范大学出版社，2004 年，第 27 页。

〔2〕丁韪良：《花甲忆记》，沈弘等译，桂林：广西师范大学出版社，2004 年，第 5 页。丁韪良还说过：文字的改革是一个全新的事物。中文是象形文字的一种发展，其发音与意义之间没有直接联系，每一个图形都必须单独用眼睛识别和记忆。麦都思博士（Dr. Medhurst）曾称之为 "不是一种依赖于舌头的语言，而是一种依赖于眼睛的语言"。沈弘注：麦都思在这句话中为了强调中文的特点，特意自己生造了一个词 "occulage"，其词根 "occu-" 是指 "眼睛"，以跟 "language"（语言）相对应，因为后者的词根 "lang-" 意为 "舌头"。（参见丁韪良：《中国觉醒》，沈弘等译，北京：世界图书出版公司，2010 年，第 164 页。）

030

更高一层的奥秘，我将这个表意文字系统称作‘文言’”。他学习汉语六个月之后，“兰金（Henry Van Vleck Rankin，又名蓝亨利）先生建议我用祈祷作为布道文的开场白。我并不反对这么做，但回答说用我这么蹩脚的汉语来请求上帝使任何人皈依基督教，恐怕还做不到。又过了六个月，我已经有了相当大的词汇量，可以自由地跟别人交流”。[1]

重视研究“文言”，成为丁韪良日后研究汉学的优势。丁韪良记述：在他来华的三个月之内，即当他刚刚可以理解老师的讲课时，他就开始用功地研究文言。先从宗教论文和中文故事入手，接着又开始研读经典，在头五年就读完了作为中国文学基础的九部主要著作。[2]在这一时期，丁韪良开始用文言或古文来进行写作，“并且完成了《天道溯原》（一部有关基督教证据的论著）这本在中国和日本流传甚广并多次再版的中文书”[3]。

学习官话，是丁韪良研习中国语言的第三个步骤。丁韪良曾记述学习官话的缘起：他们的房子总是对外人开放的，有时候在他们的客厅里聚集着来自五个行省的陌生人。他们住宅的周围还有衙门和官员的住宅，许多官员都来进行礼节性的拜访，而官员的夫人们也跟他的妻子互相来往。他很快就发现，当地的方言对于这一社交圈子显得有点不太合适，所以他就开始学说官话，后者不仅是宫廷和官场上的语言，而且也是各地区人民之间进行交流和沟通的共同语言。学习官话并不困难，因为宁波话跟它十分接近——实际上，它们的关系是如此密切，以至宁波人不用花功夫去学，就能勉强说几句官话。[4]丁韪良记述：“时到堂听讲，每有自远方来者，皆以官话接谈，始知官话之便大矣。幸遇宁波人曹子渔者，生长于西安，官话土语，无不熟悉，吾之获益于彼者良多。”[5]1854 年，为《天道溯原》作

〔1〕丁韪良：《花甲忆记》，沈弘等译，桂林：广西师范大学出版社，2004 年，第 5 页。
〔2〕同上，第 31 页。
〔3〕同上，第 31 页。
〔4〕同上，第 39 页。
〔5〕丁韪良：《花甲忆记》，赵受恒译，上海：商务印书馆，1910 年，第 10 页。

序的四明企真子评价丁韪良的汉语能力已达这样的程度："学土音，习词句，解训诂，讲结构。不数年而音无不正，字无不酌，义无不搜，法无不备。"[1]

在宁波传教时期，丁韪良就重视汉学家们的作品。如1854年，丁韪良曾将卫三畏1848年版的《中国总论》借给赫德。[2]赫德于1855年3月30日记述：傍晚去丁韪良先生家，得到儒莲（Stanislas Aignan Julien）的《孟子》一书。[3]

掌握语言是汉学研究之起点。比较马礼逊、裨治文和卫三畏来华，丁韪良学习中文的环境已大为改善，加上丁韪良不仅勤学苦练，亦讲究方法。因此，丁韪良的汉语驾驭能力大大超过他的前辈。如：1844年中美签订《望厦条约》时，作为翻译，裨治文的汉语运用能力还不是很好。耆英曾向道光皇帝报告："米夷止有伯驾、裨治文二人，所识汉字无多，仅能为粤省土语，以致两情难以相通，甚为吃力。"[4]丁韪良来华伊始，就注重融入晚清社会；他在五口通商地区通过各种方式开展汉学研习活动，其汉语运用能力受到各方面高度称赞，这反映了鸦片战争后西方（包括美国）来华传教士研习汉学的新特点。

四、丁韪良发明宁波话拼音

丁韪良到中国不久，就充分展现了语言天赋，发现了各地口语方言之

---

〔1〕《天道溯原》四明企真子序，华北书会托印，民国二年（1913）天津公园印书处排印。转引自王文兵：《丁韪良与中国》，北京：外语教学与研究出版社，2008年，第33页。

〔2〕[美]凯瑟琳·布鲁纳、费正清等编：《步入中国清廷仕途——赫德日记（1854—1863）》，傅曾仁等译，北京：中国海关出版社，2003年，第48页。

〔3〕同上，第162页。儒莲（Stanislas Aignan Julien，1797—1873），法国汉学家，翻译了《孟子》《三字经》等中国典籍。

〔4〕中国第一历史档案馆编：《鸦片战争档案史料》第7册，天津：天津古籍出版社，1992年，第459页。

032

差异：中国人的口语可分为无数的方言。北部和西部的方言形成同一个基
于官话的方言类别，而东南部方言之间的区别就像欧洲东南部的语言差异
那么大。正如法语和西班牙语是在早先的凯尔特语和汪达尔语影响下所形
成的[1]，中国东南部的方言也可追溯到被文明程度更高的中国地域文化所同
化的土著部落。这种推测是基于一个在观相术上有显著差异的事实，例如
福州人高耸的颧骨与宁波人椭圆形脸庞之间的区别。用一两个字就足以说
明这些方言之间的差异程度。"人"在北京话中的发音为"jin"，在山东
话中是"yin"，上海话念"nieng"，宁波话说"ning"，福州话为"long"，
而广东话则是"yan"。"潮"在北京话中的发音是"ch'ao"，上海话为
"dzaw"，宁波话说"dziao"，而汕头话是"tie"。有些方言语调柔和，有
些听来刺耳，宁波话算是比较悦耳的。方言之间的差异是如此之大，以致
有句老话说："宁愿听苏州人骂大街，也不愿听萧山人唱情歌。"[2]

　　丁韪良还发现各地方言的声调不同：在所有的方言中，涉及一个全音
阶的声调，北部方言中只有三至四个声调，东南部的方言中则囊括了全音
域的八个声调，而在宁波周围的华东地区，只有一两个声调是值得注意的。
这种细微差异对于理解的重要性，可以用一位在福州居住过的英国朋友的
经历来加以说明。在学了一两个月汉语之后，有一天早晨他要厨子去买 18
颗"yangmi"（"杨梅"），即一种类似梅子的水果。让他大吃一惊的是，
厨子回来时气喘吁吁地挑着一担羊尾巴，一面还向主人表示歉意，因为他
在街上跑了大半天也只找到了 12 条羊尾巴。[3]

　　丁韪良的语言天赋不仅表现在较快掌握了宁波方言、文言文与官话，
还体现在他发明了宁波话拼音，即将中国方言拉丁化。

---

[1] 凯尔特语，又叫凯尔特语族，是印欧语系下的一族语言。汪达尔语，入侵罗马的一支古代日耳曼民族在大
约 3 至 6 世纪使用的日耳曼语。
[2] 沈弘注：本书中丁韪良所采用的是他自己所创建的一套拼音系统。参见丁韪良：《花甲忆记》，沈弘等
译，桂林：广西师范大学出版社，2004 年，第 28 页。
[3] 丁韪良：《花甲忆记》，沈弘等译，桂林：广西师范大学出版社，2004 年，第 28 页。

　　将中国方言拉丁化的做法并非丁韪良首创，自利玛窦以来的天主教传教士以及早期新教传教士都进行了这方面的努力。在 1851 年至 1866 年的 15 年间，超过百分之十的在华新教传教士（大约 37 名），以拼音文本形式出版了中文书籍。[1]

　　丁韪良在《花甲忆记》一书中记述发明宁波话拼音之缘起：不数月，本会将男学堂令其家兄管理，派丁韪良城内居住，专习汉文，以备著书立说之用。但欲习汉文，必先习俗语。然土话苦于无字可写，是以思将洋字编音，幸遇一少年先生，聪明异常，见而即明。一日忽以洋字写信，邀丁韪良赴席。视之不胜欢喜，以示同人，观之，无不大悦。当即会议设立小学数处，译福音及别种善书，都以洋字编成土音，至今越六十年矣，该处尚有传习者，盖于不识字之老幼男女甚便也。[2]以上自述，有两点值得注意：一是丁韪良重视"专习汉文"的目的，是"以备著书立说之用"，说明他来华之初已有"著书立说"之志。二是"欲习汉文，必先习俗语。然土话苦于无字可写，是以思将洋字编音"，这是丁韪良发明宁波话拼音的直接动因。

　　于是，丁韪良兴致勃勃地自创宁波话拼音系统。"宁波话只有口语，无法用文字来表达。而汉字是一种表意文字，语音的音值很不确定，所以我们不得不尽力而为，用无所不包的罗马字母来加以表达。"[3]由于没有任何课本或词汇表来指引学习，当时在宁波的传教使团还没有任何此类出版物，"我只好自己创建了一套拼音系统。我把德语中的，或者说是欧洲语言中的元音作为基础，加上其他一些变音符号，很快就编出了一套音标，使我能够复制从老师嘴唇里说出来的话语。我突然想到，应该教他以同样

〔1〕John De Francis. *Nationalism and Language Reform in China*, Princeton: Princeton University Press, 1950, p. 15. 转引自 Ralph Covell. *W. A. P. Martin: Pioneer of Progress in China*, Washington: Christian University Press, 1978, p. 75.
〔2〕丁韪良：《花甲忆记》，赵受恒译，上海：商务印书馆，1910 年，第 7 页。
〔3〕丁韪良：《花甲忆记》，沈弘等译，桂林：广西师范大学出版社，2004 年，第 28 页。

的方式把他的话写下来。而这样做简直是轻而易举，因为我新聘请的那位姓鲁的老师接受能力很强。只用了一两天，他就能写下单独的词组，一星期以后，我就从他那儿收到了一张书写工整的便条，请我们到他家去共进'tiffin'（'午餐'）。"[1]

接着，丁韪良向外国同行展示自己发明的拼音，并组成学社推广这种拼音方法：这种拼音系统的清晰性和简便性使丁韪良喜出望外，所以他就在吃早餐的餐桌处醒目地展示了这套拼音系统。一个已经在传教使团工作了七年，而且被人们称作"预言家"的传教医师用冷嘲热讽来打击丁韪良的积极性，宣称假如他教会里一个本地人做这样的事，他"绝不会认为自己做了件'haoze'（'好事'）"，即有价值的事。接着丁韪良向安立甘会（即圣公会）的郭保德（R. H. Cobbold）、禄赐悦理（W. A. S. Russell）和高富（F. F. Gough）等人展示了自己的拼音系统，轮流拜访他们，"并解释我想如何用这套拼音系统来教本地的中国人写罗马字母。他们对此表示了最热情的赞赏，完全认同一位本地人已经学会写拼音的事实，并且由此预见到推广这种拼音方法的重大意义。就在1851年1月这个令人难忘的一天结束之前，我们组成了一个学社，其宗旨就是为了确定一个用以把'宁波口语'写下来的拼音系统。其他的传教士也陆续加入到这一运动中来，最后，就连那位曾经对我冷嘲热讽的传教医师也以热情和富有成效的合作弥补了他先前的冷淡。"[2]

丁韪良下一步就是准备刊印书籍。在请人用单独的角质材料刻了一副罗马字母活字以后，他教会了一位年轻人用它们在识字课本的每一页上盖印。"这种识字课本是以中国的方式刻版印刷的，虽然字迹粗糙，但应被视为是新学问的萌芽，因为当时虽然它只限于在宁波地区的传教使团内部

〔1〕丁韪良：《花甲忆记》，沈弘等译，桂林：广西师范大学出版社，2004年，第29页。
〔2〕同上，第29页。

使用，但也发挥了很大的作用。"[1]

丁韪良此时做"新学问"与研究汉学，目的还是服务于传教。他记述道：当地的中国人看到自己的孩子只学了几天就能够阅读，都感到十分惊奇，因为他们学汉语，往往要经过数年的悬梁苦读才能做到这一点。70 岁的老婆婆和不识字的仆人与劳工在皈依基督教时都发现这种拼音的方法能使自己张开眼睛，用生来就会的母语阅读上帝的《圣经》。"这种新方法的优点是如此明显，以致我有时候想象它也会在不信教的中国人之间传播。然而到目前为止，这个期望还没有变成现实。但类似的试验在厦门和上海也成功地得到了验证。"[2]

1851 年 7 月初，丁韪良郑重地向宁波长老会出版委员会（Publication Committee of the Presbyterians in Ningpo）提出请愿，要求允许在女校和男童寄宿学校使用这套拼音系统。该要求被转交给执行委员会（Executive Committee），执行委员会在（美国）国内与宣教部进行审议。丁韪良提出发明罗马化拼音的主要理由是，它为大多数不识字的中国人提供了一种快速学习识字的方法。他认为，长老会学校的目标应该是训练心智，并在科学和西方文学中用它提供有用的信息。只有口语就足够了，学生获得更多的知识将继续提高学校的声誉，吸引更多的学生。他还认为，罗马化拼音将是教会教师的一个有用的课堂工具，它将提高妇女的识字能力，促进对《圣经》的理解。[3]

但麦嘉缔提出反对意见，认为：中国人通过努力就可学会繁体字，通过认字也可以学好口语。美国圣公会的文惠廉（William Boone）和伦敦会（LMS）的麦都思（Walter Medhurst）通过教学已经证明了这一点。麦嘉

---

〔1〕丁韪良：《花甲忆记》，沈弘等译，桂林：广西师范大学出版社，2004 年，第 29 页。

〔2〕同上，第 30 页。

〔3〕China Letters, III, Ningpo, Martin to Board, #189, August 4, 1851. 转引自 Ralph Covell. *W. A. P. Martin: Pioneer of Progress in China*, Washington: Christian University Press, 1978, p. 63.

036

缔指出，罗马化在新加坡的实验就曾失败，在宁波长老会的一所日校里，超过一半的学生被吓跑了。他还补充说，即使这个系统克服了目前的缺陷，它也不可能适用于所有的方言，只适用于教会学校，而且不应取代文字。[1]

1852 年春天，蓝亨利报告说，教会已经准备好采用罗马化的铅字。它被用来印刷几本小册子，与伦敦传道会联合开展一个《圣经》翻译项目，甚至包括麦嘉缔。[2] 在年度会议上，对罗马拼音的反对声音减少了，通过了一项动议，规定将其作为所有教会学校的正规学习之一，每天最多学两个小时。[3] 在接下来的两年里，这个实验在学校和传教作品中进行。在 1854 年的年度会议上，罗马拼音的支持者们在他们实验成功的鼓舞下，超过了界限，强行通过了一项决议，要求将罗马化的方言文本在教育系统居于中心位置予以推广，而中文只给较聪明的学生使用。[4] 麦嘉缔愤怒地向美国长老会总部提出抗议，声称前面的实验结果不能证明大规模使用的合理性，不应该让那三个把汉字当成"诅咒"的人将标准书面语赶出学校。[5] 这三个人显然是指丁韪良兄弟和蓝亨利。麦嘉缔说，十分之九的女仆无法使用拼音，只有两个中国成年人掌握了，而且"我们的学者除此之外就看不懂别的了"。[6] 美国长老会传道部听取了麦嘉缔的意见，推翻了宁波传

---

〔1〕*China Letters*, III, Ningpo, Martin to Board, #189, August 4, 1851. 转引自 Ralph Covell. *W. A. P. Martin: Pioneer of Progress in China*, Washington: Christian University Press, 1978, p. 64.

〔2〕*China Letters*, III, Ningpo, McCartee to Board, #204, October 17, 1851; *China Letters*, III, Ningpo, Rankin to Board, #213, March 3, 1852. 转引自 Ralph Covell. *W. A. P. Martin: Pioneer of Progress in China*, Washington: Christian University Press, 1978, p. 64.

〔3〕*China Letters*, III, Rankin to Board, #227, October 2, 1852. 转引自 Ralph Covell. *W. A. P. Martin: Pioneer of Progress in China*, Washington: Christian University Press, 1978, p. 64.

〔4〕*China Letters*, IV, Ningpo, McCartee to Board, #24, October 5, 1854; *China Letters*, IV, Ningpo, #39, October 1, 1854. 转引自 Ralph Covell. *W. A. P. Martin: Pioneer of Progress in China*, Washington: Christian University Press, 1978, p. 64.

〔5〕*China Letters*, IV, Ningpo, McCartee to Board, #24, October 5, 1854. 转引自 Ralph Covell. *W. A. P. Martin: Pioneer of Progress in China*, Washington: Christian University Press, 1978, p. 64.

〔6〕*China Letters*, IV, Ningpo, McCartee to Board, #24, October 5, 1854. 转引自 Ralph Covell. *W. A. P. Martin: Pioneer of Progress in China*, Washington: Christian University Press, 1978, p. 64.

教士会议的决定。[1]

　　丁韪良没有记录下自己当时的反应，但他接受了这一转变。而后罗马拼音书籍大量出现，满足了教会的需要。后来几年，丁韪良承认，他早期希望在讲方言或官话的中国非基督徒的人中推广罗马化拼音体系，但没有实现。[2]1902 年，丁韪良在《教务杂志》上发表《对地方方言进行罗马拼音化的请求》("A Plea for the Romanizing of Local Dialects")，仍然感到需要建立一种书面的拉丁化体系作为交流媒介，为大众提供一种"逃离中国知识束缚的方式"，并表示希望京师大学堂能尝试这种新体系。[3]1907年 9 月，丁韪良在《教务杂志》第 9 期的"中华教育会专栏"中发表《关于罗马拼音的呼吁》("A Plea for Romanization")一文，梦想中国各地废除方言，成为一个"说同一种语言"的国家。[4]丁韪良与传教士们推广的"洋字编音"，客观上刺激了 20 世纪中国语言领域的改革，最终导致了民国时期汉语拼音方案的确定使用，拉丁化体系最终成为民国时期到新中国成立后诸汉语拼音方案的滥觞。[5]

　　综上所述：丁韪良来华伊始，就注重考察与融入晚清社会；他在五口通商地区的汉学初步研习活动，反映了鸦片战争后，西方（包括美国）来

〔1〕*China Letters*, IV, Ningpo, Rankin to Board, #59, June 1, 1855. 转引自 Ralph Covell. *W. A. P. Martin: Pioneer of Progress in China*, Washington: Christian University Press, 1978, p. 65. 笔者认为：此时为了传教便利，丁韪良似乎主张废除汉字，完全推行拼音化。这么做是无视中国人对自己文化的感情，也无视中国文化的存在。丁韪良提倡拼音自然有其意义所在，但意图取代汉字，则是草率浮躁之举。但后来丁韪良还是肯定了汉字的文化价值和意义。如他在《花甲忆记》（1896 年）一书中谈到汉字的起源，向西方人介绍汉字是如何形成的，并说明汉字所具有的魅力。（参见丁韪良：《花甲忆记》，沈弘等译，桂林：广西师范大学出版社，2004 年，第 35 页。）

〔2〕*China Letters*, IV, Ningpo, Martin to Board, #17, July 7, 1854. 转引自 Ralph Covell. *W. A. P. Martin: Pioneer of Progress in China*, Washington: Christian University Press, 1978, p. 65.

〔3〕W. A. P. Martin. "A Plea for the Romanizing of Local Dialects", *The Chinese Recorder*, Vol. XXXIII, January 1902, p. 19. 转引自 Ralph Covell. *W. A. P. Martin: Pioneer of Progress in China*, Washington: Christian University Press, 1978, p. 65.

〔4〕W. A. P. Martin. "A Plea for Romanization", *The Chinese Recorder*, Vol. XXXVIII, September 1907, p. 502. 转引自 Ralph Covell. *W. A. P. Martin: Pioneer of Progress in China*, Washington: Christian University Press, 1978, p. 65.

〔5〕Ralph Covell. *W. A. P. Martin: Pioneer of Progress in China*, Washington: Christian University Press, 1978, p. 65. 转引自王文兵：《丁韪良与中国》，北京：外语教学与研究出版社，2008 年，第 42、32 页。

华传教士研习汉学之新特点。丁韪良将发明宁波话拼音"视为是新学问",这说明丁韪良在宁波传教期间就有明确的做"新学问"的意识。丁韪良发明宁波话拼音,无疑成了他一生研究汉学的重要起点。传教需要,成为该时期丁韪良关注中华文化和研习汉学的主要动力。

1863 年丁韪良出版《认字新法·常字双千》。该书虽含有基督教的内容,但对于来华传教士学习汉语是有帮助的,而且对汉语注音由《康熙字典》的切音发展到汉语拼音,具有一定的促进作用。[1]

第二节　丁韪良宣教作品与汉学研究

一、丁韪良与《天道溯原》

1. 写作缘由、内容与材料来源

（1）《天道溯原》写作缘由

丁韪良于宁波传教期间撰写了中文宣教作品《天道溯原》。谈到写作缘由,丁韪良在《花甲忆记》中说:他在宁波讲道时,听众有一部分是受过教育的文人,有些是教师和其他传教使团的本地传道人。他感到需要有一本为基督教教义辩护或提供证据的论著,于是决心撰写《天道溯原》。丁韪良说:他"一边心里考虑该书的主题和提纲,一边把它们作为晚上讲道的话题——不仅是表达我的观点,而且是跟听众一起来进行讨论。每天早上我就将前一天晚上已经加热和锻造过的话题内容整理成形。我没有遵循任何权威,没有从教科书里翻译过任何内容,而且在我的讲演中也很少提及那些教科书。由于内容和形式都是来自偶尔的场景,其结果就是一部

---

〔1〕参见傅德元:《丁韪良与近代中西文化交流》,台北:台大出版中心,2013 年,第 198-201 页。

鲜活的、适合于中国人趣味和需求的书"。[1]丁韪良又说：他著《天道溯原》一书，意在究其根源，揆其事理，俾知所传之道并非托诸虚词，皆有所本。[2]丁韪良还说：夫与士人辩论，深知必由圣教确据为始。是以每日草创数篇，请人润色之，遂集腋成裘，名曰《天道溯原》。[3]

从丁韪良记述可见，《天道溯原》系为宣教而作，特点有四：

第一，与此前多数宣教作品直接传播基督教教义有所不同，《天道溯原》"意在究其根源，揆其事理，俾知所传之道并非托诸虚词，皆有所本"，丁韪良一定程度上采用"著书立说"，即研究学问的方法，来实现宣教之目的。[4]

第二，《天道溯原》内容与形式均出自现场讲道，是他在宣教过程中或"与士人辩论"、或"跟听众讨论"时，萌发论题，每日草创数篇，"遂集腋成裘"。

第三，"这部书的宗教目的虽然很明确，但仍能迎合读者们爱好科学知识的趣味。它尝试通过向异教徒们展示自然的统一性和美，以证明基督教的合理性"。[5]

第四，在语言文字上"请人润色之"，糅进一些中国传统文化，"合乎中国人的口味"。本书稍后即做进一步分析，上述特点使得《天道溯原》带有某些汉学韵味。

---

〔1〕丁韪良：《花甲忆记——一位美国传教士眼中的晚清帝国》，沈弘译，桂林：广西师范大学出版社，2004年，第41页。
〔2〕《天道溯原》光绪三十三年（1907）丁未夏四月丁韪良序，民国二年（1913）天津公园印书处排印，华北书会托印。转引自王文兵：《丁韪良与中国》，北京：外语教学与研究出版社，2008年，第47页。
〔3〕丁韪良：《花甲忆记》，赵受恒译，上海：商务印书馆，1910年，第10页。
〔4〕在丁韪良来中国之前的五年里，宁波的传教士们"写了29本不同的作品，从几页的小册子到一百多页的书。1848年共出版18本书，总共发行75850册"。其中大多数是小册子、简短的教义和《圣经》节选。这是该时期宣教作品的基本状况。这些书都是用中文印刷的。（参见 Ralph Covell. *W. A. P. Martin: Pioneer of Progress in China*, Washington: Christian University Press, 1978, p. 49.）
〔5〕丁韪良：《中国觉醒》，沈弘译，北京：世界图书出版公司，2010年，第222页。

040

（2）《天道溯原》内容与版本

据伟烈亚力介绍，《天道溯原》（*Evidences of Christianity*）早期版本情况：该书 1854 年（咸丰四年）于宁波初次刊刻，共 3 卷，77 页。第 1 卷 6 章，关于自然物中的证据；第 2 卷 7 章，关于历史的和文学的证据；第 3 卷 9 章，关于教义的和实践上的证据。还有两篇序言（其中一篇为四明企真子即范蓉埭所作）和一份目录。1858 年（咸丰八年）该书在宁波出版修订本，共 91 页，其中第一篇序言由另一人所写（原范蓉埭序保留，新增候补教谕唐传中序），第 1 卷增加了有关（基督教）原理的一章，第 3 卷的最后也增加了一章，内容关于三位一体。该书经再次修订后于 1860 年在宁波出版，共 118 页。[1]

1864—1865 年间包尔腾将《天道溯原》翻译成官话，称作《天道溯原直解》。[2]包尔腾在简短的"包主教序"中说："我看他说理透切，行文精当，深为佩服。"因想这书讲论天道的根源，人事的始末，实在可作引人归道的法门。不但文人学士应当揣摩，凡农商工贾、男妇老幼，无不应当遵奉。特恐文辞富丽，有非读书人不能懂得的，现在用官话翻译出来，叫不晓文艺的人都可明白，虽在道理上不能多有阐发，或者与传道的事可以小有帮助。[3]

丁韪良 1913 年作简短"自序"说：回忆 1864 年，英国包牧师尚未升主教，暂住北京，"一日特来劝余，将《天道溯原》翻译成官话，余正在总署翻译公法，无暇及此"，包牧师慨然允许自乘其工，厥后其书屡见勘印广传，现将包牧师译文校阅一过，无非正讹，以免错误，包牧师原跋现

---

〔1〕[英]伟烈亚力：《1867 年以前来华基督教传教士列传及著作目录》，倪文君译，桂林：广西师范大学出版社，2011 年，第 75 页。
〔2〕丁韪良：《天道溯原》，包尔腾译，天津：津汉基督圣教协和书局，1917 年，"天道溯原直解引"第 1 页。
〔3〕同上，"包主教序"第 1 页。

改作序。[1]

据 1869 年（同治八年）新铸铜版《天道溯原》，上卷共七章，内容分别为：以星宿为证、以五行为证、以生物为证、以人身为证、以灵魂为证、以禽兽昆虫为证、论万物皆彰主宰之德。中卷亦七章，内容分别为：论天主垂教为人所不可少、以预言为证、以神迹为证、以道之行为证、以教化为证、以道之妙为证、释疑端以明真道，附录明相国徐光启奏留天主教书、碑文。下卷共十章，内容分别为：论圣书原文译文、论魂之永生身之复苏与末日之审判、论始祖违命累人、论耶稣赎罪救人、论圣灵复人之本性、论世人赖信以得救、论信者当力修圣德、论信者当恒心祈祷、论信者当谨守圣礼貌、论三位一体。[2]

此后，丁韪良又对《天道溯原》做过多次修订与再出版。1887 年，"因行世既久，中华日本屡次翻刻，未免错误积多"，"曾将原本细加校阅删补"。1907 年又"复详为勘订"。[3] 1913 年（民国二年）华北书会的重印本另增加了赵受恒的中英文"弁言"。[4]

（3）《天道溯原》部分材料来源

丁韪良在宁波期间，有条件阅读到一些与传教有关的书籍。1851 年宁波长老会传教图书共有 525 册，有 Nichelson 的百科全书（*Encyclopedia*），各种圣经评论，加尔文（John Calvin）的《基督教要义》（*Institutes of the Christian Religion*），亚历山大（Alexander Campbell）的《基督教证据》（*Evidences of Christianity*），佩利（William Paley）的《自然神学》（*Natural Theology*），卫三畏的《中国总论》，30 卷本《传教士先驱报》（*The*

〔1〕丁韪良：《天道溯原》，包尔腾译，天津：津汉基督圣教协和书局，1917 年，"自序"第 1 页。"自序"作于 1905 年 6 月，1917 年津汉基督圣教协和书局印行的官话本"天道溯原直解"，封面仍称《天道溯原》，署"丁韪良著"。
〔2〕丁韪良：《天道溯原》，同治八年新铸铜版印本，上海：苏松上海美华书馆，1869 年，"目录"。
〔3〕《天道溯原》1907 年 5 月自序，华北书会托印，民国二年（1913 年）天津公园印书处排印。转引自王文兵：《丁韪良与中国》，北京：外语教学与研究出版社，2008 年，第 48 页。
〔4〕王文兵：《丁韪良与中国》，北京：外语教学与研究出版社，2008 年，第 48 页。

Missionary Herald），20 卷本《中国丛报》，10 卷本《外国传教纪事》（ *The Missionary Chronicle*），以及有关地理、古代历史和语法的许多单册。[1]"丁韪良可能通过阅读来自广州（Canton）的信件和杂志文章受到影响，传教士们在那里建立了一个医院，一个教育协会和'中国益智会'。他无疑熟悉卫三畏的印刷工作和麦嘉缔（后来成为他在宁波的同事）的医学事业。"[2]

晚清美国公使田贝（Charles Denby）印象：《天道溯原》就是佩利《自然神学》一书的翻译。[3]

1861 年上海出版的《长老会使团出版社出版物著录》言道：虽然丁韪良声称没有遵循特定的教科书，但是《天道溯原》的前三章与威廉·佩利（William Paley）的《自然神学》（*Natural Theology*）的结构编排相似。[4]

据美国学者柯饶富（Ralph Covell）考证：佩利关于道德哲学和自然神学的书籍曾经在美国大学里很出名。[5]《天道溯原》的材料和观点借鉴了威廉·佩利的《自然神学》（*Natural Theology*）、杜格尔德·斯图尔特的《道德哲学纲要》（*Outlines of Moral Philosophy*，Edinburgh，1793）等基督教哲学作品。[6]

如：《天道溯原》第一卷，丁韪良在西方近代科学常识的基础上，用自然神学论证方法，对日月星体、五行、生物、人体、生命原则（灵魂）、

---

〔1〕长老会传教图书馆的目录（宁波，1851 年）。参见 Ralph Covell. *W. A. P. Martin: Pioneer of Progress in China*, Washington: Christian University Press, 1978, p. 72.

〔2〕Kenneth Scott Latourette. *A History of Christian Missions in China*, London, 1919, pp. 217-227. 转引自 Ralph Covell. *W. A. P. Martin: Pioneer of Progress in China*, Washington: Christian University Press, 1978, p. 22.

〔3〕Charles Denby. *China and Her Peoples*, 2 vols., N. Y., 1906, p. 217. 转引自 Ralph Covell. *W. A. P. Martin: Pioneer of Progress in China*, Washington: Christian University Press, 1978, p. 110.

〔4〕*Descriptive Catalogue of the Publications of the Presbyterian Mission Press*（《长老会使团出版社出版物著录》），Shanghai, 1861, p. 6. 转引自 Ralph Covell. *W. A. P. Martin: Pioneer of Progress in China*, Washington: Christian University Press, 1978, p. 110.

〔5〕Wilson Smith. *Studies of Northern Philosophers Before the Civil War*, Ithaca, 1956, pp. 215-216. 引自 Ralph Covell. *W. A. P. Martin: Pioneer of Progress in China*, Washington: Christian University Press, 1978, p. 126.

〔6〕Ralph Covell. *W. A. P. Martin: Pioneer of Progress in China*, Washington: Christian University Press, 1978, pp. 110-114.

昆虫和动物等进行神学阐释来论证上帝的存在。试图从世界的秩序性和人的知觉性等角度推论出上帝存在。这几乎就是佩利在《自然神学》中使用的方法。[1]

《天道溯原》第二卷，内容是关于基督教启示神学。第一章"上天垂教为人所须"，解释了启示的作用；第七章"释疑端以明真道"，试图解答人们对基督教信仰的疑惑，其间分析了五类证据：预言、神迹、基督教信仰的传播、圣经教义的转化能力和"道"的奇妙。第二卷的内容是从《圣经》教义来证明基督教的合理性。[2]

《天道溯原》第三卷为"论道之大端"，大量引用《圣经》来展示基督教的基本教义。主要章节内容有论圣经原文、译文；论永生、复活；论亚当和夏娃的罪对人的影响；论救赎、重生；基督教道德的培养祷告等。这卷的内容可能用于布道问答。[3]

柯饶富认为：《天道溯原》在形式上参考了耶稣会士的著作。丁韪良显然广泛阅读了明朝时期耶稣会的著作，并喜欢把自己看作是一个信奉新教的利玛窦（Matteo Ricci）。利玛窦重要的著作之一是《天主实义》，从护教的方法和形式上看，《天道溯原》与它有着明显的相似之处。[4]

柯饶富还认为，丁韪良以《长老会信仰告白》（*Presbyterian Confession of Faith*）和《加尔文授予圣职书》（*Calvin's Institutes*）为《天道溯原》下卷（尤其第三节）的教义部分提供了大部分的内容。[5]丁韪良在新奥尔巴尼神学院最亲近的老师是神学教授约翰·马修斯（John Matthews），他唯一的教科书是《长老会信仰告白》。[6]

---

[1] Ralph Covell. *W. A. P. Martin: Pioneer of Progress in China*, Washington: Christian University Press, 1978, p. 110.

[2] Ralph Covell. *W. A. P. Martin: Pioneer of Progress in China*, Washington: Christian University Press, 1978, p. 114.

[3] Ralph Covell. *W. A. P. Martin: Pioneer of Progress in China*, Washington: Christian University Press, 1978, p. 118.

[4] Ralph Covell. *W. A. P. Martin: Pioneer of Progress in China*, Washington: Christian University Press, 1978, p. 114.

[5] Ralph Covell. *W. A. P. Martin: Pioneer of Progress in China*, Washington: Christian University Press, 1978, p. 123.

[6] Ralph Covell. *W. A. P. Martin: Pioneer of Progress in China*, Washington: Christian University Press, 1978, pp. 130-131.

044

　　王文兵认同柯饶富的上述考证，并认为《天道溯原》表露出丁韪良在传教思想上的未来趋向。由于丁韪良用建立在西方近代科学基础上的自然神学传道，自然而然就会像利玛窦一样转向以上层人士为目标，再由他们影响大众而接受福音。丁韪良在 1906 年 8 月 4 日作的《传教士在中国传播世俗知识上的作用》一文中自评《天道溯原》道：“虽然（《天道溯原》）其主旨是直接关乎宗教的，但它引起读者追求科学知识的兴趣，通过展示自然之统一以及美妙来赢得异教国家于偶像崇拜中，并企图展示我们启示宗教的合理性。”[1]

　　由上可见，尽管丁韪良自述撰写《天道溯原》，“我没有遵循任何权威，没有从教科书里翻译过任何内容，而且在我的讲演中也很少提及那些教科书”，但据上述考证，《天道溯原》的某些观点和内容，与其来华前在美国接受的神学教育是密切相关的。

　　2.《天道溯原》与附儒之传教策略

　　丁韪良编写传教宣传品，一开始就重视处理基督教与儒学的关系，这涉及传教策略问题。其代表作《天道溯原》就体现了这一点。概括起来，《天道溯原》与儒学的关系主要体现在如下几个方面。

　　第一，借用儒学概念。

　　借用儒学词语来说明基督教的教义，借用儒学的一些思想牵强附会地糅进基督教宣教作品，便于人们能够从文字、语言的角度拉近基督教与儒学的距离。其实，早在耶稣会士在华期间，一些传教士就已经这么做了。

　　《天道溯原》借用了儒家的天、道、理、神、上帝等概念，利用文言文意思模糊的特性，有意隐藏原有的儒家含义，改造和变化成基督教的含义。笔者从《天道溯原》以下几段有代表性的话语中，试图找出丁韪良如何化儒为耶、以基督教的含义来取代儒家的关键含义。

〔1〕W. A. P. Martin. *The Awakening of China*, New York: Doubleday, Page & Company, 1907, p. 289. 转引自王文兵：《丁韪良与中国》，北京：外语教学与研究出版社，2008 年，第 60 页。

举例 1：夫道之大原出于天。斯言最为确论。其所谓天，非苍苍之天，乃宇宙之大主宰也。其性则圣而不可知，所以称之曰神。因世俗尝奉人鬼以为神，故又别之曰真神。[1]

《天道溯原》这段话两处引用儒家思想：

其一，"道之大原出于天"，出自董仲舒《举贤良对策三》："道之大原出于天，天不变，道亦不变。"[2]作为道之大原的天，有本体论的意义，但还不到宇宙论的程度。作为仁惠百姓的天，是属于德化的天的理论，可以与先秦的道德形而上学相整合。[3]

中国上古已有"天道""天命"的"天"的观念，此"天"虽似西方的"上帝"，为宇宙之最高主宰，但天的降命则由人的道德决定，此与西方宗教意识中的"上帝"大异。在中国思想中，天命、天道乃通过忧患意识所生的"敬"而步步下贯，贯注到人的身上，便作为人的主体。[4]

丁韪良先引用董仲舒的"道之大原出于天"，表示肯定；再转化为基督教的含义，说这个"天"指的是"上帝"。从基督教的角度，道无疑指的是逻各斯（logos）。

将古希腊逻各斯哲学概念首先引入神学的是犹太教的斐洛（Philo，前25—40）。他认为，"上帝"的智慧是内在的逻各斯。其后出现的《约翰福音》（四福音最晚的一部，成型约在公元 1—2 世纪）中，"上帝"与逻各斯成为一体。丁韪良以道来比附逻各斯，无疑也是为了突出"上帝"的作用。

其二，接着丁韪良引用《孟子》的"圣而不可知之之谓神"，用"神"来指"上帝"。

---

〔1〕丁韪良：《天道溯原》，同治八年新铸铜版印本，上海：苏松上海美华书馆，1869 年，"引言"第 1 页。
〔2〕韦政通：《中国哲学辞典》，长春：吉林出版集团有限责任公司，2009 年，第 571 页。
〔3〕韦政通：《中国思想史》上册，长春：吉林出版集团有限责任公司，2009 年，第 326 页。
〔4〕牟宗三：《中国哲学的特质》，长春：吉林出版集团有限责任公司，2010 年，第 17-18 页。

《孟子》的"圣而不可知之之谓神"（《孟子·尽心下》），意思是：道德的终极表现谓圣，而圣德之内在的深度之不可测，与其见于外之感化之功，不可测处，名之曰神。[1]钱穆认为，儒家承认自然宇宙的最后终极是一神，但并不是人格之神。此所谓神指的是宇宙大形气的自身内部包孕有神性。所以此神并非创出宇宙之神，而成为此宇宙本身内涵之一德性。此说备见于《周易》的《系辞传》：神无方而易无体。神无方所，自然更无人格性。此神仅是整个宇宙造化之充周流动而无所不在者。[2]

可见，此神非彼神。丁韪良借用了中国儒家含义的词语，利用文言文的可阐释性和模糊性，作出基督教立场的诠释。

举例 2：故有天即理之说。致活泼泼之神，等于无知觉之理。[3]

这句意思是：在神学里，有人格有意志的"上帝"，跟逻各斯（道）有同一性。"天即理"是宋儒学者对儒学的发展，宋朝理学家程颢说，"天即理即心"，认为"道"或天理就在人的心中，要人们从自我修养中去穷尽"天理"。"活泼泼地"，原是宋朝时禅宗的熟语，后理学家常用于解释义理。如王阳明《传习录》卷下："天地间活泼泼地，无非此理，便是吾良知的流行不息。"[4]丁韪良用这些词解释的含义则是大相径庭，他用"活泼泼之神"指有人格有意志能行动的"上帝"，用"无知觉之理"指逻各斯（Logos）。逻各斯是古希腊哲学、西方哲学及基督教神学的重要概念。在古希腊文一般用语中有话语的意思；在哲学中表示支配世界万物的规律性或原理。在基督教产生前，希腊化的犹太教哲学家斐洛以希腊哲学的唯灵主义成分来改造犹太宗教。斐洛从"道"或"逻各斯"的概念出发，认为"道"是先验的上帝与他所创造的世界及人类交往的媒介，是一种世界

〔1〕参见韦政通：《中国思想史》上册，长春：吉林出版集团有限责任公司,2009年，第349页；唐君毅：《中国哲学原论》上册，北京：中国社会科学出版社，2006 年，第113 页。
〔2〕钱穆：《灵魂与心》，桂林：广西师范大学出版社，2004年，第60 页。
〔3〕丁韪良：《天道溯原》，同治八年新铸铜版印本，上海：苏松上海美华书馆，1868 年，"引言"第2页。
〔4〕王阳明：《传习录》，北京：中国画报出版社，2013年，第320 页。

理性。犹太教的上帝和各位先知本来是直观的宗教概念，斐洛通过把希腊哲学的"逻各斯"概念引入其中，使他们都具有了形而上学的性质，对基督教产生了巨大的影响。《新约·约翰福音》中的"道成肉身"的观点，显然受了斐洛上述思想的影响。[1]在基督教里，逻各斯是耶稣基督的代名词，也是万物的规律的源头。

可见，中国文言文的词语在解释上有一定的随意性，可以被有心地解释成另一个文化系统的意思，却具有完全不同的含义。

举例 3：《礼记·郊特牲》篇曰，帝牛不吉，则以为稷牛。此所以别事天神与人鬼也。夫稷乃周之始祖，教民稼穑，功莫与京。而尚称为人鬼。孔子亦言未能事人，焉能事鬼。则外此者之不得称神。[2]

《礼记·郊特牲》的"帝牛不吉，则以为稷牛。此所以别事天神与人鬼也"，意思是，祭天的牛如果因某种原因不便使用，就用祭后稷的牛来代替。祭天用的牛必须精心饲养三个月，而祭后稷用的牛只要有一头就行，哪怕是临时拉来的。这里可以看出祭祀天神和祭祀人鬼是有区别的。[3]

丁韪良这段文字在说，儒家崇尚的很多是有功德于民的忠臣、孝子、仁人等君王敕封为神的人。他们属于人鬼之类，不能把他们当作神。即使像《礼记》里的后稷，作为周的始祖，也只能得到较为次等的祭祀。丁韪良又引用孔子的话说"焉能事鬼"[4]，然后得出西方的"上帝"不同于人、鬼，具有独一无二的主宰地位的结论。这里可以看出，丁韪良把中国文化的细节看得很透，而企图将基督教教义混淆其中，达到中国古籍本来就在说基督教思想的效果。丁韪良的话对儒家本来的语境和思想没有推进的作

---

〔1〕参见赵林：《基督教思想文化的演进》，北京：人民出版社，2007 年，第 26-27 页。
〔2〕丁韪良：《天道溯原》，同治八年新铸铜版印本，上海：苏松上海美华书馆，1868 年，"引言"第 3 页。
〔3〕参见吕友仁、吕咏梅译注：《礼记全译·孝经全译》上册，贵阳：贵州人民出版社，2009 年，第 379-381 页。
〔4〕孔子："未能事人，焉能事鬼。"见《论语·先进》。

用，而只有消解原意和另行重构的作用。

利玛窦在《天主实义》中，也引用《论语》"敬鬼神而远之"，解释为"吾不敢以此简吾上帝之尊也"。[1]

诠释经典的方法在耶稣会士中很受重视，所以方济各会士利安当（Antonio de Caballero）撰写了一部著作，其中赋予了整整一大批引自《四书》中的章句一种基督教的意义。利安当的著作是《天儒印》，标题也可以翻译作《论天主教和儒教之非常吻合性》。总之，其目的在于使中国人相信他们误解了自己的传说。[2]

举例4：其位则至尊无对，所以称之曰帝。因世间亦尊君王以为帝，故又别之曰上帝。其心则好生为德，创造人类。[3]惟彼真神，不同人类。外乎死生，先乎天地。宇宙出其匠心，万物凭其主宰。中华经书称曰上帝，性理书称之曰大造化工。吾教翻译《圣经》，或称曰神，或称曰天主，或称曰上帝。其称虽不一，而其意则同指天地间独一无二之主宰也。[4]

"好生为德"，典出《尚书·大禹谟》："好生之德，洽于民心，兹用不犯于有司。"在上古殷人的宗教中，他们最崇拜的天神叫作"帝"，或称"上帝"，是表示帝之所在为"上"的意思。胡厚宣把上帝的权能共列为八种：（1）令雨；（2）授年；（3）授佑；（4）降若（善、祥）；（5）降福；（6）降叹（旱灾）；（7）降征（灾害）；（8）作它（灾害）。[5]上帝具有帝廷，帝廷里有日、月、风、雨等自然神为官。人间的王还不能直接诉请于上帝，如殷王向上帝祈丰年或祈天气时，必须先请求于故世的先祖，

〔1〕［意］利玛窦：《天主实义今注》，［法］梅谦立注，谭杰校勘，北京：商务印书馆，2014年，第131-132页。

〔2〕［法］谢和耐：《中国和基督教——中国和欧洲文化之比较》，耿昇译，上海：上海古籍出版社，1991年，第43页。

〔3〕丁韪良：《天道溯原》，同治八年新铸铜版印本，上海：苏松上海美华书馆，1868年，"引言"第1页。

〔4〕同上，"引言"第3页。

〔5〕胡厚宣：《甲骨文所见殷代之天神》，《责善半月刊》1940年第2卷第16期。转引自韦政通：《中国思想史》上册，长春：吉林出版集团有限责任公司，2009年，第21页。

先祖才能直接晋谒上帝，并转达人王的请求。殷王祈求时，必举行祭祀的仪式，但真正享祭的是先祖，不是上帝。从卜辞中的上帝不享祭这一事实，一方面可以使人想到上帝与人之间有很大距离，另一方面也可以使人想到"殷人的帝很可能是先祖的统称，或是先祖观念的一个抽象"。[1]

利玛窦是第一个参照中国经典中有关天和上帝名称的人。就像他自己说的那样，他同时也企图"把文人宗派的主要人物孔夫子吸引到我们一方来，即按照有利于我们的观点来诠释他遗留下的某些令人争论不休的著作"。[2]此外，他在 1604 年致耶稣会总会长的一封书简中更为清楚地解释了他对待中国文献的方式：如果说他征引中国文献，那归根结底是为了用它们指一些与本意不同的内容。[3]

丁韪良借用儒学词语、概念来说明基督教之教义的做法，与耶稣会士一脉相承。

第二，借用儒学思想。

以基督教的思想和教义去释读儒学，在处理二者的关系上，丁韪良有意识地站在基督教的立场和教义的角度，试图"改造"儒学的某些含义。关于这一点，同样不是丁韪良的发明，早在明末清初耶稣会士来华期间就曾如此。下面亦以《天道溯原》实例加以说明。

举例 1：圣书记天主以土造人，而人或疑之。殊不思人之一身，生则为土所养，至于死则复化而为土。《礼记·檀弓》曰：骨肉归复于土，苟非由土而成，何以云归复乎。况中华与他国，皆有抟土作人之古传，今读创世纪而知其事则实，人特误传抟土者之名耳。犹开辟之事实有天主，而

〔1〕罗香林：《民间的几种信仰》，载罗香林：《民俗学论丛》，台北：文星书店，1966 年。转引自韦政通：《中国思想史》上册，长春：吉林出版集团有限责任公司，2009 年，第 21 页。
〔2〕[法]谢和耐：《中国和基督教——中国和欧洲文化之比较》，耿昇译，上海：上海古籍出版社，1991 年，第 41 页。
〔3〕同上，第 41 页。

以盘古当之则大误也。[1]

《礼记·檀弓》中的"骨肉归复于土"，本意是人吃土中生长之物而生，死又复归于土。本来只是一个贴近实际的说法，但丁韪良却解释成人是"上帝"用泥土造的，又用女娲以土造人的神话来证实。《旧约·创世纪》："耶和华神用地上的尘土造人，将生气吹在他鼻孔里，他就成了有灵的活人，名叫亚当。"后来"上帝"对偷吃了禁果的亚当说："你必汗流满面才得糊口，直到你归了土，因为你是从土而出的。你本是尘土，仍要归于尘土。"（《创世纪》第三章第十九节）在此，丁韪良有意曲解中国古典文献的原本含义，以削足适履之手法，让中国古籍某些内容与圣经神话及教义形成一致，以利于传教。

举例 2：夫人心之有恶根，可观孩提而知之。孩提虽无外习，而能言即说谎，能行即相争，能知父母之意，而辄多违逆。父母虽诲之谆谆，孩提终听之藐藐，固有之性。无俟于学习也。况人心惟危，道心惟微，人即诚于为善，亦戛戛乎难之。如逆水挽舟，必须尽力，一或息肩，即任水而流荡。[2]

以上丁韪良所引"诲之谆谆""听之藐藐"，意思是，教导的人有耐心而不知疲倦，听的人却心不在焉。形容白费唇舌，徒劳无功。典出自《诗经》："诲尔谆谆，听我藐藐。匪用为教，覆用为虐。"[3]他所引"人心惟危，道心惟微"，意思是，人心易为私欲所蒙蔽，故危殆难安。语出《尚书》："人心惟危，道心惟微，惟精惟一，允执厥中。"（《尚书·大禹谟》）这两处经典语言，表现了中国儒家的忧患意识。牟宗三认为，中国儒家的忧患意识不是生于人生的苦罪，它的引发是一个正面的道德意识，

---

[1] 丁韪良：《天道溯原》，同治八年新铸铜版印本，上海：苏松上海美华书馆，1868 年，第 23 页。
[2] 同上，第 34-35 页。
[3] 《大雅·抑》，参见程俊英译注：《诗经译注》，上海：上海古籍出版社，2014 年，第 421 页。

是一种责任感。由之而引生的是敬、敬德、明德与天命等等的观念。[1]

但丁韪良有意将这两处经典语言与基督教"原罪"说联系在一起，他借题发挥，说"人心之有恶根，可观孩提而知之"。紧接着，丁韪良即转而阐释基督教的"原罪"说，他言道："世人内有恶性，外有恶行"；"若只因一己之名利而始行善，人以为善，天主不以之为善也。然使所行尽遵天命，亦只为分内之事，断不能积功以补既往之罪。犹为奴者，身为人役，终日事主，乃分内事，安有暇时，自行积蓄，以偿私负乎，然使所行尽遵天命，亦只为分内之事，断不能积功以补既往之罪"；"圣书曰，诸口已塞，举世服罪于主前，盖恃法而行者，无人得称义于主前，法第使人知罪耳。"丁韪良在书中以小字总结道："人之恶非由习俗，亦非逼于势，人之善未必诚善，不足以补罪。"[2] 在基督教中，"原罪"的地位非常突出，乃至成为整个基督教信仰的起点和前提。[3] 这种形而上学的"原罪"构成了现实世界中一切罪恶的根源，它通过某种神秘的遗传作用而使亚当的子孙无一得免，只有依靠同样具有决定论意义的上帝"恩典"或基督"救赎"才能彻底消除。[4] 这正是丁韪良引用并曲解以上儒家经典所要达到的效果与传教目的。

由上可见，丁韪良撰写《天道溯原》，深受耶稣会士之影响，高度重视传教策略问题。[5] 丁韪良并非像同时期不少传教士那样竭力排斥儒学和中华文化，而是大量吸收和融合儒学经典，并在某种程度上加以曲解，为传教所利用。要做到这一点，前提是必须熟悉和研究儒学，在这方面丁韪良的确是舍得下苦功夫的。丁韪良在处理和解读基督教与儒学关系问题上，

---

[1] 参见牟宗三：《中国哲学的特质》，长春：吉林出版集团有限责任公司，2010年，第17页。
[2] 丁韪良：《天道溯原》，同治八年新铸铜版印本，上海：苏松上海美华书馆，1868年，第34-35页。
[3] 参见赵林：《中世纪基督教神学发展的逻辑线索》，《世界宗教研究》1996年第4期，第121页。
[4] 参见赵林：《基督教思想文化的演进》，北京：人民出版社，2007年，第57页。
[5] 王文兵指出：毫无疑问丁韪良读过大量明朝时耶稣会士的著作，《天道溯原》中专门附了明朝大学士徐光启的《奏留天主教疏》即是一证。（参见王文兵：《丁韪良与中国》，北京：外语教学与研究出版社，2008年，第48页。）

体现了他自己的思考和一些独创。从这个意义上说，《天道溯原》又具有原创性，并带有一定汉学韵味。

3.《天道溯原》之影响

《天道溯原》出版后，在来华教会中产生了广泛影响。1907年，在新教百年大会（China Centenary Conference）召开之前，基督教文学会（Christian Literature Society）进行了一次民意调查，《天道溯原》被评选为"最佳中文单本"。[1]丁韪良自述《天道溯原》为"百年大会开列有用之书，此居第一；屡经重刊、增补，广行于南北，翻刻于日本"。[2]窦乐安（John Darroch）由此称杨格非、丁韪良的书出版已经有三十多年，但至今却无作品能与之匹敌。[3]明恩溥称"能写出这样历史的一部著作，任何传教士花上一辈子也值"。[4]

《天道溯原》是新来中国的传教士语言学习计划中的必读书之一，也被用于神学院的传教士的教学。[5]

《天道溯原》也在晚清一些官员和知识分子当中传播。丁韪良在1858年至1860年间充当美国公使的翻译前往津京以及后来任同文馆英文教习和总教习（1865—1894）期间，都曾利用与文人官员接触的机会散发《天道溯原》。丁韪良曾提到自己送给李鸿章、文祥以及崇厚等人《天道溯原》之事。[6]1912年，应华北书会（North China Tract Society）的要求，该书出了一个文言文的版本，目的是大量发送给政府官员。也向北方的老百姓

〔1〕Ralph Covell. *W. A. P. Martin: Pioneer of Progress in China*, Washington: Christian University Press, 1978, p. 109.

〔2〕丁韪良：《花甲忆记》，赵受恒译，上海：商务印书馆，1910年，第10页。

〔3〕John Darroch. "Evangelistic Tracts and Literature", *The Chinese Recorder*, Vol. XLII, June 1911, p. 338. 转引自王文兵：《丁韪良与中国》，北京：外语教学与研究出版社，2008年，第50页。

〔4〕A. H. Smith. "The Life and Work of the Late Dr. W. A. P Martin", *The Chinese Recorder*, Vol. 48, Feb. 1917, p. 118. 转引自王文兵：《丁韪良与中国》，北京：外语教学与研究出版社，2008年，第50页。

〔5〕Ralph Covell. *W. A. P. Martin: Pioneer of Progress in China*, Washington: Christian University Press, 1978, p. 109.

〔6〕参见王文兵：《丁韪良与中国》，北京：外语教学与研究出版社，2008年，第49页。

发放普通话版本。[1]《天道溯原》还被各地教会免费送给参加科举考试的考生。[2]

据王文兵研究:《天道溯原》在日本有多个译本。现日本国会图书馆和哈佛燕京图书馆存有中村正直训点的《天道溯原》1875 年、1877 年、1880 年三个版本,以及半田研吉译的 1894 年版《启蒙天道溯原》。[3]

从 1854 年到 1912 年间,《天道溯原》用中文、日文以及朝鲜文出了 30 至 40 版。[4]费正清评价说:丁韪良"是中文和英文方面的勤奋写作者"。1907 年,经过新教在中国一百年的努力,丁韪良的书《天道溯原》被评价为是所有传教士在中国出版的"最好的一本书"。[5]

二、丁韪良的其他中文宣教作品

除了《天道溯原》之外,宁波传教时期,丁韪良还撰写过如下中文宣教作品。

(1)《Sing-s(圣诗)》(Psalms)。72 页;1857 年宁波版。这是《大卫诗篇》(Psalms of David)的选本,由其中第 1~34、42、46、50、51、63、65、72、84、90、91、95、96、100、103、104、110、115~118、121、

〔1〕 *China Letters of the Board of Foreign Missions of the Presbyterian Church in the United States of America*, Vol. XI, Peking, Annual Personal Report, 1913. 转引自 Ralph Covell. *W. A. P. Martin: Pioneer of Progress in China*, Washington: Christian University Press, 1978, p. 109.

〔2〕 "Book Distribution at Wuchang", *The Chinese Recorder*, Vol. XVII, Mar. 1886, p. 120. 转引自王文兵:《丁韪良与中国》,北京:外语教学与研究出版社,2008 年,第 49 页。

〔3〕 参见《国立国会图书馆藏书目录》,明治期,第 1 编"总记、哲学、宗教",第 550 页;《哈佛燕京图书馆藏中文、日文书目》,第 18 卷,第 371 页;《国立国会图书馆藏书目录》,明治期,第 1 编"总记、哲学、宗教",第 535 页。转引自王文兵:《丁韪良与中国》,北京:外语教学与研究出版社,2008 年,第 48 页。

〔4〕 Albert Porter. "An American Mandarin", *The Outlook*, Vol. 86, Aug. 24, 1907, p. 887.

〔5〕 John King Fairbank. "Reviewed Work: W. A. P. Martin: Pioneer of Progress in China by Ralph Covell", *Journal of Presbyterian History* (1962—1985), Vol. 57, No. 2, 1979, pp. 179-180.

130、139 和 145 首组成，译成宁波方言，用罗马字拼写印行。[1]

（2）《喻道传》（*Religious Allegories*）。48 页；1858 年宁波版。该书由 16 篇短文组成，每篇最后都有中国学者用以突出主题的简略按语。开篇的 2 篇序言和目录共 4 页，还有一份简短的附录以及就餐时所唱的谢恩祷告和早祷、晚祷式文。1863 年在上海重版。[2]

（3）《三要录》（*The Three Principles*）。22 页；1858 年宁波版。开篇是对于该书主题的综述，接着分为 3 章，分别关于上帝、人类和耶稣，之后是关于信仰十要点的韵诗和阐述《摩西十诫》的韵诗，两者都出自麦嘉缔之手；还有《主祷文》、忏悔者的悔罪、祷告式文以及就餐时的谢恩祷告。该书修订后于 1859 年在宁波重版，有一篇简短的导言，文章的排列有少许调整，共 28 页。

（4）《保罗垂训》（*Paul's Discourse at Athens*）。9 页；宁波版。该篇是对使徒保罗在火星山上发表讲话的解说，篇末是谢恩祷告和一篇祈祷式文。1859 年在宁波重版，1861 年在上海出现了第三版。

（5）《公会政治》（*Form of Church Government*）。宁波版。该书经长老会成员修订和增补后，于 1860 年在宁波重版，共 72 页。

（6）《*Foh-ing dao-li ling-kying veng-teh*（福音道理灵经问答）》（*The Assembly's Shorter Catechism*）。22 页；1859 年宁波版。宁波方言译本，用罗马字拼写印行。

（7）《救世要论》（*Important Discourse on Salvation*）。4 页；1860 年宁波版。该篇 1862 年在上海重印，共 5 页；1864 年再次在上海重印，共 4 页。这是对《天道溯原》导言部分内容的修订，篇末是四言祷告韵文。

（8）《双千字文》（*The Two Thousand Character Classic*）。26 页；1865

---

［1］［英］伟烈亚力：《1867 年以前来华基督教传教士列传及著作目录》，倪文君译，桂林：广西师范大学出版社，2011 年，第 212 页。
［2］同上，第 213 页。

年上海版。这是一篇关于基督真道的四言韵文，由 2000 个完全不重复的字组成。最初发表在《认字新法》上，附英译文。[1]

在传教活动中，丁韪良参与了长老会在宁波的教育活动。1851 年 2 月，他到达宁波不到一年，用他自己的钱，在离他家不远的南门外开办了一所日制学校；然后转给教会接管。同年 5 月，他又在南门内开办了另一所日制学校。[2] 这些学校，每个大约有 20 名学生，使用各种宗教材料和一些由郭实腊和其他传教士写的关于世俗主题的书籍。[3] 在传教之教育活动中，丁韪良重视世俗科学的作用。为此，他自编如下地理与算术书作为教材：

（1）《 *Di-li shu lin van-koh kwu-kying z-t'i yiu-tin kong-tsing* （地理述林）》（ *Geography* ）。4 卷，185 页；1852 年宁波版。宁波方言本，用罗马字拼写印行。每卷分为若干章节，每一章节由一系列关于特定主题的问题组成。第一卷 1859 年在宁波重版，共 52 页，插有两张大的折叠图版。[4]

（2）《 *Di gyiu du. Ng da-tsiu di-du. Peng-koh, peng-sang, peng-fu, San-foh di-du, wa-yiu, Sing-Kying di-du. lin. Di-li veng-teh. Di-ming tsiao ying-wan-ts liah* （地球图，五大洲地图，本国本省本府三幅地图，还有圣经地图，另地理问答，地名照瀛环志略）》（ *Atlas and Geographical Catechism* ）。10 页，有 10 张大折叠地图；1853 年宁波版。共分 24 章，内容关于地理各个要素，宁波方言写作，用罗马字拼写印行。[5]

---

〔1〕[英] 伟烈亚力：《1867 年以前来华基督教传教士列传及著作目录》，倪文君译，桂林：广西师范大学出版社，2011 年，第 213 页。

〔2〕*China Letters*, II, Loomis and Culbertson to Board, #194., October 1, 1851. 转引自 Ralph Covell. *W. A. P. Martin: Pioneer of Progress in China*, Washington: Christian University Press, 1978, p. 60.

〔3〕*China Letters*, II, Ningpo, Rankin to Board, #188, July 14, 1851. 转引自 Ralph Covell. *W. A. P. Martin: Pioneer of Progress in China*, Washington: Christian University Press, 1978, p. 60.

〔4〕[英] 伟烈亚力：《1867 年以前来华基督教传教士列传及著作目录》，倪文君译，桂林：广西师范大学出版社，2011 年，第 212 页。

〔5〕同上，第 212 页。

丁韪良来华不到一年，他就提出：向年轻人传达"使命"的最佳方式之一，就是设计一份供普通学校使用的地理教材。他认为"文明最初动力与福音传播有关，文明未来发展的每一个阶段都可以作为其影响力的一个指标"。[1]蓝亨利（Rankin）曾说过：丁韪良优秀的地理知识可以在他的学校和寄宿学校教学使用。[2]

（3）《Son-fah k'a-tong（算法开通）》（Arithmetic）。63 页；1854 年宁波版。宁波方言本，用罗马字结合阿拉伯数字拼写印行。[3]

该时期，丁韪良认为科学在传播福音方面是有价值的。他认为，科学的作用仅次于向大众宣道及基督教学者的护教神学。但丁韪良的同事、美国浸礼会（American Baptist Mission）的玛高温（Daniel J. MacGowan）对科学的使用持保守态度。玛高温拒绝在他的布道中谈论科学，因为这样会让中国人以为基督教和科学是一样的。美国浸信会传教士阿多尼拉姆·贾德森（Adoniram Judson）也表达了类似的态度。[4]

此外，1856 年，丁韪良花了几个月的时间写了一部关于鸦片问题的书。前两部分包括一个虚构的故事，描述了鸦片使用和贩卖的罪恶，揭示了鸦片贸易给中国、印度和英国带来的伤害。最后一部分是关于鸦片贸易和立法的相关事实的编年史。[5]尽管许多传教士认识到丁韪良所做的工作的价值，甚至提供帮助在英国或美国出版这本书，但显然该书未曾出版

〔1〕W. A. P. Martin. "A Missionary Geography Needed", The Home and Foreign Record, Vol. III, February 1852, pp. 51-52. 转引自 Ralph Covell. W. A. P. Martin: Pioneer of Progress in China, Washington: Christian University Press, 1978, p. 22.

〔2〕China Letters, II, Ningpo, Rankin to Board, #188, July 14, 1851. 转引自 Ralph Covell. W. A. P. Martin: Pioneer of Progress in China, Washington: Christian University Press, 1978, p. 74.

〔3〕[英]伟烈亚力：《1867 年以前来华基督教传教士列传及著作目录》，倪文君译，桂林：广西师范大学出版社，2011 年，第 212 页。

〔4〕Robert Torbet. Venture of Faith, Philadelphia: The Judson Press, 1955, p. 59. 转引自 Ralph Covell. W. A. P. Martin: Pioneer of Progress in China, Washington: Christian University Press, 1978, p. 61.

〔5〕China Letters, IV, Ningpo, Letter to Board, #83, February 25, 1856; Martin to Board, #86, May 22, 1856. 转引自 Ralph Covell. W. A. P. Martin: Pioneer of Progress in China, Washington: Christian University Press, 1978, p. 62.

过。[1]丁韪良认为："如果早期的传教士在指出鸦片罪恶的严重性方面做得更多，那么中国就可能避免这个诅咒，基督教传教道路上的巨大障碍也会扫除。"[2]在宁波，每个月都要卖出几百箱鸦片，由于有许多美国人参与其中，中国对传教士的怀疑就有了一定的根据。[3]

1856 年丁韪良在《北华捷报》上也发表了一些关于中国政治现状的文章，后又刊登于次年的《上海年鉴》。丁韪良在 1862 年 4 月的《普林斯顿评论》上发表了一篇文章，主题为中国人的伦理哲学。此外还有《官话约翰福音书》（ *John's Gospel in the Mandarin Dialect* ）。该书有 22 页，1864 年上海版。这是官话本《新约》的新译本，由丁韪良同艾约瑟、包约翰、白汉理等一起在北京合作完成。[4]

美国学者柯饶富评论说：宁波传教期间，丁韪良已经表现出许多与众（传教士们）不同。他与大多数同事的不同之处在于，他致力于罗马化拼音，对"上帝"译名的灵活使用，以及对传教方法的开放态度。他是进步传教士的先驱者和发言人，这些传教士的政策经常遭到麦嘉缔领导的更传统派别的反对。[5]

丁韪良在宁波时期另一重要传教工作是参与将《新约》翻译成宁波方言。这是一个翻译《圣经》的合作项目，由宁波传教团组成的当地委员会负责监督。[6]

由上可见，丁韪良在宁波期间，的确实现了来华前的抱负——走父亲

〔1〕Ralph Covell. *W. A. P. Martin: Pioneer of Progress in China*, Washington: Christian University Press, 1978, p. 75.

〔2〕*China Letters*, IV, Ningpo, Martin to Board, #233, November 16, 1859. 转引自 Ralph Covell. *W. A. P. Martin: Pioneer of Progress in China*, Washington: Christian University Press, 1978, p. 62.

〔3〕Eldon Griffin. *Clippers and Consuls*, Ann Arbor: Edwards Brothers, 1938, p. 301. 转引自 Ralph Covell. *W. A. P. Martin: Pioneer of Progress in China*, Washington: Christian University Press, 1978, p. 62.

〔4〕[英] 伟烈亚力：《1867 年以前来华基督教传教士列传及著作目录》，倪文君译，桂林：广西师范大学出版社，2011 年，第 214 页。

〔5〕Ralph Covell. *W. A. P. Martin: Pioneer of Progress in China*, Washington: Christian University Press, 1978, p. 58.

〔6〕*China Letters*, III, Ningpo, Rankin to Board, #213, March 3, 1852. 转引自 Ralph Covell. *W. A. P. Martin: Pioneer of Progress in China*, Washington: Christian University Press, 1978, p. 62.

"传道设学"之路。[1] 丁韪良称得上是一位非常"敬业"的美国传教士。该时期其主要作品大都为宣教服务；其汉学研究，也是围绕传教展开的。若遵循此道发展，丁韪良最多只能成为一位具有一定汉学造诣的传教士，而不可能成为著名汉学家。自 19 世纪 60 年代开始，丁韪良为何能朝着知名汉学家的方向演绎？这是笔者接下来要着力探讨的问题。

---

[1] 丁韪良：《花甲忆记》，赵受恒译，上海：商务印书馆，1910 年，"花甲忆记序"第 1 页。

第二章　职业教育家与汉学研究之转型

　　自 1865 年进入同文馆任职算起，丁韪良从事教育职业前后长达 40 余年。本章对该时期丁韪良的教育改革实践、中文教科书编撰、中文刊物创办、著书立说等经历，做概要梳理。这有助于理解丁韪良从传教士汉学家向专业汉学家转型之具体演绎过程，亦有助于加深对丁韪良汉学研究的全面认知。

第一节　丁韪良的教育改革实践

　　丁韪良 1865 年到同文馆任职，是他脱离传教而成为职业教育家的转折点，这对他日后汉学研究，无疑产生了重大影响。

一、同文馆总教习

　　从传教士转任为同文馆教习，是丁韪良人生的重大转变。此前已发生过伯驾、卫三畏脱离教会而转行的先例。促成丁韪良转行的重要原因，是他因汉语能力得到公认，第二次鸦片战争期间被美国来华公使选为外交翻译；正因为有了外交翻译实践之缘故，丁韪良才意识到翻译国际公法的价值意义。翻译《万国公法》，成了丁韪良被聘为同文馆教习的直接机缘。

060

丁韪良在《中国觉醒》中记述道：在签订新的条约时，人们发现中国缺乏能够翻译外语文件的译员。外国公使们同意在递交急件给清廷时会附上一份中文译文，直至清廷能够提供称职的译员。为了满足这个最初的要求，京师于1862年开办了一个直属于总理各国事务衙门的同文馆，并将它置于海关总税务司的指导之下。后者推荐丁韪良出任该学校的总教习。学校延聘了英文、法文和俄文的教习，后来在西方世界这三大语言之外又增添了德文。起初，学校没有人教授，或期望能教授科学课程，但逐渐地他们终于成功地得到了总理衙门大臣们的同意，来扩充他们的教师队伍，以便能包括天文学、数学、化学和物理等教职。国际法由丁韪良来教授。[1]

丁韪良任同文馆总教习，主要职责职权是什么？总教习职责职权并无明文可考，苏精认为从丁韪良的实际行动来看，有下列五项：（1）教务行政事宜。如课程表之编订与实施，外籍教习的监督稽察，各项定期考试之实施。（2）组织翻译图书事宜。包括译书章程的拟订，印书处之筹办，译书的鉴定以及亲自参与翻译等。（3）编制《题名录》。第一次《题名录》刊于1879年（光绪五年），经总理衙门决定，每三年刊印一次，前后共编七次。（4）担任教学。1869年（同治八年）丁韪良任总教习，仍担任国际法与格物科讲授。（5）建议馆务事项。[2] 王文兵指出：总教习丁韪良的任务并不限于以上所列同文馆教学范围，还兼有教育、公法以及外交等方面的临时顾问之任。[3] 苏精与王文兵皆言之有据。笔者认为：丁韪良任同文馆总教习所开展的各项活动，还有力推动他往汉学研究的深度与广度拓展，并促使其对晚清教育改革乃至更广泛意义的社会变革进行积极思考与探讨。

丁韪良任总教习期间采取了如下教务与教学方面的改革举措：

〔1〕丁韪良：《中国觉醒》，沈弘译，北京：世界图书出版公司，2010年，第159页。
〔2〕苏精：《清季同文馆及其师生》，台北：上海印刷厂，1985年，第39页。
〔3〕王文兵：《丁韪良与中国》，北京：外语教学与研究出版社，2008年，第109-110页。

第一，改革同文馆的招生制度，扩大同文馆生源。[1]

第二，扩充同文馆。包括增加专业设置以及附属教学设施，在原英、法、俄三馆基础上增加了德语、格致等专业。[2]1871年（同治十年）开设德文馆。[3]

第三，1876年同文馆设立印书处"以代替武英殿的皇家印刷所"。印书处共有印刷机7部，活字4套。[4]

第四，设置天文台等教学设施。1886年为便于学生实习，丁韪良在同文馆建立了一座星台（天文台），"爰于光绪十四年建造星台一区，上设仪器，顶盖四面旋转，高约五丈。凡有关天象者，教习即率馆生登之，以器窥测。近年所编《中西合历》一书，深资其助，裨益良多矣"。[5]

第五，1888年（光绪十四年）开设格物馆，1895年改名格致馆。丁韪良"稽察各馆功课之暇，向以此学教馆生"，1888年"因馆课日繁，申请堂宪专设格物一席，以英文教习欧礼斐（Charles Oliver）充补，俾广其传，以启后进"。[6]

第六，1888年总理衙门奏请在同文馆添设翻译处，令原随使出洋、襄办翻译的同文馆诸生其中之优秀者回国后在此任职。时充英文翻译官的有张德彝、沈铎、马廷亮、斌衡、文祜，充德文翻译官者有恩光，充俄文翻译官者有塔克什讷、巴克他讷、瑞安、庆全，充法文翻译官者有联涌、世增，充东文翻译官者有唐家桢。[7]

---

〔1〕参见王文兵：《丁韪良与中国》，北京：外语教学与研究出版社，2008年，第110页。

〔2〕王文兵：《丁韪良与中国》，北京：外语教学与研究出版社，2008年，第111页。

〔3〕朱有瓛主编：《中国近代学制史料》第一辑上册，上海：华东师范大学出版社，1983年，第17页。

〔4〕傅任敢译《同文馆记》，转引自朱有瓛主编：《中国近代学制史料》第一辑上册，上海：华东师范大学出版社，1983年，第163页。

〔5〕《同文馆题名录》光绪二十二年（1896）刊，第79页。转引自朱有瓛主编：《中国近代学制史料》第一辑上册，上海：华东师范大学出版社，1983年，第158页。

〔6〕王文兵：《丁韪良与中国》，北京：外语教学与研究出版社，2008年，第111页。

〔7〕《同文馆题名录》光绪二十四年刊，第2页。转引自朱有瓛主编：《中国近代学制史料》第一辑上册，上海：华东师范大学出版社，1983年，第18页。

062

第七，推荐优秀教师。如：1882年李善兰去世后，经丁韪良推荐，总理衙门上奏："请补算学教习一席，并请以副教习席淦授李善兰之遗缺，学生胡玉麟、陈寿田可授为副教习帮同训课。"该奏折称"李（善兰）教习高第弟子精于算术者，以席淦为最优，应如所请"。[1]1892年试署英文副教习文祜、茂连"殷勤教授各生"，丁韪良推荐二人为署英文副教习，并加给津贴。[2]

第八，制订课程表。1876年丁韪良按照学生资质不同，分别制订了五年和八年不同修业年限的课程表。五年课程表专为"其年齿稍长，无暇肄及洋文，仅藉译本而求诸学者"而设计。第一年：数理启蒙，九章算法，代数学。第二年：学四元解，几何原本，平三角、弧三角。第三年：格物入门，兼讲化学，重学测算。第四年：微分积分，航海测算，天文测算，讲求机器。第五年：万国公法，富国策，天文测算，地理金石。此外，汉文经学自始至终是学生必修课，未曾列入；医学虽未列入，但亦是学生学习之科目。[3]

八年课程表适用于可期成就的"汉文熟谙、资质聪慧者"。第一年：认字写字，浅解辞句，讲解浅书。第二年：讲解浅书，练习句法，翻译条子。第三年：讲各国地图，读各国史略，翻译选编。第四年：数理启蒙，代数学，翻译公文。第五年：讲求格物，几何原本，平三角、弧三角，练习译书。第六年：讲求机器，微分积分，航海测算，练习译书。第七年：讲求化学，天文测算，万国公法，练习译书。第八年：天文测算，地理金石，富国策，练习译书。总理衙门要求该课程表"以汉洋合璧刷印三百本，

〔1〕《总理衙门拟复丁总教习条陈》，载席裕福等：《皇朝政典类纂》卷二百三十，学校十八，学堂。转引自沈云龙主编：《近代中国史料丛刊续编》第90辑，台北：文海出版社，1982年，第4442页。
〔2〕《光绪十八年（1892）正月奉堂谕》，载朱有瓛主编：《中国近代学制史料》第一辑上册，上海：华东师范大学出版社，1983年，第136页。
〔3〕中国史学会编：《洋务运动》（二），上海：上海书店，2000年，第85页。转引自王文兵：《丁韪良与中国》，北京：外语教学与研究出版社，2008年，第112页。

交与馆生各执一本，俾知趋向"。[1]

　　以上课程表，学生不仅学习英、法、俄、德等外语课程，还必须学习数学、物理、化学、天文、航海测算、万国公法、富国策、地理与各国史略等。可见，同文馆不仅是外语学校，也称得上是以外语为主，兼修诸多西学课程的综合性学校。

　　丁韪良对同文馆实行教育改革，其成效是明显的。丁韪良曾为此总结概括为三个方面：

　　第一，培养了一批掌握外语和西学的人才。丁韪良论道：同文馆有的学生被转入了武备学堂，其中有两位现在已经当了主管；还有的学生进了电报局；但最好的毕业生则都是在外交界和国外的领事馆工作，有好几位已升任总领事和代办，那个已经是翰林的学生还代表皇上出使到了外国的宫廷。（注：即在甲午战争前出任清朝驻日本公使。）在中法战争时期，有一个学生被派到广东去担任军队中的工程师。[2]1880 年至 1882 年期间，丁韪良奉命赴欧美考察教育，所到国家，均见同文馆毕业生供职于驻外使领馆。丁韪良撰《西学考略》感慨道："余此次游历各国，在中华星使领事各署均遇同文馆生，相见倍形欢畅，因思教育英才固为君子乐事，而成名供职，天各一方，仍能同晤于数万里之外，其师心之愉快又当何如也！"[3]丁韪良"因思教育英才固为君子乐事"，为自己作为教育工作者而深感愉快和欣慰。

　　第二，组织翻译西学书籍，为传播西学发挥重要作用。丁韪良指出：同文馆最初设立的目标是为了培养口译人才，但从口译转向更高一层的别国文献翻译，以为己用，则是一个自然而又必然的发展步骤。他就任总教

〔1〕《同文馆题名录》光绪五年（1879）刊，第 19-23 页。转引自朱有瓛主编：《中国近代学制史料》第一辑上册，上海：华东师范大学出版社，1983 年，第 71-73 页。
〔2〕丁韪良：《花甲忆记》，沈弘等译，桂林：广西师范大学出版社，2004 年，第 215 页。
〔3〕丁韪良：《西学考略：附二种》，长沙：岳麓书社，2016 年，第 54 页。

习之后，便组织了一班译员，其中有教习，也有冒尖的学生。这是经总理衙门批准成立的，凡工作勤勉、成果斐然的人都能得到奖励。已经译出的书籍涉及国际公法、经济学、化学、格物学、自然地理、历史、法国和英国的法典、解剖学、生理学、药物学、外交领事指南等题材，以及许多其他题材。它们大多数都是由同文馆的印刷所刊印，并免费分发给清朝官吏。[1]

第三，促进晚清教育改革，包括将科技引入科举考试。丁韪良说道：同文馆对于清朝高级官吏的间接影响，以及通过他们对于整个政体的影响，并非无足轻重的。其中最主要的成就是将科学的内容介绍到了科举考试之中，尽管其规模仍然有限。1887 年被一个上谕所批准的这个改革方案是经过了二十年的酝酿；巡抚和总督们首先提出了这个主张，但一直等到政府部门通过同文馆了解了有关现代科学的性质和规模之后，才将此方案付诸实行。各省考生及第的试卷都送交总理衙门，以便让同文馆核阅，而且获得三级科名（进士）的考生均列员同文馆。这就使同文馆获得了一个国立大学的地位。[2]

1900 年，福州鹤龄英华书院的校长施美志（George B. Smyth）评价同文馆：同文馆在总教习卓有成效领导下，它的成果值得付出的一切努力。其中一名毕业生曾在欧洲担任中国驻巴黎公使馆的临时代办，事业辉煌，还有两名毕业生成为光绪皇帝的英语教师。[3]

施美志还评价说：中国有很多排外且反对改革的人，"尽管如此，全国仍有一大批改革者，而且人数还在不断增加，丁韪良博士的工作就是通过他们中的一些人来发挥作用的。除了海关总税务司赫德以外，没有其他外国人像丁韪良一样受到中国人的高度重视，他的出色学习赢得了整个帝

---

[1] 丁韪良：《花甲忆记》，沈弘等译，桂林：广西师范大学出版社，2004 年，第 216 页。
[2] 同上，第 215 页。
[3] George B. Smyth. "American Educators in China", *The Outlook*, Vol. 66, November 3, 1900, p. 546.

国的尊重。我还记得几年前我在北京的时候，一位中国绅士说，'丁冠西'这个名字相当有名，'相当于我们的翰林'。在中国，这是对人的最高赞美。在南方，丁韪良同样享有盛誉，人们提起他的名字总是带着敬意"；"丁韪良博士同样以其罕见的才能、机智而闻名，他的影响力总是促进中国与西方之间的友好关系，推动利于中国的事业发展"。[1]

二、赴欧美考察与汉学交流

1. 考察经过与汉学交流

1880年（光绪六年），丁韪良向总理衙门请假回国探亲，得到允准，"并札嘱乘顺历各国之便博采周咨，遇学业新法有补馆课者留心采择，或归述其事，或登诸载籍，则此行尤为有益馆课云云"。[2]此行丁韪良奉命赴欧美考察，为了有益于同文馆之教学，"博采周咨，遇学业新法有补馆课者留心采择"。于是他从1880年（光绪六年三月二十三日）携眷启程，至1882年（光绪八年三月十八日）销假回京，历时近两年，"其程自沪取道东洋，自日本而东至美国，自美而东至欧洲诸国，复自欧洲东旋，即周行地球一匝不回而归（谓不改向而归）"。[3]回来后他用中文写了《西学考略》，向总理衙门汇报。《西学考略》分为上、下两卷。上卷记录其各国考察经过，大略介绍了日本及欧美的学校教育情况，下卷介绍了西方教育发展、教育制度等。

（1）日本

丁韪良记述：1880年5月12日（光绪六年四月初四日）自沪登舟，初六日行抵长崎。按日本新制，无论城邑郊野均以民数多寡酌设学校以课

〔1〕George B. Smyth. "American Educators in China", *The Outlook*, Vol. 66, November 3, 1900, p. 547.
〔2〕丁韪良：《西学考略：附二种》，长沙：岳麓书社，2016年，第15页。
〔3〕同上，第15页。

066

子弟，此等乡学国内计有二万四千所，其专为女课者有数千处焉。[1]从丁韪良记述可知：日本 1868 年实行明治维新，仅时隔 12 年，发展迅速。"群岛莫不连以电线，其轮船、邮政局等亦称繁庶，城邑郊野无不设立学校以振兴格致、测算等艺，以强弱而论，则较咸丰九年（1859 年）余初至之时殆不可同日而语也。"为了振兴本国学业，日本新建东京太学，延聘西人以教习之，其生徒计五百余人，皆由众学造诣已精进者拔之以入太学也，其课与同文馆大同小异。又有医学一所，延德国医士数人为教习。[2]

（2）美国

丁韪良五月二十九日乃抵美国，考察内容十分丰富。主要为：

第一，美国科技与近代化公共设施。丁韪良在金山大埠目睹万里铁路。六月初四日，他由铁路向东而行，感慨道：同治八年"铁路告竣，而金山与纽约虽相距万余里，仅需六日可抵"。[3]七月二十六日丁韪良抵纽约，清公使陈兰彬亦移驻于此，拜会之后，"旋请率随员等同观悬路（高架道路，此指高架铁路），此路创于纽约，他处所无"，"盖纽城建于海岛，有此悬路，则自南至北车行迅速，其价亦廉，故民称便"。[4]

第二，美国教育。丁韪良考察参观了美国威司伯武学院（军事学院）。"至威司伯观武学院，武生适演马队兵法，在院者计三百余人，均给薪俸，课程四年，兵法之暇，课以格致、测算等学，缘与军务有相涉也。"还参观了斐城杨湖金书院（即费城约翰·霍普金斯大学 Johns Hopkins University）。八月初六日丁韪良抵斐城，旋蒙"巴城书院"总教习吉尔曼致函邀请，往观该书院。丁韪良记载：查建造此院系巴城富翁杨湖金遗洋银七百余万圆。该校教师"贤而不多"，学生亦不过二百人。其办学特点，

---

[1]丁韪良：《西学考略：附二种》，长沙：岳麓书社，2016 年，第 15-19 页。
[2]同上，第 15-19 页。
[3]同上，第 21 页。
[4]同上，第 21-23 页。

在于"盖慎其选也",生源即从高才生中录取,教学注重"研究","课程以格致为重,师生均研究各学,推求新理"。[1]

　　丁韪良考察了雅礼书院(耶鲁大学)和哈法书院(哈佛大学)。九月初八日,前美国驻京副使卫廉士(卫三畏)邀丁韪良往观雅礼书院(即钮哈芬之太学)于钮哈芬城,丁韪良四子均于此肄业。该校教师40余人,学生1200人。同文馆所译之《公法便览》、李(善兰)教习所译之《代微积》、玛高温所译之《地学》各书均出自雅礼书院。[2]哈法书院(即毫斯敦之太学)位于毫斯敦城,该校教师56人,学生1400余人。前美国驻华公使蒲安臣曾于此习律法之学。两书院规模相同,而哈法境地尤觉幽雅。两书院开设已历150年,其初狭小,积渐扩充,至今列为太学(各省最大书院皆名为太学,书院或专为一课,而太学则总萃众课)。丁韪良对美国高等教育评论道:论格致之学以杨湖金书院为先,论律法之学以哥伦书院为最,至文艺各学诸臻美备莫如雅礼(耶鲁大学)、哈法(哈佛大学)两书院,各有石阁藏书七八万卷以便随时参考,通国书院甚多,论人才之济济有不逊于雅礼、哈法者,而名望不及焉,故不详论。[3]

　　第三,拜访美国发明家爱迪生。丁韪良访美期间,拜访发明家爱迪生(哀狄孙),并观看爱迪生试验电灯,与爱迪生讨论电灯的材料购买。"异日至门罗园拜格致家哀公狄孙者,门外有地数十亩,行行排列,木柱上挂玻璃罩,盖为试验电气灯也。"丁韪良简要介绍了爱迪生的科技发明,如改进传音机(电话)、录音机、干电机等。"凡哀公新创之机与改造之器不下千余具,盖公夙擅奇才,以创造为己责。"[4]

　　第四,出席美国东方学会会议。九月二十五日,丁韪良出席了在纽约

〔1〕丁韪良:《西学考略:附二种》,长沙:岳麓书社,2016年,第24—26页。
〔2〕同上,第26页。
〔3〕同上,第26—27页。
〔4〕同上,第24—25页。

068

之哥伦书院召开的"美国东土文会"（美国东方学会）会议。丁韪良记述：
"是会之设，每遇春、秋则于三大城（即纽约、钮哈芬、毫斯敦）中轮
流聚集，凡国内博士好东学者皆入会中讲求雅洲（亚洲）各国古今事迹，
故谓之东土文会，其习犹太、亚剌伯（阿拉伯）、印度等文者居多，至
探讨华文则属无几，此次搦管为文论中华典坟者仅有卫公廉士（卫三畏）
及余二人而已。"[1]

　　从丁韪良以上记述可知：当时美国的汉学还不是很兴盛。"其习犹太、
亚剌伯、印度等文者居多，至探讨华文则属无几。"与会讨论汉学的只有卫
三畏和丁韪良二人。卫三畏借《文献通考》一书，辨扶桑这个名词"必指
日本而言，决不指美洲也"。丁韪良在会上论及中国祭祖问题，"余则本诸
六经以阐发中国尊祖敬宗之道"。[2]

　　（3）法国

　　十月初二日丁韪良由纽约登轮舟东行，旬日抵法国海口，复由铁路抵
达巴黎。丁韪良重点记述考察法国的事项如下：

　　其一，法国的科技进步。丁韪良参观了巴黎天文台。他赞叹：天文之
学，崇兴于法国，素为世所深悉。论法京之观象台，除伦敦星台外，可称
泰西第一。丁韪良认为："考自古振兴天文，盖欲授民以时，使知作息，
今诸国各设星台，要皆注意于船政，缘天文不精，未谙星度，则航海无所
准绳，是以天文一事不惟涉于农务，且有关于通商也。"丁韪良在巴黎还观
看了各式电报、电灯、电车等。[3]

　　其二，法国高等教育。丁韪良记述：法京书院林立，惟太学最盛，阅
时已历千余年，其始欧洲殷然向慕，故负笈来学者至万余众，旋因文教丕
兴，不惟各国京师建立书院，即郡县亦莫不有之。"课业昔分五科，曰文

〔1〕丁韪良：《西学考略：附二种》，长沙：岳麓书社，2016 年，第 28 页。
〔2〕同上，第 29 页。
〔3〕同上，第 29、31、32、43 页。

学，曰理学，曰道学，曰律学，曰医学，首二科为必由之径，俟学有成效，然后分途专攻一科，或为教师，或为律师，或为医师，皆视所学而给予文凭。"[1]

其三，法国精艺院（美术学院）。法国有精艺院，置画阁、石像阁，设教习以课丹青、雕镂等艺，生徒有才能者岁选数人派往罗马游学，以资考证，因自古所遗丹青、雕镂珍物聚于罗马者最伙，故法廷于罗马另设精艺馆一所。[2]

其四，法兰西学术院（Académie française）。丁韪良比较了中法"翰林"制度的异同。他论道：法国京都书院指不胜屈，而最著者有阿佳底密，其义略如翰林院，其事亦与相似，中国词林自唐元宗始，法国创设尚未及三百载，不知闻中华设有翰林院而效法之耶？在院学士初定额仅四十员，职司文艺以及修补字典，百年以来，格致等学大兴于西国，因附设四科，每科定额四十员，仍以初设文艺为重。选拔额缺与中华较异，中华由贡士朝考殿试而定，法国由本院众学士详稽士子平日著作以判去取，故中华翰林多出于英年秀士，而法国翰林（即法兰西学院院士）则得之老宿名儒。德、英、俄三国均有文艺院（即阿佳底密），皆仿法制而设。[3]

其五，法国东方学和汉学。丁韪良记述：西方各国书院每设席以课东土古文，至讲求东土今文。惟法国设有专馆以课之，馆自嘉庆年间那波伦第一（拿破仑一世）创建，印度、亚刺伯、土耳其、日本、安南、缅甸等各文均有教习，至中华之语言文字亦设席以训迪之（有前在京之法国副使戈某为教习），又有新设东土史鉴一席，其留心东土学问可谓不遗余力矣，生徒虽不甚众，遇遣人赴东土各国者每取材于此焉，二十年来京都法国使署充当翻译者皆选本国曾习华文者而派委之，教习新有著作，即由书院刊

---

[1]丁韪良：《西学考略：附二种》，长沙：岳麓书社，2016年，第32-33页。
[2]同上，第33页。
[3]同上，第34页。

印行世。朝廷设立同文馆，课以西国各学，并设印书处踵刊所译文借以广流传，合而观之，可谓不谋而同也。[1]丁韪良借此称赞中国朝廷成立同文馆，意义如同法国重视汉学一般。

其六，庆贺雨果 80 岁寿辰盛况。丁韪良记述：（法兰西学术院）在院学士之冠绝群伦者，惟诗翁虎哥（雨果）一人，宏于著述，国人敬如谪仙，即泰西诸国亦遍流传，无不艳羡。丁韪良在法京时，适值诗翁八旬寿辰，远近士庶多遣人致贺，奉以花箍画幅及诸赞词，各城遣至者或数人或数百人，列队张旗，上志贺者姓氏、籍贯，众队合行，有将帅以管带之，一如行军，抵门则鼓乐以进，少选朗诵赞词，呈递祝仪，翁坐高台以酬谢之，自朝至夕，络绎不绝，计二十余万众。[2]

此外，丁韪良还记述在巴黎与曾纪泽和同文馆学生使官会面情景：丁韪良在法京屡谒中华使署，见星使曾袭侯纪泽，欢然道故，侯识英文，能英语，与泰西大臣晤谈，颇不隔膜，洵有裨于公务也。本兼使英、法两国，复奉命往俄修改条约，并蒙前同文馆肄业生联芳（现署驻俄参赞官）、联兴（二人皆任翻译）伴游于名胜之区，襟怀为之一快。庆常（亦任翻译）初在驻俄中华使署，后旋法，亦尝面晤焉。[3]

（4）德国

光绪七年（1881 年）五月初七日丁韪良由铁路起程前往德国，主要活动事项如下：

其一，考察德国教育。丁韪良参观了海德堡书院（海德堡大学），记述道：书院创自明洪武间，今历五百余年矣，德之前代储贰以及诸邦士庶多肄业于此，其教习之尤著名者即公法家布伦氏（勃伦契理，国际法专家，《公法会通》作者），所编《公法会通》，同文馆已译及之。丁韪良至其

〔1〕丁韪良：《西学考略：附二种》，长沙：岳麓书社，2016 年，第 33-34 页。
〔2〕同上，第 34-35 页。
〔3〕同上，第 35 页。

地即竭诚往拜，在此流连三旬，每日乘便造院听布君讲解公法肯要，书院教习四十余席，生徒数至七百，而列籍英、美者有四十余人焉。[1]接着丁韪良又考察伯林（布京）太学，即柏林大学：按伯林（布京）太学系为国君旧宫，因新宫造成，乃赏为太学，足见崇尚文教之意，教习二百四十余席，生徒至四千一百人，声名洋溢为欧洲诸学之冠。[2]

其二，赴柏林参加世界东方学大会，宣读《中国古世公法论略》一文。五月十五日丁韪良赴柏林出席东文大会（世界东方学大会），他记述：各国向有此等文会，迩来复设总会，例定每三载广延谙悉东土语言文字者互相砥砺，始聚于伦敦，依次聚于法、俄、义（意）、德。会之于义也，国君曾亲幸之。会之于俄也，国君饬廷臣具柬敦请会友，令诣其宫以相见。惟会于伯林（柏林），因国君避暑未归，以故未克亲临，谕令学部大臣代尽地主之谊（系兼理教务职，似中国礼部），先于私第设筵相请会友面晤，客至有二百余人，复于大客寓款待，宾主互相庆贺，至文会事务则集于太学，列为三班，每班另室，每日朝夕两次相会，其东雅细亚一班，以汉文、日文为重，其西雅细亚一班，以犹太、亚剌伯、土耳其等文为重，其南雅细亚一班，以印度文为重。丁韪良于斯时所建议者，乃本东周列国往来之例以示中国早有公法之意（旋以法文刊刻行世）。会竣之日，德国会首奉君命请诸客游览乡间别宫。[3]丁韪良以上记述，足见当时西方各国政府和学者对包括汉学在内的东方学之重视，并记述了自己参加会议、宣读有关"中国古代公法"汉学论文之情况。

其三，会见清朝驻外公使及同文馆毕业生。丁韪良记述："余住布京（柏林）月余，屡拜星使李公凤苞，得与参赞官徐公建寅、前同文馆肄业

〔1〕丁韪良：《西学考略：附二种》，长沙：岳麓书社，2016年，第35-38页。
〔2〕同上，第41页。
〔3〕同上，第40-41页。

生赉音泰、荫昌畅谈，洵一时快事也。"[1]

　　（5）瑞士

　　丁韪良在瑞士的主要活动是与学者们交流。一是拜访德国著名史学家何士德。丁韪良记述：道经富来堡小住一宿，乘便拜学士何士德者，公著述颇宏，其遗惠尤大者为《美国史记备考》一书，不惟美国之人景仰，即德人亦劳之以银以资垂诸梨枣（书版）。[2]二是在日内瓦与学者们交流，谈论中国古代公法和中国地理。丁韪良记述：于冉城得识学士多人，而太学公法教习霍尔农、前学院教习狄德利、善会（以救护伤兵为事）董事穆尼耶三公"与余交尤契"，倾谈学问，获益良多。与霍公讨论公法，将自己所著《中国古世公法论略》稍事点窜，付诸手民（指雕版排字工人），得以问世。丁韪良还记述：蒙三公将所著之书惠然见赠，并"蒙请将中华地舆略为陈说，彼时余论黄河之水易道北流并本《禹贡锥指》一书将其历代迁移约略言之（已译法文刊行）"。[3]由此可见：丁韪良系有备而来，借赴欧美考察教育之难得时机，与各国学者频频交流汉学研究。而且显示丁韪良兴趣广泛，他对中国古代水利、地理等问题亦有所涉猎：此时他交流的是"论黄河之水易道北流"，并依据清康熙年间浙江大儒、地理学家胡渭（1633—1714）所撰《禹贡锥指》一书，将黄河"历代迁移约略言之"，该文"已译法文刊行"。1896年丁韪良出版《花甲忆记》一书，即有"黄河的新河道及其周期性变迁"之内容。[4]

　　（6）英国

　　丁韪良此行在英国主要考察了教育与科技。其中参观了牛津大学和剑桥大学。

***

[1] 丁韪良：《西学考略：附二种》，长沙：岳麓书社，2016年，第41页。
[2] 同上，第38页。
[3] 同上，第44-45页。
[4] 丁韪良：《花甲忆记》，沈弘等译，桂林：广西师范大学出版社，2004年，第190页。

关于牛津大学。丁韪良记述：异日乘火车行三百里至鄂斯甫观太学（牛津大学），生徒至二三千之众，新设汉文一席以英人理公（即汉学家理雅各）司之，理公前在巫来（马六甲英华书院），由香港等处传教多年，乃将《四书五经》译以英文，俾西人得识中国圣贤之道，其功于儒门者良非浅鲜。蒙理公邀游各书院，盖太学内分列学宫二十余所，"其政务归各山长与总管大臣会议办理，此学创于唐懿宗时，今已历千余岁矣"。[1]

关于剑桥大学。丁韪良记述：北英有干毕治之古太学（剑桥大学）与鄂斯甫并驾齐驱，富虽不如，而学业之精、生徒之众，则不逊之，彼虽长于算、格，此则精于古学，彼则质胜于文，此则文胜于质。近代新建太学于京都，声名颇著，苏格兰太学有四，均以性学（心理学）著名，爱尔兰太学有二，三邦（英、苏、爱）各等书院指不胜屈，复为广设乡塾，由是民俗归厚，士业奋兴，亦国家富强之机所系也。[2]

此外，丁韪良还参观了地道火车（伦敦地铁）、自来水、电报等。

2. 考察之改革建议

丁韪良欧美考察结束后，回国撰写并向总理衙门呈递了《西学考略》。这是一份详尽的考察报告。其内容，除了报告考察经过和感想之外，还就教育改革问题做了如下介绍与建议。

第一，介绍"各国学业所同"：西方各国学业大同小异，民间学校以本国语言文字为宗，其课程（读书、作字、笔算、心算、地球、图书等事）率多一致。大书院则以希腊、罗马古文为正课，继以测算、格致而终成于医、法、性、道诸学焉。其崇尚希腊、罗马古文者，因二国开化最早，相继而兴，征服三大洲诸邦，故其文传之极广。[3]

第二，介绍"各国学业所异"：首先，各国学业所异者在于文字。数

---

〔1〕丁韪良：《西学考略：附二种》，长沙：岳麓书社，2016 年，第 42 页。
〔2〕同上，第 42-43 页。
〔3〕同上，第 58 页。

百年前拉丁文（罗马古文）尚属通行，彼时虽俗务用土语，而律例、格致、星学诸书各国仍以拉丁文传之。迨明末时印书机始兴于西国，因而刊布方言，而习拉丁文者渐少。文之最佳者，如义（意）、日（西班牙，清朝时称为日斯巴尼亚）、法、德、英五国皆相继而起，义文自宋代而始兴，日国当明末之时为欧洲最强之国，其文亦特著，迨两国式微，其文虽有，不过硕果仅存，近来均有复兴之象，则其文亦必同苏。至法、德、英三国数百年来未见陵替，故其文有进而无退，若论三国之文何者为最，实难判其低昂，盖各有妙境也。虽书院仍习希腊、罗马古文，而三国今文亦莫不设席以为课焉（义、日等文各国虽有习之者，然不以为专课）。[1] 其次，各国学业所异者还体现在西方各国具有各自文化特色。如：德国多博学之士，法国擅长兵法，英国擅长贸易，美国新发明多。丁韪良介绍美国后来居上：惟立国百年与英先后兴师者二，而尚能自护，盖初以自强为要务，不但富国兴商，即凡有裨民生而利国家者莫不次第而措施焉。其诸新机创自美者甚伙，如汽机行舟、电机通报俱在他国之先。他国学院有自数百年来声闻昭著，而美国学院虽建之在后亦能与之争胜，其乡学亦较诸国为盛，故民间男女子弟无不识字。[2]

　　第三，介绍西方国家之教育体制。丁韪良报告说：西方国家学校分为五等。诸国皆有学校，而立名不同，其要分为五等：曰孺馆（幼儿园），曰蒙馆（小学），曰经馆（中学），曰书院（学院），曰太学（大学）。就高等教育而言，可按不同学校的学科功能划分为：道学院（神学院）、法学院、医学院、工艺院、营造馆（学习建造房舍、修桥修路、制造船只）、冶矿馆、机器馆、农政馆、精艺馆（音乐、丹青、雕镂）、船政馆、武学（军校）、乡学（官办学校或义务教育）、女学（女子教育）、聋瞆

〔1〕丁韪良：《西学考略：附二种》，长沙：岳麓书社，2016年，第59-60页。
〔2〕同上，第60-61页。

学（聋哑学校）、师道馆（师范学校）、文艺会（非官方文化组织）等。[1]

　　为了消除清朝一些官员对外国先进事物的抵触情绪，丁韪良同时表示：中国为世界文明也做了很多贡献，如四大发明、瓷器、茶叶等。另外中国的科举制度也影响了西方的文官选拔制度，"中国抡才之典，西国莫不慕之，近代渐设考试以取人才，而为学优则仕之举，今英、法、美均已见端，将来必至推广"。[2]丁韪良强调：西方国家的强盛在于向其他诸国的效法和借鉴。"若一国独恃其智而不借镜于人，恐难精进，今诸国互通往来较前倍密，不但制造之新机莫不流传之遍及，即有关富强之要术亦无不效法之争先。"[3]丁韪良上述主张，也体现了他对晚清社会改革长期怀有的一种执着愿望。

　　丁韪良此行考察欧美各国，当局"札嘱乘顺历各国之便博采周咨，遇学业新法有补馆课者留心采择，或归述其事，或登诸载籍，则此行尤为有益馆课云云"；原本只要求丁韪良"遇学业新法有补馆课者留心采择"，以促进同文馆事业之进步。而从实际效果看，丁韪良此行考察之意义，完全超出了同文馆的范围。概括起来，主要有如下几点：

　　其一，丁韪良受清政府之托，全面考察了西方主要国家的教育现状、体制，尤其是高等教育的实况，这预示着晚清教育的改革方向。从这个角度说，丁韪良所撰《西学考略》，对后来的晚清教育改革，具有重大启示意义。

　　其二，丁韪良较为全面考察和介绍了西方主要强国经历工业革命之后，到19世纪80年代初，其科技与工业发展的最新成就与动态，这对当时方兴未艾的"洋务运动"，无疑也会起到推波助澜的作用。

　　其三，丁韪良还介绍了西方国家的人文艺术，亦有助于扩大晚清官员

---

〔1〕丁韪良：《西学考略·附二种》，长沙：岳麓书社，2016年，第65-89页。

〔2〕同上，第89页。

〔3〕同上，第90页。

076

的眼界。

其四，考察期间，丁韪良参加了美国东方学会、柏林世界东方学大会等国际学术会议，并与各国汉学家进行了广泛交流，这对促进丁韪良其后汉学研究，具有重要实际意义。

丁韪良赴欧美考察教育之后，还向总理衙门提出了各项具体改革建议。如：

1885 年，丁韪良向总理衙门指出原俄国 1845 年赠送的书籍已经陈旧过时而建议不必翻译。[1] 关于这些书的详细书目，文廷式记叙尤详，但持不同的看法，认为是同文馆"而置之也"。[2]

1886 年（光绪十二年）丁韪良条陈改革意见，包括添造馆舍、补算学教习缺、另建外科医院、派遣学生游学各国、咨调广东上海学生、扩充学生当差程途、奖励洋教习、建立天文台及购备仪器等等。[3]

三、京师大学堂西学总教习

1. 丁韪良被任命为西学总教习之原因

（1）清政府创办京师大学堂缘由

如前所述，19 世纪 80 年代初，丁韪良受总理衙门之托，考察了欧美等国教育状况，撰写了考察报告《西学考略》，重点介绍了欧美一些著名大学的实况，如美国的哈佛大学、耶鲁大学，英国的牛津大学、剑桥大学

---

〔1〕参见薛福成光绪十六年十一月二十二日记，载薛福成：《出使四国日记》，长沙：湖南人民出版社，1981年，第 205-206 页。转引自王文兵：《丁韪良与中国》，北京：外语教学与研究出版社，2008 年，第 116 页。
〔2〕参见文廷式：《纯常子枝语》，载《清朝稿本百种汇刊》第 54 册，台北：文海出版社，1974 年，第 211 页。转引自王文兵：《丁韪良与中国》，北京：外语教学与研究出版社，2008 年，第 115 页。文氏之论只是臆测，并不符合历史实际。
〔3〕《总理衙门拟复丁总教习条陈》，载席裕福等：《皇朝政典类纂》卷二百三十，学校十八，学堂。转引自沈云龙主编：《近代中国史料丛刊续编》第 90 辑，台北：文海出版社，1982 年，第 4442-4444 页。

等等。此后，中国维新人士和主张改革的官员，开始陆续提倡兴办高等教育。如：

1892 年（光绪十八年）维新思想家郑观应《论学校》一文指出：大抵泰西各国学校有"初学""中学""上学"三等，其中"上学以二十一岁、二十六岁上下为度，至此则精益求精，每有由故得新，自创一事，为绝无仅有者。诚能将西国有用之书，条分缕析，译出华文，颁行天下各书院，俾人人得而学之，以中国幅员之广，人才之众，竭其聪明才力，何难驾西人而上之哉"。[1]

1895 年（光绪二十一年闰五月）官员胡燏棻上《变法自强疏》，称：设立学堂以储人才也。泰西各邦，人才辈出，其大本大源，全在广设学堂。商有学堂，则操奇计赢之术日娴。工有学堂，则创造利用之智日辟。农桑有学堂，则树艺饲畜之利日溥。矿务有学堂，则宝藏之富日兴。医有学堂，则生养之道日进。声、光、化、电各项格致有学堂，则新理新物日出而不穷。水师、陆师各项武备有学堂，则战守攻取日习而益熟。乃至女子亦有塾政，聋哑亦有教法，以故国无弃民，地无废材，富强之基，由斯而立。至其学堂之制，不必尽由官设，民间绅富，亦共集资举办，但国家设大书院以考取之。[2]

1896 年（光绪二十二年）维新派梁启超在《学校总论》中指出："今朝士言论，汲汲然以储才为急者，盖不乏人，学校萌芽，殆自兹矣"；"今国家而不欲自强则已，苟欲自强，则悠悠万事，惟此为大，虽百举未遑，犹先图之"。[3]

〔1〕郑观应：《论学校》，载《盛世危言》第一卷，光绪十八年。转引自北京大学校史研究室编：《北京大学史料》第一卷（1898—1911），北京：北京大学出版社，1993 年，第 4-5 页。
〔2〕胡燏棻：《变法自强疏》，载《光绪政要》卷二十一，《变法自强奏议》卷一，光绪二十一年。转引自北京大学校史研究室编：《北京大学史料》第一卷（1898—1911），北京：北京大学出版社，1993 年，第 6 页。
〔3〕梁启超：《学校总论》，载《时务报》第五册、第六册（光绪二十二年八月十一日、廿一日），《饮冰室文集》丙申集。转引自北京大学校史研究室编：《北京大学史料》第一卷（1898—1911），北京：北京大学出版社，1993 年，第 10 页。

078

1896 年（光绪二十二年五月初二日）刑部左侍郎李端棻上《奏请推广学校折》，称："自京师以及各省府州县皆设学堂"；"京师大学，选举贡监生年三十以下者入学，其京官愿学者听之"。[1]

可见，兴办高等学校，此时已成为维新人士与部分官员的共同呼声。在这种背景下，1896 年 8 月 21 日（光绪二十二年七月十三日）"准总理各国事务衙门咨开，议复刑部左侍郎李端棻奏，请推广学校以励人才折内，京师建立大学堂一节，系为扩充官书局起见，请饬下管理书局大臣察度情形，妥筹办理等因，奉旨依议"。由此，清政府正式将建立京师大学堂提到议事日程上来，并着手筹备。

同月，孙家鼐即上《议复开办京师大学堂折》，称："臣查本年正月总署原奏，请立官书局，本有建设学舍之说，臣奉命管理书局，所奏开办章程，亦拟设立学堂，延请教习。是学堂一议，本总署原奏所已言，亦即官书局分内应办之事"；"今中国京师创立大学堂，自应以中学为主，西学为辅；中学为体，西学为用；中学有未备者，以西学补之；中学有失传者，以西学还之。以中学包罗西学，不能以西学凌驾中学。此是立学宗旨"。[2]

1898 年 2 月 15 日（光绪二十四年正月二十五日）光绪帝下《为开办京师大学堂谕》："御史王鹏运奏请开办京师大学堂等语，京师大学堂，迭经臣工奏请，准其建立，现在亟须开办。其详细章程，着军机大臣会同总理各国事务衙门王大臣妥议具奏。"[3]

1898 年 6 月 11 日（光绪二十四年四月二十三日），光绪帝颁布"明

[1]《刑部左侍郎李端棻奏请推广学校折》（光绪二十二年五月初二日），载《时务报》第六册（光绪二十二年八月廿一日），《光绪朝东华录》（四）。转引自北京大学校史研究室编：《北京大学史料》第一卷（1898—1911），北京：北京大学出版社，1993 年，第 20—22 页。
[2]《孙家鼐议复开办京师大学堂折》，载《光绪政要》卷二十二，《变法自强奏议汇编》卷四，《皇朝经世文新编》第六册，《时务报》第二十册（光绪二十三年二月十一日）。转引自北京大学校史研究室编：《北京大学史料》第一卷（1898—1911），北京：北京大学出版社，1993 年，第 23—24 页。
[3] 光绪二十四年正月二十五日为开办京师大学堂谕，载《光绪朝东华录》光绪二十四年正月。转引自北京大学校史研究室编：《北京大学史料》第一卷（1898—1911），北京：北京大学出版社，1993 年，第 43 页。

定国是"上谕，宣布变法；而建立京师大学堂是其重要举措，谕旨曰："京师大学堂为各行省之倡，尤应首先举办，着军机大臣、总理各国事务王大臣，会同妥速议奏。"[1]

同年7月3日（光绪二十四年五月十五日）总理衙门《奏筹办京师大学堂并拟学堂章程折》，称：中国当维新之始，遵旨筹办京师大学堂，"若其要义，凡有四端：一曰宽筹经费，二曰宏建学舍，三曰慎选管学大臣，四曰简派总教习。伏乞皇上简派大臣中之博通中外学术者一员，管理京师大学堂事务，即以节制各省所设之学堂，其在堂办事各员，统由该大臣慎选奏派。总教习综司学堂功课，非有学赅中外之士，不足以膺斯重任。非请皇上破格录用，不足以得斯宏才"。[2]

当日光绪帝即下旨，批准总理衙门奏章，曰：京师大学堂为各行省之倡，章程"参用泰西学规，纲举目张，尚属周备。即着照所议办理。派孙家鼐管理大学堂事务；办理各员由该大臣慎选奏派；至总教习综司功课，尤须选择学赅中外之士，奏请简派。其分教习各员，亦一体精选，中西并用"。[3]至此，光绪帝正式批准设立京师大学堂。

（2）丁韪良被任命为西学总教习

1898年8月9日（光绪二十四年六月二十二日）孙家鼐上《奏复筹办大学堂情形折》，称："西学拟设总教习也。查原奏有中总教习无西总教习。立法之意，原欲以中学统西学。惟是聘用西人，其学问太浅者与人才无所裨益；其学问较深者，又不甘于小就。即如丁韪良，曾在总理衙门充总教习多年，今若任为分教习，则彼不愿。臣拟用丁韪良为总教习，专理

〔1〕光绪二十四年四月二十三日为举办京师大学堂上谕，载《德宗景皇帝实录》卷四一八。转引自北京大学校史研究室编：《北京大学史料》第一卷（1898—1911），北京：北京大学出版社，1993年，第43页。
〔2〕总理衙门奏筹办京师大学堂并拟学堂章程折（光绪二十四年五月十五日），载《谕折汇存》卷十七（光绪二十四年），《光绪政要》卷二十四。转引自北京大学校史研究室编：《北京大学史料》第一卷（1898—1911），北京：北京大学出版社，1993年，第45-46页。
〔3〕同上，第46页。

西学，仍与订明权限，其非所应办之事概不与闻。专门西教习薪水宜从厚
也。阅日本使臣问答，谓聘用上等西教习，须每月六百金然后肯来。丁韪
良所言亦同。今丁韪良自以在中国日久，亟望中国振兴，情愿照从前同文
馆每月五百金之数，充大学堂西总教习。至西人分教习薪水，亦拟照原奏
之数酌加。"[1]

孙家鼐此奏有几点值得注意：

第一，孙家鼐称：丁韪良曾在总理衙门充总教习多年，今若任为分教
习，则彼不愿。所以拟用丁韪良为总教习，专理西学。这说明，丁韪良担
任同文馆总教习成为他被聘任京师大学堂总教习的重要因素。丁韪良担任
同文馆总教习近30年，在经办新式教育方面，尽心尽责，经验丰富，成
效显著，取得清政府上层官员高度赞赏与信任，其他任何西人都无法取代
丁韪良的地位与影响。关键时期，丁韪良亦善于推销自己。如：1897年6
月（光绪二十三年五月）丁韪良正式创立《尚贤堂月报》，即在该刊署名
"前同文馆总教习丁韪良冠西氏督理"。[2]创办该刊及该刊积极服务于当局
维新改革，为丁韪良担任京师大学堂总教习做了很好的舆论铺垫，让世人
真实感受到丁韪良宝刀未老，无疑是京师大学堂总教习最佳人选。据丁韪
良记述："当皇帝最终批准这项提议时，是李（鸿章）和另一位大臣孙家
鼐一起提名我担任总教习。"[3]丁韪良还说："当李鸿章向我提议接受这个
职位时，我同意干两三年，并声称我的年龄是不考虑长期工作的一个理由。
'我想，'他从头到脚打量了我一番，说道，'你还可以再干十年，我要是
有你那样的腿就好了。'"（李鸿章此说是因为他的下肢瘫痪。）[4]

〔1〕孙家鼐奏复筹办大学堂情形折（光绪二十四年六月二十二日），载《谕折汇存》卷十七（光绪二十四年），《光绪朝东华录》（四）。转引自北京大学校史研究室编：《北京大学史料》第一卷（1898—1911），北京：北京大学出版社，1993年，第48页。
〔2〕丁韪良：《尚贤堂月报告白》，《尚贤堂月报》丁酉（1897年）五月第一本，第1页。
〔3〕W. A. P. Martin. *The Siege in Peking, China Against the World*, New York: Fleming H. Revell Company, 1900, p. 42.
〔4〕W. A. P. Martin. *The Siege in Peking, China Against the World*, New York: Fleming H. Revell Company, 1900, pp. 122-124.

第二，孙家鼐称："专门西教习薪水宜从厚也。阅日本使臣问答，谓聘用上等西教习，须每月六百金然后肯来。丁韪良所言亦同。今丁韪良自以在中国日久，亟望中国振兴，情愿照从前同文馆每月五百金之数，充大学堂西总教习。"这说明孙家鼐上奏之前，征求过丁韪良的意见。"今丁韪良自以在中国日久，亟望中国振兴"，这说明丁韪良向孙家鼐等官员表明了自己支持维新改革的鲜明立场。这也是他被聘任京师大学堂总教习的前提条件。京师大学堂是戊戌变法的产物，是戊戌维新标志性成果之一。担任京师大学堂总教习，也是丁韪良一贯理解和支持清政府的社会改革，并取得清政府高度信任的自然结果。

第三，丁韪良表态：为了支持中国振兴，他"情愿照从前同文馆每月五百金之数，充大学堂西总教习"，即与当时聘用上等西教习须每月六百金相比，丁韪良自愿每月少得一百金。这也说明他对该职位的重视。

第四，孙家鼐称：拟用丁韪良为总教习，专理西学，仍与订明权限，其非所应办之事概不与闻。这是孙家鼐向丁韪良提出的条件，必须专心履行京师大学堂总教习职务，"其非所应办之事概不与闻"。毫无疑问，这是丁韪良之所以停办《新学月刊》的直接原因。

同年8月9日（光绪二十四年六月二十二日）光绪帝谕令"派充西学总教习丁韪良，据孙家鼐面奏请加鼓励，着赏给二品顶戴，以示殊荣"。[1] 8月9日是清政府正式批准聘任丁韪良为京师大学堂总教习的时间。

关于清政府兴办京师大学堂之原因及丁韪良被聘为总教习，丁韪良在《中国觉醒》一书中写道："1898年，年轻的光绪皇帝从中国对日本的惨败中得到了教训，决心对中国的教育制度进行彻底的改革。西方的科学知识只限于让少数使馆翻译和随员去了解是绝对不行的，必须让清王朝第一流

---

[1]光绪二十四年六月二十二日为孙家鼐奏大学堂大概情形谕，载《德宗实录》卷四二二，《谕折汇存》卷十七。转引自北京大学校史研究室编：《北京大学史料》第一卷（1898—1911），北京：北京大学出版社，1993年，第48页。

082

的学者也有机会接触那个能增强国力的源泉。清政府以五百万两银子作为资本，创办了一所京师大学堂，而我被皇帝下谕令任命为该大学的校长，并被赐予清朝九品官衔中的第二品顶戴。"〔1〕

2. 丁韪良的教育改革措施

丁韪良担任京师大学堂总教习，其所做的工作主要有以下几个方面：

第一，在同文馆的基础上增添新的学科。京师大学堂共设有12馆之多，包括天文算学馆、格致馆、工程馆、农功馆、医学馆、律学馆、英文馆、法文馆、俄文馆、德文馆、日本文馆等。

第二，建议采用"奖赏"制。清政府原定办学规则，拟给学生发放"膏火"，即生活与读书补贴费用。1898年（光绪二十四年）管学大臣孙家鼐奏称："膏火宜酌量变通也。臣访询西教习丁韪良，据云泰西大学堂，来学者皆出修脯，极贫者始给纸笔，以元月给膏火办法。盖以图膏火而来者，必非诚心向学；出资来学，乃真有志于学者也。臣又观总理衙门章京与日本使臣论学堂事宜，问答之语与丁韪良所言大略相同。今者，国家专筹的款，不令学生出资已属格外之仁，似不必更糜巨费。拟请仿西国学堂之例，不给膏火但给奖赏，其如何发给之处，应俟开办后详细斟酌办理。"〔2〕这里说的"奖赏"，可理解为中国近代奖学金制的最初发端。

第三，组织教师队伍。当时在筹办京师大学堂的过程中，丁韪良除了向孙家鼐提出一些建议外，作为西学总教习，其职责据康格的说法主要是对西学教员的遴选，"大约20名教授，不包括50名中国当地导师，完全由

〔1〕丁韪良：《中国觉醒》，沈弘译，北京：世界图书出版公司，2010年，第160页。清政府先后于1885年、1898年授予丁韪良三品与二品顶戴。美国三所大学鉴于他对中美关系的贡献授予他荣誉博士学位。19世纪末，美国驻华大使田夏礼称丁韪良为"在中国最重要的美国人"。

〔2〕孙家鼐奏复筹办大学堂情形折（光绪二十四年六月二十二日），载《谕折汇存》卷十七（光绪二十四年），《光绪朝东华录》（四）。转引自北京大学校史研究室编：《北京大学史料》第一卷（1898—1911），北京：北京大学出版社，1993年，第48页。

丁韪良博士一手挑选"。[1]丁韪良在《中国觉醒》中说道：教会学校创办最早和最成功的要数美国北长老会传教士狄考文（Calvin Wilson Mateer，1836—1908）创办的登州文会馆。在那里中国的年轻人受到了算术、物理和化学的最全面的训练。"以至于当清政府在北京创办京师大学堂，以及后来在山东开设省立高等学堂时，每次都是到登州去聘请理科的中教习。这所学校还为上述两所高等学府提供了教材。"[2]外国教习除丁韪良自己任西学总教习外，他还选定了秀耀春（F. H. James）、裴义理（J. Baily）等七人分别担任英文、德文、法文、俄文、日文以及医学教习。[3]

第四，课程设置。按办学章程规定："总教习综司学堂功课。"[4]

第五，选用教材。如：1899年底丁韪良对《格物入门》做了第二次修订，改名为《重增格物入门》，保留了李鸿章序、徐用仪序，新增加许景澄序和自序，《重增格物入门》由京师大学堂印行，于1900年春由美华书馆出版。[5]丁韪良在《重增格物入门》自序中谈到了当时选用教材的情况："岁在戊戌，京师创立大学堂，余蒙特旨派充西学总教习，于格物课程，每苦不得善本；又以三十年来，名家辈出，道理益精，遂亟取《格物入门》而重增之，以为初学一助。尤幸綦小菴副教习策鳌悉心襄助，故得从速葳事。至化学一卷，当是编之初创也，中国惟有丹家之论，尚无化学之名，其名创于是编，流传至今。化学专门译本已多而仍存此卷者，非惟因究察原质为格致一大宗，亦以简而易晓耳。书虽较前详备，然物理日出日新，

〔1〕"Chinese Imperial University: Dr. W. A. P. Martin, an American, Appointed Its President"，*New York Times*, Sep. 23, 1898. 转引自王文兵：《丁韪良与中国》，北京：外语教学与研究出版社，2008年，第296页。
〔2〕丁韪良：《中国觉醒》，沈弘译，北京：世界图书出版公司，2010年，第218页。
〔3〕*The North China Herald*, Feb. 6, 1899. 转引自王文兵：《丁韪良与中国》，北京：外语教学与研究出版社，2008年，第296页。
〔4〕总理衙门奏筹办京师大学堂并拟学堂章程折（光绪二十四年五月十五日），载《谕折汇存》卷十七（光绪二十四年），《光绪政要》卷二十四。转引自北京大学校史研究室编：《北京大学史料》第一卷（1898—1911），北京：北京大学出版社，1993年，第46页。
〔5〕王文兵：《丁韪良与中国》，北京：外语教学与研究出版社，2008年，第130页。

084

尚有未尽周知之处。余渐觉衰朽，不知将来增补以匡不逮者，伊谁之属也，是为序。大清光绪庚子正月京师大学堂西学总教习丁韪良自识。"[1]

丁韪良在《中国觉醒》一书中记述道：京师大学堂首批招收的学生在两三百人之间，都是在科举考试中获得功名的秀才、举人和进士。大学创办初期，朝野上下一致拥护。但在慈禧太后发动戊戌政变以后，风向就变了。两年后，大学堂在义和拳的动乱中被迫关闭。[2]

1902 年，清廷颁令恢复京师大学堂，丁韪良被重新任命为总教习。但随后新任管学大臣张百熙以经费紧张为由，集体辞退了丁韪良等西教习。丁韪良在《教务杂志》的一篇回应疑问的文章中解释了 1902 年 2 月 7 日自己以及其他外籍教师被解聘之经过：新校长（张百熙）说，由于重新开学的时间还不确定，他不希望有一群无所事事的教授领薪水。还说，该机构的资金大幅减少，"并使我们怀疑他打算雇佣更廉价的人"，即懂英语的中国人和懂点科学知识的日本人。[3] 不管怎样，外籍教师的解聘是由于他们要求补发工资而促成的。[4] 当校长通知他们这个决定时，校长补充说，总教习和外国教授们被考虑在 1902 年 2 月 7 日解雇，根据合同，他们有权获得额外三个月的奖金。[5] 在这次交流中，校长不仅礼貌地表达了自己的看法，还对总教习长期以来为中国做的贡献表达了敬意。[6] 丁韪良还记述道："应校长的要求，我起草了一份大学重建计划，他表示赞成大多数拟议的规章制度。他是否会在没有外国援助的情况下实现这些目标仍有待观察。"[7] 谈到离职原因，1910 年丁韪良在中文版《花甲忆记》中言道："张

〔1〕《重增格物入门》，丁韪良自序，光绪己亥（1899）上海美华书馆铅版。转引自王文兵：《丁韪良与中国》，北京：外语教学与研究出版社，2008 年，第 133 页。
〔2〕丁韪良：《中国觉醒》，沈弘译，北京：世界图书出版公司，2010 年，第 160 页。
〔3〕"Correspondence", *The Chinese Recorder*, Vol. XXXIII, No. 3, 1902, p. 143.
〔4〕"Correspondence", *The Chinese Recorder*, Vol. XXXIII, No. 3, 1902, p. 144.
〔5〕"Correspondence", *The Chinese Recorder*, Vol. XXXIII, No. 3, 1902, p. 144.
〔6〕"Correspondence", *The Chinese Recorder*, Vol. XXXIII, No. 3, 1902, p. 144.
〔7〕"Correspondence", *The Chinese Recorder*, Vol. XXXIII, No. 3, 1902, p. 144.

百熙管理大学堂事务，吾即前往，问及开课日期。彼曰：无定期，亦无定地。未便久候，闻之遂辞而回国。"〔1〕

四、湖广仕学院总教习

京师大学堂在八国联军侵华战争中受到了损坏。丁韪良记述："由于见不到它重建的前景，我便踏上了回美国的归程。当我到达温哥华的时候，我发现张之洞总督发来了一份电报，邀请我出任他即将开办的湖广仕学院总教习，并且指导他的幕僚们学习《万国公法》。"〔2〕丁韪良出于"以帮助张之洞推行他的教育运动"之考虑，"当复电允诺"，"至纽约未几，即与清国总领事订三年合同"。〔3〕

据丁韪良记述：在武昌湖广仕学院任总教习期间，"除了教授他（张之洞）的官员们《万国公法》之外，我还必须给他们讲授地理和历史，这两门课程在时间和空间上是相互协同的。如果不学这两门课程，这些官员就会像有些中国文人那样，把罗得岛（Rhode Island）跟另一个罗得岛（the Island of Rhodes）混淆起来。〔4〕并且把纽约州的罗马误认为是那个七山之城。〔5〕一部论述国家间交往的书和一部达德利·菲尔德的《国际法》的汉译本就是那些讲座留下的一些成果。但是湖广仕学院并没有真正办起来"。〔6〕

就在丁韪良到达武昌的一个月之内，张之洞总督就被调到了南京，去

〔1〕丁韪良：《花甲忆记》，赵受恒译，上海：商务印书馆，1910年，第38页。
〔2〕丁韪良：《中国觉醒》，沈弘译，北京：世界图书出版公司，2010年，第173页。
〔3〕丁韪良：《花甲忆记》，赵受恒译，上海：商务印书馆，1910年，第38页。
〔4〕前一个罗得岛（Rhode Island）是美国东海岸的一个州，后一个罗得岛（the Island of Rhodes）指爱琴海东面的希腊岛屿，两者相距甚远。
〔5〕意大利首都罗马城里散布着七座小山，被称为"七山之城"。
〔6〕丁韪良：《中国觉醒》，沈弘译，北京：世界图书出版公司，2010年，第174页。

填补因刘坤一去世而空缺的位置。在起程的前一天晚上，张之洞专门到丁
韪良家里拜访，并对丁韪良说："我请你来这里，是为了请你出任一个为
两个省份而兴办的大学的总教习。假如你愿意跟我去南京，我将聘请你出
任一个为五个省份而兴办的大学的总教习。"张之洞"意为他将把湖广总
督和两江总督辖内的教育事业结合在一起，这也显示出一个大学的计划是
如何在他具有丰富想象力的脑子里得以扩展的"。丁韪良"亦欢然许之曰：
请香翁（张之洞）先行，吾必步后尘。及香帅至金陵，半月后即知不过代
署而已。旋内用擢为军机"。[1] 丁韪良记述道：在那个更高的职位上待了
还不到一个月，张之洞就极其失望地得知他只是在为下一任总督临时收拾
烂摊子。在南京几乎待满了一年之后，张之洞又被召到了北京，在那里他
又度过了完全不知道自己将来的目的地究竟在哪里的一年时光。与此同时，
那个有待成立的大学一直停留在纸面上。"说句公道话，我对于总督的礼
貌周全和薪酬发放的准时感激不尽。"[2]

其后，身体欠佳的张之洞"把剩下的那一点儿精力全都用在了为日俄
战争这一不测事件而做的军事准备上了，而他的大学早已被束之高阁，被
他忘到了脑后"。[3]

湖广仕学院终未办成，丁韪良于 1905 年卸任。丁韪良回忆说：他在
这个职位上工作了三年。回顾往昔，他现在认为最近这一段在华中度过的
日子是他在远东生活半个多世纪以来最有趣的一段时光。[4] 丁韪良于《中
国觉醒》记述道：在京师大学堂被关闭后，自己曾经应聘协助这位开明的
总督（张之洞）来实现他的大业。"为了能更好地阐明改革的进程，我专
门为他和为我在华中那三年中所观察到的东西另写了一个单独的章节（即

〔1〕丁韪良：《花甲忆记》，赵受恒译，上海：商务印书馆，1910 年，第 38 页。
〔2〕丁韪良：《中国觉醒》，沈弘译，北京：世界图书出版公司，2010 年，第 175 页。
〔3〕同上，第 175 页。
〔4〕同上，第 173 页。

《中国觉醒》第三十章'张之洞总督：一位改革的领袖'）"。[1]以上记述从一个侧面反映了丁韪良这位汉学巨匠的一个重要写作特点，即：他在华60余年时间，所到之处都用心"观察"，注重社会实际，尤其重视"阐明改革的进程"。

五、中文教科书编译与汉学研究

组织编译西书，解决教材需求，是丁韪良任职同文馆期间在教务教学方面采取的重要举措。并且，这也是丁韪良汉学研究转型的重要标志：此前，丁韪良系为传教及编写宗教作品而涉猎汉学；此后，转向为服务于晚清教育改革及向西方读者推介中华文化而进一步研究汉学。

丁韪良编译及组织同文馆师生翻译编写教科书，最富有开拓性意义的主要涉及三个领域：

一是公法系列作品。1865年2月同治帝御批之后，丁韪良编译的《万国公法》正式出版。[2]其后，继续翻译国际法，成了同文馆编译工作之常态。丁韪良说："在我的学生的帮助下，我已经翻译出德·玛登（De Marten）的《星轺指掌》（该译著最初版刊行于1876年）、伍尔西（Woolsey）的《公法通览》（光绪三年，1877年出版）、步伦（Bluntschli）的《民法典》和由欧洲国际法协会编写的十分重要的法律手册。这些书大部分在日本被翻印。在国际法领域内，据我所知，除此之外还没有什么

---

〔1〕丁韪良：《中国觉醒》，沈弘译，北京：世界图书出版公司，2010年，第175页。
〔2〕关于《万国公法》的出版时间，学术界有不同看法，有依据董恂序所署日期"同治三年岁次甲子冬十有二月"而主张1865年说，也有依据京都崇实馆刻本扉页"同治三年岁在甲子孟冬月"而主张1864年说。（参见田涛：《国际法输入与晚清中国》，济南：济南出版社，2001年，第40页。）王文兵倾向于认为《万国公法》在1864年即刊刻完成，只是在1865年初增补董恂序而已。（参见王文兵：《丁韪良与中国》，北京：外语教学与研究出版社，2008年，第99页。）

著作被译成这两个国家的文字。"[1]此外还有《陆地战例新选》(1883年)、
《公法新编》(1903年)等。

　　二是格物与测算系列作品。所谓"格物",丁韪良也译作"物理";
"测算"亦译作"算学"。1868年(同治七年)《格物入门》出版,总理
衙门大臣董恂、徐继畬作序。[2]董恂和徐继畬等对丁韪良借此传播西方科
技持高度赞赏态度。1886年(光绪十二年)丁韪良又编纂《格物测算》
八卷。1889年《格物入门》首次修订,称《增订格物入门》。

　　三是组织翻译《富国策》。1880年,在丁韪良督率下,同文馆副教习
汪凤藻将《富国策》翻译出版。《富国策》较为系统地介绍了当时资本主
义古典经济学理论。在公法与格致之外,丁韪良是第一个将近代西方经济
学引入中国的人。[3]

　　丁韪良还组织编译了《法国话料》《英文举隅》《同文津梁》《法汉
字汇》《英文话规》等语言类书籍充作教材。其中《英文举隅》(English
Grammar)是近代中国极有影响的最早编译的英文文法书之一。[4]此外,
还有《各国史略》(Outlines of the World's History),由同文馆学生杨枢、
长秀翻译。[5]原书为英国历史学家泰特勒(Alexander E. Tytler,1747—
1813)所著的《世界史》(Universal History)。译稿经丁韪良润色后,于
1879年出版。[6]他还编辑《中西合历》(Astronomical Almanac)[7]、《同文津

[1]丁韪良:《花甲忆记》,沈弘等译,桂林:广西师范大学出版社,2004年,第160页。又见丁韪良:《中
国觉醒》,沈弘译,北京:世界图书出版公司,2010年,第222、159页。沈弘先生在《花甲忆记》中把
Woolsey译为伍尔西,在《中国觉醒》中译为吴尔玺,实为同一作者。
[2]参见丁韪良:《格物入门》,同治七年(1868)京师同文馆刊本,"董恂序"。
[3]参见王文兵:《丁韪良与中国》,北京:外语教学与研究出版社,2008年,第141-142页。
[4]参见张美平:《京师同文馆外语教育研究》,杭州:浙江大学出版社,2017年,第310-311页。
[5]参见朱有瓛主编:《中国近代学制史料》第一辑上册,上海:华东师范大学出版社,1983年,第153页。
[6]参见王文兵:《丁韪良与中国》,北京:外语教学与研究出版社,2008年,第144页。
[7]董恂:《中西合历表序》,载《近代中国史料丛刊》第395册,台北:文海出版社,1966年,第92-93页。
转引自王文兵:《丁韪良与中国》,北京:外语教学与研究出版社,2008年,第140页。

梁》等。[1]

丁韪良在中国 40 余年的职业教育生涯中，在翻译西学专著方面的贡献是非常突出的，这不仅对晚清教育和社会改革产生了重要促进作用，其对丁韪良自身的汉学研究也产生了深刻影响。概括起来，长期大量译介各领域西学成果，对促进丁韪良汉学研究的意义主要体现在以下诸方面：

第一，通过大量翻译西学论著，极大地增强了丁韪良的中文写作能力及对中华文化的理解力。

丁韪良在同文馆编译所有教材，几乎都是在与中国学者和同文馆中国学生的合作中进行的，这显然有利于丁韪良进一步提升汉语运用能力。如：丁韪良在上海翻译《万国公法》的过程中，他在文字上得到了基督教信徒江宁人何师孟、定海人曹景荣（子渔）等人的帮助。丁韪良称"是书之译汉文也，本系美国教师丁韪良视其理足义备，思于中外不无裨益，因与江宁何师孟、通州李大文、大兴张炜、定海曹景荣略译数卷，呈总理各国事务衙门批阅，蒙王大臣派员校正底稿，出资付梓"。[2]丁韪良到达北京之后，《万国公法》译稿的修改一直在进行中，通州李大文、大兴张炜以及随他迁往北京的宁波教徒曹子渔仍然帮助他作文字润色。[3]随后，总理衙门大臣董恂作序时说道：总理衙门从翰林院抽调章京"历城陈钦、郑州李常华、定远方濬师、大竹毛鸿图，删校一过以归之"。[4]方濬师记述：《万国公法》，"美国丁韪良所译，予与陈子敬、李叔彦、毛升甫三君竭年余之力，为之删削考订，其中于中外交涉事宜，颇多可采。惟以钩辀格磔之谈，律以中华文字，不无勉强迁就，并有语气不合处。有心者分别体会，未始

[1]参见朱有瓛主编：《中国近代学制史料》第一辑上册，上海：华东师范大学出版社，1983年，第154页。
[2]参见《万国公法》卷一，凡例，第1页。转引自王文兵：《丁韪良与中国》，北京：外语教学与研究出版社，2008年，第344页。
[3]参见王文兵：《丁韪良与中国》，北京：外语教学与研究出版社，2008年，第97页。
[4][美]惠顿：《万国公法》，丁韪良译，何勤华点校，北京：中国政法大学出版社，2002年，"万国公法序"第1页。

090

不可据理论辩"。[1]与丁韪良合作的同文馆中国学者，往往中英文两种语言都能运用自如。如"同文馆副教习汪生凤藻，夙擅敏才，既长于汉文，尤精于英文"。[2]

第二，丁韪良在翻译西学论著时，必然涉及相关中国文化和知识。这势必激发丁韪良汉学研究之灵感，启迪其汉学研究方法的改进和研究领域的拓宽。

丁韪良翻译西学论著过程，也是他与中国官员和知识分子交流中学与西学关系的过程。几乎所有为丁韪良西学翻译作品作序的中国官员或文人，都认为丁韪良所译"西学"，与"中学"有着密切关联。

如：丁韪良研究国际法在先，其后促使他饶有兴趣地探讨古代中国公法。1901年李鸿章为丁韪良《公法新编》作序称："美儒丁冠西氏游中国垂五十年，熟于东方之学，既辑《万国公法》，又辑《中国古世公法》……予维西人之公法即中国之义理，今之为公法家，其即古之礼家乎。"[3]显然，李鸿章在作序的时候，即与丁韪良交流了"西人之公法"与"中国之义理"的关系，他赞赏丁韪良"既辑《万国公法》，又辑《中国古世公法》"。

丁韪良对研究"中国古世公法"的确十分重视。1881年丁韪良赴欧洲考察，他于9月13日在柏林世界东方学大会上作了题为《中国古世公法论略》的学术报告，1882年，该文被收录于《五届东方学者国际会议丛刊》；1883年，又刊于《国际评论》和《教务杂志》。[4]1884年，鉴于中国人对这篇文章的强烈兴趣，汪凤藻又将之译为中文在同文馆出版，名为

〔1〕方濬师：《蕉轩随录、续录》，北京：中华书局，1995年，第326页。转引自王文兵：《丁韪良与中国》，北京：外语教学与研究出版社，2008年，第119-120页。
〔2〕汪凤藻等译：《富国策》，光绪六年（1880）同文馆聚珍版，凡例（丁韪良撰）。
〔3〕李鸿章：《公法新编序》，载《公法新编》，上海广学会藏版，上海商务印书馆代印，1903年。转引自刘禾：《帝国的话语政治》，北京：生活·读书·新知三联书店，2009年，第184-185页。
〔4〕鲁纳：《中国国际法术语的形成：1848—1903》，载［德］朗宓榭、［德］费南山主编：《呈现意义：晚清中国新学领域》下册，李永胜、李增田译，天津：天津人民出版社，2014年，第509页。

《中国古世公法论略》。[1]1901 年丁韪良撰《汉学菁华》，该书第二十二章即为"古代中国的国际法"，第二十三章即为"古代中国的外交"。[2]

又如：1890 年（光绪十六年三月）户部右侍郎兼管钱法堂事务署刑部右侍郎管理同文馆事务徐用仪为《增订格物入门》作"叙"。徐用仪云："学术之后出而日新，古今不足以相非也，而适足以相成"；"夫一物不知，儒者引为深耻"。徐用仪例举了中国古代在"格物"方面的成就："推之声学、光学、重学、远镜学，《墨子·经说》启之；植物学，《齐民要术》启之；筑台堡之斜距，《测圆海镜》《营造法式》启之；察营阵之向背，《通典·兵法》及近儒所著《两渊》启之；电镀金、硝渍水之学，葛抱朴、邱处机启之；以机庎水、障水立门之学，康绚、贾鲁启之。凡此备物致用之学，前人导其巧思，后人发其新悟，与诸儒家之言格物若不相蒙，而理之析者倚数而生，仍炉锤包举乎其内，何中西格物之说不可相通之有？"徐用仪此说，是对丁韪良《增订格物入门》自序的呼应。丁韪良在《增订格物入门》自序中论道："尝读《大学》'致知在格物'，不禁叹圣人言近旨远。寻读五子《近思录》：'或问格物，须物物格之，还只格一物而万物皆知？'伊川先生曰：'怎得便会贯通？若只格一物便通众理，虽颜子亦不敢如此道。须是今日格一件，明日又格一件。积习既多，然后脱然自有贯通处。'程子之说如此。于是叹先儒于格物之理已见端倪，惜后学局于词章，虽探讨古书而不及于格物，拘牵未化，难言穷理之功。"[3]

可见，丁韪良的顶头上司徐用仪为《增订格物入门》作"叙"，他们二人即相互交流了西方科技与中国古代科技的关系，且观点一致。这也是丁韪良一生研究汉学颇为重视的课题。笔者将于本书第五章进一步探讨，

---

〔1〕丁韪良：《中国古世公法论略》，汪凤藻译，载王健编：《西法东渐——外国人与中国法的近代变革》，北京：中国政法大学出版社，2001 年，第 31-39 页。
〔2〕丁韪良：《汉学菁华》，沈弘等译，北京：世界图书出版公司，2010 年。
〔3〕丁韪良：《增订格物入门》，光绪己丑（1889）同文馆集珍版，"增订格物入门自序"第 1 页。

丁韪良如何以科学史的视野，深入探寻中国古代科技的成就。

第三，丁韪良所翻译的西学论著，侧重于近代化新兴学科与实用知识，大多是对西方科技、法律、经济等领域专著的首次翻译，其对相关理论、概念、名词及内容等方面的汉语表述，对中国近代相关新兴学科之构建，均具有创新与借鉴意义。

丁韪良在翻译中创造了不少中译词语。如"公法"（the international law）、主权（sovereignty）、权利（right）、义务（obligation）、理义（principle，今译原理）、局外（neutrality，今译中立）、性法（natural law，今译自然法）、自护（self-preservation，今译自保）、大海（high sea，今译公海）、平行（equality，今译平等）等。[1] 丁韪良翻译的《万国公法》亦有不尽如人意之处，但毕竟系首次翻译，其难度可想而知。从总体上看，该书表达清晰，文字通顺。《万国公法》的出版，使国际法知识系统地传入中国，"公法""万国公法"成为19世纪下半叶一直沿用的国际法中文译名，其影响可见一斑。[2]

美国当代学者柯饶富评论说：丁韪良任同文馆与京师大学堂总教习，他成为中国现代国家教育的先驱，发展了法律、物理、数学和政治经济学等学科。[3]

第四，通过翻译多学科西学论著，很大程度上改良了丁韪良的知识结构，增强了他的近代学科意识，扩大了他的学术视野。这也是其后促使他开始重视运用西方人文学科方法释读中华文化的主要原因之一。

第五，大量编译出版反映西方新兴学科的中文教科书，为丁韪良在清政府中获得极高声誉，这为他长期在清政府中谋得同文馆总教习、京师大

---

〔1〕方濬师：《蕉轩随录、续录》，北京：中华书局，1995年，第326页。转引自王文兵：《丁韪良与中国》，北京：外语教学与研究出版社，2008年，第119-120页。
〔2〕参见王文兵：《丁韪良与中国》，北京：外语教学与研究出版社，2008年，第120页。
〔3〕Ralph Covell. *W. A. P. Martin: Pioneer of Progress in China*, Washington: Christian University Press, 1978, preface, pp. 1-2.

学堂西学总教习以及湖北仕学院总教习等重要职务，提供了资质与信誉担保。同时，为丁韪良由传教士汉学转入专业汉学研究创造了十分有利的条件。

由于翻译《万国公法》游离传教使命，美国长老会外国传道部执委会对丁韪良的翻译工作提出了质疑，认为他在北京花六个月时间从事的工作与传教并无直接关系。丁韪良则针锋相对地说"它将不亚于翻译《圣经》的影响"。[1]这说明，在翻译《万国公法》的过程中，丁韪良即呈现了由传教士向职业教育家转变的一种"过渡"的心态。翻译《万国公法》，标志着丁韪良由传教士汉学家向专业汉学家转变迈出了关键性的一大步；这也是丁韪良汉学与西学结合的第一次重要尝试。由此产生多方面巨大社会影响，其后即激发他脱离教会。进入同文馆任教习之后，丁韪良正式突破了研究汉学服务于传教的思维定式；对于曾经是纯粹意义的传教士的丁韪良来说，体现了一定意义的自我思想解放。从此丁韪良在汉学研究道路上，不再受教会之束缚，从而打开了在汉学领域自由飞翔之大门。

第六，丁韪良耗费数十年心血译介诸多西学成果，受到洋务派官员和维新派人士高度赞扬，这无疑使丁韪良受到极大激励，促使他更加关注晚清改革，并更加自觉地传播对晚清现实有益的西学知识。

特别值得注意的是，出于让出国使臣等外交人员务必掌握西方国家国情之目的，"星轺指掌凡例"概要介绍了西方国家现行政治制度。其中讲道："各国政式不一，有君位世传而君权无限者，有君位世传而君权有限者，二者皆谓君主之国。复有庶民公举国主，而其在位限有年数者，是谓民政之国。"[2]此处说的"有君位世传而君权有限者"，即为晚清预备立宪时期定义的"君主立宪制"；"复有庶民公举国主，而其在位限有年数者，

---

〔1〕 *China Letters*, VII, Peking, Martin to Board, #46, Nov. 23, 1863. 转引自 Ralph Covell. *W. A. P. Martin: Pioneer of Progress in China*, Washington: Christian University Press, 1978, p. 148.

〔2〕〔德〕查尔斯·马顿斯：《星轺指掌》，联芳、庆常译，丁韪良鉴定校核，傅德元点校，北京：中国政法大学出版社，2006 年，"凡例"第 3 页。

094

是谓民政之国"，即为"民主共和制"。"星轺指掌凡例"介绍说：不管
是"君权有限之国"（君主立宪制）或"民政之国"（民主共和制），"皆
公举大臣，会议国政，是谓国会。君位虽尊，而权势往往操之于国会也"；
"君权有限之国与民政之国，率由国会公议以制法，国君秉权而行法，复
有专设法司以执法，而审讯不法之事者，此谓之法院或法堂"；"国政既不
同，国君之称号亦异，或称皇帝，或称君主，或称王，要皆以国君为通称。
虽民政之国主，亦可称君，而洋语则以伯理玺天德称之"。[1]此处，"庶民
公举国主"（含"伯理玺天德"，即总统）、"国会"、"法院"三权分立
（即行政、立法和司法）表述得十分清晰。

　　《星轺指掌》由官方审定，即"呈钦命总理各国事务诸大臣批阅，蒙
命付梓"，大批出国使臣等外交人员及部分知识分子由此开始接触和掌握
西方国家政治制度相关常识。这种现象实属晚清社会第一次出现，其影响
与实际意义不宜低估。

　　总体上看，丁韪良译介西学论著，不仅满足了同文馆新式教育的教材
需求，也迎合了晚清社会改革的现实需要；同时，丁韪良汉译西学论著，
同样具有重要汉学意义。

第二节　中文期刊创办与汉学研究

一、丁韪良与《中西闻见录》

　　1.《中西闻见录》办刊宗旨与主要撰稿人
　　从 1832 年裨治文创办《中国丛报》（*The Chinese Repository*）开始，美

---

〔1〕［德］查尔斯·马顿斯：《星轺指掌》，联芳、庆常译，丁韪良鉴定校核，傅德元点校，北京：中国政法
大学出版社，2006 年，"凡例"第 3 页。

国来华传教士汉学家们就十分重视编辑发行期刊。1907 年丁韪良在《中国觉醒》一书中总结道："在现代社会运动中，新闻最具有影响力。在这方面，西方传教士一开始就起着倡导的作用，因为正是他们将新闻首先介绍到了中国。在刚过去的半个世纪里，在每一个主要的传教站点，都有由传教士们发行的中文期刊。"[1] 如果说《中国丛报》是美国早期汉学史上第一份由传教士汉学家发行的英文汉学月刊的话，那么，丁韪良创办的《中西闻见录》，可称之为美国汉学史上的第一份中文月刊。

1872 年 8 月（清同治十一年七月），丁韪良与英国伦敦会艾约瑟（Joseph Edkins）等成立"在华实用知识传播会"，以介绍"近代科学和自由思想"相标榜。他们看到香港、广州、上海、宁波等地都有报刊发行，唯独北京没有，于是决定于北京创办一种期刊。同月，《中西闻见录》（*The Peking Magazine*）便应运而生。[2] 首期《中西闻见录》刊登说明："《中西闻见录》系仿造西国新闻纸而作，书中杂录各国新闻近事，并讲天文、地理、格致之学。每月出印一次"，"并录中土西邦一切新闻近事"。[3]

《中西闻见录》停刊后，1877 年丁韪良把杂志上的文章加以筛选，编选成四卷本的《中西闻见录选编》。他在选编自序中写道："同治壬申（1872 年），予与数友共辑《中西闻见录》，月出一本，比及三年而止。其内所载事理颇繁，而文则雅俗不等，有采取零星新闻以资管窥，有寓言以娱目而警心，并有格致测算之论以为实学之梯航；四方文士赐观，屡蒙谬赞，兹欲删其轻浮，撮其体要，成为一集。"[4] 由此可大致窥见其创办《中西闻见录》之目的。

〔1〕丁韪良：《中国觉醒》，沈弘译，北京：世界图书出版公司，2010 年，第 222 页。
〔2〕张剑：《〈中西闻见录〉述略——兼评其对西方科技研究的影响》，《复旦学报（社会科学版）》1995 年第 4 期，第 57 页。
〔3〕《中西闻见录》1872 年 8 月第 1 号，扉页、告白。
〔4〕丁韪良：《中西闻见录选编》，载沈云龙主编：《近代中国史料丛刊三编》第三十二辑，台北：文海出版社，第 496 页。

096

　　王韬曾说:《中西闻见录》刊于京师,艾约瑟、丁韪良主其事。"兼讲
格致杂学,器艺新法,尚于时事简略。"[1]

　　戈公振《中国报学史》说:《中西闻见录》于 1872 年发刊于北京,由
京都施医院编辑,杂录各国近事,及天文、地理、格致之学。时北方多雨,
河决屡见,该报关于预防水灾之法,言之綦详,故颇为学者所称道。1876
年(光绪二年),易名《格致汇编》(原名 Chinese Scientific Magazine),
发行于上海,由英人傅兰雅主持。后由月刊改为季刊,至 1890 年(光绪
十六年)始终止。[2]

　　《中西闻见录》为 16 开本,每期 28 至 32 页不等,除"各国近事"外
无其他固定栏目。每期(号)以四五篇较长篇幅的介绍西方近代科技的文
章为重点,此外,另有杂记、寓言、诗歌、时政短评等文章及"各国近事"
的新闻报道,其中新闻每期均有十则左右。据张剑统计,该刊中外署名的
撰稿人有 54 人,36 期共刊载了 361 篇文章,其中有关科技的文章达 166 篇,
杂记 82 篇,寓言 24 篇,其他 89 篇。按篇数计分别占总篇数的 45.9%,
22.7%,6.7%,24.7%。从中可以看出有关科技的文章几乎占了一半。[3]

　　王福康云:《中西闻见录》的内容非常丰富,凡西方科学技术新知识,
几乎无所不包。以科学知识而言,广泛地介绍了西方近代自然科学理论,
如天文、数学、物理、动物学、植物学、地理学、地质学、气象学、水利
学、医学、考古等。以工艺技术而言,则广泛地介绍了火车、玻璃、蒸汽
机、印刷机、轮船、制铁、运输机械、道路修筑、采矿、电信、煤气、机
械、救生、消防、兵器等。[4]

〔1〕王韬:《论日报渐行于中土》,载王韬:《弢园文录外编》,北京:中华书局,1959 年,第 206 页。转引
自宋原放主编:《中国出版史料:近代部分》第 2 卷,武汉:湖北教育出版社,2004 年,第 165 页。
〔2〕戈公振:《中国报学史》,长沙:岳麓书社,2011 年,第 62 页。
〔3〕张剑:《〈中西闻见录〉述略——兼评其对西方科技研究的影响》,《复旦学报(社会科学版)》1995 年
第 4 期,第 57-58 页。
〔4〕王福康等:《清末的科学杂志》,载宋原放主编:《中国出版史料:近代部分》第 2 卷,武汉:湖北教育
出版社,2004 年,第 397 页。

　　综合丁韪良自述及各家评述，可得出一个基本认识：《中西闻见录》的办刊宗旨与主要特点，即以实用西方科技知识传播为主，显然与丁韪良该时期在同文馆的中心工作保持着一致性。

　　《中西闻见录》名义上由京都施医院编辑，但实际主持人为丁韪良和艾约瑟。在《中西闻见录》上经常撰文的外国人，除丁韪良和艾约瑟两人外，还有同文馆英文教习包尔腾（John Shaw Burdon）、同文馆医学教习德贞（John Dudgeon）、德微理等人。[1]

　　艾约瑟作为编辑之一，也写有不少文章，主要是有关物理学和一些实用技术知识，并写有科技人物传记。如：艾约瑟于1872年12月第5期发表《火轮船源流考》[2]；于1873年8月第13期发表长文《蒸汽论》[3]。德贞的作品以介绍西方近代医学、动植物学和一些机械制造技术为主。[4]如：德贞于1873年8月第13期发表长文《牛痘考》[5]；于1875年1月第29期发表长文《禁烟说略》，反对鸦片贸易和种植[6]。包尔腾于1872年9月第2期发表《星学源流》。[7]此外还有俄文教习柏龄、后为医学教习的英国医师卜士礼、美国长老会传教士惠志道、法国外交官师克勤和九江海关税务司葛显理等也写有文章。[8]

　　从第2期开始，中国学者的著译也陆续在《中西闻见录》上发表，3年中不下30人，其中最有名的是近代卓越的算学家李善兰。李善兰曾任同

---

〔1〕王福康等：《清末的科学杂志》，载宋原放主编：《中国出版史料：近代部分》第2卷，武汉：湖北教育出版社，2004年，第395-396页。

〔2〕艾约瑟：《火轮船源流考》，《中西闻见录》1872年12月第5号，第1-6页。

〔3〕艾约瑟：《蒸汽论》，《中西闻见录》1873年8月第13号，第17-20页。

〔4〕参见张剑：《〈中西闻见录〉述略——兼评其对西方科技研究的影响》，《复旦学报（社会科学版）》1995年第4期，第58页。

〔5〕德贞：《牛痘考》，《中西闻见录》1873年8月第13号，第11-16页。

〔6〕德贞：《禁烟说略》，《中西闻见录》1875年1月第29号，第3-9页。

〔7〕包尔腾：《星学源流》，《中西闻见录》1872年9月第2号，第18-19页。

〔8〕参见张剑：《〈中西闻见录〉述略——兼评其对西方科技研究的影响》，《复旦学报（社会科学版）》1995年第4期，第58页。

文馆教习。他在《中西闻见录》上相继发表《考数根法》《星命论》《德国学校论略序》《米利坚志序》《天文馆新术》等数学、天文和教育等方面的论文。[1] 12 名同文馆学生中比较有名的有贵荣、席淦、联芳等，他们在馆内被派充为副教习，独立或协助教习翻译了许多科技著作。他们在《中西闻见录》上发表的文章，或是考试试卷，或是作业，或是独立见解的天文算学论文，或是翻译的文章新闻。[2] 如：1873 年 2 月第 7 期刊登《壬申年同文馆岁考题》[3]，该"岁考题"包含了算学题、化学题、格物题、医学题。还刊登了朱格仁的《同文馆壬申岁试英文格物第一名试卷》[4]、杜法孟的《同文馆壬申岁试汉文格物第一名试卷》[5]。这大大激发了同文馆学生学习的积极性，《中西闻见录》几乎成了京师同文馆的"学报"。[6]

2. 丁韪良作品分析

无论作品的数量或社会影响，丁韪良都是《中西闻见录》最重要的作者。从 1872 年 8 月至 1875 年 8 月，《中西闻见录》总共编辑出版 36 期（号）。据笔者统计，丁韪良前后为《中西闻见录》提供大大小小署名稿件共计 349 篇。

从笔者统计丁韪良署名发表的 349 件作品（短新闻居多）的内容来看，可概括为五个方面：

第一，丁韪良报道西方各国最新科技与发明方面的作品。内容包括天文、地理、地质、物理、生物、矿物、修造铁路、电线电报、制造玻璃、

〔1〕王福康等：《清末的科学杂志》，载宋原放主编：《中国出版史料：近代部分》第 2 卷，武汉：湖北教育出版社，2004 年，第 395-396 页。
〔2〕参见张剑：《〈中西闻见录〉述略——兼评其对西方科技研究的影响》，《复旦学报（社会科学版）》1995 年第 4 期，第 58 页。
〔3〕《壬申年同文馆岁考题》，《中西闻见录》1873 年 2 月第 7 号，第 10-13 页。
〔4〕朱格仁：《同文馆壬申岁试英文格物第一名试卷》，《中西闻见录》1873 年 2 月第 7 号，第 14-17 页。
〔5〕杜法孟：《同文馆壬申岁试汉文格物第一名试卷》，《中西闻见录》1873 年 2 月第 7 号，第 17-19 页。
〔6〕参见张剑：《〈中西闻见录〉述略——兼评其对西方科技研究的影响》，《复旦学报（社会科学版）》1995 年第 4 期，第 61 页。

炼钢炼铁及其他技术的相关知识与信息。如丁韪良于《中西闻见录》1872年8月第1期发表《论土路火车》一文[1]；于1872年12月第5期发表《泰西制铁之法》[2]。丁韪良报道这方面内容，主观愿望是要为正在进行的"洋务运动"提供借鉴。

　　第二，丁韪良重视对洋务运动"求强""求富"各项事务的报道。如《中西闻见录》1872年第1期《上海近事》一文，丁韪良报道了江南制造局制造新式兵船等方面信息。1873年5月第10期刊登佚名《福州近事》，报道了沈葆桢主持的福州船政局制造新式轮船、水师学堂及学生出洋操演等信息。[3]1874年3月第20期刊登丁韪良《福州近事》，报道福州船政局建设不过五年，共计制造兵船十五只，中国工匠和学生，"于造船行船诸法，均已粗通"。[4]1874年4月第21期刊登丁韪良《上海近事：华商轮船》，报道轮船招商局成立后，"闻华商轮船公司，现在派船，走长江，通商汉口等处，如此则西船所到之处，华船无不可到，且较西船更有便宜，盖西船为条约所拘，止准于约内十八口通商，而将来华船若准于海岸各口，及内地江河处处通商，则华人之贸易加隆，而华商之利源日增矣"。[5]

　　第三，每期《中西闻见录》都有"各国近事"栏目。据笔者对丁韪良发表在《中西闻见录》上的署名文章的统计，该栏目信息基本为丁韪良署名编辑，报道主要取材于西方各国的新闻报刊。其中，丁韪良特别重视介绍美、英、法、奥、日本等国举办的"炫奇会"，即国际博览会，意在引起清政府重视，走出国门，促进中国与各国的经济交往。

　　第四，丁韪良及时报道先后在法国召开的"东方文会"及在英国召开的"东学文会"，说明他对国际汉学研究动态甚为关注。

〔1〕丁韪良：《论土路火车》，《中西闻见录》1873年8月第1号，第1—3页。
〔2〕丁韪良：《泰西制铁之法》，《中西闻见录》1872年12月第5号，第13—17页。
〔3〕佚名：《福州近事》，《中西闻见录》1873年5月第10号，第30页。
〔4〕丁韪良：《福州近事》，《中西闻见录》1874年3月第20号，第28页。
〔5〕丁韪良：《上海近事：华商轮船》，《中西闻见录》1874年4月第21号，第28页。

100

如 1873 年丁韪良《法国近事：东方文会》一文，作了如下报道：

泰西之专攻亚细亚各国文学者不少，近闻设立东方文会，于七月间学
士大集于法京，共相砥砺观摩，讨论文策，以期广益，更选人将汉史译成。
在会者皆泰西各国士人，外有法国女学士一名，有日本数人，所论著洋文
极佳，众相佩服。凡八日会始竣。订于明岁毕集英京，此盖泰西以文会友，
以友励学之意，如果敦行弗怠，将来可以通天下之大文，即可以友天下之
善士，岂不盛哉。[1]

以上内容是对 1873 在法国召开的第一届世界东方学大会（东方文会）
的简要介绍。该报道，第一次用中文向中国知识界传递了国际东方学研讨
会盛况之信息。并告知国人：该"东方文会"正在挑选学者，拟"将汉史
译成"，汉学正在引起各国学者重视。

再如 1874 年丁韪良《英国近事：东学文会》一文，对在伦敦举办"东
学文会"（第二届世界东方学大会）作了如下及时报道：

去岁东学文会，聚集于巴黎，前录已略及之。兹闻：今岁七月间，又
在伦敦聚集。在会中有专讲埃及象形文字者，有专讲巴比伦箭头古字者，
有专讲亚拉伯（阿拉伯）回回国古文者，有专讲印度梵字古文者，不一而
足。更有艾、理二先生（笔者注：即艾约瑟、理雅各），讲论中国文学极
一时之盛事。该文会，连年聚集名士，各抒所学，彼此互相印证，定必考
据日精，见闻日广矣。惟愿中国学士，将来亦克设立西学文会，研求泰西
诸学以资博考，未必非信而好古之一助也。[2]

从以上报道，可知当时方兴未艾的包括汉学在内的国际东方学的具体
研讨内容，亦可知著名汉学家理雅各、艾约瑟当时在国际汉学舞台上的活
跃状况，其"讲论中国文学极一时之盛事"。丁韪良关注当时东方学之学

---

[1]丁韪良：《法国近事：东方文会》，《中西闻见录》1873 年 11 月第 16 号，第 25 页。
[2]丁韪良：《英国近事：东学文会》，《中西闻见录》1874 年 12 月第 28 号，第 22 页。

术前沿与动态，势必促进他自己对汉学研究的积极思考。丁韪良还最先倡导中国学士"将来亦克设立西学文会"，研求泰西诸学；他的这一愿望，无疑揭示了日后中国社会的必然发展趋势。

《中西闻见录》第 10 期刊登未署名《法国近事：名儒遗迹》一文，介绍了法国著名东方学家、汉学家儒莲（茹簾）的事迹：有耆儒，茹先生者，名簾，法人也。耆年嗜学，老而弗倦，年七十四卒于法都。生平以著书自娱，初攻欧罗巴南方古文，为希腊古文教习，继学亚细亚东方之文，即亚刺伯回回，与天竺之古文，及中华满蒙汉文字。而于汉文为尤长，就西国通汉文者论之，以茹君为第一。最可异者，先生旧为国学汉教习，跬步不出巴里（巴黎），口不能道中国之言，目能识中国之字，足未履中华之地，心能解中华之文。于五十年前，曾将孟子全编，译为刺丁（拉丁）古文，自兹之后，岁有译书，如（儒）释道各门，暨农蚕等书，约译百余卷云。[1]

《中西闻见录》第 10 期还刊登未署名《京都近事》一文，报道知名传教士汉学家理雅各活动信息，内云：英国教士理先生，寓居香港，垂三十年，博通华文，尽将四书五经译成英文。上月来京游历，兹复由京道出山东，祇谒孔陵后，从上海回国，偕行为艾教士约瑟，因省亲旋里，二公均议，于一年半中来华云。[2]

《中西闻见录》还发表了其他作者的一些有关东方学和汉学研究的作品。如：1873 年 1 月第 6 期发表刘业全《聊斋志异辩解》一文[3]；1873 年 9 月第 14 期发表艾约瑟《清文源流考》一文[4]；1873 年 11 月第 16 期发表艾约瑟《中西祀典异同略论》一文[5]；1874 年 4 月第 21 期发表映堂居士《元

〔1〕佚名：《法国近事：名儒遗迹》，《中西闻见录》1873 年 5 月第 10 号，第 26 页。

〔2〕佚名：《京都近事》，《中西闻见录》1873 年 5 月第 10 号，第 30 页。

〔3〕刘业全：《聊斋志异辩解》，《中西闻见录》1873 年 1 月第 6 号，第 19-20 页。

〔4〕艾约瑟：《清文源流考》，《中西闻见录》1873 年 9 月第 14 号，第 11 页。

〔5〕艾约瑟：《中西祀典异同略论》，《中西闻见录》1873 年 11 月第 16 号，第 7-8 页。

102

代西人入中国述》一文[1]。据邬国义考证：映堂居士就是英国驻华使馆汉文
正使梅辉立（William Frederick Mayers）。梅辉立字映堂，精通汉文，与
丁韪良、艾约瑟关系密切。他所撰《元代西人入中国述》，为中国第一篇
介绍马可波罗来华的专文。[2]《元代西人入中国述》文中最后希望"诸君
子"，对于马可波罗在华事迹"有无记载，尚祈广为搜罗，如有吉金片语，
务希邮送京师同文馆，以便续登是荷"。[3]

　　第五，在丁韪良倡导下，《中西闻见录》还发表了丁韪良与其他作者
的不少"寓言"作品。如《俄人寓言》（丁韪良）、《法人寓言》（丁韪
良）、《三神寓言》（丁韪良）、《二蛙寓言》（未具名）、《寓言五则》（法
国德微理译）、《寓言》（惠志道）、《寓言二则》（曹子渔）、《影射寓言》
（王次辛）、《牧马寓言》（曹子渔）、《寓言四则》（佚名）、《戏象寓言》
（曹子渔）等。[4]《中西闻见录》停刊后，丁韪良对寓言的重视有增无减。
有关内容，笔者将在本书第六章"丁韪良与中国文学"（第二节"丁韪良
论中国寓言与民间传说"）中讨论。此不赘述。

　　由上可见，丁韪良所创办的《中西闻见录》，既是一个以传播近代科
技为主要内容、积极为洋务运动宣传和造势的新闻月刊，也是美国汉学史
上第一个带有东方学与汉学研究色彩的中文期刊。

二、丁韪良与《新学月报》

　　1.《新学月报》创办原因与主要内容

　　继《中西闻见录》之后，时隔 20 余年，丁韪良于 1897 年第二次创办

---

〔1〕映堂居士：《元代西人入中国述》，《中西闻见录》1874 年 4 月第 21 号，第 6-7 页。
〔2〕邬国义：《映堂居士究竟是何人》，《近代史研究》2009 年第 6 期，第 122-125 页。
〔3〕映堂居士：《元代西人入中国述》，《中西闻见录》1874 年 4 月第 21 号，第 6-7 页。
〔4〕参见《中西闻见录》第 1-36 期。

中文期刊《新学月报》。丁韪良因健康原因，于 1894 年 5 月辞去同文馆总教习职务，回美国治病。1897 年 1 月，70 岁高龄的丁韪良回到北京。当时正值维新运动如火如荼地全面展开。

1897 年 1 月丁韪良再次回到中国的原因，他在《中国觉醒》一书序言中这样写道："正是出于对这种辉煌景观的憧憬，使我在短期访问了自己的祖国之后又回到了中国——而且是在华中诸省生活了几年之后又回到了京师。倘若中国人民仍像半个世纪以前那样麻木不仁的话，我也许会对他们的未来感到绝望。然而当我看到他们像今天这样众志成城，怀着告别往昔的坚定信念，想通过采纳西方文明的精华来寻求新的生活，我感到自己对于他们未来的希望已经实现过半；我对于能够利用自己的声音和笔来帮助他们的事业而感到高兴。"[1]

丁韪良回到北京，正遇上好友李佳白热心关注维新运动，"决意创立尚贤堂。实事求是，以期培养人才，裨益全局"。[2]李佳白专此向总理衙门禀呈《尚贤堂章程》，其"纲领"包括四条：一、凡本堂所用之人，所立之法，所办之事，专求有益中国，有利华民。二、本堂意在广设善法，调剂于彼此之间，务令中外民教，底于和洽。三、本堂期于恢拓学士之志量，研炼儒者之才能，俾上行下效，使中人以上之人，智能日增，即资之以变化庸众。四、凡本堂往来交接之人，总以劝善为本，无论砥砺德行，讲求道艺，期乎扩充旧识，启迪新知。李佳白提出：尚贤堂内设一学馆，"凡中国俊髦之士，有愿来习某种西学者，数月之间可得大概。如欲兼习各种西学，则须数年方可。若中国及早振兴西学，则本堂此意亦不必举行矣"。此外，设"洋文学馆"、格致书院，又"设一大厅，荟萃中西各国乐器，择日歌诗奏乐。即于此厅，招集中西善士，凡道德高深、学问渊博

---

〔1〕丁韪良：《中国觉醒》，沈弘译，北京：世界图书出版公司，2010 年，"序言"第 1 页。
〔2〕李佳白：《尚贤堂文录》，载李天纲编校：《万国公报文选》，上海：中西书局，2012 年，第 526 页。

者，相与辩论切磋，并讲一切济世人之法"。[1]光绪二十三年（1897年）
二月总理衙门王大臣批："美国教士李佳白，在本衙门历次所上禀件条陈
事宜及拟办尚贤堂章程，均已阅悉，所言不为无见。该教士在华多年，洞
悉情形，学有本源，心存利济，殊堪嘉尚。除将条陈各件留存本衙门备核，
俟该教士创办尚贤堂，如果言行相符，见诸实事，有利无弊，届时由本衙
门察看再为酌奖外，着总办章京将原禀发还，先行传谕嘉奖。"[2]

　　李佳白这种通过与清当局上层官员密切交往以促进社会改革的方式，
与丁韪良数十年的做法一脉相承，因此得到丁韪良赞赏。1897年4月李佳
白拟"奔丧回国，措置一切"，"所有尚贤堂现行事宜托前任同文馆总教
习丁冠西先生韪良代理"。[3]同时，李佳白还将他自1896年起开始督理的
华北书会会刊《华北月报》委托丁韪良督理。[4]华北书会即"华北圣教书
会"（The North China Tract Society），成立于1883年。它的创办主要是
由于当时华北地区多使用官话，表达方式与其他地区不同，传教士在该处
传教有一定困难。为此，北京以及华北邻近地区各传教会决定各派一名代
表组成一个新的文化机构，专门为这些地区提供使用官话的基督教书籍和
主日学教材。《华北月报》创办后，在李佳白督理之下，该报"既论学问
之虚实，又觇时政之得失"，体现出李佳白的办报原则是在介绍西学的同
时，也关注中国时局的变化，这种方针颇得到"士大夫所首肯"。[5]

　　丁韪良为何愿意从李佳白手上接办《华北月报》？他解释道："按《华
北月报》，本华北书会所出，词意浅近，宜于教中子弟长进道德。至去岁

〔1〕李天纲编校：《万国公报文选》，上海：中西书局，2012年，第524-525页。
〔2〕同上，第523页。
〔3〕同上，第527页。
〔4〕 *The Peking and Tientsin Times*, Apr. 10, 1897. 转引自王文兵：《丁韪良与中国》，北京：外语教学与研究出
版社，2008年，第240页。
〔5〕丁韪良：《尚贤堂月报告白》，《尚贤堂月报》丁酉（1897年）五月第一本。转引自张婷：《试论〈尚贤
堂（新学）月报〉的创办原因》，《图书馆理论与实践》2010年第8期，第53-54页。

转托本堂启东李佳白先生督理之，忽见改弦易辙，局面视前顿异，奚啻蛤之化为雀而飞腾也。既论学问之虚实，又觇时政之得失，其笔力颇为士大夫所首肯。惜启东（李佳白）问讣，不得已而回国。适值余旋华，书会即请接办。余视为善举，而勉从之。"〔1〕这段话丁韪良说得很明白：《华北月报》原为"华北书会所出，词意浅近，宜于教中子弟长进道德"，纯属教会刊物；如是，丁韪良绝不会接手经办《华北月报》。仅仅是因为该刊去年转托李佳白督理后，"忽见改弦易辙"，"既论学问之虚实，又觇时政之得失，其笔力颇为士大夫所首肯"，这才引起丁韪良重视，在李佳白因回美国办丧事情况下，丁韪良方"视为善举，而勉从之"。丁韪良这段表白非常重要，说明此时丁韪良对中国社会改革之关注，远高于对教会事务的关注。

但不到两个月，丁韪良即辞《华北月报》之职，他于1897年6月（光绪二十三年五月）另在"京都宣武门内绒线胡同后小六部口西"的尚贤堂，正式创立《尚贤堂月报》。〔2〕他在《尚贤堂月报告白》中申明："本报此次即系创刊。"〔3〕尽管《尚贤堂月报》创办地点是"尚贤堂"，但并不是"尚贤堂"的机关刊物。〔4〕

丁韪良为何放弃《华北月报》而另起炉灶创办《尚贤堂月报》？他在《尚贤堂月报告白》中说道："不料复据书会致意，请将月报复其本来面目，俾教中善男信女，咸得受益。余熟思之，窃谓与其复旧，不如出新，遂将《华北月报》交回书会。拟自来月起，刊印《尚贤堂月报》，分送以代之。至新报与旧报，其异同之处，姑不赘言，俟报送到，一览自明。夫消遣之策，莫妙于造报。余既辞官守，又无教差，惟有一心注于月报，遂

---

〔1〕丁韪良：《尚贤堂月报告白》，《尚贤堂月报》丁酉（1897年）五月第一本，第1页。
〔2〕同上，第1页。
〔3〕同上，第1页。
〔4〕张婷：《试论〈尚贤堂（新学）月报〉的创办原因》，《图书馆理论与实践》2010年第8期，第90页。

不觉老忱俱忘。"〔1〕这段话亦十分重要，真实反映了丁韪良此时的思想状态：当教会方面要求他恢复《华北月报》纯粹教会刊物"本来面目，俾教中善男信女，咸得受益"时，他断然拒绝，"与其复旧，不如出新，遂将《华北月报》交回书会"，自创新报。丁韪良特意申明"余既辞官守，又无教差，惟有一心注于月报"，此语表明丁韪良此时的兴趣，与教会"教差"无关，至于为何他要"一心注于"《尚贤堂月报》，他提醒人们可从"新报"内容找到答案——"俟报送到，一览自明"。

丁韪良同时申明办报宗旨："然本报既由尚贤堂而出，自应遵《尚贤堂章程》办理。所持论者，概以兴利除害为宗旨，至阐明各国新学，为补旧学之不足，旁稽六洲时政，借鉴事务之因革，伏冀阅报君子，有所择善而从，不善而改焉，则于愿慰矣。"〔2〕丁韪良在此说得再明白不过了："所持论者，概以兴利除害为宗旨，至阐明各国新学，为补旧学之不足"，其办报宗旨就是要为社会改革（维新）制造舆论，借鉴"各国新学"与"事务之因革"。丁韪良在此强调"阐明各国新学，为补旧学之不足"以及"借鉴事务之因革"，表明他主动迎合维新变法之需要。

《尚贤堂月报》从第三本（1897 年 8 月）起改名《新学月报》。这是丁韪良又一重要举措，具有二重含义：其一，刊物名称与维新运动最亮眼的"新学"二字直接挂钩，表明了丁韪良对这场社会改革的鲜明态度与立场。其二，"尚贤堂"为李佳白所创，由《尚贤堂月报》改名《新学月报》，即表明丁韪良自立门户之愿望，并为自己进一步投身晚清社会改革创造条件。

《新学月报》只出版发行 12 期就停刊，停刊原因主要有三个方面：

第一，资金缺乏。丁韪良任同文馆总教习时无须为筹措出版资金犯

〔1〕丁韪良：《尚贤堂月报告白》，《尚贤堂月报》丁酉（1897 年）五月第一本，第 1 页。
〔2〕同上，第 1 页。

愁。而此时，丁韪良"既辞官守，又无教差"，无职无权，缺少经费。同文馆时期，丁韪良创办《中西闻见录》，因资金充裕而免费发放。而《新学月报》(《尚贤堂月报》)需靠销售筹措经费：每月二十日刊送一本，购一份者，年满付洋银六角；购二份者，年满付洋银一元；欲零购者，每本价银售五分。[1]

第二，人手不足。丁韪良任同文馆总教习时，有职有权，一呼百应，对于教习和学生均可调用。而办《新学月报》实际只有两个人，除丁韪良外，助手为綦策鳌。丁韪良自称"督理"，称綦策鳌为"副理"。由于人手不足，丁韪良鼓励读者投稿，"伏望阅报君子，广为吹嘘（宣传），以使盛行，兼锡（赐）鸿篇，以光卷首"。[2]但响应投稿者不多。

第三，另有他图。办报之初，丁韪良属于闲职人员，"夫消遣之策，莫妙于造报。余既辞官守，又无教差，惟有一心注于月报，遂不觉老忧俱忘"。[3]但一年后情况发生变化。1898年6月前后，当局正在筹办京师大学堂。8月9日（光绪二十四年六月二十二日）光绪帝谕令"派充西学总教习丁韪良，据孙家鼐面奏请加鼓励，着赏给二品顶戴，以示殊荣"。[4]如前所述，清政府正式聘任丁韪良为京师大学堂总教习之前，孙家鼐与李鸿章都曾为此事与丁韪良有过磋商。

《新学月报》内容广泛，主要在如下方面为维新运动制造舆论：

第一，介绍西方国家政治制度。如：1897年第2期有《西国新政何者足资治理》，第8期有《美国上法院纪事》，第10期有《日本新政：大一统、正刑律、设议院、息教案》，1898年第11期有《各国兴衰揭要》，

---

〔1〕丁韪良：《尚贤堂月报告白》，《尚贤堂月报》丁酉（1897年）五月第一本，第1页。

〔2〕同上，第1页。

〔3〕同上，第1页。

〔4〕光绪二十四年六月二十二日为孙家鼐奏大学堂大概情形谕，载《德宗实录》卷四二二，《谕折汇存》卷十七。转引自北京大学校史研究室编：《北京大学史料》第一卷（1898—1911），北京：北京大学出版社，1993年，第48页。

108

等等。

《新学月报》最突出的是政论部分，强调变革以"救时"。从法、德、俄、英、美五大国的历史经验看，丁韪良认为，西方新政可供中国维新之借鉴者有"修律法、兴学校、创机器"三大端。[1]丁韪良还介绍，各国政体有民主、君主以及君民共主之分，而政党也相应有"守旧""维新"之分。丁韪良指出，西方允许在野党自由发表言论可以判别官吏之贤否，可以彰显"政治之得失"，可以"开聪明而启智慧"。[2]

第二，倡导发展社会经济。如：1897 年第 2 期有《电报邮政之便》，1897 年第 3 期有《振兴农务》，1897 年第 5 期有《电磨》《电灯》，第 6 期有《电车》《电镀》《电焊》，第 8 期有《论诸国互相交易》《建铁路以通营运》《广轮船以拓规模》《开矿地以饶物产》《精制造以足器用》，等等。

第三，推介西方国家最新科技与发明。如：1897 年第 1 期有《电学奇闻》，第 2 期有《天文新说》，第 4 期有《乘气球探北极》，第 5 期有《以光通电》，等等。

第四，介绍西方军事科技。如：1897 年第 3 期有《德制华舰》，1898 年第 9 期有《各国水师》《坚利军舰》《攻船奇药》，等等。

《新学月报》创办于丁酉年（光绪二十三年，1897 年）五月，停刊于戊戌年（光绪二十四年，1898 年）夏季。这期间，正值戊戌维新运动进入高潮阶段。《新学月报》对维新运动所产生的积极影响，主要表现在以下三个方面：

其一，丁韪良办刊宗旨强调的是"阐明各国新学，为补旧学之不足"，"借鉴事务之因革"，这和维新派的改革意愿是完全一致的。

---

〔1〕王文兵：《世俗与属灵之间：丁韪良与〈尚贤堂月报〉》，《学术研究》2006 年第 3 期，第 105 页。
〔2〕同上，第 105 页。

其二,《新学月报》与维新派直接发生了关系,得到维新派支持。如梁启超即为《新学月报》撰写《记尚贤堂》一文,该文称:李佳白"昔在强学会习与余相会,会既辍,李君仍为此堂思集金二十万,次第举藏书楼、博物院等事与京师官书局、大学堂","吾将拭目以俟李君"。[1]

其三,在戊戌维新运动进入高潮之际,《新学月报》着重介绍各国的政治、经济、军事、外交、文化、教育、学术、工艺、科技知识等,在宣传维新改革、传播西学方面,广泛制造舆论,对戊戌维新运动起到了推波助澜的作用。

2.《新学月报》与汉学研究

与主编《中西闻见录》的做法相类似,丁韪良创办《新学月报》,在着力宣传"新学"的同时,亦重视利用这一中文期刊平台,推进汉学研究和发表自己著书立说之成果。以下举例说明。

1897年《新学月报》第7期刊登丁韪良《拟设西学会议》一文。该文首先提醒中国知识界和决策层注意一个事实,就是西人普遍重视东方学:"西人有东学会也,由来已久矣。或设于京师(指1885年丁韪良等创立的北京东方学会),或设于上海,或设于香港,或设于日本之东京,或设于印度之各埠(印度之设百余年矣),即距东土甚远之地,若英若法若德若俄若义诸国,亦莫不以该会兴东文学堂并设。"丁韪良在该文中回忆16年前他赴欧美考察,适值世界东方学大会在德京柏林召开,他在会上"即以中国古世公法命题,与众参考,其他在座诸友,亦皆各举一题,遍论亚洲诸国之事。维时德国朝廷,视如大宾,赐以御宴,钦派大臣,代为款待,盖殊礼也。厥后会于英国,英廷待之亦然;会于瑞典,瑞廷待之亦然。本年八月,会于巴黎法京,法国总统待之亦然。西人之重视东学若此,岂惟欲借以补西国之所不逮乎,亦实有欲勉人人皆熟悉东方各国风土人情者

---

[1] 梁启超:《记尚贤堂》,载梁启超:《饮冰室合集》第二册,上海:中华书局,2015年,第164页。

也"。接着，丁韪良问道："方当实学宜兴之际，试问中华学士亦如此力求
西学否？中华政府亦如此重视西学否？"丁韪良为此建议：出国外交"随
使人员及好学之士皆设西学会于各国都城，每届五年，则齐集京师，讲论
之，考证之"。他感叹道："居今日而欲中国中兴，舍兴学无他长策矣。有
能首倡斯举以化其藐视西学之积习，即有以补中学之所未逮者，余将祷祀
求之。"〔1〕这是丁韪良继《中西闻见录》之后，第二次在自己创办的中文刊
物里呼吁中国人参照西方人广设东方学会那般来设立"西学会"。此文也
体现了丁韪良"方当实学宜兴之际"创办《新学月报》的主要目的。

1898 年《新学月报》第 10 期刊登《记东学会》："西人创东学会于
北京（详本报第七号拟设西学会议篇）久矣。本月十六日（1898 年 3 月 8
日），复集于英国使署，入座者数十人，各择东学一题，互相发明，彼此
琢磨。奥国参赞罗君（罗斯托恩，即纳色恩）讲解祖龙焚书缘由，痛下诛
心之笔，尤令人精神一爽，盛举也。特未知，中国驻各国使馆，亦尝设有
西学会否耳。此举本报言之再三。"〔2〕这篇报道，举出北京东方学会在英国
使馆召开学术研讨会的事例，再次倡言中国设立"西学会"。

1898 年 4 月 6 日丁韪良在北京东方学会全体会议上宣读论文《中国在
艺术及科学上的发现》。〔3〕同年《新学月报》第 11 期以《论泰西新学新
术多原于中华》（署名东学会）为题，做了如下报道："本月十六日（1898
年 4 月 6 日），东学会集于美国使署，英国窦大臣（窦纳乐）为会正，各
国星使及随员多在，俱证心德。前同文馆总教习丁君韪良论泰西新学新术
多原于中华。略云：西人所谓东来法者，不一而已，择其尤要者，则丝帛
也、瓷器也、火药也、印版也、化学与格物学也，试一一论之焉。"〔4〕丁韪

---

〔1〕丁韪良：《拟设西学会议》，《新学月报》丁酉（1897 年）十一月第 7 本，第 10 页。

〔2〕《记东学会》，《新学月报》戊戌（1898 年）二月第 10 本，第 12 页。

〔3〕W. A. P. Martin. "Chinese Discoveries in the Arts and Sciences"（《中国在艺术及科学上的发现》），*Journal of the Peking Oriental Society*, Vol. IV, 1898, pp. 19-28, 147-148.

〔4〕丁韪良：《论泰西新学新术多原于中华》，《新学月报》戊戌（1898 年）三月第 11 本，第 8 页。

良在该文中列举史实，证明中国古代在发明使用丝绸、瓷器、火药、印刷、化学与格物等等方面，都早于西方。

以上报道，都谈到了北京东方学会的汉学研究活动，并提及北京东方学会举办学术活动的主要方式与特点：一般"东学会集于美国使署"或他国驻京使馆，在京会员和"各国星使及随员多在，俱证心德"，许多在京外交官都是该会之会员。每次会议论题预先告知，开会时总有一名或为数不多者做主旨演讲，接着讨论，一般都由丁韪良做讨论小结。1885 年创办北京东方学会，对促进丁韪良汉学研究具有重大意义，笔者将于本书第三章具体讨论，此不赘述。

丁韪良还利用《新学月报》中文期刊平台，连续发表了他的心理学研究成果。1897 年第 7 期有《性学发轫》，第 8 期有《性学发轫卷上论灵才》，1898 年第 9 期有《性学发轫卷上论灵才》，第 10 期有《性学发轫卷上论灵才》，第 11 期有《性学发轫卷上论灵才》，第 12 期有《性学发轫卷上论灵才》。后来汇集成书，1898 年（光绪二十四年）正式出版时名为《性学举隅》。丁韪良关注心理学由来已久。丁韪良在《性学举隅》自序中称，"自幼癖嗜性学"。1881 年丁韪良考察英国各大学，称"近代新建太学于京都，声名颇著，苏格兰太学有四，均以性学（心理学）著名"。[1]阎书昌评论说：在中国近代心理学发展史上，《性学举隅》继中国第一本汉译心理学著作《心灵学》（由颜永京译自海文的 *Mental Philosophy*，1889 年出版）之后，开启 20 世纪初期西方科学取向心理学知识在中国传播的先河。[2]

与《中西闻见录》相同的是，《新学月报》也刊载了一些寓言作品。如：1897 年第 1 期有《厉鬼寓言》，第 2 期有《冤女寓言》，第 3 期有《铁

---

〔1〕丁韪良：《西学考略：附二种》，长沙：岳麓书社，2016 年，第 42-43 页。
〔2〕阎书昌：《中国近代心理学史上的丁韪良及其〈性学举隅〉》，《心理学报》2011 年第 43 卷第 1 期，第 108 页。

112

锅寓言》，第 4 期有《珠椽寓言》，第 5 期有《防渔寓言》，第 6 期有《牧
畜寓言》，1898 年第 9 期有《白鸽寓言》，第 10 期有《手足寓言》，第
11 期有《桃蜂寓言》。

可见，丁韪良创办的《新学月报》，既是一个以传播"实学"（新学）
积极为维新运动造势的新闻期刊，也同样是一个带有东方学与汉学研究色
彩的中文月刊。

受清政府重视与聘用，丁韪良从事教育职业长达 40 年，这也是丁韪
良一生汉学成果最为丰硕的时期。除了已论及丁韪良的作品之外，他的更
多颇有影响力的汉学论著，系问世于 19 世纪 80 年代之后，尤其 1885 年北
京东方学会成立之后。如《翰林集》（1880 年）、《中国人：他们的教育、
哲学、书信》（1881 年）、《中国传说与诗歌》（1894 年）、《花甲忆记》
（1896 年）、《汉学菁华》（1901 年）、《中国觉醒》（1907 年）、《性学举
隅》（1898 年）、《中国传说与抒情诗》（1912 年）等等，其在汉学各领域
的具体成就与贡献，笔者将于本书第三至六章详加分析，为避免重复，此
不赘述。

丁韪良因汉语水平较高及通过翻译《万国公法》，使得清政府官员认
识到其具备解决总理衙门之需的能力，因而于 1865 年被聘为同文馆教习，
并于 1869 年起担任总教习职务。丁韪良任职同文馆，是他汉学研究历程中
的重大转折，其意义主要体现在如下几点：

第一，丁韪良从传教士转变为职业教育家，从利用汉语汉学能力服务
于传教而撰写中文宣教作品，到转变为服务于同文馆的教育教学目标而集
中精力翻译和组织翻译中国社会改革所需的西方科技、法律、军事、经济
等领域作品。

第二，该时期丁韪良开拓性地翻译了西方流行的国际法、格致与算
学、政治经济学等领域的研究专著，比较全面地介绍了西方各国政治、经
济、文化与教育等方面的现实状况。

　　第三，丁韪良不仅出色地履行了同文馆培养掌握西学的外交人才的职责，而且其所作所为及成果的实际意义大大超出了同文馆的范围，对晚清社会教育改革、洋务运动与戊戌维新运动，均产生了重要影响。

　　第四，丁韪良在同文馆的译著，虽然主要体现在实用知识方面，基本不带文学色彩，汉学韵味似乎也不甚明显，但丁韪良的译著，大多是对西方科技、法律、经济等领域专著的首次翻译，其对中国近代相关新学科之构建，相关理论、概念、名词、内容等方面的汉语表述，均具有创新意义，并为中外学者所认同和传承。从这个角度说，丁韪良同文馆时期之译著，同样具有重要汉学意义。

　　第五，丁韪良在同文馆时期各项翻译，包括与深谙传统文化的中国学生的持续合作，都促进了丁韪良自身汉语与汉学研究能力的进一步提升，这为他于 19 世纪 80 年代中期创办北京东方学会、推动汉学广泛深入研究，奠定了坚实的基础。

　　第六，丁韪良正因为在同文馆长期担任总教习，才使他后来又取得了担任京师大学堂西学总教习和湖广仕学院总教习之资格。由此进一步丰富了他职业教育家的阅历，并促进了他后期的汉学研究。

　　第七，丁韪良创办中文期刊《中西闻见录》和《新学月报》，大力传播"实学"（新学），不仅对洋务运动和维新运动产生了正面积极影响，而且对推动汉学研究往更高层次演绎，也同样发挥了重要作用。

　　丁韪良从传教士汉学家转变为同文馆职业教育家，之所以能够实现这一"转型"，除了丁韪良自身的素质、汉语汉学能力与志趣之外，亦与当时历史条件的新变化息息相关。明末清初，利玛窦等传教士，终其一生，限于历史条件，只能成为传教士汉学家。而丁韪良所处时代，人类已呈现出近代化演变发展之总趋势，晚清社会所发生的急剧社会变革，即为丁韪良的"华丽转身"提供了现实舞台。

第三章　丁韪良与汉学研究机构^[1]

第一节　丁韪良与北京东方学会

　　1885 年在美国早期汉学发展史上是个重要年份。1861 年、1884 年美国汉学两位著名开山鼻祖裨治文、卫三畏先后去世。同文馆总教习丁韪良于 1885 年北京东方学会（Peking Oriental Society）成立时任首届会长。这标志着丁韪良无可争议地成为该时期美国汉学界之领军人物。自 1885 年初北京东方学会成立，到 1886 年 5 月丁韪良辞去该会首届会长，可视为北京东方学会之初创阶段。笔者首先对该阶段丁韪良等所创设北京东方学会的宗旨、特点与性质、所开展的主要活动及其影响等问题作初步探讨。

一、创设北京东方学会之目的与经过

　　北京东方学会有一个逐步创立的过程，"它的结构并非在诞生时就非常完善，而是经过一系列的座谈会，使它发展成当下这种样貌"。^[2] 1885年美籍海关总税务司署造册处税务司杜德维（E. B. Drew）所撰《北京东方学会》一文说：在过去的许多年里，北京的外国人社团时常举行学术集

---

〔1〕本章内容撰写，参考和引用了王文兵先生赠予笔者的有关北京东方学会的珍贵资料。

〔2〕W. A. P. Martin. "The Past and Future of The Peking Oriental Society"（《北京东方学会的过去与未来》），*Journal of The Peking Oriental Society*, Vol. I, No. 4, Peking: Pei-Tang Press, 1886, pp. 187-193.

会，这些集会部分涉及东方题材，部分与一般文学有关。[1]这即是北京东方学会成立之前在京的外国人社团聚会的一种方式，它与北京东方学会的成立有直接关系。

丁韪良论及北京东方学会的缘起亦说：起初外国人在北京有个类似"文学俱乐部"的社交"圈子"，"回顾过去，我敢说表达了你们大多数人的心情，在过去一年里社会上各种娱乐活动中，没有哪个活动比我们在这个学会一起度过的那些'阿提卡之夜'（Attic Nights）[2]更让人记忆犹新。在这个学会的知识欢愉活动中，我们一起度过那些只有诸神才配的夜晚。在这个平凡的世界，娱乐是一种可以感觉到的必需品。令人高兴的是这个必需品，如同其他需要，往往把我们聚集在一起"[3]。"但在这个圈子里，有些人的文化素养使他们有资格加入西方最好的文学俱乐部，单纯的体育锻炼并不能满足人们对娱乐的渴望。为了满足人们更高层次的需求，这个东方学会应运而生。"从文学俱乐部发展到学会，即体现了"将效用与愉悦相结合，便实现了最高目标"。[4]

杜德维认为美国公使杨约翰（J. Russell Young）与英国公使巴夏礼（Harry Smith Parkes）对学会创立起过一定作用。"在新的一年（1885年）的年初，一个更明确的组织形成了——最早由美国外交官杨约翰先生命名为'北京文学会'（Peking Literary Society），并在其形成时期起到领导的

---

〔1〕E. B. Drew（杜德维）. "The Peking Oriental Society"（《北京东方学会》）, *Journal of the North-China Branch of the Royal Asiatic Society*（皇家亚洲文会北华支会会刊）, Vol. XX, 1885, pp. 101-102.
〔2〕"阿提卡之夜"的名称来自古罗马文学家奥卢斯·格利乌斯（Aulus Gellius）撰写的《阿提卡之夜》，这是他在阿提卡的漫漫长夜中阅读各种书籍时所做的笔记。其内容则是哲学、历史、文学、美学、法学无所不包，是希腊罗马社会的百科全书。（参见奥卢斯·格利乌斯：《阿提卡之夜》，周维明等译，北京：中国法制出版社，2014年。）
〔3〕W. A. P. Martin. "The Past and Future of The Peking Oriental Society"（《北京东方学会的过去与未来》）, *Journal of The Peking Oriental Society*, Vol. I, No. 4, Peking: Pei-Tang Press, 1886, p. 187.
〔4〕W. A. P. Martin. "The Past and Future of The Peking Oriental Society"（《北京东方学会的过去与未来》）, *Journal of The Peking Oriental Society*, Vol. I, No. 4, Peking: Pei-Tang Press, 1886, pp. 187-188.

116

作用——并宣读了第一篇论文《论'托马斯·卡莱尔的个人回忆录'》。"〔1〕
可见,"北京文学会"是北京东方学会的最初名称。杨约翰 1882 年 8 月 17
日至 1885 年 4 月 8 日任美驻华公使。〔2〕他在 19 世纪美国制定远东外交政
策中起了很大作用,曾是《华盛顿编年史》主编(1862—1865 年)。〔3〕

　　杜德维说:"在杨约翰先生的要求下,已故的巴夏礼先生(他在约
二十五年前的皇家亚洲文会北华支会的复兴中表现是如此的突出)进入学
会,并以特殊的热情支持这一事业,留下个性鲜明的印记。他提议了学会
现在拥有的名字,并把学会章程塑造成现在的形状。"〔4〕巴夏礼生前于 1883
年 7 月 1 日至 1885 年 3 月任英国驻华公使。〔5〕丁韪良亦说:"正是这位已
故的英国公使(巴夏礼)的卓越之手给学会烙上了东方学的印记。正是他
对学会的期待,让学会不应只是知识上的消遣,像一艘船需要改造及重塑
其主要部件;正是他给了学会一个新的名字,开启它的新征程。"〔6〕

　　著名英国东方学家、皇家亚洲文会资深荣誉图书馆馆长西蒙·迪格比
(Simon Digby)参与编辑的《皇家亚洲文会:它的历史和宝库》一书,也
说到杨约翰与巴夏礼在北京东方学会初创期所起的作用:"北京东方学会

〔1〕E. B. Drew(杜德维). "The Peking Oriental Society"(《北京东方学会》), *Journal of the North-China Branch of the Royal Asiatic Society*(皇家亚洲文会北华支会会刊), Vol. XX, 1885, pp. 101-102. 托马斯·卡莱尔(Thomas Carlyle, 1795—1881)是在维多利亚时代最有影响力的苏格兰著名散文作家、评论家和历史学家。其采撷与利用儒教政治,极力谴责西方近代文明弊端。(参见葛桂录:《托马斯·卡莱尔与中国文化》,《淮阴师范学院学报(哲学社会科学版)》2004 年第 1 期,第 52 页。)
〔2〕*The Foreign Office List of Diplomatic and Consular Year Book*(《英国外交年鉴》), London: Harrison and Sons, 1890, p. 11.
〔3〕"American Choices in the Far East in 1882", *The American Historical Review*, Vol. 30, No. 1, Oct. 1924, pp. 84-108. 转引自高晞:《德贞传:一个英国传教士与晚清医学近代化》,上海:复旦大学出版社,2009 年,第 145 页。
〔4〕E. B. Drew(杜德维). "The Peking Oriental Society"(《北京东方学会》), *Journal of the North-China Branch of the Royal Asiatic Society*(皇家亚洲文会北华支会会刊), Vol. XX, 1885, pp. 101-102.
〔5〕*The Foreign Office List of Diplomatic and Consular Year Book*(《英国外交年鉴》), London: Harrison and Sons, 1890, p. 6.
〔6〕W. A. P. Martin. "The Past and Future of The Peking Oriental Society"(《北京东方学会的过去与未来》), *Journal of The Peking Oriental Society*, Vol. I, No. 4, Peking: Pei-Tang Press, 1886, p. 188.

成立于 1885 年初，最早名称是北京文学会。它的成立很大程度是通过美国驻华公使杨约翰的努力。他朗读了第一篇文章《论'托马斯·卡莱尔的个人回忆录'》。巴夏礼爵士很快说服学会改变名称，并重新组织，以促进'对中国和东方学的研究'。它的杂志在同一年开始出版……该杂志的最后一卷刊物是在 1898 年印刷的，学会在 1911 年终止。"[1]

1885 年 3 月 3 日《北京东方学会章程》在该学会的公开会议上获得通过。其中关于"名称与宗旨"云："本学会的名称为'北京东方学会'"，"本会的宗旨为促进中国及东方问题的研究"。[2]据此，即可将"北京东方学会"定性为汉学研究机构。

1885 年 3 月《北京东方学会章程》在学会公开会议上通过，应视为北京东方学会正式创立的时间。[3]巴夏礼于 1885 年 3 月 21 日病逝于北京。

丁韪良曾写信给皇家亚洲文会一位理事会成员，说到在北京成立东方学会的客观条件："北京为东方学会的存在提供了许多有利条件"，"有很多巨大的图书馆——东方财富的矿山——然而人们仅仅探索了一部分。北京也是一个中心，吸引从波斯湾到鄂霍次克海的亚洲各族人民。这里是研究中国文化的重镇"。[4]

柔克义（W. W. Rockhill）时任北京东方学会秘书兼司库，1885 年 8 月 28 日他致函美国东方学会，也说到在北京设立东方学会的优势："由于北京是中国的文学中心，帝国最具研究优势的地方，人们希望——我也认为

[1] Stuart Sunmonds, Simon Digby. *The Royal Asiatic Society: its History and Treasure*（《皇家亚洲文会：它的历史和宝库》）, Leiden & London: E. J. Brill, 1979, p. 19.
[2] "Rules of the Peking Oriental Society as Adopted in the Public Meeting of the 3rd of March 1885"（1885 年 3 月 3 日公开会议上通过的北京东方学会章程）, *Journal of The Peking Oriental Society*, Vol. I, No. 5, Peking: Pei-Tang Press, 1887, pp. 195-233.
[3] 熊文华先生著《美国汉学史》言"1882 年英美学者在北京创立北京东方学会"，并说丁韪良和玛高温（John Macgowan）为该刊主笔。此处有误，北京东方学会创立时间为 1885 年，玛高温不是该刊主笔。（参见熊文华：《美国汉学史》，北京：学苑出版社，2015 年，第 4 页。）
[4] E. B. Drew（杜德维）. "The Peking Oriental Society"（《北京东方学会》）, *Journal of the North-China Branch of the Royal Asiatic Society*（皇家亚洲文会北华支会会刊）, Vol. XX, 1885, pp. 101-102.

118

合情合理——在学会中，我们不但可以找到消遣，而且也可帮助不在中国
居住但渴求中国信息或书籍却无获取渠道之人。"[1]

　　据学会理事会成员艾约瑟（J. Edkins）解释，取名"北京东方学会"，
也包含对美国东方学会之敬意。1902年10月16日，举行皇家亚洲文会北
华支会的成立45周年纪念会议。艾约瑟致辞说："我们学会的工作一向与
其他同类学会协力进行。伦敦、柏林和巴黎都有他们各自的亚洲文会。我
们被他们探寻远方事物本质的热情所激励，并努力沿着同样的道路前进。
我们与美国东方学会有联系，而当北京一个研究学会成立时，我们参与了，
连同巴夏礼先生、柏百福先生、丁韪良博士、阿恩德教授、白汉理博士、
德贞博士和其他人一起；我们一致同意，作为对美国的致意，称它为北京
东方学会。它的刊物被证明是很有价值的。"[2]

　　《北京东方学会章程》规定了"学会领导机构"：学会官员在每年年
会上投票选出，包括一名会长，一名秘书兼财务主管，以及由五名成员组
成的理事会。1886年5月15日召开的年会上，一致通过了以下修正案："北
京东方学会的官员中应新增一名荣誉财务主管。就职务而言，财务主管属
于理事会成员，但是不增加理事会的成员总数。"而若有前述职务空缺，
当年应由其他官员投票后选出人员，填补空缺。理事会的职责为：决定
适合在学会上宣读的文章；精选文章出版；收集会员的捐款；在官员们
任期届满之际，在年会上提交学会活动及状况的记录报告。理事会上，
三名成员便构成法定人数。投票时，若票数相同，会长可拥有决定性的
一票。[3]

---

〔1〕"Proceedings of AOS at New York, Oct. 28th and 29th 1885", *Journal of American Oriental Society*, Vol.
XIII, 1885, p. xlvi.
〔2〕"Proceedings", *Journal of the North-China Branch of the Royal Asiatic Society*, Vol. XXXV（1903—1904），
1916, p. iv.
〔3〕"Rules of the Peking Oriental Society as Adopted in the Public Meeting of the 3rd of March 1885"（1885年
3月3日公开会议上通过的北京东方学会章程），*Journal of The Peking Oriental Society*, Vol. I, No. 5, Peking: Pei-
Tang Press, 1887, pp. 195-233.

1885 年 5 月至 1886 年 5 月北京东方学会首届理事会组成情况如下。会长：丁韪良；秘书兼司库：柔克义（时任美国驻华公使馆一等秘书）。理事会成员：阿恩德（C. Arendt），贺璧理（A. E. Hippisley），卜士礼（S. W. Bushell），禧在明（W. C. Hillier），艾约瑟。在此期间，当贺璧理离开北京后，维礼用（L. Verhaeghe de Naeyer）于 1886 年 1 月被选为接替他的理事会成员。[1]

北京东方学会主要活动有两项：一是召集会议，一是出版学会刊物。《北京东方学会章程》规定"会议"：本学会将召开全体会议宣读论文并研讨与论文有关的问题。召开会议的时间、地点由理事会安排。若理事会批准，亦可召开会议发表有关文学或科学的演讲。会议的时间、地点，以及届时要宣读或发表的论文、讲话或演讲，均由秘书在会议召开前 10 日通知各成员。论文、讲话或演讲的宣读或发表及讨论既可用英文、法文，亦可用德文，尽可能为宣读者或演讲者提供便利条件。在全体会议及年会上，处理学会各项事务的法定人数为 7 人。会长缺席时，出席会议的理事会的一名官员将主持会议，且拥有决定性的一票。年会将于每年的五月召开。成员可邀请访问者参加学会的所有全体会议。学会的每位成员都有权获得一份学会的出版物。[2]

由上可见，无论从丁韪良的实际影响，或是《北京东方学会章程》所规定的会长职责，北京东方学会自成立起，丁韪良即成了该学会的领军人物。

---

〔1〕"List of Members"（截止到 1887 年 5 月成员名单），*Journal of The Peking Oriental Society*, Vol. I, No. 5, Peking: Pei-Tang Press, 1887, pp. 232-233.

〔2〕"Rules of the Peking Oriental Society as Adopted in the Public Meeting of the 3rd of March 1885"（1885 年 3 月 3 日公开会议上通过的北京东方学会章程），*Journal of The Peking Oriental Society*, Vol. I, No. 5, Peking: Pei-Tang Press, 1887, pp. 195-233.

二、丁韪良与北京东方学会早期会员之关系

　　北京东方学会之早期会员，与丁韪良大都有一定直接或间接关系。《北京东方学会章程》规定了成员资格：本学会由普通会员（Ordinary Members）、荣誉会员（Honorary Members）以及通讯会员（Corresponding Members）所组成。普通会员的认捐额为每年 5 元，荣誉会员以及通讯会员可免费加入，但参会时无投票权。所有成员应由理事会选举。所有会员，未经北京理事会全体成员投票通过，不得入选。[1]

　　可见，丁韪良对会员入会拥有很大的发言权与决定权。北京东方学会早期会员之构成，颇有其特殊性。详见下表。

表 3-1　北京东方学会 1885—1887 年普通会员一览表

序号	姓名	国籍	学会成立前后之主要身份	资料来源
1	H. E. Colonel Charles Denby （1830—1904） 田贝	美国	1885—1898 年任美国驻华公使。	《清季中外使领年表》[2]，第 61 页。
2	H. E. Mons. L. Verhaeghe de Naeyer 维礼用	比利时	1885—1890 年期间任比利时驻华公使。	同上，第 47 页。

〔1〕"Rules of the Peking Oriental Society as Adopted in the Public Meeting of the 3rd of March 1885"（1885 年 3 月 3 日公开会议上通过的北京东方学会章程）, *Journal of The Peking Oriental Society*, Vol. I, No. 5, Peking: Pei-Tang Press, 1887, pp. 195-233.
〔2〕故宫博物院明清档案部、福建师范大学历史系合编：《清季中外使领年表》，北京：中华书局，1985 年。

续表

序号	姓名	国籍	学会成立前后之主要身份	资料来源
3	Mr. N. R. O' Conor（1843—1908）欧格讷	英国	1883 年任英国驻京公使馆参赞；1885—1886 年署理公使；1892—1895 年任驻华公使。	《清季中外使领年表》，第 33-34 页。
4	Mr. N. Ladygensky 拉德仁，又名那得仁	俄国	1884 年任俄驻华使馆参赞；1886 年以参赞署理公使。	同上，第 35 页。
5	Baron von Ketteler（1853—1900）克林德	德国	1881 年任德国驻华使馆通译生；1885 年任德国驻华使馆参赞；1899 年 7 月—1900 年 6 月任德驻华公使。	同上，第 41 页。
6	Dr. W. A. P. Martin（1827—1916）丁韪良	美国	1864 年进入同文馆，1869 年升授总教习。	*Triennial Calendar Of The Tungwen College*（《同文馆题名录》）[1]，1888, p. 3; p. 8; p. 42; p. 88.
7	Dr. J. Edkins（1823—1905）艾约瑟	英国	1880 年 12 月进入海关，任海关总税务司署翻译。	*Imperial Chinese Maritime Customs: Service List*（《大清海关新关题名录》）[2]，1885, p. 16; p. 85.
8	Rgt. Rev. Bishop Scott 史嘉乐	英国	1874 年来华，在烟台传教；1881 年二度来华，以北京为英国中华圣公会华北教区总部，任主教。	*The Chinese Recorder*, Vol. 12, 1881, p. 38.

---

[1] *Triennial Calendar Of The Tungwen College*（《同文馆题名录》），Peking: published by authority, 1888.
[2] *Imperial Chinese Maritime Customs: Service List*（《大清海关新关题名录》），北京：总税务司署造册处，1880—1913 年。

续表

序号	姓名	国籍	学会成立前后之主要身份	资料来源
9	Dr. S. W. Bushell（1844—1908）卜士礼	英国	1868—1899 年在北京英国公使馆任医官；1884 年在京师同文馆任生理学教习。	*Triennial Calendar Of The Tungwen College*（《同文馆题名录》），1888, p. 43; p. 91.
10	Mr. C. Arendt 阿恩德	德国	1865 年 12 月署德国驻天津副领事；1872 年授德国领事；1875—1886 年任德驻华通译。	《清季中外使领年表》，第 133 页。
11	Mr. S. M. Russell（？—1917）骆三畏	英国	1879 年 11 月任京师同文馆天文教习。	*Triennial Calendar Of The Tungwen College*（《同文馆题名录》），1888, p. 4; p. 8; p. 90.
12	Mr. J. Rhein 来因	荷兰	1875—1889 年任荷兰驻华使馆汉文参赞；1885—1886 年以副使署理公使职务。	《清季中外使领年表》，第 45 页。
13	Mr. F. D. Cheshire（1849—1922）哲士	美国	1869—1877 年在中国经商；1877—1878 年任福州美国领事馆署理翻译官；1884—1900 年任北京美国公使馆翻译官。	*Who's who in America*, Vol. 9. p. 445.
14	Mr. L. A. Bergholz（1857—？）波贺劳，又名伯尔和	美国	1882 年任美驻华公使私人秘书；1883—1884 年署镇江领事；1905 年任天津总领事；1906 年任广州总领事。	《清季中外使领年表》，第 179、184、187、199 页。
15	Rev. Mr. Owen（Rev. G. Owen，1843—1914）文书田，又名文教治	英国	来华传教士。在《北京东方学会杂志》第一卷第五期发表 "The Ancient Cult of the Chinese as Found in the Shu Ching"	《北京东方学会杂志》第一卷第五期，北京：北堂印字馆，1887 年，第 195-233 页。

续表

序号	姓名	国籍	学会成立前后之主要身份	资料来源
16	Rev. Mr. Rees 瑞思义	英国	传教士。1883 年来华。	*The Chinese Recorder*, Vol. 14, 1883, p. 424.
17	Mr. A. Billequin（1837—1894）毕利干	法国	1866—1894 年在北京同文馆任化学和博物学教习。	*Imperial Chinese Maritime Customs: Service List*（《大清海关新关题名录》），1894, p. 112.
18	Mr. Ch. Vapereau（1846—1925）华必乐	法国	1870 年 10 月进北京同文馆，任法文教习。	*Triennial Calendar Of The Tungwen College*（《同文馆题名录》），1888, p. 3; p. 8; p. 89.
19	Mr. W. W. Rockhill（1854—1914）柔克义	美国	1884 年任美国驻北京公使馆二等参赞；1887 年及 1891 年两度到西藏"探险"；1905—1909 年任美驻华公使。	《清季中外使领年表》，第 57、61、62 页。
20	Mr. Ch. H. Oliver（1857—? ）欧礼裴	英国	1879 年进北京同文馆，任英文教习；1895 年任同文馆总教习。	*Triennial Calendar Of The Tungwen College*（《同文馆题名录》），1888, p. 3; p. 8; p. 90.
21	Mr. E. Pander 班铎	俄国	1881 年进北京同文馆，任俄文与德文教习。	*Triennial Calendar Of The Tungwen College*（《同文馆题名录》），1888, p. 4; p. 8; p. 91.
22	Rev. Mr. Brereton 毕尔敦	英国	医师。1877 年进中国海关。	*Imperial Chinese Maritime Customs: Service List*（《大清海关新关题名录》），1880, p. 13.

124

续表

序号	姓名	国籍	学会成立前后之主要身份	资料来源
23	Mr. W. C. Aillier（W. C. Hillier）禧在明	英国	1883—1889 年任英驻华使馆中文参赞。据王文兵考证：Mr. W. C. Aillier 似为 Hillier 的笔误，因 Hillier 系 1885 年理事会成员，而在成员中不见他的名字。	*The Foreign Office List of Diplomatic and Consular Year Book*（《英国外交年鉴》）[1]，1890, p. 8.
24	Mr. A. E. Hippisley（1848—1939）贺璧理	英国	1867 年 1 月进入中国海关；1882—1885 年在北京中国海关总税务司署任总理文案税务司。	*Imperial Chinese Maritime Customs: Service List*（《大清海关新关题名录》），1882, p. 2; 1884, p. 2; 1896, p. 2.
25	Mr. P. Popoff（1842—1913）柏百福	俄国	1871 年任俄驻华使馆医官；1874 年任俄公使馆翻译；1886 年在北京使馆任职；1906 年署理俄国驻长春（宽城子）领事。	《清季中外使领年表》，第 112 页。
26	Mr. A. Vissiere（1858—1930）微席叶	法国	1883—1889 年任法国驻华通译。	*The Foreign Office List of Diplomatic and Consular Year Book*（《英国外交年鉴》），1890, p. 17.
26.a	Mr. Mouillesaux de Bernieres 穆意索（1887 年退出学会）	法国	1867 年 4 月进中国海关；1885 年在北京中国海关总税务司署任管理汉文案税务司。	*Imperial Chinese Maritime Customs: Service List*（《大清海关新关题名录》），1885, p. 2.
27	Mr. J. M. Daac 又作 I. M. Daae 德益	挪威	1867 年 7 月进中国海关；1885 年在北京中国海关总税务司署任总理文案税务司。	*Imperial Chinese Maritime Customs: Service List*（《大清海关新关题名录》），1885, p. 2.

[1] *The Foreign Office List of Diplomatic and Consular Year Book*（《英国外交年鉴》），London: Harrison and Sons, 1890.

续表

序号	姓名	国籍	学会成立前后之主要身份	资料来源
28	Mr. W. Hancock 韩威礼	英国	1874 年 7 月进中国海关；1884 年任北京同文馆英文教习。	*Imperial Chinese Maritime Customs: Service List* (《大清海关新关题名录》), 1875, p. 12.
29	Dr. B. C. Atterbury 阿德布利	美国	美国长老会医务传教士。1884 年在北京创设医院，即今安定医院前身。	*The Chinese Recorder*, Vol. 20, 1889, p. 486.
30	Mr. L. C. Hopkins（1854—1952）金璋	英国	1874 年以通译生身份来华；1886 年任英驻华使馆助理；1894 年署理英国驻淡水领事；1901 年任驻天津总领事。	《清季中外使领年表》，第 97、105 页。
31	Mr. C. W. Everard 卫察理	英国	1882 年任英驻华使馆助理中文参赞；1886 年任英国驻九江领事；1891 年任驻宜昌领事。	同上，第 101、103 页。
32	Mr. W. H. Wilkinson（1858—1930）务谨顺	英国	1880 年来华任英驻华使馆通译生；1882 年任英驻华使馆帮办；1900 年任英国驻宁波领事；1902 年任驻昆明、思茅总领事；1909 年任驻成都、重庆总领事；1911 年任驻奉天总领事。	同上，第 99、103、104、106、107、108 页。
33	Mr. T. L. Billock（T. L. Bullock, 1845—1915）布勒克	英国	1885—1888 年，历任英驻华使馆会计、中文助理参赞、参赞等职；1891 年任英国驻九江领事；1893 年任驻营口（牛庄）领事；1896 年任驻烟台领事。	同上，第 101、105、106 页。

126

续表

序号	姓名	国籍	学会成立前后之主要身份	资料来源
34	Mr. J. van Aalst（1858—?）阿理嗣	比利时	1881 年进中国海关；1885 年在北京中国海关总税务司署任四等帮办；1897 年任署理邮政总办兼署理汉文案税务司。	*Imperial Chinese Maritime Customs: Service List*（《大清海关新关题名录》），1913, p. 2.
35	Mr. E. F. Bennet 博诺德	英国	1884 年任英驻华使馆通译生；1894 年在上海英总领事馆任帮办；1895 年任英国驻梧州副领事；1899 年任驻宁波领事；1902 年任驻北海领事；1903 年任驻宜昌、沙市领事。	《清季中外使领年表》，第 95、99、102、103、108 页。
36	Mr. Charles Denby Jr.（1861—1936）田夏礼	美国	美国驻华公使田贝之子。1885—1893 年在北京美驻华公使馆任二等参赞；1893—1897 年升任一等参赞；1894 年、1896 年两次署理美国驻华公使；1907 年任驻上海总领事（兼温州领事）。	同上，第 61、183、184 页。
37	Mr. N. Michie（或 Alexander Michie，1833—1902）米契	英国	海关人员。1861—1877 年皇家亚洲文会北华支会会员。	上海图书馆编：《皇家亚洲文会北华支会会刊（1858—1948）》，上海：上海科学技术文献出版社，2013 年，第 450 页。
38	Mr. W. N. Pethick（? —1902）毕德格	美国	1874 年来华，曾任美国驻天津副领事，后入李鸿章幕府。	张敏：《论晚清幕府中的"洋人"》，《史林》1993 年第 3 期，第 22 页。

续表

序号	姓名	国籍	学会成立前后之主要身份	资料来源
39	Mr. Collin de Plancy 班兰丝	法国	1884 年任法国驻上海代理总领事。	《上海通志馆期刊》1933 年第 3 期，第 703 页。
40	Dr. Mirabel 米兰佩	法国	1883 年任法国驻华使馆医官。	*The Foreign Office List of Diplomatic and Consular Year Book*（《英国外交年鉴》）, 1890, p. 16.
41	Dr. W. Schrameier 单维廉	德国	1885 年任德国驻华使馆通译生；1894 年任广州代领事。	*The Foreign Office List of Diplomatic and Consular Year Book*（《英国外交年鉴》）, 1890, p. 22.
42	Mr. Edwin Denby 田义文	美国	1887 年 6 月进中国海关。	*Imperial Chinese Maritime Customs: Service List*（《大清海关新关题名录》）, 1897, p. 181.
43	Mr. W. F. Spinney （1853—?） 司必立	美国	1874 年 8 月进中国海关；1881 年在北京中国海关总税务司署任二等帮办；1887 年任粤海关副税务司。	*Imperial Chinese Maritime Customs: Service List*（《大清海关新关题名录》）, 1876, p. 11; 1881, p. 9; 1887, p. 5.
44	Mr. C. W. Campbell （1861—1927） 甘伯乐	英国	1884 年任驻华使馆通译生；1900 年任奥匈驻天津领事；1901 年署英国驻广州总领事；1907—1911 年在北京英公使馆任一等参赞。	《清季中外使领年表》，第 143 页。
45	General Chanoine 山琬	法国	1886 年任法国驻北京使馆武官。	*The Foreign Office List of Diplomatic and Consular Year Book*（《英国外交年鉴》）, 1890, p. 16.

续表

序号	姓名	国籍	学会成立前后之主要身份	资料来源
46	Dr. J. Dudgeon（1837—1901）德贞	英国	1871 年进入同文馆任教习。	*Triennial Calendar Of The Tungwen College*（《同文馆题名录》），1888, p. 3; p. 8; p. 89.
47	H. E. Sir. John Walsham 华尔身	英国	1886—1892 年任英驻华公使。	《清季中外使领年表》，第 33、34 页。
48	H. E. Mons. Rodriguez Y. Muños 罗德里	西班牙	1881—1883 年、1886—1889 年任西班牙驻华公使。	同上，第 55、56 页。
49	H. E. Mons. J. H. Ferguson（1826—1908）费果荪	荷兰	1872—1894 年任荷兰驻华公使。	同上，第 45 页。
50	H. E. Mons. E. Constans（J. A. E. Constans, 1833—1913）恭思当	法国	1886—1887 年任法国驻华公使。	同上，第 38 页。
51	H. E. Mons. Shioda Saburo（Saburo Shioda, 1844—1889）盐田三郎	日本	1886—1889 年任日本驻华公使。1888 年当选第四任北京东方学会会长，在任上去世。	同上，第 67 页。
52	Mr. C. S. Addis 艾迪斯	英国	英国来华商人、银行家，长期在汇丰银行任职。	*The Bankers' Almanac and Yearbook* 1923—1924, London: T. Skinner & Co., p. 361.

续表

序号	姓名	国籍	学会成立前后之主要身份	资料来源
53	Mr. Marzal（Juan De Licopolis）马萨	西班牙	1880 年任西班牙驻华使馆中文参赞。	*The Foreign Office List of Diplomatic and Consular Year Book*（《英国外交年鉴》），1890, p. 27.
54	Mr. Souhart（F. A. Souhart）苏阿尔	法国	1886—1888 年任法国北京使馆一等参赞；1887 年署理公使。	《清季中外使领年表》，第 38 页。
55	Mr. Le Doyen 杜瓦安	法国	1886 年任法驻华大使恭思当的私人秘书。	*The Foreign Office List of Diplomatic and Consular Year Book*（《英国外交年鉴》），1890, p. 16.
56	Mr. N. J. Jordan（John Newell Jordan, 1852—1925）朱尔典，又名朱迩典	英国	1876 年到北京，任英国使馆通译生；1883 年 3 月署理英国驻琼州领事；1886 年在北京公使馆任职；1891 年任中文参赞；1906—1911 年任驻华公使。	《清季中外使领年表》，第 34、94 页。
57	Rev. Dr. Blodget（Henry Blodget, 1825—1903）白汉理，又名柏亨利	美国	来华传教士。1854 年到上海，1863 年到北京传教；1888 年接管北京公理会印书局。	*The Chinese Recorder*, Vol. 34, 1903, p. 508.
58	H. E. Mons. von Brandt（1835—1920）巴兰德，又名班德	德国	1875—1893 年任德国驻华公使。	《清季中外使领年表》，第 40、41 页。

续表

序号	姓名	国籍	学会成立前后之主要身份	资料来源
59	Mr. E. T. C. Werner（1864—1954）倭讷，又名文讷、文仁亭	英国	1884—1889 年在英国北京使馆任职；1894 年 6 月任英国驻澳门领事；1898 年至 1911 年先后任驻杭州、琼州、北海、九江、福州与三都澳领事。曾选任为 1922 年创立的北京历史学会（Peking Historical Asso.）会长。	同上，第 94、95、96、98、101 页。

注：以上序号 1~35 为 1885 年选出；36~57 为 1886 年选出；58~59 为 1887 年选出。资料来源：《北京东方学会杂志》第一卷第五期，第 232-233 页；内载北京东方学会成员英文名单（截至 1887 年 5 月）。王文兵参照张国刚《明清传教士与欧洲汉学》（中国社科出版社 2001 年版）、黄光域编《近代中国专名翻译词典》（四川人民出版社 2001 年版）及《通报》（*T'oung Pao*, Serie II, Vol. VI, 1905, pp. 359-366）等资料，对上述会员英文姓名与简历做了翻译整理（未刊稿）。笔者承蒙王文兵先生指导并在他所提供翻译文稿（未刊稿）的基础上，补充引用了福建师范大学社会历史学院《来华外国人名大辞典》（未刊稿）资料库有关史料，编制以上《北京东方学会 1885—1887 年普通会员一览表》。

以上 59 名普通会员中（不含退会的法国人穆意索），可查明国籍的，英国 24 人，美国 11 人，法国 9 人，德国 4 人，俄国 3 人，比利时 2 人，荷兰 2 人，西班牙 2 人，挪威 1 人，日本 1 人。这说明，北京东方学会在人数上是一个以英、美、法在京人士为主要成员，而包括德国、俄国、比利时、荷兰、西班牙、挪威、日本等多国人士在内的文化学术研究团体。这种状况，与丁韪良本人希望与各国汉学家广泛交流的愿望是一致的。

按职业分，其中同文馆外籍教习 8 人（含德贞），海关洋员 9 人（含艾约瑟），各国在华外交官 36 人，职业传教士 5 人，外商 1 人。可见：同文馆教习、海关洋员与外交官占了普通会员中的绝大多数。这与鸦片战争前后西方人在华建立的文化教育机构中，职业传教士居多并在其中发挥核心作用相比较，北京东方学会显然发生了趋势性重大变化。

丁韪良写信给皇家亚洲文会的一位理事会成员时说道："尽管我们的外国人社区可能一直会很小，但它很大程度上包含了建立和维持一个东方学会所需要的因素——许多公使馆的外交官们都或多或少对东方问题感兴趣，而秘书和翻译们，特别沉迷于中国研究；北京同文馆的教习们；海关的职员中有大量受过良好教育的人士；最后是一批新教和天主教的传教士，其中不少人有知名的（中国文化的）学习能力。"[1]在这段话中，丁韪良把在京的西方外交官、同文馆教习与海关洋员的重要性排在前面，将传教士排在最后。

为何教会与传教士在北京东方学会不起主导作用呢？这并非偶然。至少存在两个方面重要原因：

其一，明清之际与鸦片战争前后的西方汉学，主要是传教士出于传教需要而从事的汉学研究。可是，两次鸦片战争之后，西方在华教会抓住不平等条约所获得传教特权之时机，全力拓展传教，与中华文化的冲突日益加深。如1877年5月首届赴华宣教士大会在上海召开，当时共有来自29个在华差会的473名宣教士（含宣教士夫人），其中126位代表出席了此次会议，外加16名已经改行而被特别邀请的前宣教士。[2]这次大会公推21位资深宣教士成立了一个委员会，起草了一份呼吁性的决议，宣称"中国文明是与基督教文明相抵触的"，"去年签订的《烟台条约》和随之达成协议的公告，都促使广阔的内地更加有效地对外开放了"，"我们恳切地向整个基督教世界寻求帮助。中国还有八个省份没有常驻的宣教士，其他各省往往也只有两到三位而已；从整个中国的情况来看，相当于每一位宣

---

〔1〕E. B. Drew. "The Peking Oriental Society", *Journal of the North-China Branch of the Royal Asiatic Society*（皇家亚洲文会北华支会会刊），Vol. XX, 1885, pp. 101-102.
〔2〕参见《亿万华民》译友会译：《首届赴华宣教士大会报道》（上），亦文编校，《教会》2015年7月第4期，第89页。全文译自"Report of the Missionary Conference held in Shanghai, May 10th-24th, 1877", *China's Millions*, British Edition, September 1877, pp. 105-115.

教士要服事一个马萨诸塞州，或者每两位服事一个苏格兰"。"中国的大门已经敞开"，"我们要中国在这一代人就从罪的奴役中解脱出来，这并非不可达成"，"只要神的教会忠心执行大使命，便能成就此事"。[1]

丁韪良在这次会上发表了题为《论世俗文字事业》的演说。他批评了那种认为传教士的任务单是传教的狭隘观点。[2]丁韪良认为，宣教士投入一部分时间和精力撰写这一类的文字事工，纯属正当。他所标出需要投入的知识领域包括：第一，历史和地理；第二，物理科学；第三，精神和道德科学。随后发言的是林乐知教士（Mr. Allen），其报告的主旨为如何指导中国期刊的出版。[3]

上述丁韪良与林乐知的报告与会议主旨不相符，"反对意见也很强烈。赖教士（Mr. Lyon）质疑在无人问津的环境下出版这类刊物的效用"。戴德生教士（Taylor）和杨教士（John）进一步阐述了反对的理由："所有文学和科学的伟大价值都可以提高中国人的文化素养，但宣教士的目的不是传播文化知识，而是拯救灵魂；中国人需要认识神，并认识罪，这远比知道岩石的成分和行星的名字更为重要。这些知识可以由其他人传授给中国人，而献身福音传播的人本来就少之又少，除非有人领受特别呼召，不然实不该分散精力去做其他的事。"[4]

在这次会议中，"对于在教会学校讲授儒家经典的利弊上，大家分歧

---

[1]《亿万华民》译友会译：《首届赴华宣教士大会的"中国呼吁"》，亦文编校，《教会》2015年11月第6期，第81页。全文译自"Appeal for China from the Conference of Protestant Missionaries"，*China's Millions*, British Edition, Oct. 1877, pp. 119-121.

[2] 阮仁泽等主编：《上海宗教史》，上海：上海人民出版社，1992年，第857页。

[3] 参见《亿万华民》译友会译：《首届赴华宣教士大会报道》（上），亦文编校，《教会》2015年7月第4期，第96页。全文译自"Report of the Missionary Conference held in Shanghai, May 10th-24th, 1877"，*China's Millions*, British Edition, September 1877, pp. 105-115.

[4] 戴德生教士（Hudson Taylor, 1832—1905），内地会创始人。参见《亿万华民》译友会译：《首届赴华宣教士大会报道》（上），亦文编校，《教会》2015年7月第4期，第96页。全文译自"Report of the Missionary Conference held in Shanghai, May 10th-24th, 1877"，*China's Millions*, British Edition, September 1877, pp. 105-115.

尤其大"。[1]来自宁波的卜牧师（Rev. J. Butler）特别强调：必须是完全归信的人才能胜任这一职分。他说的归信，是特指从孔子归向基督，因为一个人不能同时事奉两个主。他反对本土传道人讲道时经常满含歉意，好像基督教只是儒家思想的一种补充。[2]排斥中国传统文化，成了1877年首届赴华宣教士大会的重要特点。

其二，第二次鸦片战争之后，随着总理衙门的设立，同文馆与"洋关"之开办以及外国公使驻京，推动中外交往事务扩大；客观上，促使一大批同文馆教习、海关洋员、各国来华外交人员，取代传教士而成为研究汉学的新群体。这种变化有一个渐进的过程。正如丁韪良所言："事实上，考虑到这里的资源如此集中，反而令人惊讶的是，这个学会不是被外国列强代表占领后不久就被召唤出来的，而是经历了四分之一世纪的缓慢的酝酿。"[3]

值得注意的是，在这个变化的过程中，一部分著名的传教士汉学家，也不同程度改变了原先的纯粹传教士身份。如：

美国著名汉学家卫三畏，是最早来华的美国新教传教士之一，也是美国早期汉学研究的先驱者。1856年，卫三畏受命担任美国公使团的秘书。翌年，他即辞去了美理会的工作。[4]

丁韪良于1869年11月26日就任同文馆总教习。该年12月1日，丁

〔1〕参见《亿万华民》译友会译：《首届赴华宣教士大会报道》（上），亦文编校，《教会》2015年7月第4期，第95页。全文译自 "Report of the Missionary Conference held in Shanghai, May 10th-24th, 1877", *China's Millions*, British Edition, September 1877, pp. 105-115.

〔2〕参见《亿万华民》译友会译：《首届赴华宣教士大会报道》（下），亦文编校，《教会》2015年9月第5期，第67页。全文译自 "Report of the Missionary Conference held in Shanghai, May 10th-24th, 1877", *China's Millions*, British Edition, September 1877, pp. 105-115.

〔3〕E. B. Drew（杜德维）．"The Peking Oriental Society"（《北京东方学会》），*Journal of the North-China Branch of the Royal Asiatic Society*（皇家亚洲文会北华支会会刊），Vol. XX, 1885, pp. 101-102.

〔4〕[美]卫斐列：《卫三畏生平及书信——一位美国来华传教士的心路历程》，顾钧、江莉译，桂林：广西师范大学出版社，2008年，第155页。

134

韪良即向长老会总部递交辞呈，辞去传教职务。[1]从此，丁韪良以更多的
时间与精力投身于同文馆教育事业与汉学研究。

　　与丁韪良关系密切的英国人艾约瑟（J. Edkins）和德贞（J. Dudgeon），
原先也都是著名传教士汉学家，二人后来均与英国伦敦会产生了裂痕。[2]
英国伦敦会批评"德贞和艾约瑟与其他传教士的观点截然不同"，于是流
失了许多想从事基督教服务的中国籍教徒；当伦敦会看到"中国籍的基
督教事工人数很少"这样的报告，便对艾约瑟和北京的传教业绩不满意
了。[3]艾约瑟1880年12月进入海关，任中国海关总税务司署翻译。[4]1881
年艾约瑟向伦敦会辞职。[5]"艾约瑟博士，甚至在他年老作为中国海关的翻
译人员时，也会抽出时间来写中国问题的文章，特别是关于中国语言的进
化问题。"[6]

　　名医德贞早于1871年就进入同文馆。[7]德贞喜欢与丁韪良等汉学家
交往，他本身也有很多汉学作品。英国伦敦会一再不满德贞的传教作为，
"在工作和意识上，德贞与伦敦会渐行渐远了"。[8]德贞从不认可医生要承
担直接传教的职责。他告诉他的同道和差会，医生的职责是以自己专业的
知识和技能拯救病人，然后让病人知道"天国正在靠近你"，但医生不是

〔1〕王文兵：《丁韪良与中国》，北京：外语教学与研究出版社，2008年，第166页。

〔2〕高晞：《德贞传：一个英国传教士与晚清医学近代化》，上海：复旦大学出版社，2009年，第79页。

〔3〕M. A. Richard Lovett. *The History of London Missionary Society*（1795—1895）(《伦敦会历史（1795—1895）》)，London: Oxford University Press, 1899, pp. 573-574. 转引自高晞：《德贞传：一个英国传教士与晚清医学近代化》，上海：复旦大学出版社，2009年，第80页。

〔4〕*Imperial Chinese Maritime Customs: Service List*（《大清海关新关题名录》），北京：总税务司署造册处，1885年，第16页。

〔5〕高晞：《德贞传：一个英国传教士与晚清医学近代化》，上海：复旦大学出版社，2009年，第81页。

〔6〕Henri Cordier（考狄）. "Half a decade of Chinese Studies（1886—1891）"（《1886—1891年间的汉学研究》），*T'oung Pao*（《通报》），Vol. 3, No. 5, 1892, p. 538.

〔7〕*Triennial Calendar Of The Tungwen College*（《同文馆题名录》），Peking: published by authority, 1888, p. 3; p. 8; p. 89.

〔8〕J. Dudgeon. "Medical Missionary Work as an Evangelistic Agency"（《作为福音传播中介的医学传教士工作》），*Chinese Recorder*, Vol. 15, No. 1, 1884, p. 7. 转引自高晞：《德贞传：一个英国传教士与晚清医学近代化》，上海：复旦大学出版社，2009年，第91页。

去传道。他坚持着自己的信念和做法，所以他能坦然地面对同道和总部的批评。1884年德贞还在《教务杂志》上发表《作为福音传播中介的医学传教士工作》一文，说明为什么医学传教士不应该太关注传教。[1]如此，德贞即偏离了差会对医学传教士的定位。[2]到1884年北京东方学会成立前夕，德贞为伦敦会工作已有20年，算是资深医学传教士。该年7月德贞第二次回国休假，12月重返北京前，他向伦敦会提交辞呈，辞去伦敦会医学传教士职务。德贞的离开，让伦敦会重新思考医学传教士的定位，并因此制定新规则，要求传教士担保"其活动只是代表教会，永远不可能有个人兴趣"。[3]

可以说，自第二次鸦片战争结束、总理衙门设立同文馆之后，一部分西方来华著名传教士汉学家不同程度地逐渐改变了其原先职业传教士的身份；这种变化，对北京东方学会的性质产生深刻影响。由此，西方人在华汉学研究，总体上呈现与教会脱离之趋势，日益显现其学术研究的独立性。

如前所述：早在裨治文来华时期，他就希望汉学研究不受教会机构干预。费正清称裨治文主编的《中国丛报》为"早期的汉学刊物"。[4]而美国教会机构曾经试图停办该刊。结果是：裨治文让《中国丛报》不再"处于美部会的管辖范围之内"。[5]美国当代学者雷孜智认为：多亏了裨治文的大胆叛逆和同孚行的慷慨资助，《中国丛报》才得以继续刊行，并脱离了与美部会的关系。[6]

〔1〕J. Dudgeon. "Medical Missionary Work as an Evangelistic Agency"（《作为福音传播中介的医学传教士工作》），*Chinese Recorder*, Vol. 15, No. 1, 1884, p. 1. 转引自高晞：《德贞传：一个英国传教士与晚清医学近代化》，上海：复旦大学出版社，2009年，第97页。
〔2〕高晞：《德贞传：一个英国传教士与晚清医学近代化》，上海：复旦大学出版社，2009年，第93页。
〔3〕同上，第108页。
〔4〕［美］费正清：《新教传教士著作在中国文化史上的地位》，吴莉苇译，载张西平编：《欧美汉学研究的历史与现状》，郑州：大象出版社，2006年，第103页。
〔5〕裨治文致安德森，广州，1840年5月10日，美部会档案，卷257。转引自［美］雷孜智：《千禧年的感召——美国第一位来华新教传教士裨治文传》，尹文涓译，桂林：广西师范大学出版社，2008年，第170页。
〔6〕［美］雷孜智：《千禧年的感召——美国第一位来华新教传教士裨治文传》，尹文涓译，桂林：广西师范大学出版社，2008年，第170页。

136

　　比裨治文往前更迈进一步的是：丁韪良、艾约瑟、德贞等著名汉学家
先后脱离教会；客观上，丁韪良"以自由思辨的精神"研究汉学之主张，
即具备实践的现实条件。[1]

　　丁韪良之所以能成为北京东方学会的领军核心人物，主要原因有二：
一是丁韪良汉学造诣得到公认，知名度很高。正如 1897 年《美国历史评
论》刊文所言："近三十年，所有到访过北京的外国人都知道丁韪良，他
对中国知识的广博深入是众所公认的。"[2]二是丁韪良与海关洋员和外交官
均有着深厚的人脉关系。

　　丁韪良与海关总税务司赫德关系甚为密切。1854—1858 年间，赫德在
宁波担任英国领事馆见习翻译和副领事，他在日记中就多次称赞丁韪良的
汉语掌握能力。如 1855 年 1 月 30 日赫德记述："今天我的教师批评了这里
各个英国人的汉语，他认为丁韪良是最好的——无论是说官话还是说土话
都行。"[3]后来赫德在北京出任中国海关总税务司，丁韪良到北京传教，二
人在北京有了更多的交往。[4]"在赫德的推荐下，我（丁韪良）被任命为
同文馆的总教习。"[5]同文馆的外籍教师也多由赫德推荐和聘任。赫德还时
常指派海关税务司到同文馆兼职。[6]同文馆外籍教习，长期被列入《新关
题名录》。丁韪良撰《花甲忆记》说："已经有那么多人对他进行过描写，
而他们都没有像我这样跟赫德有着'四十年的交情'。"[7]因此，一批海关

〔1〕W. A. P. Martin. "The Past and Future of The Peking Oriental Society"（《北京东方学会的过去与未来》），
Journal of The Peking Oriental Society, Vol. I, No. 4, Peking: Pei-Tang Press, 1886, p. 192.

〔2〕"A Cycle of Cathay"（《〈花甲忆记〉书评》），*The American Historical Review*（《美国历史评论》），Vol. 2,
No. 3, April 1897, p. 521.

〔3〕［美］凯瑟琳·布鲁纳等编：《步入中国清廷仕途——赫德日记（1854—1863）》，傅曾仁等译，北京：中
国海关出版社，2003 年，第 142 页。

〔4〕傅德元：《丁韪良与近代中西文化交流》，台北：台湾大学出版中心，2013 年，第 68-69 页。

〔5〕丁韪良：《花甲忆记——一位美国传教士眼中的晚清帝国》，沈弘等译，桂林：广西师范大学出版社，
2004 年，第 198 页。

〔6〕中华人民共和国海关总署：《中国海关文物集萃》，北京：中国海关出版社，2007 年，第 81 页。

〔7〕丁韪良：《花甲忆记——一位美国传教士眼中的晚清帝国》，沈弘等译，桂林：广西师范大学出版社，
2004 年，第 280 页。

洋员投到丁韪良麾下研习汉学，即为顺理成章之事。

　　丁韪良与西方各国来华外交官关系也非同一般，主要原因亦和汉学研究有关。

　　如：丁韪良谈到与卫三畏关系时说："尽管他在为政府服务时功勋卓著，但他作为一名作者贡献却更大。撇开他不太重要的出版物不提，光是他的《中国总论》就是有关中国的一个信息宝库，而且不太可能在近期被替代。令人难以评定的是他《汉英韵府》的未来，虽然这部汉英字典具有很多的优点，但除非由一个熟悉中国北方话的人来加以全面修订，否则很难期望它会具有永久性。这些作品中每一部涉及面之广，都足以使他赢得至高荣誉。"[1]

　　丁韪良谈到威妥玛（Thomas Francis Wade）时说："在第二次战争中他任额尔金勋爵的中文秘书，接着做驻北京使馆的秘书；任代办后，又担任全权公使长达十年。我们1858年首次在大沽会面时，他谈到他正在写一本帮助学习官话的书。该书是基于一本中文著作《三合语录》（Sanho Yulu），相隔很长时间才能写出一部分，但它值得花费半生精力。书对外国学生非常有用，它给作者带来的声誉超过了他的任何外交成就。"[2]

　　丁韪良记述："1863年春天我写信给美国驻北京公使蒲安臣先生，说明（《万国公法》）翻译工作就要完成，希望能被清政府采用。他给了我很大的鼓励，向我保证将把此书提交给清朝官员。我只身前往京师。在那里，我遇到了卫三畏博士，并在离京城十二英里的西山见到了美国公使"[3]；"十一月，蒲安臣带我拜访了总理衙门"[4]。

---

〔1〕丁韪良：《花甲忆记——一位美国传教士眼中的晚清帝国》，沈弘等译，桂林：广西师范大学出版社，2004年，第10页。

〔2〕同上，第290-294页。

〔3〕同上，第150-151页。

〔4〕同上，第159页。

　　丁韪良记述与巴夏礼关系：《万国公法》"出版后很快在日本重印，巴
夏礼阁下时任江户的英国驻日公使，他送给我此书的日文第一版，并对我
介绍此项科学的努力予以赞赏"。[1]

　　丁韪良评论美国驻华公使杨约翰曾"是杰出的东方新闻记者"[2]，"在
把学会带到如今的样貌上他也起了领导的作用"[3]。

　　可见，丁韪良与美英来华外交官关系密切，相当程度上是与汉学相关
联的。丁韪良与海关洋员及各国外交官的关系，客观上有利于维系北京东
方学会的发展与社会影响。丁韪良 1886 年 5 月离任北京东方学会会长之职
时的讲话多次提到"我们团体"、"在我们圈子里"，足见丁韪良与北京东
方学会会员之间的亲密程度。[4]

三、早期《北京东方学会杂志》之特点

　　丁韪良早于 1872 年就在北京创办过颇有影响的综合性报刊《中西闻
见录》。自担任首届会长，丁韪良十分重视创办《北京东方学会杂志》。
《北京东方学会章程》规定：学会的每一个成员都有权得到一份学会的任
何出版物。所有学会的普通会员在捐了款的年度会不间断地收到学会本年
度的出版物。捐款期满之后，学会停止寄送出版物。但是，被选为学会通
讯会员的成员则不在此列。论文作者将收到学会出版后寄送的 12 份论文，

〔1〕丁韪良：《花甲忆记——一位美国传教士眼中的晚清帝国》，沈弘等译，桂林：广西师范大学出版社，
2004 年，第 160 页。
〔2〕同上，第 276 页。
〔3〕W. A. P. Martin. "The Past and Future of The Peking Oriental Society"（《北京东方学会的过去与未来》），
Journal of The Peking Oriental Society, Vol. I, No. 4, Peking: Pei-Tang Press, 1886, p. 188.
〔4〕W. A. P. Martin. "The Past and Future of The Peking Oriental Society"（《北京东方学会的过去与未来》），
Journal of The Peking Oriental Society, Vol. I, No. 4, Peking: Pei-Tang Press, 1886, pp. 187-193.

由其自行处理。学会出版的每期刊物将印 400 份。[1]

由于丁韪良在西方汉学界的实际影响，以及《北京东方学会章程》赋予会长和理事会的职权，丁韪良竭力将北京东方学会打造成以汉学为主攻方向的学术研究团体。丁韪良在以下三个方面发挥了主导作用。

第一，丁韪良提出汉学研究四个方面的阶段性目标。

丁韪良指出，东方领域的这四大分区丰富多彩、包罗万象，"我应当郑重地提议，将我们自己的研究划分为四个部分：第一部分是语文学，第二部分是哲学，第三部分是历史，第四部分是诗歌"。[2]

关于语文学，丁韪良认为：当我们接触语文学时，总有一堆问题，如荆棘横生，又如箭束一般。其中，最高的问题莫过于中国语言与其他主要语系的关系，而我们的一位成员已经对此开始研究。

自从梵语与雅利安语族其他语言之间的亲属关系确定下来，也不过一百年时间。麦克思·穆勒（Max Mueller）教授将这一发现视为比较语言学的诞生，而这可得归功于柯尔布鲁克（Henry Thomas Colebrooke）。[3]"如今，在整个语言学领域，只有一处能再次取得和上述同等分量的成就，那就是在中国语言与印欧语系之间建立一个更早、更根本的联系。"[4]

---

〔1〕" Rules of the Peking Oriental Society as Adopted in the Public Meeting of the 3rd of March 1885"（《1885年3月3日公开会议上通过的北京东方学会章程》）, *Journal of The Peking Oriental Society*, Vol. I, No. 5, Peking: Pei-Tang Press, 1887, pp. 195-233.
〔2〕W. A. P. Martin. "The Past and Future of The Peking Oriental Society"（《北京东方学会的过去与未来》）, *Journal of The Peking Oriental Society*, Vol. I, No. 4, Peking: Pei-Tang Press, 1886, p193.
〔3〕1784年，孟加拉亚洲学会成立，这个组织的著名成员有威廉·琼斯、亨利·考布鲁克（Colebrooke）、查尔斯·威尔金斯等。他们搜寻、整理了印度主要的印度教和佛教经典，并展开对印度历史的调查。琼斯以卓越的才智发现了梵语和希腊语、拉丁语之间巨大的相似之处。（参见［英］彼得·沃森（Peter Watson）：《人类思想史——平行真理：从维科到弗洛伊德》，姜倩等译，北京：中央编译出版社，2011年，第16页。）英国人威廉·琼斯是促进梵语研究的开山人物，他在1778年的一次演讲中指出，梵语和希腊语及拉丁语之间，存在许多类似之处，推定它们属于同一种母语，即所谓"印欧语言"（Indo-European Language）。他的演讲引发了欧洲关于比较语言学的广泛兴趣。（参见李四龙：《欧美佛教学术史》，北京：北京大学出版社，2009年，第27页。）
〔4〕W. A. P. Martin. "The Past and Future of The Peking Oriental Society"（《北京东方学会的过去与未来》）, *Journal of The Peking Oriental Society*, Vol. I, No. 4, Peking: Pei-Tang Press, 1886, pp. 191-192.

140

关于哲学，丁韪良指出：这也是一种本土的原创哲学，它的思辨大胆而精妙，它的文献之广，如希腊和德国的哲学。当西塞罗（Marcus Tullius Cicero，古罗马哲学家）远离疲劳的公务，休憩于图斯库兰庄园的林荫丛中之际，习惯于同他精挑细选的朋友们讨论哲学问题，以此焕发心灵的活力。"我们就不可以通过与中国的顶级思想家友好交谈，得到同样有效的精神滋补品吗？"在这一领域没有因缺少变化而令人厌倦的危险，因为有成百上千的作者以自由思辨的精神在研究所有能够想出来的论题。[1]丁韪良习惯将中国哲学与西方哲学做类比，并对中国传统哲学给予高度评价。丁韪良对中国古代哲学重视的程度，应该说，这在当时汉学家中不算多见。

关于历史，丁韪良长期视其为汉学研究之重点。北京东方学会成立一年后，丁韪良说：至于历史的研究，"不久前我有幸就这一题目发表演讲。我想提醒大家，那些吸引我们目光的历史知识宝库，有多么的广大和丰富"。[2]丁韪良提到的演讲于 1886 年以《论中国的历史研究》为题，发表于《北京东方学会杂志》第一卷第三期。[3]

关于诗歌，丁韪良指出："我们来谈谈诗歌——最鲜活美丽的童话之境，欧洲人只是从她的'百花山'中随手采撷了一两朵花蕾。至于中国诗歌文学的影响范围，你或许能从以下事实得到一些答案：上个月关在大考棚中的五千举人，必须得各自创作出一首诗歌，才能离开考场重获自由。而后，你听到一种称为'千家诗'的流行诗集就不会惊讶了。如果我们当中一些具有诗歌创作天赋的成员，能够时不时地给我们讲述这些诗歌成果，并伴以他们富有情感的诗歌的演出，那将是他们带给我们的多么令人愉快

〔1〕W. A. P. Martin. "The Past and Future of The Peking Oriental Society"（《北京东方学会的过去与未来》），*Journal of The Peking Oriental Society*, Vol. I, No. 4, Peking: Pei-Tang Press, 1886, p. 192.

〔2〕W. A. P. Martin. "The Past and Future of The Peking Oriental Society"（《北京东方学会的过去与未来》），*Journal of The Peking Oriental Society*, Vol. I, No. 4, Peking: Pei-Tang Press, 1886, p. 192.

〔3〕W. A. P. Martin. "Discourse on the Study of Chinese History"（《论中国的历史研究》），*Journal of The Peking Oriental Society*, Vol. 1, No. 3, Peking: Pei-tang Press, 1886, pp. 121–138.

的娱乐节目！"〔1〕可见，丁韪良对中国诗歌之研究，同样是抱着一种对中国传统文化欣赏与推崇的心态。他对中国诗歌的倾慕与评价高于同代其他汉学家。

第二，丁韪良提出要不断开拓汉学研究新领域。

北京东方学会一位会员曾对丁韪良说："你不认为我们开的会过多了吗？我们储存的题库没有耗尽的危险吗？"丁韪良回答说："耗尽！这就如同谈起耗尽巴库的油井或英国的煤藏。近来人们呼吁：'节约煤炭，供应快没有了。'答案究竟是什么？深入挖掘就能获取大量的煤炭！对我们来说，处理题目用尽的恐惧也可以用同样的秘诀，当表层的储藏用完后'挖掘得更深'、更快。不到英国煤矿的最后一吨煤挖出地表前，东方学会研究领域的最后一个题目就不会完结。"丁韪良主张："我们可以让学会形成视野更宏大的概念！更好地展示其研究领域的无限范围！"〔2〕由此可见，北京东方学会成立之后，丁韪良所倡导的汉学研究，出现了一个重要变化，即从以往汉学的一般性"表层"论题，转向发掘汉学的深层次问题，并力求扩大学术视野；既立足于北京这一"最伟大的东方帝国的首都"，同时也将"视野扫过整个亚洲"。〔3〕

第三，丁韪良在方法论上尤为重视中西文化之比较。

丁韪良指出：北京东方学会成立后，"我们的会议（例如：那些东方主题系列会议）的两个主题都非常适于将中国与西方古典时期联系起来。第一个主题有关老普林尼（Gaius Plinius Secundus，23—79，古罗马作家、博物学者）时代罗马人拥有的中国知识；第二个主题则是将中国文学和希

---

〔1〕W. A. P. Martin. "The Past and Future of The Peking Oriental Society"（《北京东方学会的过去与未来》），*Journal of The Peking Oriental Society*, Vol. I, No. 4, Peking: Pei-Tang Press, 1886, pp. 192-193.

〔2〕W. A. P. Martin. "The Past and Future of The Peking Oriental Society"（《北京东方学会的过去与未来》），*Journal of The Peking Oriental Society*, Vol. I, No. 4, Peking: Pei-Tang Press, 1886, p. 190.

〔3〕W. A. P. Martin. "The Past and Future of The Peking Oriental Society"（《北京东方学会的过去与未来》），*Journal of The Peking Oriental Society*, Vol. I, No. 4, Peking: Pei-Tang Press, 1886, p. 190.

腊文学的诸多精选篇章并置比较。有幸的是，此前发现了中国和罗马通过
一种珍贵的罗马钱币交往的物质证据，这些钱币随同一份详尽的报告一道
放在我们的桌上。"〔1〕

　　丁韪良强调中西文化之比较："最后我们有两篇论文又把我们带回了
比较研究的题目——即'克尔特爱尔兰（Celt）的民俗与中国民俗的比较
研究'与'土耳其戏剧与中国戏剧艺术的比较研究'。"〔2〕"最后两篇论文把
我们带回到比较的话题。如果我说我们学会的主要目标就是进行比较，我
是否偏道太远？别以为这一做法束缚了我们的才华。比较不正是亚里士多
德在《诗学》中所指出的知识与审美愉悦的源泉吗？实际上，我们只能这
样评价我们研究范围内的各国文化。正如我们这一年以比较开始又以比
较而结束，我们应坚持不懈，将每个阶段的东方思想与我们的欧洲标准
做比较。"〔3〕

　　从丁韪良担任首届会长期间《北京东方学会杂志》发表作品来看，丁
韪良的上述主张，得到较好实行。详见下表。

表 3-2　《北京东方学会杂志》早期作品一览表

作者	论文名称	刊物期号	资料来源
J. Edkins 艾约瑟 （英籍海关洋员）	《〈普林尼自然史〉中的中国典故》 "Allusions to China in Pliny's Natural History"	第一卷 第一期	*Journal of the Peking Oriental Society*, Vol. 1, No. 1, Peking: Pei-tang Press, 1885, pp. 1-16.

〔1〕W. A. P. Martin. "The Past and Future of The Peking Oriental Society"（《北京东方学会的过去与未来》），
Journal of The Peking Oriental Society, Vol. I, No. 4, Peking: Pei-Tang Press, 1886, p. 189.
〔2〕克尔特爱尔兰（Celt），凯尔特人，或译为塞尔特人、克尔特人等。这是公元前 2000 年活动在西欧的一些
有着共同的文化和语言（拉丁文）特质的有亲缘关系的民族的统称。
〔3〕W. A. P. Martin. "The Past and Future of The Peking Oriental Society"（《北京东方学会的过去与未来》），
Journal of The Peking Oriental Society, Vol. I, No. 4, Peking: Pei-Tang Press, 1886, p. 190.

续表

作者	论文名称	刊物期号	资料来源
S. W. Bushell 卜士礼 （英国来华医师）	《来自山西的古罗马钱币》 "Ancient Roman Coins From Shansi"	第一卷 第二期	*Journal of the Peking Oriental Society*, Vol. 1, No. 2, Peking: Pei-tang Press, 1886, pp. 17-63.
C. Arendt 阿恩德 （德国外交官，1887年5月至1888年5月任北京东方学会会长）	《希腊与中国文学的比较研究》 "Parallels in Greek and Chinese Literature"	第一卷 第二期	*Journal of the Peking Oriental Society*, Vol. 1, No. 2, Peking: Pei-tang Press, 1886, pp. 29-63.
S. W. Bushell 卜士礼 （英国来华医师）	《中国清代以前的瓷器》 "Chinese Porcelain Before the Present Dynasty"	第一卷 第三期	*Journal of the Peking Oriental Society*, Vol. 1, No. 3, Peking: Pei-tang Press, 1886, pp. 65-151.
W. A. P. Martin 丁韪良 （同文馆总教习）	《论中国的历史研究》 "Discourse on the Study of Chinese History"	第一卷 第三期	*Journal of the Peking Oriental Society*, Vol. 1, No. 3, Peking: Pei-tang Press, 1886, pp. 121-138.
C. Arendt 阿恩德 （德国来华外交官）	《对中国历史和历史学家的一些补充说明》 "Some Additional Remarks on the History and Historians of China"	第一卷 第三期	*Journal of the Peking Oriental Society*, Vol. 1, No. 3, Peking: Pei-tang Press, 1886, pp. 139-151.
J. Edkins 艾约瑟 （海关洋员）	《中国算术符号的本土价值》 "Local Value in Chinese Arithmetical Notation"	第一卷 第四期	*Journal of the Peking Oriental Society*, Vol. 1, No. 4, Peking: Pei-tang Press, 1886, pp. 161-171.
L. Verhaeghe 维礼用 （比利时来华外交官）	《土耳其的现代戏剧》 "Modern Theatricals in Turkey"（按：该文将中国和土耳其的戏剧做比较）	第一卷 第四期	*Journal of the Peking Oriental Society*, Vol. 1, No. 4, Peking: Pei-tang Press, 1886, pp. 153-160.

续表

作者	论文名称	刊物期号	资料来源
J. Rhein 来因 （北京荷兰公使馆秘书翻译）	《去 Si-Yu-Sz 的旅途笔记》 "Notes Taken on a Journey to Si-Yu-Sz"	第一卷 第四期	*Journal of the Peking Oriental Society*, Vol. 1, No. 4, Peking: Pei-tang Press, 1886, pp. 173–185.
W. A. P. Martin 丁韪良 （同文馆总教习）	《北京东方学会的过去与未来》 "The Past and Future of The Peking Oriental Society" （此文系丁韪良 1886 年 5 月会长离任讲演）	第一卷 第四期	*Journal of the Peking Oriental Society*, Vol. 1, No. 4, Peking: Pei-tang Press, 1886, pp. 187–193.
D. J. MacGowan 玛高温 （美国来华医师）	《通信摘要》 "Abstract of A Communication" （1886 年 2 月 24 日在东方学会宣读）	第一卷 第五期	*Journal of the Peking Oriental Society*, Vol. 1, No. 5, Peking: Pei-tang Press, 1887, pp. 195–198.
C. Arendt 阿恩德 （德国来华外交官）	《阿恩德先生关于〈希腊与中国文学的比较研究〉论文的补充》 "Supplement to Mr. Arendt's Paper on Parallels in Greek and Chinese Literature"	第一卷 第五期	*Journal of the Peking Oriental Society*, Vol. 1, No. 5, Peking: Pei-tang Press, 1887, pp. 199–202.
G. Owen 文书田，又名文教治 （英国伦敦会传教士）	《〈书经〉里中国人的古代崇拜》 "The Ancient Cult of the Chinese as Found in the Shu Ching"	第一卷 第五期	*Journal of the Peking Oriental Society*, Vol. 1, No. 5, Peking: Pei-tang Press, 1887, pp. 203–224.

由上表可见，丁韪良主导的北京东方学会，实践上的确重视对语文学、哲学、历史、诗歌四个方面的研究，立足于学术领域之拓荒，尤其重视中西文化之比较。其中一些研究成为该领域的发端之作。

如：丁韪良撰《论中国的历史研究》指出："中国历史珍宝广阔无际；正如黑格尔《历史哲学》中所说的那样，中国人有比世界上任何民族都更为卷帙浩瀚的历史文献。"[1]丁韪良强调中西文明之互动："中国和欧洲的文明如同海里的暗流一样，无论相距多远，双方互相受到影响，尽管这种影响很隐蔽。发现中西方的接触点，并展示双方历史上互动的证据，这即是中国历史研究者们面临的最有趣的问题。我们可以预见两个文明间的互相影响将来会比过去大得多。当中国将来跻身于世界上最强大的几个国家之后，西方还会对它过去的历史无动于衷吗？我要预言，中国的语言和文学也将成为西方各大学的研究科目。"[2]丁韪良还指出：中国历史并不是停滞不前的，"只要回顾一下中国历史上接连发生的历史事件，我们会发现，中国社会的发展并不是一成不变的。而且它的变化也并不总是单调的。历史证明，他们已经在所有构成民族伟大之处的方面取得了总的进步"[3]。丁韪良即从社会发展规律的角度，提出了全新的中国历史观。应该说，丁韪良这一历史观，是符合中国历史实际的；其对近代中国史学发展所做贡献，也是不言而喻的。诚如王文兵与张网成所言：丁韪良为中国通史研究建立了一个全新的可资与各国历史比较的分析框架与通史体系。可以说，丁韪良是中国史学近代化的奠基者，他对中国历史的研究代表了 19 世纪后期中西研究中国历史的最高水平和成就。然而，限于语言以及传教士身份等多种原因，丁韪良对中国历史研究的贡献长期为世人所忽略，未曾得到包括外国学者在内的学术界的关注和公正评价。[4]

---

〔1〕W. A. P. Martin. "Discourse on the Study of Chinese History"（《论中国的历史研究》），*Journal of The Peking Oriental Society*, Vol. I, No. 3, Peking: Pei-Tang Press, 1886, p. 122.

〔2〕W. A. P. Martin. "Discourse on the Study of Chinese History"（《论中国的历史研究》），*Journal of The Peking Oriental Society*, Vol. I, No. 3, Peking: Pei-Tang Press, 1886, pp. 134-135.

〔3〕W. A. P. Martin. "Discourse on the Study of Chinese History"（《论中国的历史研究》），*Journal of The Peking Oriental Society*, Vol. I, No. 3, Peking: Pei-Tang Press, 1886, pp. 137-138.

〔4〕王文兵、张网成：《重建与解释：丁韪良的中国历史研究述评》，《历史学》2009 年第 4 期，第 103 页。

146

又如：艾约瑟《〈普林尼自然史〉中的中国典故》、卜士礼《来自山西的古罗马钱币》、阿恩德《希腊与中国文学的比较研究》等文章，"非常适于将中国与西方古典时期联系起来"。其中卜士礼《来自山西的古罗马钱币》一文，丁韪良称之"有幸发现中国和罗马通过一种珍贵的罗马钱币交往的物质证据"。[1] 这可称为中西交通史研究之滥觞。北京东方学会刊载此发现后，《北华捷报》为山西银币的重大发现发表两篇报道文章。第一篇题为《重要的考古发现》。[2] 第二篇为《在山西发现罗马银币》。[3]中国学者张星烺在《中西交通史料汇编》中提到卜士礼和北京东方学会发现山西银币的重要意义。张星烺称："清末西人在山西霍州灵石县地方掘得罗马古铜钱十六枚。观钱而镌文，盖悉为罗马皇帝梯拜流斯（Tiberius）至安敦皇帝时代所铸也。此为当时交通频繁，罗马铜钱流入中国之确凿证据也。"[4]

再如：北京东方学会一开始就重视对中国西藏的考察研究。丁韪良称："我们还有一次到大喇嘛之都的旅行，在跟发现罗马钱币运气一样好的巧合下，我们遇到一个曾经在雪覆盖的西藏山岭间旅行过的人。"[5] 其后，北京东方学会秘书兼司库柔克义 1887 年和 1891 年两度到西藏"探险"，成为美国近代藏学研究的先驱。

早在 1885 年北京东方学会创立之初，法国汉学家拉克伯里（Terrien De La Couperie）撰《北京文学会》一文，就指出了该会的汉学研究机构

---

〔1〕W. A. P. Martin. "The Past and Future of The Peking Oriental Society"（《北京东方学会的过去与未来》），*Journal of The Peking Oriental Society*, Vol. I, No. 4, Peking: Pei-Tang Press, 1886, pp. 187-193。

〔2〕"Important Archaeological Discovert"（《重要的考古发现》），*The North-China Herald and Supreme Court & Consular Gazette*（《北华捷报》），Dec. 9, 1885, Shanghai, p. 649.

〔3〕"Discovery of Roman Coins in Shansi"（《在山西发现罗马银币》），*The North-China Herald and Supreme Court & Consular Gazette*（《北华捷报》），May 24, 1886, Shanghai, p. 324.

〔4〕张星烺编注：《中西交通史料汇编》第一册，北京：中华书局，2003 年，第 27-28 页。

〔5〕W. A. P. Martin. "The Past and Future of The Peking Oriental Society"（《北京东方学会的过去与未来》），*Journal of The Peking Oriental Society*, Vol. I, No. 4, Peking: Pei-Tang Press, 1886, pp. 187-193.

性质："祝这个年轻学会长寿和繁荣！它虽然不是一个大的社团，但是中国首都的欧洲人侨居地有许多令人钦佩的学者，他们的联系和竞争肯定会推动汉学的发展。出现在学会名单上的人，如阿恩德、贝德禄（Baber）、卜士礼、艾约瑟、丁韪良、柔克义和其他一些人，以他们对远东事务的有价值作品而闻名，显示了新学会的高标准。"[1]

法国另一位著名汉学家、《通报》创始人考狄（Henri Cordier）于1892年评论说："北京东方学会是一个年轻的学会，它是从1885年才开始的，但表现出极大的活力，包含了艾约瑟、卜士礼博士、丁韪良博士等人的著作。"[2]

综上所述，丁韪良担任首届会长期间的北京东方学会，其宗旨确实体现了"促进中国及东方问题的研究"。该学会主要由在京的外交机构、同文馆、海关等部门的外籍人员自愿组成，核心人物均属当时在华的著名汉学家。北京东方学会称得上是一个以汉学研究为主要特征的学术性团体。

四、丁韪良与北京东方学会之发展

1. 丁韪良对北京东方学会的持续影响

按照北京东方学会章程规定，该学会会长由理事会选举产生，会长一般不连任。虽然如此，在其后的发展历程中，丁韪良始终仍是该学会的实际领军人物。丁韪良通过多种方式，表现他对学会的持续影响力。

第一，代替会长举行会议。

如丁韪良曾代替盐田三郎行使会长职责。盐田三郎（Saburo Shioda，

〔1〕Terrien De La Couperie（拉克伯里）．"The Peking Literary Society"（《北京文学会》），*The Academy*, Apr. 11, 1885, London, p. 261.

〔2〕Henri Cordier（考狄）．"Half a decade of Chinese Studies（1886—1891）"（《1886—1891年间的汉学研究》），*T'oung Pao*（《通报》），Vol. 3, No. 5, 1892, p. 538.

148

1844—1889），1886 年 5 月至 1889 年 5 月期间任日本驻华公使。1888 年当选北京东方学会第四任会长，翌年病逝。[1]

从盐田三郎 1888 年 1 月 10 日作为会长在北京东方学会会议上的以下发言，可知其谨慎地执行了丁韪良任首任会长时确定的研究目标。

盐田三郎说："自从我在前年荣幸地被允许加入学会，一直以来我高兴地看到，学会的会员们讨论了许多的古代与近代的有趣题目，这些讨论为学会添光增彩。尽管过去几十年来，国外著名学者们在中国文学领域，特别是在古典文学领域取得了长足的进步，我还是认为仍有许多重要的领域尚待探索，尤其在哲学文献方面。在这个国家的文学作品中，似乎仍藏着大量珍宝，等待学者挖掘。"[2]

盐田三郎说道："顺着这一思路，我斗胆摘引老子（中国最伟大的哲学家之一）约 2500 年前所著《道德经》中的一段"，"他说：'其安易持，其未兆易谋。九层之台，起于累土；千里之行，始于足下。'[3]他补充道，因为'其脆易泮，其微易散。为之于未有，治之于未乱'[4]，'是以圣人终不为大，故能成其大'[5]。他进一步说道：'民之从事，常于几成而败之。慎终如始，则无败事。'[6]"接着，盐田三郎指出："我们伟大的孔夫子是对的，当他在《论语》中说'温故而知新'[7]"；"现代社会学研究的根本原则可以在《大学》基本原则及孔子在《论语》中的言论中找到它的对等物，即是：'己所不欲，勿施于人。'如今这句话甚至在外国文学圈中也广为人

---

〔1〕故宫博物院明清档案部、福建师范大学历史学合编：《清季中外使领年表》，北京：中华书局，1985 年，第 67 页。
〔2〕Saburo Shioda（盐田三郎）．"Address of Mr. Shioda on Taking His Seat as President of the Society"（《盐田三郎就任学会会长时的讲话》），*Journal of The Peking Oriental Society*（《北京东方学会杂志》），Vol. II, No. 3, Peking, 1888, p. 155.
〔3〕参见老子：《道德经》，南京：江苏古籍出版社，2001 年，第 177 页。
〔4〕同上，第 177 页。
〔5〕同上，第 174 页。
〔6〕同上，第 177 页。
〔7〕参见杨伯峻译注：《论语》，长沙：岳麓书社，2017 年，第 13 页。

知，在近代欧洲思想家流行的不止一种理论格言中，我们能多次找到它的回声"。[1]盐田三郎上述言论，显然与丁韪良观点是一致的。

在讲话结尾，盐田三郎言道："当我说由衷地感谢丁韪良博士时，我相信代表了与会人的情感。丁韪良博士除了一直为我们学会做各种工作之外，在我离京时还友善地替我主持会议。"[2]可见，盐田三郎离京期间，是由丁韪良代替会长主持会议的。

第二，多次出任学会理事会成员及会长、副会长。

1886 年 5 月丁韪良卸任会长职务后，继续担任该学会理事会成员。1892 年丁韪良从美国返回后，再次担任会长，主持学会的日常工作，发展新会员。1894 年 5 月丁韪良从同文馆离职返回美国，北京东方学会的学术活动因而陷入停顿。[3]这说明，北京东方学会缺少丁韪良，很难运转。

1897 年 1 月丁韪良返回中国。该年 5 月，原北京东方学会成员德贞等人邀请丁韪良重组理事会，停止活动近两年的北京东方学会得以恢复活动。该年 5 月，以前理事会的余下成员德贞医生和施德明（C. C. Stuhlmann）博士，邀请丁韪良重返理事会，并在施德明的家中举行了一次非正式会议。在这次会议上，何德兰（Isaac D. Headland）以及纳色恩（A. von Rosthorn）被选为学会以及理事会的成员。新的理事会考虑逐步使学会恢复以前的活动。[4]

施德明博士 1893 年以来一直担任学会的秘书兼财务主管，欲辞去此前

---

〔1〕Saburo Shioda（盐田三郎）. "Address of Mr. Shioda on Taking His Seat as President of the Society"（《盐田三郎就任学会会长时的讲话》）, *Journal of The Peking Oriental Society*（《北京东方学会杂志》）, Vol. II, No. 3, Peking, 1888, p. 156.

〔2〕Saburo Shioda（盐田三郎）. "Address of Mr. Shioda on Taking His Seat as President of the Society"（《盐田三郎就任学会会长时的讲话》）, *Journal of The Peking Oriental Society*（《北京东方学会杂志》）, Vol. II, No. 3, Peking, 1888, p. 158.

〔3〕王文兵：《丁韪良与中国》，北京：外语教学与研究出版社，2008 年，第 368 页。

〔4〕"Proceedings of The Peking Oriental Society for the Year 1897/1898"（《北京东方学会 1897—1898 年度会议纪要》）, *Journal of The Peking Oriental Society*, Vol. IV, 1898, p. 143.

职务，纳色恩博士则被理事会选为秘书。

　　1897 年 5 月，在美国公使寓所召开的由德贞医生主持的大会上，丁韪良博士宣读了一篇论"中国诗歌"的论文，并表示此文会发表在即将出版的论文集中。该论文获得所有与会人士的一致赞誉。对于学会创始人、前会长之一——丁韪良博士重返学会一事，会长德贞表达了学会及理事会的欢迎与由衷的欣喜之情。

　　同年秋天，德贞通知理事会他即将去欧洲。理事会决定邀请英国驻华公使窦纳乐（Claude M. Macdonald）爵士担任学会的会长。"因此我们找到了窦纳乐，他礼貌地接受了会长的职务。"[1]

　　可是此后窦纳乐并不能正常履行会长职责，他在主持 1898 年 2 月 21 日理事会会议时，说由于他的急务，不能把他的时间和注意力投入到学会事务中去，他感到必须辞去会长的职务。

　　丁韪良向理事会提出，应该理解窦纳乐希望脱身的理由，但应当找到一种方式让他既能保留会长的职位又能减轻他身上的任务。他提议选一位副会长，以便其在会长无法参加全体大会和理事会的情况下接替会长的职务。

　　理事会赞同丁韪良的观点，并通过了如下决议：丁韪良被选为副会长，窦纳乐同意保留会长之职。同时理事会还决定补充理事会的两名空缺，并增加一名理事会成员，从而使包括主持会议的会长、副会长在内的成员总数达到 7 名。新入选的理事会成员为：柏百福（P. S. Popoff）先生、甘伯乐（C. W. Campbell）先生、威达雷（G. Vitale Di Pontagio）伯爵。[2]

　　1898 年 3 月 8 日理事会会议，由副会长丁韪良主持。名誉秘书纳色

---

〔1〕"Proceedings of The Peking Oriental Society for the Year 1897/1898"，*Journal of The Peking Oriental Society*, Vol. IV, 1898, p. 144.

〔2〕"Proceedings of The Peking Oriental Society for the Year 1897/1898"，*Journal of The Peking Oriental Society*, Vol. IV, 1898, pp. 144-145.

恩宣读成员名单，新成员被理事会一致选出。名誉秘书纳色恩宣布理事会的新成员已经都接到了入选的通知并都接受了任命。会议最终决议此次理事会会议之后下一次全体大会应该在 3 月底举行，丁韪良博士将宣读论文《中国在艺术及科学上的发现》。纳色恩秘书提到田贝上校及其夫人已经友好地把他们的客厅提供给学会的下次大会使用。

　　1898 年 3 月 8 日下午 6 点在英国公使馆举行北京东方学会全体会议。副会长丁韪良主持会议。他表示："过去一段时间，学会总是死气沉沉。因此，复苏学会活力的呼吁获得了广泛回应。已报名的五十四位会员已登记在册。得到了最有益的支持和帮助后，在英国公使会长的任期内，当下，学会在麦克唐娜夫人的客厅已重新开始了活动。"[1]

　　之后纳色恩博士宣读论文《焚书》，演讲结束后，丁韪良评论道：这篇论文极具研究价值。它记述了将当下的中国同古老的中国分离的历史插曲。该篇论文的结论：尊重自然和秦始皇暴政结果，也基本上和演讲者的观点一致。他继续简述文学在汉朝以及之后的各个朝代的发展，并指出经典文本雕刻后拓印这一石碑雕刻技术的形成确实是印刷术发明的第一步。此类物件成为用布料包装的商品，或远销至中国的贸易国，足以使中国与西方世界进行交流。

　　丁韪良发言之后，其他人没有评论要讲，因此会长宣布下一次全体会议的内容，会议到此结束。[2]可见，"恢复学会"之后，丁韪良主持的会议如同以往一样，依然围绕"探索"汉学问题展开学术研讨。

　　天津出版的《中国时报》(*The Chinese Times*) 关于北京东方学会活动的一些报道表明，在 1886 年辞去首任会长职务之后，丁韪良依然是维系

---

〔1〕"Proceedings of The Peking Oriental Society for the Year 1897/1898"（《北京东方学会 1897—1898 年度会议纪要》），*Journal of The Peking Oriental Society*, Vol. IV, 1898, pp. 146.

〔2〕"Proceedings of The Peking Oriental Society for the Year 1897/1898"（《北京东方学会 1897—1898 年度会议纪要》），*Journal of The Peking Oriental Society*, Vol. IV, 1898, pp. 146.

152

北京东方学会存在的核心人物。[1]丁韪良在北京期间，无论是否担任会长，他都是北京东方学会的灵魂人物和学会的凝聚者。

2. 1886—1898 年会刊中的丁韪良作品

从北京东方学会成立之日起，丁韪良就是该学会学术会议的主要策划者与主持人，并积极交流自己的汉学研究成果。如前所述，该学会创办伊始，丁韪良即在北京东方学会宣读了《论中国的历史研究》。

1887 年 10 月 20 日丁韪良在北京东方学会宣读《笛卡尔之前的笛卡尔哲学》（"The Cartesian Philosophy before Descartes"）。该文主要探讨宋代理学与西方近代科学的一些观念之间相近的地方，意在指出笛卡尔之前中国就有近代科学的观念。该文最早在 1887 年 10 月 29 日《中国时报》上发表，后收入《北京东方学会杂志》1888 年第 2 卷第 2 期。[2]1895 年 4 月 19 日丁韪良在美国东方学会耶鲁大学会议上以《中国对一些近代科学的预见》（"On Chinese Anticipations of Certain Ideas of Modern Science"）为题重新宣读。[3]该文后收入《翰林集》第二编[4]；又重刊于 1901 年出版的《汉学菁华》，改名为《中国的哲学与科学思辨》（"Chinese Speculation in Philosophy and Sciences"）[5]。

1888 年 4 月 30 日丁韪良在北京东方学会宣读《苏武留别妻诗译本》。[6]

〔1〕王文兵：《丁韪良与中国》，北京：外语教学与研究出版社，2008 年，第 368 页。

〔2〕"The Cartesian Philosophy before Descartes", *Journal of The Peking Oriental Society*, Vol. II, No. 2, 1888, pp. 121-141.

〔3〕"Proceedings at New Haven, Conn. Apr. 18 and 19, 1895", *JAOS*, XVI, 1896, pp. ccx-ccxiii.

〔4〕"The Cartesian Philosophy before Descartes", *Hanlin Papers*, Second Series（《翰林集》第二编）, Shanghai: Kelly and Walsh, 1894, pp. 207-234.

〔5〕W. A. P. Martin. *The Lore of Cathay or The Intellect of China*, New York: Fleming H. Revell, 1901, pp. 33-43. 转引自王文兵：《丁韪良与中国》，北京：外语教学与研究出版社，2008 年，第 370 页。

〔6〕参见 "The Peking Oriental Society", *The Chinese Times*, May 5, 1888, p. 291. 后收入 "Su Wu to his Wife on setting out on his Embassy to the Court of the Grand Khan or Fartary, 100 B. C.", *Chinese Legends and Lyrics*, Shanghai: Kelly & Walsh Limited, 1912, pp. 52-53. 转引自王文兵：《丁韪良与中国》，北京：外语教学与研究出版社，2008 年，第 370 页。

王文兵认为：汉代苏武的《长别词》，旧传为苏武出使匈奴时留别妻子之作，这首托名苏武的诗在选材、风格上都对后世许多写离别忧愁的佳作有广泛的影响。这一点丁韪良注意到了，他在译注中特别提到了这首诗对李白以及林则徐的影响。[1]

1888 年 10 月 25 日丁韪良在北京东方学会宣读《古代中国的外交》（"Diplomacy in Ancient China"），其内容首先摘要发表于 1888 年 11 月 17 日《中国时报》。后收入 1889 年《北京东方学会杂志》第二卷第四期。[2]再重刊于 1894 年的《翰林集》第二编，以及 1901 年出版的《翰林集》。[3]

以上 1888 年并非丁韪良首次谈中国古代公法外交问题。1881 年丁韪良在柏林参加世界东方学大会（International Congress of Orientalists），就做了关于中国古代公法的演讲。丁韪良记述道：1881 年"余诣布京赴东文大会，各国向有此等文会，迩来复设总会，例定每三载广延谙悉东土语言文字者互相砥砺。至文会事务则集于太学，列为三班，每班另室。其东雅细亚一班，以汉文、日文为重……余于斯时所建议者，乃本东周列国往来之例以示中国早有公法之意（旋以法文刊刻行世）"[4]。该文于 1883 年 1 月刊于 *The International Review* 中。[5]1883 年 9 月，该文又以《古代中国国际法追溯》（"Traces of International Law in Ancient China"）为题，刊于《教务杂志》第14卷。[6]1884 年，丁韪良的学生汪凤藻将此文翻译为中文，以《中国古世公法论略》为名，由同文馆刊印。1894 年，丁韪良将这篇文

〔1〕据王文兵考证，丁韪良翻译的《长别词》系旧题苏武诗四首中的第三首，在徐陵的《玉台新咏》中题作《留别妻》。转引自王文兵：《丁韪良与中国》，北京：外语教学与研究出版社，2008 年，第 380 页。
〔2〕*Journal of The Peking Oriental Society*, Vol. II, No. 4, 1889, pp. 241-262.
〔3〕*Hanlin Papers*, Second Series（《翰林集》第二编），Shanghai: Kelly and Walsh, 1894, pp. 142-172; 又见 *The Lore of Cathay or The Intellect of China*, New York: Fleming H. Revell, 1901, pp. 450-472. 转引自王文兵：《丁韪良与中国》，北京：外语教学与研究出版社，2008 年，第 37 页。
〔4〕丁韪良：《西学考略：附二种》，长沙：岳麓书社，2016 年，第 40-41 页。
〔5〕傅德元：《丁韪良与近代中西文化交流》，台北：台大出版中心，2013 年，第 133 页。
〔6〕"Traces of International Law in Ancient China", *The Chinese Recorder*, Vol. 14, September 1883, pp. 380-393.

154

章收入《翰林集》第二编。1901年，该文收录在《汉学菁华》中。[1]

丁韪良在北京东方学会宣读的《古代中国的外交》是《中国古世公法论略》的姐妹篇。这两篇文章代表了他对中国古代外交的研究成果。

1892年10月丁韪良在北京东方学会宣读《孔子伪经考》，后收入1894年的《翰林集》第二编。[2]秦始皇焚书导致了后来中国历史上长期的今古文之争。1891年康有为撰写《新学伪经考》，成为维新派的重要变法理论之一。1892年10月丁韪良在北京东方学会宣读《孔子伪经考》一文，即从历史原因、行文文体风格等方面对儒家著作《礼记》《孝经》《孔子家语》中有关孔子记述的真伪进行了甄别、分析，他认为"总体上看，这些孔子伪书的成分远远超过真实记录的成分"。[3]

丁韪良1892—1893年间在北京东方学会宣读《从日本获得的两块碑铭译注》（"On Two Inscriptions Obtained in Japan"）。这两块碑铭一为《孔子家语》中关于鲁庙之欹器铭文的英译，一为日本诗人小野湖山的诗歌《华严瀑布歌》的碑铭文。该文后发表于《北京东方学会杂志》1893年第3期。[4]后作为附录收入《翰林集》第二编。[5]

1897年5月间在美国公使寓所召开的由德贞医生主持的北京东方学会会议上，丁韪良宣读论文《论中国诗歌》。丁韪良表示此文会发表在即将出版的论文集中，该文获得所有与会人士的一致赞誉。[6]丁韪良《论中国诗歌》一文后在《北美评论》上发表。[7]

〔1〕傅德元：《丁韪良与近代中西文化交流》，台北：台大出版中心，2013年，第133-134页。
〔2〕*Hanlin Papers*, Second Series, Shanghai: Kelly and Walsh, 1894, pp. 169-172.
〔3〕*Hanlin Papers*, Second Series, Shanghai: Kelly and Walsh, 1894, pp. 323-324. 转引自王文兵：《丁韪良与中国》，北京：外语教学与研究出版社，2008年，第393页。
〔4〕"On Two Inscriptions Obtained in Japan", *Journal of The Peking Oriental Society*, Vol. III, No. 3, 1893, pp. 259-264. 转引自王文兵：《丁韪良与中国》，北京：外语教学与研究出版社，2008年，第370页。
〔5〕*Hanlin Papers*, Second Series（《翰林集》第二编），Shanghai: Kelly and Walsh, 1894, pp. 413-419.
〔6〕"Proceedings of The Peking Oriental Society for the Year 1897/1898"（《北京东方学会1897—1898年度会议纪要》），*Journal of The Peking Oriental Society*, Vol. IV, 1898, pp. 143-149.
〔7〕"The Poetry of Chinese", *The North American Review*, Vol. CLXXII, No. 6, Jun 1901.

1898 年 4 月 6 日丁韪良在北京东方学会会议上宣读《中国在艺术及科学上的发现》。[1]《新学月报》以《论泰西新学新术多原于中华》（署名东学会）为题，做了报道。[2]

由上可见，丁韪良在北京东方学会发表的研究成果，与他于学会成立之初确定的研究目标是一致的，即着力于汉学"四个部分"："第一部分是语文学，第二部分是哲学，第三部分是历史，第四部分是诗歌。"[3]

五、北京东方学会之局限性

北京东方学会存在着明显的历史局限性。

丁韪良 1913 年 3 月 8 日在文章中写道："3 月 6 日我应邀在北京东方学会宣读了一篇文章，我的文章主题是钦差林则徐的生平，这个人 1839 年迫使交出 22283 箱印度鸦片的专横的措施导致了所谓的鸦片战争。"[4]丁韪良一方面反对鸦片贸易，一方面对林则徐禁烟缺乏公正评价。

对于汉学研究来说，北京东方学会成员良莠不齐，会员存在"拉郎配"现象。1892 年 11 月 6 日佛尔克（Alfread Forke）所记北京东方学会云："上个星期五我们在'东方学会'召开了第一次会议。会上我们的会长美国人丁韪良先生做了一个报告。他尽了很大的努力争取新的会员。很多人都是不情愿的，但又不能粗鲁地拒绝他。"[5]

丁韪良、艾约瑟、德贞等一批著名汉学家，实际上把北京东方学会办

〔1〕"Chinese Discoveries in the Arts and Sciences", *Journal of The Peking Oriental Society*, Vol. IV, 1898, pp. 19-28, 147-148。
〔2〕详见本书第二章第二节。
〔3〕W. A. P. Martin. "The Past and Future of The Peking Oriental Society"（《北京东方学会的过去与未来》），*Journal of The Peking Oriental Society*, Vol. I, No. 4, Peking: Pei-Tang Press, 1886, p. 193.
〔4〕"The Opium War in China", *Independent*, April 10, 1913, p. 815.（参考王文兵译，未刊稿）
〔5〕*Briefe aus China*, 1890—1894, Hamburg: C. Bell Verlag, 1985, p. 21.（参考王文兵译，未刊稿）

156

成了汉学之学术研究机构，这和一部分会员希望普及汉学常识的愿望是矛盾的。如《中国时报》1887 年 2 月 12 日关于北京东方学会的报道就指出："'能挺到最后亲眼看见动物死的人们很少而且很疲惫'，Macaulay 在说到《神仙皇后》(*Faerie Queen*) 的读者时说道。上个礼拜一（似为 2 月 7 日，见《中国时报》3 月 5 日报道）晚上，在听完艾约瑟博士论述'中国语言的进化'的论文的筋疲力尽的听众中，这句著名的格言找到了一个例证。不只一个人在夜晚就早早地进入了舒适的小睡中，而在被艾约瑟博士滔滔不绝中的停顿所打断后，便又以些多余的掌声来对他们注意力的缺少做一番弥补。""北京东方学会应当注意它的方式。更有一些会议诸如我们最近开的，以及领域，应当留给两三个有能力踏上中国语文未定之路的人。我们不能相信这是学会的宗旨或愿望。让我们不要被误解。我们不怀疑艾约瑟博士的论文是有学问的和有分量的，与它的杰出作者的名声相称。但是我们确实要怀疑是否在场有一两个以上的人能够欣赏甚至理解它。如果学会要出版此类文章，并让它们可用于将来的批评和学习，那么它们就能够给对语文研究感兴趣的人以益处；而把它们口头置于混杂的听众面前则是破坏他们自身的目的，将一门信徒每天都在增长的科学神秘化。针对汉学家将其研究范围限于古代汉语的倾向，Huart 先生已经表达了及时的抗议。""汉学是一个广泛的领域，在中国确实尚存在许多实际的以及个人兴趣的问题，适合北京东方学会成员去解决，对它们的讨论比起毫无价值地对一门语言刨根问底却对其现代方面知之甚少的做法更会有较好的回报。"[1]

1887 年 3 月 5 日《中国时报》称："我们还没有从 2 月 7 日（应是艾约瑟的演讲《中国语言的演变》）的灾祸（我们从圣经的意义上用这个词）——这是上述的舆论表达中所指的原动力——所引发的精神沮丧

---

[1] *The Chinese Times*, Feb. 12, 1887.（参考王文兵译，未刊稿）

的发作中恢复过来，就听到，我们还必须通过受到进一步的鞭笞来赎罪，就听到，继《中国语言的演变》的文章之后另一篇文章是《道德律的演变》。"[1] 至少有一部分听众，对于北京东方学会学术研究的感受应该是枯燥乏味的。

　　但《中国时报》也刊文正面报道了北京东方学会的活动，并批评《中国时报》的上海同仁（writ large）以及其他人之前的报道对北京东方学会过于苛刻。如《中国时报》1887 年 4 月 23 日报道：每次北京东方学会举办汉学问题研讨，"在丁韪良博士用其一向令人敬佩和印象深刻的方式做完洋溢才智的演讲后，会议休会。另一个值得我们祝贺的是学会坦诚的方式，在这种方式中，学会以其结果表明了它注意到其章程的目标本质上是'用'而非'装饰'。这一点，其成员中最富能力的成员已经准备予以承认。我们认为章程一直偶尔松散地被坚持，是由于那种真正伟人的谦虚的特征所带来的结果，这时常防止有权者因害怕伤害敏感的自然而说不。最近《中国时报》上海同仁的一位通讯员所发表的彻底的和对抗性的陈述，仅仅是因为浅显的真理而值得注意。他对他所属的学会的毫无顾忌以及不诚挚，清楚地体现在他对学会适当作用的忽视以及他对学会管理章程的漠视上。'学会是专门为处理东方的问题而设立'，这种论述直接与学会宣读一般的科学和文学课题的论文的规定直接对立。任何不愿付出辛劳来熟悉他所同意遵守的规章的人，不配成为学会的成员。无论'现今章程和管理的反对者是少数派'，或不是少数派，那些反对者已经赢得了胜利并有权为他们曾经对学会理事会施加的影响而居功，因为我们可以由果推因，结果如果不是明显也会隐含证明出理想的效果已经产生了。但是我们不必不辞劳苦地试着使一个没有思想的被激怒的作者相信他是错的。我们宁可依赖于那些他们的意见我们看重一千倍的人保证这一坚实的基础，而不是名

---

[1] *The Chinese Times*, Mar. 5, 1887.（参考王文兵译，未刊稿）

为'writ large'的一位刻毒的通讯员所作的每一行空洞的陈述"。[1]

　　顺便指出，北京东方学会何时终止，这尚是一个谜。亚洲皇家文会北
华支会1911年6月15日召开的年会会议记录，副主席福开森发言："北京
曾有一个蓬勃发展的学会——北京东方学会，现在已经解散了。"[2]丁韪良
有一则含糊的表述表明北京东方学会似在1913年还在活动。[3]但北京东方
学会是否是彼北京东方学会尚难以确认，不过确切无疑的是，北京东方学
会在1898年之后便悄无声息地从公众眼中消失了，学会杂志在这一年出完
第四卷后便再无下文。极有可能是后来的义和团运动以及随后丁韪良离开
北京等事情最终导致了北京东方学会活动的终止。[4]

　　1898年9月21日（清光绪二十四年八月初六）慈禧太后率卫队囚禁
光绪帝于瀛台，然后下诏太后训政。1900年前后又发生义和团运动及八国
联军侵华战争等重大事件。这期间，西方列强与清政府关系处于空前矛盾
状态。由西方驻华公使名誉牵头、在北京各国使馆召开北京东方学会汉
学研讨会的学术氛围已经不复存在，加上丁韪良离开北京等原因，最终
导致了北京东方学会活动的终止——这本身亦可视为北京东方学会的历史
局限性。

　　综上所述，丁韪良是北京东方学会的主要创始人和学会的维系者。在丁
韪良主导下，北京东方学会很大程度上脱离了西方宗教的负面影响；其在拓
展汉学研究领域、研究方法、学术创新等方面，取得了引人注目的成就。

〔1〕 *The Chinese Times*, July 23, 1887.（参考王文兵译，未刊稿）

〔2〕 "Proceedings", *Journal of the North China Branch of the Royal Asiatic Society*, Vol. 42, 1911, p. 257.

〔3〕 "The Opium War in China", *Independent*, Apr. 10, 1913, p. 815. 此文系丁韪良1913年3月8日撰写，据此文，
北京东方学会似在1913年还存在。但是东方学会是否是彼东方学会，尚无其他资料佐证。（参见王文兵：《丁
韪良与中国》，北京：外语教学与研究出版社，2008年，第371页。）

〔4〕 王文兵：《丁韪良与中国》，北京：外语教学与研究出版社，2008年，第371页。美国学者谭维理认为北
京东方学会"于一八九八年停止"。（参见谭维理：《一八三〇年至一九二〇年美国人之汉学研究》，《清华
学报》（台北）1961年第2卷第2期，第287页。）

第二节　丁韪良与其他研究机构

一、丁韪良与皇家亚洲文会北华支会

如前所述，皇家亚洲文会北华支会为美国传教士汉学家裨治文创立。1864—1916 年，丁韪良长期任皇家亚洲文会北华支会名誉会员。[1] 皇家亚洲文会（即皇家亚洲学会）名誉会员，主要是指一些汉学家或是对学会做出巨大贡献的成员，他们多是在华著名的外交官、传教士、汉学家。一旦当选名誉会员则免交会费，并享有会员的所有权利。名誉会员人数有限，一共有 65 名。[2]

丁韪良与皇家亚洲文会北华支会关系非常密切，长期参加该会活动，在其会刊上发表多篇作品。

如 1866 年丁韪良发表《1866 年 2、3 月间北京至上海的陆上之旅》（"Account of an Overland Journey from Peking to Shanghai, Made in February and March 1866"）。[3] 丁韪良在文中建议修一条大沽至开封的铁路，这样华北地区煤铁资源便可得到开发利用，河北的铁用来做铁轨，山西的煤做燃料。有了铁路，军队可以迅速调遣，举子可以赴京考试，商人转运商品不必再走运河、雇推车。"从政治和商业方面看，考察黄河是当务之急。如果开放黄河航运，中外都可受益。"[4]

---

〔1〕"Proceedings, Annual General Meeting"（《年会会议记录》），*Journal of the North-China Branch of the Royal Asiatic Society*, Vol. 49, 1918, p. xiv.

〔2〕王毅：《亚洲文会会员分析》，《史林》2005 年第 4 期，第 78 页。

〔3〕W. A. P. Martin. "Account of an Overland Journey from Peking to Shanghai, Made in February and March 1866"（《1866 年 2、3 月间北京至上海的陆上之旅》），*Journal of the North-China Branch of the Royal Asiatic Society*, Vol. 111, 1866, p. 27.

〔4〕W. A. P. Martin. "Account of an Overland Journey from Peking to Shanghai", *Journal of the North-China Branch of the Royal Asiatic Society*, Vol. 111, 1866, p. 27, p. 36. 转引自上海图书馆编：《皇家亚洲文会北华支会会刊（1858—1948）：导论·索引·附录》，上海：上海科学技术文献出版社，2013 年，第 285 页。

1876 年丁韪良发表《中国的书信格式》（"On the Style of Chinese Epistolary Composition"）。[1]

1906 年丁韪良发表《开封府的犹太教纪念碑》（"The Jewish Monument at Kaifengfu"）。[2]丁韪良早在 1866 年由北京到上海，路过开封时，专门考察了犹太教堂的遗迹。丁韪良记述，他是近代第一个亲历实地考察景教遗迹的外国人。1905 年丁韪良又将内地会传教士毕斐然（Bevis）收集的开封犹太碑拓片翻译成英文《开封府的犹太教纪念碑》发表在会刊第 37 卷（1906 年）上。丁韪良等人发现开封犹太人已成为贫穷无助的群体，他们为了生存还卖掉了当地所藏的希伯来文献和其他经文。[3]

皇家亚洲文会北华支会会刊也刊登关于丁韪良论著的书评。如 1908 年发表卜禄士（C. D. Bruce）的《〈中国觉醒〉书评》。[4]

丁韪良还长期参加皇家亚洲文会北华支会的重要活动。如：

1874 年 3 月 25 日建立的"上海博物院"（Shanghai Museum），也是皇家亚洲文会北华支会的一个重要实体。丁韪良 1876 年任该博物院院长。1877 年丁韪良在徐家汇博物院韩德禄（Pierre Heude）神甫的帮助下，将博物院内收藏的珍稀动物标本进行分类。[5]

1886 年皇家亚洲文会北华支会进行了一项"用汉语传播西方知识的正反效果"调查。该项调查是由翟理斯提议、夏德发起，参加者有丁韪良、

---

〔1〕W. A. P. Martin. "On the Style of Chinese Epistolary Composition"（《中国的书信格式》）, *Journal of the North-China Branch of the Royal Asiatic Society*, Vol. XI, 1876, p. 135.

〔2〕W. A. P. Martin. "The Jewish Monument at Kaifengfu"（《开封府的犹太教纪念碑》）, *Journal of the North-China Branch of the Royal Asiatic Society*, Vol. XXXVII, 1906, p. 191.

〔3〕W. A. P. Martin. "The Jewish Monument at Kaifungfu", *Journal of the North-China Branch of the Royal Asiatic Society*, Vol. XXXVIK, 1906, pp. 19-20. 转引自上海图书馆编：《皇家亚洲文会北华支会会刊（1858—1948）：导论·索引·附录》，上海：上海科学技术文献出版社，2013 年，第 314 页。

〔4〕Charence Dalrymple Bruce. "Awakening of China"（《〈中国觉醒〉书评》）, *Journal of the North-China Branch of the Royal Asiatic Society*, Vol. 39, 1908, p. 194-197.

〔5〕上海图书馆编：《皇家亚洲文会北华支会会刊（1858—1948）：导论·索引·附录》，上海：上海科学技术文献出版社，2013 年，第 250 页。

狄考文（C. W. Mateer）、慕维廉、傅兰雅、玛高温等人，除了丁韪良早已脱离教会组织之外，其他人几乎都是在华著名传教士。他们针对汉语在传播西方文明，尤其是在传播自然科学中的效果展开了调查和讨论。一方认为汉语难以精确表达西方文明的原意，比如化学翻译中出现的元素符号，汉语就很难有合适的对应词汇，因此反对用汉语传播西方文明；另一方认为汉语可以吸取其他语言的词汇，完全能够传播西方文明，最终达成"面对中国知识阶层对西方文明持惊奇的眼光时，必须让中国人学习掌握外国语言，培养一个有学问的阶层，这样才能真正地向中国传播西方文明"。[1]

皇家亚洲文会成员斯图尔特·桑蒙兹（Stuart Sunmonds）教授认为：北京东方学会成立后，"1888 年 7 月皇家亚洲文会将其列入分支学会的名单中，但其会议纪要中没有记录该会被正式承认"。[2]

需要指出的是：北京东方学会创立不久，皇家亚洲文会北华支会会长杜德维就撰文《北京东方学会》加以推介。[3]北京东方学会与皇家亚洲文会北华支会的确关系十分密切，主要表现为：

第一，该时期不少汉学家，具有北京东方学会与皇家亚洲文会北华支会的双重会员身份。如丁韪良、艾约瑟、德贞、柏百福、阿恩德、白汉理等人皆如此。

第二，皇家亚洲文会北华支会刊物里有很多与北京东方学会有关的内容。北京东方学会发表的某些文章，皇家亚洲文会北华支会也会讨论或引用。如：

---

〔1〕H. A. Giles（翟理斯）. "The Advisability or the Reverse of endeavouring to convey Western Knowledge to the Chinese through the medium of their own Language", *Journal of the North-China Branch of the Royal Asiatic Society*, Vol. XXI, 1886, p. 1. 转引自上海图书馆编：《皇家亚洲文会北华支会会刊（1858—1948）：导论·索引·附录》，上海：上海科学技术文献出版社，2013 年，第 284 页。

〔2〕Edited by Stuart Sunmonds and Simon Digby. *The Royal Asiatic Society: its History and Treasure*（《皇家亚洲文会：它的历史和宝库》），Leiden & London: E. T. Brill, 1979, p. 19.

〔3〕E. B. Drew. "The Peking Oriental Society", *Journal of the North-China Branch of the Royal Asiatic Society*（皇家亚洲文会北华支会会刊），Vol. XX, 1885, pp. 101-102.

162

皇家亚洲文会北华支会会长夏德（F. Hirth）1888 年 4 月 4 日于《皇家亚洲文会北华支会会刊》发表有关瓷器的文章《古代陶瓷：中世纪中国工商业研究》[1]；其中引用了卜士礼 1886 年发表于《北京东方学会杂志》的文章《中国清代以前的瓷器》（"Chinese Porcelain Before the Present Dynasty"）。[2]

1889 年皇家亚洲文会北华支会进行了"中国的货币与度量衡"调查，1890 年由马士汇总撰写调查结果初稿。该文引用了 1889 年《北华捷报》的摘录，其中谈及引用北京东方学会会长盐田三郎在《北京东方学会杂志》上发表的有关钱币的文章。[3]

北京东方学会会员佛尔克曾在皇家亚洲文会北华支会会刊上评论说：翟理斯在《翟山笔记》中指出他在北京东方学会杂志上发表的《享乐主义者杨朱与泛神论者列子之关系》一文，把杨朱和杨子居当成一个人。佛尔克认为自己的文章并没有犯这个错。[4]

第三，有关刊物与图书相互交换。

皇家亚洲文会北华支会交换刊物的学会名单，包括了北京东方学会。[5]皇家亚洲文会北华支会加入图书馆的学会刊物名单，列有北京东方学会。[6]与皇家亚洲文会北华支会交换图书的学会及公共机构名录中，也有北京东

〔1〕F. Hirth. "Ancient Porcelain: Study in Chinese Mediaeval Industry and Trade", *Journal of the North-China Branch of the Royal Asiatic Society*, Vol. 23, 1888, pp. 139-140.

〔2〕S. W. Bushell（卜士礼）. "Chinese Porcelain Before the Present Dynasty"（《中国清代以前的瓷器》），*Journal of The Peking Oriental Society*, Vol. I, No. 3, Peking: Pei-Tang Press, 1886, pp. 65-119.

〔3〕参见上海图书馆编：《皇家亚洲文会北华支会会刊（1858—1948）：导论·索引·附录》，上海：上海科学技术文献出版社，2013 年，第 284 页。

〔4〕A. Forks. "The Two Yangs"（《双杨》），Notes and Queries（释疑栏目），*Journal of the North-China Branch of the Royal Asiatic Society*, Vol. 37-38, 1906—1907, p. 201.

〔5〕*Journal of the North-China Branch of the Royal Asiatic Society*, Vol. 23, Shanghai, 1889, p. 301.

〔6〕"List of Works added to the Society's Library from 1st April 1889 to 31st March 1890"（《1889 年 4 月 1 日至 1890 年 3 月 31 日添加入皇家亚洲文会北华支会图书馆的书籍列表》），*Journal of the North-China Branch of the Royal Asiatic Society*, Vol. 24, Shanghai, 1890, p. 329.

方学会。[1]

　　1902 年 10 月 16 日，皇家亚洲文会北华支会成立 45 周年纪念的年度
会议上，该会副主席艾约瑟致辞指出："我们学会（皇家亚洲文会北华支
会）的工作一向与其他同类学会协力进行。我们学会与美国东方学会有联
系。而当北京一个研究学会成立时，我们连同巴夏礼先生、柏百福先生、
丁韪良博士、阿恩德教授、白汉理博士、德贞博士等人一起参与了。我们
一致通过，作为对美国的致意，称它为北京东方学会。"[2]从艾约瑟此语可
知，之所以称为"北京东方学会"，其名称与"美国东方学会"相近，这
包含了"对美国的致意"。至于"北京东方学会"与皇家亚洲文会北华支
会是否存在隶属关系，有待进一步考证。

二、丁韪良与《教务杂志》

　　《教务杂志》（ The Chinese Recorder ）是基督教于晚清时期创办的一份英
文期刊，1867 年 3 月由美以美会传教士韦列士（L. N. Wheeler）在福州创办。
最初刊名为 The Missionary Recorder（《传教士记录》），目的是为传教士们
的传教活动保持信息的联系和沟通。但它只持续了一年，于 1867 年 12 月
出了最后一期后停办。1868 年 5 月该刊重新开办，地点仍旧在福州的美以
美会印书馆，首任主编为美以美会传教士保灵（S. L. Baldwin），他将刊名
改为 The Chinese Recorder and Missionary Journal，"扩展范围，载英美教士中
国研究的论文"。[3]1869 年 6 月，美部会传教士卢公明（Justus Doolittle）

〔1〕"List of Societies, Public Institutions, etc. Exchanging Publications with the Society"，*Journal of the North-China Branch of the Royal Asiatic Society*, Vol. 36, Shanghai, 1905, p. 169.
〔2〕"Proceedings"（会议记录），*Journal of the North-China Branch of the Royal Asiatic Society*, Vol. 34, 1902, p. iv.
〔3〕参见谭维001：《一八三〇年至一九二〇年美国人之汉学研究》，《清华学报》（台北）1961 年第 2 卷第 2
期，第 287 页。

开始协助保灵担任副主编。卢公明与丁韪良同时来华。[1]1870 年 1 月保灵
离开福州，2 月，卢公明开始担任主编，一直到 1872 年 5 月，该刊再次
停刊。在中断了近两年后，1874 年 1 月该刊再次复刊，仍维持 *The Chinese
Recorder and Missionary Journal* 这一刊名，出版地点则转移至上海，由伦敦
会传教士伟烈亚力（A. Wylie）担任主编，并将该刊由月刊改为双月刊。
复刊后第一期"导言"表示，该刊不仅仅局限于宗教内容，同时欢迎与中
国及其周边国家相关的各种知识的稿件。[2]此后，该刊不断发表中国历史、
地理方面的论文。

　　丁韪良早在 1867 年《教务杂志》创刊之初就于该刊发表文章。1885
年丁韪良创立北京东方学会以后，他依然重视为《教务杂志》提供稿件。
详见下表。

表 3-3　《教务杂志》与丁韪良有关文章一览表

时间	期数	文章标题	署名
1867 年 9 月	第九期	伊西斯和奥西里斯：普鲁塔克论埃及宗教 载 *The Missionary Recorder*（《教务杂志》的前身）	W. A. P. Martin
1867 年 10 月	第十期	伊西斯和奥西里斯：东方的二元论 载 *The Missionary Recorder*	W. A. P. Martin
1874 年 3—4 月	第二期	中国的度量制度	W. A. P. Martin
1880 年 9—10 月	第五期	对丁韪良《翰林集》的推介	"最近的出版物"栏目
1883 年 9 月	第五期	古代中国国际法追溯	W. A. P. Martin

〔1〕丁韪良：《花甲忆记》，沈弘等译，桂林：广西师范大学出版社，2004 年，第 3 页。
〔2〕*The Chinese Recorder and Missionary Journal*, Vol. 5, No. 1, 1874.

续表

时间	期数	文章标题	署名
1886 年 4 月	第四期	古代中国的南蛮	W. A. P. Martin
1886 年 8 月	第八期	评狄考文博士的几何学译作	A. P. Martin
1887 年 9 月	第九期	中国的本地圣书文献	W. A. P. Martin
1887 年 10 月	第十期	中国的本地圣书文献（续）	W. A. P. Martin
1888 年 7 月	第七期	霍奇（Hodge）论《罗马书》	W. A. P. Martin
1889 年 5 月	第五期	佛教是基督教的准备吗？	W. A. P. Martin
1889 年 10 月	第十期	修道院长的神像	W. A. P. M.
1894 年 8 月	第八期	年轻传教士使用的中国研究课程	W. A. P. Martin
1894 年 10 月	第十期	对三个问题的回答	W. A. P. Martin
1894 年 12 月	第十二期	夏威夷一瞥	W. A. P. Martin
1896 年 12 月	第十二期	李鸿章奖助教育	W. A. P. Martin
1897 年 3 月	第三期	帮助福音传播的西方科学	W. A. P. Martin
1899 年 6 月	第六期	施约瑟翻译的《摩西五经》	Martin
1900 年 2 月	第二期	评丁韪良的心理学著作	狄考文（Mateer）
1902 年 1 月	第一期	对地方方言进行罗马拼音化的请求	W. A. P. Martin
1902 年 3 月	第三期	我们怎样对待祖先祭拜	W. A. P. Martin
1902 年 11 月	第十一期	丁韪良与张之洞的会见	传教士信息栏目
1904 年 3 月	第三期	一个兄弟的献赠	W. A. P. Martin
1904 年 6 月	第六期	祖先祭拜——我们应如何处理？	W. A. P. Martin
1904 年 8 月	第八期	通讯：对祖先祭拜问题的态度	John R. Wolfe
1905 年 2 月	第二期	通讯："新教徒（Protestant）"的翻译名词，丁韪良的回应 丁韪良与"新教徒"的译名	W. A. P. M. Thomas Windsor
1905 年 3 月	第三期	礼节的改革	W. A. P. M.

166

续表

时间	期数	文章标题	署名
1905 年 8 月	第八期	三个老资格传教士丁韪良、杨格非、戴德生	B. Upward
1906 年 10 月	第十期	悼念怀特牧师	W. A. P. Martin
1907 年 9 月	第九期	关于罗马拼音的呼吁	W. A. P. Martin

资料来源：*The Missionary Recorder*, Vol 1, No. 9-10, 1867; *The Chinese Recorder and Missionary Journal*, 1874—1907. 刘天路译：《〈教务杂志〉目录》(1877—1888；1889—1898；1899—1907)，载《义和团研究会通讯》总第 21、22、23 期。

　　从上表可见，丁韪良于《教务杂志》发表的文章主要有三类：一类与传教有关，尤其与传教争议问题有关；一类与汉学研究有关；一类与传教士相关信息有关。其中大部分文章都有针对性，发表于《教务杂志》，并非无缘无故，显然有其特别用意。

　　如：丁韪良于《教务杂志》1897 年 3 月第三期发表《帮助福音传播的西方科学》一文，反映了他长期坚持的观点，即传播西方科学有助于传教。早在 1877 年举行的首届在华传教士大会上，丁韪良就阐述了关于世俗文化科学与传教关系问题的意见。该年 5 月 16 日下午，丁韪良和林乐知（Y. J. Allen），分别做了两篇关于"世俗性文字事工"（secular literature）的报告。丁韪良在会上发表了题为《论世俗文字事业》的演说。丁韪良认为，宣教士投入一部分时间和精力撰写诸如历史和地理、物理科学、精神和道德科学这一类的文字事工，纯属正当。他批驳了那种认为传教士的任务单是传教的狭隘观点。[1] 但丁韪良上述报告与会议主旨并不相符，"反对意见也很强烈。赖教士（Mr. Lyon）质疑在无人问津的环境下出版这类刊物的效用；戴德生教士（Taylor）和杨教士（John）进一步阐述了反对的理由：

---

[1] 阮仁泽等主编：《上海宗教史》，上海：上海人民出版社，1992 年，第 857 页。

所有文学和科学的伟大价值都可以提高中国人的文化素养，但宣教士的目的不是传播文化知识，而是拯救灵魂；中国人需要认识神，并认识罪，这远比知道岩石的成分和行星的名字更为重要"。[1] 到了 19 世纪末期，社会历史环境发生很大变化，此时丁韪良发表《帮助福音传播的西方科学》一文，旨在重申其一贯的观点。

又如：丁韪良于《教务杂志》1902 年 1 月第一期发表《对地方方言进行罗马拼音化的请求》；又于 1907 年 9 月第九期 "中华教育会专栏" 发表《关于罗马拼音的呼吁》，其目的都在于继 19 世纪 50 年代初他发明宁波话拼音之后，持续致力于推广拉丁拼音体系。

再如：丁韪良于《教务杂志》1902 年 3 月第三期发表《我们怎样对待祖先祭拜》，又于 1904 年 6 月第六期发表《祖先祭拜——我们应如何处理？》，其目的也是继续维护自己在祭祖问题上的观点。1890 年 5 月 7 日至 20 日，第二届基督教新教在华传教士大会在上海召开，丁韪良撰写《祖先崇拜——呼吁宽容》一文，该文对当时 "所有的传教士团体" 排斥中国祭祖文化提出异议[2]，但回应他的却是本次传教士大会普遍的压倒性强烈反对。内地会会长戴德生对此极为愤怒，认为容忍祭祖一事根本不容讨论，抨击丁韪良的观点是异端邪说。大会结束前，当戴德生呼请所有反对丁韪良意见者起立，以表明立场时，差不多全体会众均站立表态。[3] 大会决议不仅谴责祭祖偶像崇拜行为，并把丁韪良的文章从大会印刷的报告中

---

[1]《亿万华民》译友会译：《首届赴华宣教士大会报道》（上），亦文编校，《教会》2015 年 7 月第 4 期，第 96 页。全文译自 "Report of the Missionary Conference held in Shanghai, May 10th-24th, 1877", *China's Millions*, British Edition, September 1877, pp. 105-115. 戴德生教士（Hudson Taylor, 1832—1905），内地会创始人，也是《亿万华民》的早期总编。

[2] W. A. P. Martin. "The Worship of Ancestors: A Plea for Toleration", *Records of the General Conference of the Protestant Missionary of China*, Shanghai: American Presbyterian Mission Press, 1890, pp. 619-631. 后收入 *Hanlin Papers*, Second Series, Shanghai: Kelly & Walsh, 1894, pp. 327-355.

[3] H. Blodget. "The Attitude of Christianity towards Ancestral Worship", *Records of the General Conference of the Protestant Missionary of China*, Shanghai: American Presbyterian Mission Press, 1890, p. 659.

剔除。[1]尽管在祭祖问题上,当时丁韪良相当孤立,但他始终坚持自己的
观点。有关祭祖问题的争论,笔者将在本书第四章"丁韪良中外比较视野
下对儒释道之新解"中予以阐述。

　　此外,丁韪良于该刊 1883 年第五期发表《古代中国国际法追溯》,
1886 年第四期发表《古代中国的南蛮》,均表明丁韪良赞同《教务杂志》
主编、传教士伟烈亚力（A. Wylie）[2]的办刊导向,即:该刊不应局限于宗
教内容,而应同时包含中国及其周边国家相关的各种知识,使得该刊具有
汉学研究的特点。

　　上述事实也反映了丁韪良的某种性格特征:他一旦确立了自己的研究
方向,就不会轻易放弃,即使遇到种种反对意见,他也会持之以恒去践行
自己的主张和实现自己的目标。

三、丁韪良与美国东方学会

　　19 世纪由于殖民和传教的需要,西方各国成立专门的学会来研究东
方。1822 年 4 月 1 日法国巴黎亚洲学会成立。在裨治文的推动下,1842 年
10 月美国东方学会正式成立,并于次年 3 月正式作为法人团体获得美国政
府批准。该会的宗旨有三:一是"培养亚洲、非洲以及波力尼西亚语言的
知识";二是"出版与亚洲、非洲以及波力尼西亚语言有关的回忆录、译

〔1〕 *Records of the General Conference of the Protestant Missionary of China*, Shanghai: American Presbyterian Mission Press, 1890, pp. 619-631, 690-702. 参见王立新:《美国传教士对中国文化态度的演变（1830—1932）》,《历史研究》2012 年第 2 期,第 72 页。

〔2〕 伟烈亚力（Alexander Wylie）,伦敦会派往中国的传教士,1847 年 8 月 26 日来到上海,负责监督差会在当地的印刷所。1864 年 11 月他返回英国,在英期间脱离伦敦会,加入英圣书公会,1863 年 11 月作为其代理人回到中国。（参见［英］伟烈亚力:《1867 年以前来华基督教传教士列传及著作目录》,倪文君译,桂林:广西师范大学出版社,2011 年,第 179 页。）

著、词汇表以及其他相关著作等";三是"建立图书收藏"。[1]费正清认为,美国有组织的汉学研究始自美国东方学会。[2]

丁韪良于1858年加入美国东方学会。[3]当时在华外国人中加入美国东方学会者为数并不多。1858年丁韪良仍在宁波传教,这说明其传教之余,已对汉学之学术研究怀有志趣。截至1860年,在华的外国传教士以及外交官除了丁韪良外,加入美国东方学会的还有其他七人,分别是广州的卫三畏、宁波的密妥士、玛高温、上海的文惠廉主教、裨治文、宁波的美国领事裨列利查士威林以及麦嘉缔。[4]

丁韪良参加过六次美国东方学会的相关会议。

1861年10月16日丁韪良首次出席美国东方学会纽约会议,在会议上宣读《中国的道德图及其翻译——兼论中国伦理哲学》,谈论了中国的性善论和德治;17日展示了日本伊豆(Yedo)和长崎(Nagasaki)的地图、西安景教碑文,并支持碑文的真实性。[5]

1868年10月14日丁韪良出席在纽黑文(New Haven)召开的美国东方学会会议,宣读《中国的炼金术》一文,认为炼金术起源于古代中国,再传入欧洲。丁韪良还就中西关系、God一词翻译问题发表看法,并展示了开封犹太人羊皮经卷。[6]

1869年5月19日丁韪良出席在波士顿举行的美国东方学会会议,宣

[1] *Journal of the American Oriental Society*, Vol. I, 1843, pp. iii-vi. 转引自王文兵:《丁韪良与中国》,北京:外语教学与研究出版社,2008年,第364页。
[2] 孟庆波:《来华美国人对美国东方学会早期汉学研究的贡献(1842—1930)》,《西部学刊》2015年第3期,第39页。
[3] *Journal of the American Oriental Society*, Vol. 16, 1894/1896, Member List, p. 283. 转引自王文兵:《丁韪良与中国》,北京:外语教学与研究出版社,2008年,第540页。
[4]《通讯会员名单》,*Journal of the American Oriental Society*, Vol. 6, 1860, pp. 611-612. 转引自王文兵:《丁韪良与中国》,北京:外语教学与研究出版社,2008年,第540页。
[5] "A Chart of Chinese Ethics, with a Translation, and Remarks on the Ethical Philosophy of the Chinese", *Journal of the American Oriental Society*, Vol. 7, 1862, pp. xlv, xlviii-xlix.
[6] 参见王文兵:《丁韪良与中国》,北京:外语教学与研究出版社,2008年,第365页。

170

读《中国的古代发明》《中国的科举制度》二文。[1]

1880年（农历九月二十五日）丁韪良和卫三畏出席美国东方学会纽约会议。卫三畏"本诸《文献通考》一书以辨论扶桑之事（或谓僧某东越大海而至扶桑，即系通美洲之先导，是误以扶桑为美洲，卫公非之，盖僧之至扶桑殆类穆天子之西游，若果有其事，必指日本而言，决不指美洲也）"。丁韪良宣读《论中国的祖先崇拜》一文，"则本诸六经以阐发中国尊祖敬宗之道（大旨论历代帝王以孝为治本，礼与西教虽异而情则无殊）"。[2]

丁韪良同时指出："美国东土文会（即美国东方学会）集于纽约之哥伦书院，是会之设，每遇春、秋则于三大城（即纽约、钮哈芬、毫斯敦）中轮流聚集，凡国内博士好东学者皆入会中讲求雅洲（亚洲）各国古今事迹，故谓之东土文会，其习犹太、亚剌伯（阿拉伯）、印度等文者居多，至探讨华文则属无几，此次搦管为文论中华典坟者仅有卫公廉士（卫三畏）及余二人而已。"从这段可知，当时美国的汉学还不是很兴盛。"其习犹太、亚剌伯、印度等文者居多，至探讨华文则属无几。"参会讨论汉学的只有卫三畏和丁韪良二人。[3]

1890年10月22日，丁韪良在美国东方学会普林斯顿会议上宣读《中国对灵感的看法》（"On Chinese Ideas of Inspiration"）。[4]

1895年4月19日丁韪良在美国东方学会耶鲁大学会议上以《中国对一些近代科学的预见》（"On Chinese Anticipations of Certain Ideas of

[1] "The Early Inventions of the Chinese", *JAOS*, Vol. IV, 1871, pp. liii-liv; "On the Competitive Examination System in China", *JAOS*, Vol. IV, 1871, pp. liv-lv.
[2] "On the Worship of Ancestors in China", *JAOS*, Vol. 11, Proceedings at New York, Oct. 28, 1880, p. xxxvi; also see *The Chinese Recorder*, Vol. XII, Mar. and Apr. 1881, pp. 145-147. 参见丁韪良等：《西学考略：附二种》，赖某深点校，长沙：岳麓书社，2016年，第28-29页。
[3] 丁韪良等：《西学考略：附二种》，赖某深点校，长沙：岳麓书社，2016年，第28-29页。
[4] "On Chinese Ideas of Inspiration", *JAOS*, Vol. XV, 1893, pp. lxxvi-lxxviii. 转引自王文兵：《丁韪良与中国》，北京：外语教学与研究出版社，2008年，第365页。

Modern Science"）为题重新宣读。[1]

丁韪良还在《美国东方学会会刊》（*Journal of the American Oriental Society*，简记为 *JAOS*）上发表不少文章。详见下表。

表 3-4　丁韪良于《美国东方学会会刊》发表文章一览表

序号	文章标题	发表刊物与期数
1	"A Chart of Chinese Ethics，with a Translation, and Remarks on the Ethical Philosophy of the Chinese" 中国的道德图及其翻译——兼论中国伦理哲学	*JAOS*, Vol. VII, 1862. Proceedings at New York, Oct. 16 and 17, 1861, p. xlv.
2	"Genuineness of the Nestorian Monument of Si-ngan Fu" 西安府景教碑的真伪	*JAOS*, Vol. VII, 1862. Proceedings at New York, Oct. 16 and 17, 1861, pp. xlviii-xlix.
3	"The Name for God in Chinese" "God" 一词的中译	*JAOS*, Vol. IX, 1871. Proceedings at New Haven, Oct. 14 and 15, 1868, p. xliv.
4	"On the Study of Alchemy in China" 对中国学问的研究	*JAOS*, Vol. IX, 1871. Proceedings at New Haven，Oct. 14 and 15, 1868, pp. xlvi-xlvii.
5	"Lecture on China"；"relations to the Western world"；"a Jewish roll of the law" 关于中国的演讲；与西方世界的关系；犹太律法经卷	*JAOS*, Vol. IX, 1871. Proceedings, 1868, pp. xlviii-xlix.
6	"The Early Inventions of the Chinese" 中国的古代发明	*JAOS*, Vol. IX, 1871. Proceedings at Boston, May 19, 1869, p. liii.
7	"On the Competitive Examination System in China" 中国的科举制度	*JAOS*, Vol. IX, 1871. Proceedings at Boston, May 19, 1869, pp. liv-lv.

[1] 参见 *Journal of the American Oriental Society*, Vol. XVI, 1896, pp. 210-213.

续表

序号	文章标题	发表刊物与期数
8	"Remarks on the Style of Chinese Prose" 对中国散文风格的评论	*JAOS*, Vol. X, 1880. Proceedings at New Haven, Oct. 12 and 13, 1871, pp. xxxiii-xxxiv.
9	"On the Hanlin Yuan, or Chinese Imperial Academy" 中国的翰林院	*JAOS*, Vol. X, 1880. Proceedings at New Haven, Oct. 15 and 16, 1873, pp. lxxiii-lxxiv.
10	"On the Worship of Ancestors in China" 论中国的祖先崇拜	*JAOS*, Vol. XI, 1885. Proceedings of the Society at New York, Oct. 28, 1880, p. xxxvi.
11	"On Reformed Buddhism in China and Japan" 中国和日本的佛教复兴	*JAOS*, Vol. XI, 1885. Proceedings of the Society at New York, Oct. 28, 1880, p. xlix.
12	"Letter" 一封信	*JAOS*, Vol. XI, 1885. Proceedings at New Haven, Oct. 24 and 25, 1883, p. clxv.
13	"The Northern Barbarians in Ancient China" 古代中国的北方蛮族	*JAOS*, Vol. XI, No. I, 1885, pp. 362-374.
14	"Review of Dr. Hirth's book on China and the Roman Orient" 评价夏德的《中国与东方的罗马》	*JAOS*, Vol. XIII, 1889. Proceedings at New York，Oct. 28 and 29, 1885, pp. lxxviii-lxxxi.
15	"Plato and Confucius on Filial Duty—A Curious Coincidence" 柏拉图和孔子对孝道的看法——一个奇怪的巧合	*JAOS*, Vol. XIV, 1890. Proceedings of the Society at Philadelphia, PA, Oct. 31 and Nov. 1, 1888, pp. xxxi-xxxiv.
16	"On Chinese Ideas of Inspiration" 中国对灵感的看法	*JAOS*, Vol. XV, 1893. Proceedings at Princeton, N. J., Oct. 22 and 23, 1890, pp. lxxvi-lxxviii.

续表

序号	文章标题	发表刊物与期数
17	"On Chinese Anticipations of Certain Ideas of Modem Science" 中国对一些近代科学的预见	*JAOS*, Vol. XVI, 1896. Proceedings at New Haven, Conn. April 18 and 19, 1895, pp. ccx-ccxiii.

资料来源：*Journal of the American Oriental Society*, Vol. VII-XVI, 1861—1896. 参见王文兵：《丁韪良与中国》，北京：外语教学与研究出版社，2008 年，第 491-494 页。

　　北京东方学会与美国东方学会之间虽然不存在隶属关系，但丁韪良与柔克义（W. W. Rockhill）等美籍会员，时有向美国东方学会通报情况。柔克义（时任北京东方学会秘书兼司库）1885 年 8 月 28 日向美国东方学会致信，信中在言及他的藏传佛教研究时也提到北京东方学会的工作情况："提一句北京东方学会。她旨在将分散于蒙古以及西藏边界以及近处的所有传教士都吸收为通讯员，就语文学、动物学、地理等投稿，让鲜为人知的地方的讯息大白于天下而不至于遗失。此外由于北京是中国的文学中心，帝国最具研究优势的地方，人们希望——我也认为合情合理——在学会中，我们不但可以找到消遣，而且也可帮助不在中国居住但渴求中国信息或书籍却无获取渠道之人。"[1]

　　北京东方学会赠送学会杂志给美国东方学会。如：1893 年《美国东方学会杂志》第 15 卷第 3 期"图书馆新增书目"，内有北京东方学会赠送的 1892 年北京出版的《北京东方学会杂志》第 3 卷第 2 期 8 本。[2]

　　晚清汉学家，一人参加多个学会是很普遍的事情。该时期，丁韪良积极参加汉学组织的各种活动；在 1900 年以前，丁韪良几乎是所有北京外国

[1] "Proceedings of AOS at New York, Oct. 28th and 29th 1885", *Journal of American Oriental Society*, Vol. XIII, 1889, p. xlvi.（参见王文兵译，未刊稿）
[2] "Additions to Library", *Journal of Peking Oriental Society*, Vol. III, No. 2, Peking, 1892; *Journal of American Oriental Society*, Vol. XV, No. 3, 1893, p. xxxvi.（参见王文兵译，未刊稿）

174

人汉学社团的成员。如丁韪良还是华北书会以及北京传教士协会的会员，
这两个协会也从事中国方面的研究，对丁韪良的汉学研究也有促进作用。[1]

　　综上所述，自19世纪80年代中期开始，丁韪良以职业教育家身份主
持北京东方学会的汉学研究活动，对推动晚清时期汉学研究产生了积极影
响。北京东方学会的宗旨确实体现了"促进中国及东方问题的研究"。该
学会主要由在京的外交机构、同文馆、海关等部门的外籍人员自愿组成，
核心人物均属当时在华的著名汉学家。北京东方学会称得上是一个以汉学
研究为主要特征的学术性团体。在丁韪良主导下，北京东方学会在拓展汉
学研究领域、研究方法、学术创新等方面，取得引人注目的成就，并很大
程度上鲜明地脱离了西方宗教的负面影响。以丁韪良为首任会长的北京东
方学会的创设，是西方汉学发展史上具有里程碑意义的事件，也是近代中
西文化关系史上的重大事件。此外，丁韪良还长期参加皇家亚洲文会北华
支会、教务杂志社、美国东方学会等机构的研究活动。丁韪良在各类汉
学研究机构的所作所为，亦促进其自身由传教士汉学家向专业汉学家方
向转型。

---

[1] "Peking Notes", *The Chinese Times*, Jun. 11, 1887, p. 499. 转引自王文兵：《丁韪良与中国》，北京：外语教
学与研究出版社，2008年，第371页。

第四章　丁韪良中外比较视野下对儒释道之新解

第一节　比较宗教视野与儒教之认知

19 世纪中晚期比较宗教学的兴起以及汉学的发达，极大地促进了汉学家们对汉语经典的研究与翻译。1870 年英籍德国学者麦克斯·穆勒（Max Muller）在英国皇家学会作了题为《宗教学导论》（*An Introduction to the Science of Religion*）的系列讲演，首次提出了"宗教学"（the Science of Religion）概念，提出宗教学作为一门学科应有不同于宗教神学的性质。比较宗教学研究的成果之一是麦克斯·穆勒主编、众多东方学者翻译的《东方圣书》（*The Sacred Books of East*）英译本陆续出版。穆勒称"只知道一种宗教的人是无知的"，强调进行宗教比较研究的意义。[1] 尽管受到信仰主义者以及思想保守的传教士的责难，麦克斯·穆勒的比较宗教学理论对当时的一些汉学家如理雅各、丁韪良、苏慧廉等都产生了较大影响，推动了汉学研究的发展。[2] 晚清时期，美国本土也设有"比较宗教学会"。[3]

---

[1] 李新德：《"亚洲的福音书"——晚清新教传教士汉语佛教经典英译研究》，《世界宗教研究》2009 年第 4 期，第 51 页。
[2] 李新德：《明清时期西方传教士中国儒道释典籍之翻译与诠释》，北京：商务印书馆，2015 年，第 222 页。
[3] "The Religious Attitude of the Chinese Mind", *The Missionary Review of the World*, New Series, IV, Apr. 1891, p. 301. 转引自王文兵：《丁韪良与中国》，北京：外语教学与研究出版社，2008 年，第 415 页。

176

　　丁韪良坦承自己曾受到麦克斯·穆勒比较宗教研究的影响。他引用麦克斯·穆勒的话说，"当代传教士为比较宗教的研究提供了可贵的资源"。[1]比较宗教背景下对儒学之认知，是丁韪良长期思考的问题。

　　晚清时期，对儒学、祭祖等中国文化传统的排斥，曾一度成为来华传教士的主流意识。如1877年、1890年两届赴华宣教士大会，都呈现全面排斥中国传统文化之特点。美国长老会狄考文（Calvin W. Mateer）就曾在大会上提出：教会"要用基督教和科学教育训练好自己的人，使他们胜过中国的旧式士大夫"，以便"从中国人的头脑中根除儒家思想"。[2]美国公理会传教士谢卫楼（Devello Z. Sheffield）认为，中国和基督教文明"是无法妥协的"。[3]

　　丁韪良于1877年、1890年两届赴华宣教士大会之后，在尊孔、祭祖等"礼仪之争"问题上，表达了自己对来华传教士主流意识的反对意见，连续发表文章，表示尊重中国祭祖文化。如：1880年10月28日丁韪良出席美国东方学会（American Oriental Society）在纽约举行的会议，宣读《论中国的祖先崇拜》一文。[4]1890年5月，第二届基督教在华传教士大会在上海召开。丁韪良撰写《祖先崇拜——呼吁宽容》一文，托李佳白（Uilbert Reid）代为宣读。该文继续对当时"所有的传教士团体"排斥中国祭祖文化提出异议。[5]但丁韪良的主张遭到在华传教士团体强烈反对，

〔1〕"Is Buddhism a Preparation for Christianity?", *The Chinese Recorder and Missionary Journal*, Vol. XX, May 1889, p. 193.

〔2〕C. W. Mateer. "How May Educational Work Be Made Most to Advance the Cause of Christianity in China?", *Records of the General Conference of the Protestant Missionary of China*, Shanghai: American Presbyterian Mission Press, 1890, p. 459.

〔3〕Devello Z. Sheffield. "Christian Mission in China Should Be Protected by Western Nations", *The Chinese Recorder*, Vol. 31, No. 11, November 1900, p. 546. 转引自王立新：《美国传教士对中国文化态度的演变》，《历史研究》2012年第2期，第71页。

〔4〕丁韪良：《西学考略》卷上，光绪癸未（1883年）孟夏总理衙门印本，第19页；"On the Worship of Ancestors in China", *Journal of the American Oriental Society*, Vol. 11, 1885, p. xxxvi.

〔5〕W. A. P. Martin. "The Worship of Ancestors: A Plea for Toleration", *Records of the General Conference of the Protestant Missionary of China*, Shanghai: American Presbyterian Mission Press, 1890, pp. 619-631. 后收入 *Hanlin Papers*, Second Series, Shanghai: Kelly & Walsh, 1894, pp. 327-355.

大会结束前，当戴德生吁请所有反对丁韪良意见者起立，以表明立场时，差不多全体会众均站立表态。[1] 大会通过决议：这次会议记录这个具有异见的结论，并确认偶像崇拜是祖先崇拜的重要组成部分。[2] 大会决议不仅谴责祭祖偶像崇拜行为，并把丁韪良的文章从大会印刷的报告中剔除。[3]

在上述背景下，丁韪良对儒学亦做了以下方方面面的比较研究，用以维护和加强自己的观点。

一、关于性善性恶论问题

无论中国或西方国家，对于人性问题的讨论，均历史悠久。丁韪良认为：公元 5 世纪时，人性问题曾经在基督教的教会中引起了激烈的争论。[4]"正是因为对人的自由意志和道德完善的能力持不同的看法，所以才引起基督教历史上激烈的神学之争、教派分裂、宗教改革运动乃至近代人本主义的兴起。"[5]

与儒家人性论的人本主义色彩不同，基督教人性论具有宗教性，它的核心问题是"原罪"与"救赎"，神学家奥古斯丁（Augustine of Hippo）的神秘主义决定论思想起到了重要的奠基作用。他认为，上帝是一切善的根源，人类始祖亚当、夏娃滥用上帝赋予的自由意志而犯下"原罪"。"原罪"产生后，人的意志已经被罪恶所控制，只能依靠上帝的恩典才能使人

〔1〕H. Blodget. "The Attitude of Christianity towards Ancestral Worship", *Records of the General Conference of the Protestant Missionary of China*, Shanghai: American Presbyterian Mission Press, 1890, p. 659.

〔2〕"Resolutions adopted by the Conference", *Records of the General Conference of the Protestant Missionary of China*, Shanghai: American Presbyterian Mission Press, 1890, pp. lxiii-lxiv.

〔3〕*Records of the General Conference of the Protestant Missionary of China*, Shanghai: American Presbyterian Mission Press, 1890, pp. 619-631, 690-702. 参见王立新：《美国传教士对中国文化态度的演变（1830—1932）》，《历史研究》2012 年第 2 期，第 72 页。

〔4〕丁韪良：《汉学菁华》，沈弘等译，北京：世界图书出版公司，2010 年，第 139 页。

〔5〕韩振华：《从宗教辩难到哲学论争——西方汉学界围绕孟子"性善"说的两场论战》，《中山大学学报（社会科学版）》2012 年第 6 期，第 161 页。

178

重新获得善良意志，并得到拯救。[1]

　　西方基督教及相关传统中除了奥古斯丁的观点，还有诺斯替主义的观点、贝拉基主义和半贝拉基主义的观点及托马斯·阿奎那的观点，诺斯替派主张善恶二元论；贝拉基主义和半贝拉基主义持性善论，认为人性中始终存在善端；托马斯·阿奎那主张人为上帝所造，有原初的正直性，在上帝的关照下能向好的方向发展。在基督教的传统中，奥古斯丁的观点被视为正统派，诺斯替主义、贝拉基主义和半贝拉基主义的观点被视为异端。托马斯·阿奎那的观点被天主教所接受，但遭到新教的激烈反对。[2]

　　基督教传统的观点其实很难说性善性恶。因为"性"（nature）不是基督教最高的概念，上帝是超出"性"（nature）的。但是在中国传统思想里面，天命和性是一致的。所以基督教人性论，严格来说是要讲人和上帝的关系，而不能只讲性。在中国传统思想里面，讲性和讲天道基本是一回事。晚清来华新教传教士们，为了应对中国的"性善论"，则以原罪论即"性恶论"为主。

　　明末清初天主教传教士来华以后，传教中即面对基督教性恶论与儒家主流的性善论的冲突问题，来华的传教士在如何理解《孟子》人性论问题上产生了分歧。16世纪末，耶稣会士利玛窦的《天主实义》一书[3]，引述孟子"人性与牛犬性不同"之语，说明"人性"之善恶问题。之后，利玛窦开始阐述其类似于中国传统"性善情恶"说的主张。[4]但仔细推敲文本，会发现利氏明言"性之体及情，均为天主所化生"，说的却是基督教

〔1〕参见赵林：《基督教思想文化的演进》，北京：人民出版社，2007年，第48-49页。
〔2〕参见张庆熊：《道、生命与责任》，上海：上海三联书店，2009年，第55页。
〔3〕又名《天学实义》，初稿大约完成于1596年，初刻于1601年，1603年正式刊刻，后来又多次重刻，并译为日文等出版。《四库全书》将其收录于子部杂家类存目，《总目提要》谓其"大旨主于使人尊信天主，以行其教。知儒教之不可攻，则附会六经中上帝之说，以合于天主，而特攻释氏以求胜"。
〔4〕《天主实义》第7篇"论人性本善，而述天主门士正学"，参见朱维铮主编：《利玛窦中文著译集》，上海：复旦大学出版社，2001年，第73页。

的教义。利玛窦这种化用儒家经典，或者说从儒、耶二者相似、相通之处着眼阐论基督教教义的做法，就是其传教"适应"路线的体现。利玛窦于儒学有取亦有舍，而取舍之标准，则全视儒学观点是否可与基督教义接榫合铆。[1]

但天主教多明我会、方济各会和巴黎外方传教会则站在耶稣会的对立面，他们强调儒学与基督教不可融通，传播基督教无须借助儒学。[2]

英国汉学家理雅各（James Legge，1814—1897）是晚清时期发起性善性恶讨论的代表性人物。理雅各 1839 年被伦敦布道会派往马六甲任英华书院院长。1875 年牛津大学特别为他设汉文讲座。他是第一个系统研究、翻译中国古代经典的人。在香港期间，他得王韬帮助，把中国的《四书》《五经》等主要典籍译成英文，名 The Chinese classics（《中国经典》），于 1861—1886 年间出版。这是他对西方汉学的重要贡献。理氏译本迄今仍被认为是标准的译本。他关于中国的著作有《中国人关于神鬼的概念》（The Notions of the Chinese concerning God and Spirits，1852），《孔子的生平和学说》（The Life and Teaching of Confucius，1867），《孟子的生平和学说》（The Life and Teaching of Mencius，1875），《中国的宗教：儒教和道教评述及其同基督教的比较》（The Religions of China: Confucianism and Taoism Described and Compared with Christianity，1880）等。[3]

理雅各所译《孟子》，最早的版本是 1861 年作为《中国经典》（The Chinese classics）的第 2 卷推出的。1875 年，理雅各编译的《孟子其人其书》出版，尽管理雅各认为孟子缺乏谦卑、忽视原罪、华夷偏见等，仍十分推崇孟子。他认为，即使把孟子放在他的同时代西方思想家柏拉图、亚里士

〔1〕参见韩振华：《从宗教辩难到哲学论争——西方汉学界围绕孟子"性善"说的两场论战》，《中山大学学报（社会科学版）》2012 年第 6 期，第 138-141 页。
〔2〕同上，第 138-141 页。
〔3〕中国社会科学院近代史研究所翻译室编：《近代来华外国人名辞典》，北京：中国社会科学出版社，1981年，第 282 页。

180

多德、芝诺、伊壁鸠鲁、狄摩西尼（Demosthenes）等人中间，孟子也完全可以跟他们平起平坐，而不必自惭形秽。[1]

为了缓和《孟子》与基督教之间的尖锐冲突，理雅各想到了 18 世纪英国神学家巴特勒（Joseph Butler，1692—1752）主教。巴特勒的《罗尔斯教堂的十五场布道》（*Fifteen Sermons Preached at Rolls Chapel*，1726）的前三场布道围绕人性问题而展开，强调"良知（conscience）"在人性结构中的至高重要性，宣示人为道德主体（moral agent）的观念。巴特勒与《孟子》之间若合符节之处颇多；通过引述巴特勒主教的人性理论，并强调《孟子》与之一致之处，这样就可以凭借巴特勒主教的巨大影响来为《孟子》求得某种正当性和合法性。[2]

巴特勒把良心看作反省的原则，而不是一种情感（道德感）。他认为，每个人身上都有一个高级的反省原则或良心，它区分人心中的内在原则和外在行为；它评判人自身与其行为，坚定地宣布一些行为本身就是公正的、正确的、善良的，而另一些行为本身就是不公正的、错误的、邪恶的，"无须垂询、无须建议，良心就可以带着权威施展自身，并因此赞同或是谴责行为的执行者"。[3]

理雅各会通《孟子》与巴特勒的做法激起了其他传教士的反感。反对理雅各最有力的当属美国公理会传教士谢卫楼（D. Z. Sheffield，1841—1913）。谢卫楼主张："基督教来到中国，不是为了要成为儒教的补充，而是要取而代之"；"儒教关于人之本性的看法在根本上跟基督教相冲突"。在论争中，理雅各借道巴特勒主教的良心论来说明孟子性善论的价值，并

〔1〕James Legge. *The Life and Works of Mencius*, Philadelphia: J. B. Lippincott and Co., 1875, p. 16. 转引自韩振华：《从宗教辩难到哲学论争——西方汉学界围绕孟子"性善"说的两场论战》,《中山大学学报（社会科学版）》2012 年第 6 期，第 157 页。
〔2〕韩振华：《从宗教辩难到哲学论争——西方汉学界围绕孟子"性善"说的两场论战》,《中山大学学报（社会科学版）》2012 年第 6 期，第 158 页。
〔3〕[美] 弗兰克·梯利：《西方哲学史》，贾辰阳等译，北京：光明日报出版社，2013 年，第 558 页。

将孟子的"性善"解释成"性向善",但谢卫楼却抨击孟子和理雅各双双否弃了上帝恩典。晚清时期在理雅各和谢卫楼等传教士之间发生的这场争论,实际上是早期天主教各修会之间在如何认识《孟子》人性论等问题上争论的延续。[1]

笔者以为:理雅各在《孟子》翻译中,将"性善"翻译成"性向善",这个问题被谢卫楼犀利地看出了。西方传教士的分歧争论经常是这样:如理雅各,他为了融通儒家思想,有时会曲解孟子的意思;而谢卫楼,他因维护基督教而排斥儒家,往往却能读懂孟子真实的意思。明清传教士之间的争辩也常是如此。孟子的性善论明显就是人性本善的意思。而且在理学中,也是借助孟子的性善论和佛道思想而充分发展他们的性善的本体论思想。理学的推演目的是要证明,宇宙本体和道德本体一致,都是全善的。孟子的性善论是说人性本善,不是向善。

丁韪良也是晚清时期特别关注中国性善性恶争论的汉学家之一。丁韪良早于 1850 年来华之初,就在香港认识了理雅各。丁韪良回忆道:正当他们在香港逗留之际,有一天早上一位招牌油漆工爬上了理雅各博士的教堂大门,小心翼翼地抹去了门楣上原来写着的一句话。因为理雅各博士发现自己犯个错误,把英文中的 God 译成了"真神",而不是"上帝"![2]1854 年丁韪良在宁波致美国长老会总部信函中表示:他不认为中国古书的"上帝"是偶像崇拜。在著名的伦敦会传教士理雅各的影响下,丁韪良相信中国古代经典未曾受后世朱熹等理学学者影响,展示了"正义、智慧、力量及善"的无形的神的画面。[3]1881 年丁韪良赴欧洲考察教育,时任牛津大

〔1〕D. Z. Sheffield. "A Discussion on the Confucian Doctrine Concerning Man's Nature at Birth", *The Chinese Recorder and Missionary Journal*, Vol. IX, No. 1, 1878, pp. 22-23, 18. 转引自韩振华:《从宗教辩难到哲学论争——西方汉学界围绕孟子"性善"说的两场论战》,《中山大学学报(社会科学版)》2012 年第 6 期,第 160、138-141、156-166 页。
〔2〕丁韪良:《花甲忆记》,沈弘等译,桂林:广西师范大学出版社,2004 年,第 14-15 页。
〔3〕*China Letters*, IV, Ningpo, Martin to Board, #26, October 12, 1854. 转引自 Ralph Covell. *W. A. P. Martin: Pioneer of Progress in China*, Washington: Christian University Press, 1978, p. 67.

182

学汉文教习的理雅各陪同丁韪良参观了该校。[1] 1885 年丁韪良任北京东方
学会会长，理雅各和麦克斯·穆勒（Max Muller）均成为北京东方学会选
出的荣誉会员。[2] 丁韪良在《花甲忆记》中以溢美之词评论说：伦敦传道
会的理雅各博士（Dr. Legge）是个体格高大健壮的男子。他为人诚恳，不
知疲倦，博学多才，在满怀热忱和卓有成效地充当学校校长和教区传教士
的同时，还翻译出了儒家的经典论著。这一成就使他后来被牛津大学聘为
教授。来东方传教三十年以后，理雅各又占据了牛津的汉语教席二十多年。
只要他的译文没有被后人所取代，理雅各这个名字将会跟孔子紧密地联系
在一起。[3]

　　丁韪良以温和的方式（非正面交锋的方式）主动介入了理雅各与谢卫
楼等传教士之间的争论。从总体上看，丁韪良对理雅各关于儒家性善论的
观点是基本认同的。但亦有差异：孟子的"性善论"是人性本善的意思，
理雅各却翻译为"性向善"。而丁韪良并没有做这般曲折的解释，而是直
接认同孟子说的就是"性善论"。概括起来，丁韪良的相关论述，主要体
现在以下几个方面。

　　第一，丁韪良对中国古代性善性恶争论的历史过程做了梳理。

　　丁韪良认为：中国人探讨人性问题要比基督教早得多。中国的伦理作
家们在人性问题上所持的主流看法却是性善论。这一看法虽然不如前述的
看法那么古老，但也不能说它是现代才出现的。公元 5 世纪时，人性问题
曾经在基督教的教会中引起了激烈的争论。颇为令人震惊的是，再往前约
一千年，中国就已经出现了对其中一些问题的讨论。[4]

　　丁韪良指出：春秋战国时期，人性的道德质量开始成为争论的主题。

〔1〕丁韪良：《西学考略：附二种》，长沙：岳麓书社，2016 年，第 42 页。
〔2〕"List of Members"，*Journal of The Peking Oriental Society*, Vol. I, No. 5, Peking: Pei-Tang Press, 1887, p. 230.
〔3〕丁韪良：《花甲忆记》，沈弘等译，桂林：广西师范大学出版社，2004 年，第 14 页。
〔4〕丁韪良：《汉学菁华》，沈弘等译，北京：世界图书出版公司，2010 年，第 139 页。

有关这个主题的每一种立场，都有一些主要的思想家出来加以阐述。孔圣人的孙子子思提出了一套理论，含有人性本善的意思，而子思的弟子孟子是第一个明确提出性善论的人。与孟子同时代的告子却坚持认为，人性中根本就没有任何道德的倾向，道德完全是依靠后天教育而形成的。他们对此展开了讨论，这场讨论的一部分内容在孟子的书里保存了下来，我们可以从中了解他们的辩论方式以及各方的立场。[1]在这场重大的争论中，孟子一方赢得了胜利。上述后两位作者的作品被打入禁书之列。而那位人性本善的提倡者，则由于他为儒教增加了一个新的教义，或者说阐发了儒教中一个隐而不显的学说，因而被尊为中国圣贤中的"亚圣"。中国童蒙读物《三字经》一开头就表达了这一条教义："人之初，性本善。"但尽管在民族信条中增加了这个内容，舜的那句古老格言还是受到了遵从。一位真正的儒教徒在画罪孽的谱系图时，仍然会把人心看作邪恶的根源。[2]

丁韪良继而论道：为了解决（性善性恶）这一矛盾，朱熹发明了一套理论，既证明人性本善，又承认人性中有恶的因素，认为人性具有善恶混杂的特质。丁韪良引用了朱熹对《大学》的注释："明德者，人之所得乎天，而虚灵不昧，以具众理而应万事者也。但为气禀所拘，人欲所蔽，则有时而昏。"丁韪良分析道，"道心"的源泉是"太和元气"，"人心"则是由于受"五行厉气"的影响而造成的。人的道德质量的不同，取决于其是主要受太和元气的影响，还是受五行厉气的影响，由此人们被相应地分为三个等级：上智者生而知之，普通人学而知之，下愚者困而不学。[3]

丁韪良对中国古代性善性恶问题的争论，从子思到朱熹，进行了一个概略的梳理，是较为准确的，由此可见他对中国古代思想文化的理解是较为深入和客观的。

---

〔1〕丁韪良：《汉学菁华》，沈弘等译，北京：世界图书出版公司，2010年，第139页。
〔2〕同上，第140页。
〔3〕同上，第141页。

184

　　第二，关于如何认识"仁爱之心"的来源问题。

　　丁韪良论道：道德情感的理论很早吸引了中国哲学家们的注意力，他们尤其注意探究人们仁爱之心的本质和来源。[1]关于"仁爱之心"的来源问题，基督教和西方哲学家是如何认识的？他们和孟子的观点有何不同？对此，丁韪良列举了三种情况并予以说明：

　　其一，丁韪良说：有些西方基督教学者并不认为仁爱发自本心，是人心本来具有的，这与孟子的观念不同。如英国圣公会的牧师、功利主义哲学家培利（William Paley）和洛克（John Locke）[2]认为，"道德情感完全是人为的——是教育的结果"[3]。

　　其二，丁韪良说：另一些西方学者如霍布斯（Thomas Hobbes）和曼德维尔（Bernard Mandeville）[4]则认为，道德情感"是自发和自然的，但至多不过是代表了无处不在的普罗透斯（Proteus）[5]——自爱——的各个方面而已"。[6]

　　其三，丁韪良说道："孟子跟巴特勒（Joseph Butler）[7]主教一样，将它们视为无偏见和固有的。为了证实这一点，他采取他最喜欢的推理模式，设想了一个看到将掉入水井的孩子而生出恻隐之心的人。"[8]

　　丁韪良解释霍布斯与孟子的区别："霍布斯可能会将这位旁观者的怜悯说成是通过想象——'设想自己将来也遭此厄运'——而导致自爱行为

〔1〕丁韪良：《汉学菁华》，沈弘等译，北京：世界图书出版公司，2010年，第144页。
〔2〕约翰·洛克（John Locke，1632—1704），是英国的哲学家。培利（William Paley，1743—1805），是英国圣公会的牧师和功利主义哲学家。
〔3〕丁韪良：《汉学菁华》，沈弘等译，北京：世界图书出版公司，2010年，第144页。
〔4〕托马斯·霍布斯（Thomas Hobbes，1588—1679），是英国的政治哲学家，创立了机械唯物主义的体系，认为人性的行为都是出于自私。伯纳德·曼德维尔（Bernard Mandeville，1670—1733），哲学家、政治经济学家和讽刺作家。
〔5〕普罗透斯（Proteus），是希腊神话中的海神，性格和外形多变。
〔6〕丁韪良：《汉学菁华》，沈弘等译，北京：世界图书出版公司，2010年，第144页。
〔7〕巴特勒（Joseph Butler，1692—1752），是英国圣公会的会督。
〔8〕丁韪良：《汉学菁华》，沈弘等译，北京：世界图书出版公司，2010年，第144页。

的产物。孟子则说，他想去解救那个孩子，并不是因为要和那孩子的父母攀交情，也不是为了要在邻里朋友中间博取名誉，甚至不是因为减轻那个孩子的哭声而给他造成的痛苦，而是因为他有一种怜悯苦难和试图减轻它的自发情感。"[1]

丁韪良清晰地分析了西方基督教学者培利、霍布斯等与孟子观念究竟有何不同；同时，也道出了一个例外，即"孟子跟巴特勒主教一样，将它们视为无偏见和固有的"。可见，丁韪良在看待性善性恶问题上，也采用了理雅各的方法，即借用巴特勒主教的观点，婉转表达了自己试图在基督教和儒学之间探寻通融之处的愿望。

钱穆论道：与基督教认为人类不具备善的本性，善只能从神那里来不同，孟子认为，真的先觉者，只能说是人的"心"，换言之，是人的"性"。[2]不但孔孟如此认为，如此阐发，中国后来也基本上是这样的思维的延续。儒学基本认为，仁爱之心，是源于自心，也源于对他人的同理和怜悯。凡属人生界一切公认为善与德之标准，其实皆从人心中来，因此在我莫不备有。[3]钱穆的上述论断，有助于我们加深理解引起理雅各与谢卫楼之争的深层根源。

第三，关于儒家人性学说与基督教传教的关系。

在看待性善论问题上，从明末清初天主教各教派到晚清时期理雅各与谢卫楼等争论的焦点，是中国儒家性善论学说，是否会对基督教传教构成障碍。

值得注意的是：1880 年，当理雅各出版《中国的宗教：儒教和道教评述及其同基督教的比较》一书时，丁韪良也出版《翰林集》（*Hanlin Papers*）一书，提出了和理雅各相类似的观点。丁韪良认为儒家占支配地

---

〔1〕丁韪良：《汉学菁华》，沈弘等译，北京：世界图书出版公司，2010 年，第 144 页。
〔2〕钱穆：《中国思想史》，北京：九州出版社，2012 年，第 31-32 页。
〔3〕同上，第 32 页。

186

位的人性论并不排斥基督教，他说："有关人性的公认的学说并非如过去所想的是接受基督教的严重障碍，尽管有理由担心这也许会影响到基督教神学的特色。"[1]

1891 年丁韪良出版《汉学菁华》，依然认为：中国的性善论学说，不会对基督教传教构成严重障碍。他论述道：西方"那些坦率而富有思想的人将会在《圣经》中发现有关人性这一主题的一种完整的观念，而中国那些形形色色的理论只不过是些支离破碎的说法"。[2]依丁韪良这一说法，《圣经》里存在着"人性这一主题"的"完整的观念"，而包括孟子在内的"中国那些形形色色的理论只不过是些支离破碎的说法"。

丁韪良还补充说："性善论虽然受到了关于事实的一种片面观点的支持，但它似乎更多是出于权宜之计而被提出来的。孟子斥责告子的理论，说它对于道德的起因来讲是有害的。孟子无疑会以为，使得人们相信他们被赋予了一种高尚的本性是激励他们去行善的最佳方法。在缺乏天启的情况下，没有比这更好的方法。"[3]

当丁韪良在讨论儒学与传教的关系时，便倾向于贬低儒学的观点。

二、关于伦理与道德问题

1. 伦理问题

对待儒学，丁韪良除了重视孔子本人之外，其论述更多的是重视孔子开创并由宋朝理学家所发展的伦理学说。1861 年 10 月 16 日丁韪良在美国东方学会纽约会议上宣读了《中国的道德图及其翻译——兼论中国伦理哲学》一文。丁韪良从宁波中国教友处得到了《大学图》(含《太极图》)、

〔1〕 *Hanlin Papers or Essays on The Intellectual Life of The Chinese*, Shanghai: Kelly & Walsh, 1880, p. 187.
〔2〕丁韪良：《汉学菁华》，沈弘等译，北京：世界图书出版公司，2010 年，第 139 页。
〔3〕同上，第 141 页。

《心图》、《操存图》以及《省察图》。这些图表是按照宋儒理学精神为修身养性而编辑的。该文论道：这四个表格的价值就在于忠实地反映了儒家伦理学说。[1]

丁韪良论道：无极而太极，太极生阴阳。这句话是合理的。它承认在混沌之前，创造力造出阳这最早的创造行为，并至少以诗一般的真理将万物的产生归因于光明和黑暗的作用，或日月轮转和四季交替的结果。这和基督教圣经中的《创世纪》的说法一致。人们曾经是否是这样理解的，现在已经无从证实；但可以肯定的是现在没有这样的意义。[2]

无极而太极，是周敦颐的理学构建中的宇宙生成论。说明宇宙是无极生成，万物和生命是无极演化而成。[3]这并不是一个先儒即有的说法，而是宋代周敦颐所阐述的。丁韪良却以为这段话是儒家自古以来的说法。他认为这个观点与基督教神创说一致，也比较牵强附会。宋明理学的理论是不接受神创说的。

建立在《太极图》宇宙论之上的《大学图》，本质上体现了儒家的伦理至上论，即由"格物致知""修身齐家"，一步一步达到"治国平天下"。丁韪良以为儒家思路的不足在于未能将"格物"与"上帝"联系起来："孔子巧妙地编织了人际关系的链条，他却未能将最后一环与上天连接起来。"[4]

虽说丁韪良有深入了解儒家思想的一面，但维护基督教的意图也是很明显的。

---

[1] "A Chart of Chinese Ethics, with a Translation, and Remarks on the Ethical Philosophy of the Chinese", *Journal of the American Oriental Society*, Vol. VII, 1862, p. xlv.

[2] "Remarks on the Ethical Philosophy of the Chinese", *Hanlin Papers or Essays on The Intellectual Life of The Chinese*, Shanghai: Kelly & Walsh, 1880, p. 165.

[3] 陈谷嘉：《宋代理学伦理思想研究》，长沙：湖南大学出版社，2006 年，第 198 页。

[4] "Remarks on the Ethical Philosophy of the Chinese", *Hanlin Papers or Essays on The Intellectual Life of The Chinese*, Shanghai: Kelly & Walsh, 1880, p. 172. 转引自王文兵：《丁韪良与中国》，北京：外语教学与研究出版社，2008 年，第 431 页。

2. 道德问题

丁韪良主要观点如下：

其一，中国的道德观体现了高水平的文明程度。丁韪良评论道：该《操存图》展现了一种复杂精致的道德中的所有要素，显示了发明这些图表的民族所取得的高水平的文明程度。政治伦理与个人道德巧妙地联系在一起：其道德目标的实现要求有一种发达的社会状态。道德水平在图表中得到精确表达，同样意味着中华民族所取得的高度文明。[1]

丁韪良认为，儒家的道德就像是古罗马思想家论说的道德，"美德就是位于两个罪孽之间的中心点，并且离这两个罪孽同样远"。实际上，儒家的道德观跟古罗马的道德观的动机出发点相差很远。古罗马的道德观是建立在希望民众获得幸福的实利观念上，而儒家的道德观是建立在追求精神道德的仁善和圆满上。这两种道德观的目的和过程都相差甚远。

其二，丁韪良认为中国人道德的整体风格与基督教精神一致。在分析《操存图》时，丁韪良将这五种道德（仁义礼智信）标准与古希腊罗马四种标准"公正""审慎""刚毅""克制"做了对比；尽管有些差异，但丁韪良还是认为"事实上，中国道德的全部品格，例如表现于名称与基本道德之次序，与基督教的精神一致"。[2]

丁韪良论道：西塞罗认为，在完全幸福的状态下，人们没有机会来实践任何美德和逐一接收基本的美德。正如詹姆士·麦金托什爵士所指出的那样，他没有认识到，即使在那种情况下，仍然还有空间来实践爱——仁爱。从小就受教育，要把仁爱当作生活中最重要美德的中国人，会很自然地把它放在未来生活理想中头等重要的地位。[3]

丁韪良所说的"西方异教"指的是古希腊古罗马的宗教和哲学教义，

---

〔1〕丁韪良：《汉学菁华》，沈弘等译，北京：世界图书出版公司，2010 年，第 147 页。
〔2〕同上，第 146 页。
〔3〕同上，第 143 页。

基督教传教士常这样称呼古希腊古罗马文明。古罗马哲学家西塞罗的这段话，是一种比较实利主义的道德观和幸福观。丁韪良引用麦金托什爵士的观点，并用基督教观点反驳了西塞罗。西方的实利主义思想一向很重，基督教贬斥和继承了古希腊和古罗马的哲学，但其有超脱和博爱的观念，减弱了早期哲学中的实利倾向。而中国的道德观也并不是实利主义的。所以丁韪良说，中国的道德风格跟基督教一致，表示欣赏。

基督教观点原本认为人的道德、仁爱等是来自上帝。但从欧洲启蒙思想家开始，建立人本身具有道德情感的理念，把注意力从神转向人。而中国哲学观点认为人本身就具备道德情感和仁爱之情的根深蒂固的理念，是基督教比较少有的。

其三，丁韪良在评论四书五经的道德价值观方面的成就时说道："这些古书中的道德教诲是如此的质朴纯正，除了希伯来人之外，世界上没有一个民族曾经从古人那儿继承过这么珍贵遗产。"[1]

由上可见，丁韪良对儒家伦理道德之评价，肯定居多。这与当时在华传教团体试图根本否定和打压儒家文化的主流意识，形成鲜明对立。

三、其他方面问题

1. 人类文明之起源

16 世纪至 18 世纪，来华天主教传教士把中国历史、文化介绍到欧洲，他们才发现，中国的历史十分古老，很多地方与《圣经》对人类起源的描述不符合，在启蒙学者们的推波助澜下，对中国上古历史的研究导致了人们对《圣经》的怀疑和思想的解放。

丁韪良论述道："早在远古时期，他们就脱离了先祖世系，而且几千

---

[1] 丁韪良：《花甲忆记》，沈弘等译，桂林：广西师范大学出版社，2004 年，第 32 页。

190

年来与人类大家庭中的其他支裔鲜有交流。因此，我们可以相当精确地探知构成最早中华思想遗产的那些概念，并追溯那些原始信仰在历史长河中的发展或蜕变。"[1]

可见，丁韪良一方面依然用"先祖世系"这样的圣经概念来探讨中国远古文明的缘起；但同时，又认定"早在远古时期，他们就脱离了先祖世系，而且几千年来与人类大家庭中的其他支裔鲜有交流"，即认定了中华文明起源的独立性。

2. 四书五经与《新约》之比较

丁韪良对四书五经评价很高，认为堪称中国的《新约》。[2]

丁韪良论道：作为四书中最重要的作品，《论语》中的许多睿智的格言警句已成为谚语进入中国人日常的言语系统。孔子的至理名言"己所不欲，勿施于人"，作为黄金律的反诘，恰如其分地回应了《多比书》第4卷第16句中那段话（即：你被别人所憎恨的事，自己一定要坚持去做）。[3]

丁韪良评论说：孟子堪称儒教中的圣保罗，是他将儒教的理论发扬光大，并且传播到四面八方。"他以圣徒般的热忱来阐释儒教的原理，并以希伯来先知的勇气斥责高官的罪孽。"[4]

丁韪良附会中国的典籍当中有上古基督教的因素：九部经典作品中有五部写于孔子出生之前的时代，即公元前6世纪之前。另外四部是孔子及其弟子的语录和教诲。"西方的基督教徒们很容易将这两套书跟《旧约》中的摩西前五书和《新约》中的四福音书对应起来，因为两者间确实存在着类似的传承关系。"[5]

〔1〕丁韪良：《汉学菁华》，沈弘等译，北京：世界图书出版公司，2010年，第105页。先祖世系（the parent stock）是指《圣经·创世记》中以亚当为人类始祖的世系。

〔2〕丁韪良：《汉学菁华》，沈弘等译，北京：世界图书出版公司，2010年，第33页。

〔3〕同上，第33页。

〔4〕同上，第33页。

〔5〕丁韪良：《花甲忆记》，沈弘等译，桂林：广西师范大学出版社，2004年，第32页。

但丁韪良并未忽略四书五经与《圣经》的差别。他论道：与《圣经》相比，这些汉语典籍中的宗教因素微乎其微。它们在"上帝"和"天"的名义下，承认有一种超自然的力量在冥冥之中控制着人的命运；但是书中却没有提到对上帝的顶礼膜拜。[1]

3. "圣人"概念之比较

丁韪良比较中国和西方"圣人"概念的不同：基督教的圣人一般有宗教的含义，有神赋予的超自然能力等。而中国的圣人一般指的是道德境界完善，有教化民众职责的人。

丁韪良论述道：有关上天生养贤人来教诲万民的普通概念，后来被局限为天降某些人格完美无缺的著名人物来作为人民的向导。他们被称为"圣人"，但是这个称谓所表达的意思是智慧，而非圣洁。在遥远的古代有众多的圣人——各门技艺的发明者与人类社会的创始人共享这一荣誉。

圣人中的圣人是孔子。他并没有直接宣称自己得到过灵感，而且在谈论自己的时候总是谦恭有加。按照他自己的说法，他还有一些美德尚未获得，而且还有他尚未了解的知识。但有时候他也会唤起一种特殊使命的崇高意识。身处危难之际，他宣称："假如上天的意志要为了人类的利益而保存我的教义，那么敌人的力量又怎么能奈何我呢？"他的教诲来自上天，但它并不是通过超凡的方式传授给他的。"他大声疾呼：天何言哉！四时行焉，百物生焉，天何言哉？按照他的观点，圣人可以有能力阐释自然，并非只是按照物质的形式来阐释它，而是按照人类灵魂对于它的感受来阐释它。"[2]

这种关于圣人的概念在中华文明诞生之初就开始成形了。孔子在使中华文明的形式固定下来这一工作上比任何其他人的贡献都大。"他认为圣人的概念是一种非常重要的思想，并着手在没有改变其性质的情况下，使

---

〔1〕丁韪良：《花甲忆记》，沈弘等译，桂林：广西师范大学出版社，2004年，第32页。
〔2〕丁韪良：《汉学菁华》，沈弘等译，北京：世界图书出版公司，2010年，第158-159页。

192

这一概念的定义变得更为精确。"〔1〕

中国人都习惯于把他们这位伟大的圣人奉为"万世师表"。"他不是一个神，而是一个完美的人；不是一个偶尔传达几句神谕的先知，而是一个言行一致、始终不渝的理想典范。"〔2〕

综上所述，丁韪良对基督教与儒学做了方方面面之比较，体现如下特点：

第一，纵观丁韪良对儒家文化之解读，他既注意到儒学的宗教性，但更多的还是从非宗教学之视角，解读其"教化"内涵。李四龙指出：现代汉语常把"三教"直接等同于三种"宗教"。但在中国传统典籍里，"三教"之"教"，仅是"教化"之意，而非现代西方宗教学所说的"宗教"（religion）。在儒释道三足鼎立的传统社会，无论是在国家的政治秩序，还是百姓的日常生活里，儒家无疑占据着主导地位。汉代以后，儒学的政治化与宗教化，使儒学成为中国社会最重要的教化内容。儒家以"礼教"的形式对佛道两教加以抑制或整合，提供了一套支配着中国人生活的道德伦理规范。〔3〕丁韪良在这方面对儒学的释读，比较符合传统儒学之实际。

第二，上述比较，许多方面又超出了传教立场与意识，尤其在赞赏中华文化价值与意义方面，表现了一个汉学家的学术与文化研究之思考。

第三，通过上述比较研究，进一步维护和强化了丁韪良有关中西文化不宜相互完全排斥，而应相互融合与借鉴的基本观点和态度。

由上可见，丁韪良对儒家文化给予很高评价，由此他亦证明和认定中华文明的独立性和先进性，并认为儒学在很多方面与基督教保持着一致性。

---

〔1〕丁韪良：《汉学菁华》，沈弘等译，北京：世界图书出版公司，2010 年，第 158-159 页。
〔2〕同上，第 161 页。
〔3〕李四龙：《论儒释道"三教合流"的类型》，《北京大学学报（哲学社会科学版）》2011 年第 2 期，第 44 页。

但在涉及传教问题上，丁韪良又无法摆脱基督教中心论的立场。虽然丁韪良有如此局限，但应看到：丁韪良与理雅各等人的上述观点，对当时传教士团体流行彻底排斥和打压包括儒学在内的中华文化的主流意识，构成了很大的冲击。

第二节　中西哲学比较与儒学之解读

中西哲学比较，是丁韪良研读儒学的另一重要方法。

一、孔子与西方圣哲之比较

丁韪良认为：中国古代哲学发展由来已久，在坚实基础上，中国人民经过二十三个世纪的漫长历程，终于树立起了一座壮丽的文学丰碑。其组成部分之一，就是中国历史拥有一批"目光敏锐、勇于思辨的哲学家"。[1]

丁韪良认为：中国哲学智慧源远流长。在夏朝之前，可以看到中国历史的黎明。他将"被中国人尊为圣王"的尧和舜，称作是"中国的努马·庞皮利乌斯（Numa Pompilius）和图卢斯·霍斯提利乌斯（Tullus Hostilius）"。[2]丁韪良认为："尧成为国家里无私君主的典范，而舜则是孝子的楷模。"[3]其后，在丁韪良看来，孔子不仅在教育、道德、文学、社

---

〔1〕丁韪良：《汉学菁华》，沈弘等译，北京：世界图书出版公司，2010年，第129页。
〔2〕丁韪良：《花甲忆记》，沈弘等译，桂林：广西师范大学出版社，2004年，第173页。努马·庞皮利乌斯（Numa Pompilius）是古罗马传说中的努马王政时期的第二代国王，公元前715—前673年在位，曾经创立宗教历法并制定各种宗教制度。图卢斯·霍斯提利乌斯（Tullus Hostilius）是传说中的罗马王政时期的第三代国王，公元前673—前642年在位。据说他曾对邻近的斐德内城和维爱城发动战争，建立军队，把罗马扩大了一倍。
〔3〕丁韪良：《花甲忆记》，沈弘等译，桂林：广西师范大学出版社，2004年，第173页。

194

会改革等方面做出卓越贡献，而且在中国哲学史上，孔子也是一位里程碑似的人物。丁韪良重视将孔子与西方圣哲穆罕默德、亚里士多德、泰勒斯、毕达哥拉斯、苏格拉底、柏拉图、西塞罗等做比较。通过比较，丁韪良主要说明以下诸多重要问题。

第一，孔子的道德观可与亚里士多德、柏拉图、苏格拉底相提并论。

丁韪良论道：孔子的道德观成为中华民族的精神支柱，"孔子所宣扬的美德与古希腊哲学家亚里士多德（Aristotle）的美德如出一辙"。[1]这方面，中国人自有其优势。中国人表示基本美德的名词是仁、义、礼、智、信。柏拉图（Plato）和西塞罗（Marcus Tullius Cicero）所使用的名词则是正义、审慎、勇毅、节制。[2]

丁韪良认为："如果有一个热爱智慧的人凭直觉找到了智慧，并令人信服地推荐这种智慧的人也是哲学家的话，那么古往今来很少有人配得上享有比他（孔子）更高的地位。"拿詹姆斯·麦金托什爵士（Sir James Mackintosh）评论苏格拉底（Socrates）的话来说，孔子"与其说是一个真理的探索者，不如说是一个美德的传授者"。[3]

第二，孔子哲学智慧"风格"可与莎士比亚、穆罕默德等相媲美。

丁韪良认为：孔子在哲学智慧"风格"上，"思想直白、实际，而又无所不包，但其表达的方式既简洁又富有韵律，这一点类似于那些已成格言的莎士比亚（William Shakespeare）妙句"。丁韪良还说："孔圣的教义和穆罕默德（Muhammad）的一样，其传播很大程度上归功于其

---

[1]丁韪良:《汉学菁华》，沈弘等译，北京：世界图书出版公司，2010年，第112页。亚里士多德（Aristotle，前384—前322），古希腊哲学家。

[2]丁韪良:《汉学菁华》，沈弘等译，北京：世界图书出版公司，2010年，第142页。柏拉图（Plato，前429—前347），著名的古希腊哲学家。西塞罗（Marcus Tullius Cicero，前106—前43），是罗马共和国晚期的哲学家、政治家、律师、作家、雄辩家。

[3]丁韪良:《汉学菁华》，沈弘等译，北京：世界图书出版公司，2010年，第139页。詹姆斯·麦金托什（James Mackintosh，1765—1832），英格兰评论家、政治家。苏格拉底（Socrates，前470—前399），古希腊哲学家。

风格。"[1]

　　第三，与柏拉图比较：孔子是"伟人中的佼佼者"。

　　丁韪良论道："学而不思则罔，思而不学则殆"是孔子教诲学生的一句箴言。中国早已拥有先前积累的许多文学和历史的瑰宝。通过博闻强识，融会贯通，孔子把这些材料熔铸成了一个新的体系，流传给后代。[2]

　　丁韪良还拿孔子与柏拉图做比较："一类人在没有任何远见的情况下改变了历史的进程，这就像一道崩溃的悬崖改变了溪流的方向；另一类人就像是技艺高超的工程师，为后代的思想开辟了渠道。孔子是后一类伟人中的佼佼者。"[3]

　　第四，实践智慧：孔子对西方圣哲之超越。

　　丁韪良认为，孔子的社会历史影响超过了古希腊哲人。在古希腊人中间，只有苏格拉底和亚里士多德堪与孔子相比拟：苏格拉底从根本上改变了希腊哲学，亚里士多德支配了中世纪欧洲的辩证法。孔子在实践智慧上却超过了他们。孔子的影响持久而深远，"更是让这二者远远无法望其项背"。[4]

　　可见，通过上述比较，孔子可在许多方面与诸多西方著名哲人相媲美。丁韪良展示了孔子在哲学发展史上的成就，展现了孔子时期儒学的哲学智慧、文化特色与历史地位。

二、"最典型的哲学时代"

　　丁韪良认为：中国哲学是发展的，不是一成不变的。尤其宋代，这是

---

〔1〕丁韪良：《汉学菁华》，沈弘等译，北京：世界图书出版公司，2010年，第77页。莎士比亚（William Shakespeare，1564—1616），是英国文学史上最杰出的戏剧家，也是西方文艺史上最杰出的作家之一。穆罕默德（Muhammad，571—632），是伊斯兰教的创始人，同时也是一位政治家、军事家和社会改革者。
〔2〕丁韪良：《汉学菁华》，沈弘等译，北京：世界图书出版公司，2010年，第110页。
〔3〕同上，第110页。
〔4〕同上，第113页。

196

中国古代"最典型的哲学时代"。儒学发展到宋代，丁韪良为何将其称为"最典型的哲学时代"？其主要基于如下认识。

第一，中国人的心智在宋代有了一个新的发展。该时期儒家开始着迷于哲学的冥想，并试图阐释本体论（Ontology）中最为深奥的问题。[1]

丁韪良认为：宋朝（960—1279年）中国人的心智在当时有了一个新的发展。文人们开始着迷于哲学的冥想，并试图阐释本体论中最为深奥的问题。周敦颐、二程（程颐、程颢），还有朱熹，均以辨析入微和大胆探求而闻名于世。虽然口头上是在阐释古代哲学，但他们实际上是创立了一门新的哲学——泛神论的唯物主义学派，它至今仍在中国占有举足轻重的地位。[2]丁韪良所指"泛神论"（Pantheism），是一种将大自然与神等同起来，以强调大自然的至高无上的哲学观点。

第二，宋代涌现哲学家群体，朱熹则"鹤立鸡群"。

丁韪良称赞：宋代产生了哲学家群体，代表人物有周敦颐、张载、程颢、程颐、朱熹。[3]丁韪良认为，当他们所要寻找的地极区域被冰冻的海洋所包围时，他们不懈的努力没有得到完全的成功又有什么可奇怪的呢？然而他们在这些地区和各个历史时期对于真理的追求被恰如其分地视为人类最崇高的职业。它也并非毫无成果。如果发现在这些高纬度地区的中国探险家们将他们的旗帜插在比其他民族的探险家们离地极更近的地方时，人们会感到奇怪吗？[4]

丁韪良认为，中国的哲学，某些方面有超胜于西方之处。朱熹之所以鹤立鸡群，在于他既是勤奋的学者也是敏锐的思想家的特质，知道如何将前人零散的光芒聚集在一起。虽然他借助了别人的思想，但他就像亚历山

〔1〕本体论（Ontology），又译存在论、存有论，是形而上学的基本分支。本体论主要探讨存有本身，即一切现实事物的基本特征。
〔2〕丁韪良：《汉学菁华》，沈弘等译，北京：世界图书出版公司，2010年，"序篇"第8页。
〔3〕同上，第12页。
〔4〕同上，第11页。

大城的灯塔那样耸立在海上。可以说在中国人的伟大先师中占据第三的位置（前两位分别是孔子和孟子）。[1]

第三，宋代是"思辨哲学"最活跃的时期。

丁韪良论道：思辨哲学（speculative philosophy）这个术语的含义听起来有一点模糊，然而它包含的内容确实也很宽泛。它代表了物理科学问世之前的一种早期哲学思想。我们是否还应该补充说，是在逻辑学问世之前，而且基本上忽视了逻辑学，后者的职责就是分析推理的过程，并且确定知识的范围。[2]

丁韪良指出：虽然思辨哲学在大多数国家都显得不规则和有随意性，但用生意场上的"投机"这个词来形容它倒还是比较贴切的。为什么在股票市场里的投机者就像掷骰子那样，可以获得巨大财富或引起破产？这难道不就是因为他无法控制未知事物和可变事物等因素而造成的吗？然而不确定的因素正好给他的风险投资带来了最大的乐趣。对于那些致力于阐释存在之奥秘的早期思想家来说，难道不正是如此吗？[3] 丁韪良主张，对"早期思想家来说"，应看到他们在推动哲学发展过程中所起的作用，对他们存在的不足，应该体谅，而不宜苛求。

在《汉学菁华》第二章《中国人在哲学和科学领域里的冥思》中，丁韪良选择他认为中国思辨哲学最活跃的宋朝开始介绍起，来向西方人介绍中国哲学的成就。他认为："在中华有历史记载的四十个世纪中，仅有一个世纪可以被选作最典型的哲学时代。这是在宋朝的初期。"[4]

丁韪良强调说：宋朝是典型的哲学时代；此时中国人的心智表露出想要质询天地间一切事物的性情。"在重振信仰和知识的基础这项工作中，

---

〔1〕丁韪良：《汉学菁华》，沈弘等译，北京：世界图书出版公司，2010 年，第 13 页。
〔2〕同上，第 11 页。思辨哲学（speculative philosophy），一种以命名、概念推演来预见现实世界的哲学方法。
〔3〕同上，第 11 页。
〔4〕同上，第 12 页。

有五个人（周敦颐、张载、程颢、程颐、朱熹）成为领军人物。"[1]

第四，宋代哲学思维方式之特点。

丁韪良认为：在哲学思维方式上，宋代哲学家们更像是笛卡尔（René Descartes），而非培根（Francis Bacon）。[2]丁韪良把哲学思维方式分成先验和实验两种，他认为柏拉图是先验的，高尔吉亚（Gorgias）是实验的；又认为笛卡尔是先验的，培根是实验的[3]，而"宋代哲学家的方法是先验的"[4]。孔子有"学而时习之，不亦说乎"这样的格言，有些格格不入。说明他把孔子当成先验的。但其实孔子有很实际的一面，注重学习的积累。

丁韪良认为五位宋代理学家"更像是笛卡尔，而非培根"，即他认为五位学者的哲学思维方式是先验的，或者说是偏向唯心主义的。但是，这只是西方哲学的分类方法，不完全适用于中国哲学。

丁韪良说：笛卡尔之所以选择演绎的方法，是因为他具有数学天才；而对于中国人来说，却是出自一种想要遵循他们所认为的自然秩序的愿望。两者都把这种演绎的方法尊崇为最合理的方法，就像斯坦利在刚果探险时所做的那样——他在丛林深处选择随溪流而下，并沿着它一直走到大海；而培根则恰恰相反，他会选择从这条溪流的入海口开始，溯流而上。哪一种方法更为大胆，哪一种方法更为可靠，就没有必要在此挑明了。[5]

笔者的理解是，笛卡尔的哲学一定程度上把数学给形而上学化了，他把数学当成一种不变的形式，如同柏拉图的"理念"。罗素早期也有这种思维方式。中国古代将"天""理""无极"等当作世间最高的道理，而

〔1〕丁韪良：《汉学菁华》，沈弘等译，北京：世界图书出版公司，2010年，第12页。
〔2〕同上，第13页。笛卡尔（René Descartes，1596—1650），著名法国哲学家、数学家。培根（Francis Bacon，1561—1626），著名英国哲学家、政治家，是古典经验论的始祖。
〔3〕同上，第13页。高尔吉亚（Gorgias，约前487—前376），古希腊诡辩学派学者、前苏格拉底时期的哲学家及修辞学家。
〔4〕同上，第13页。
〔5〕同上，第14页。

理学也是遵循这些观念来演化的。

丁韪良认为理学同样都是出自先验思维的哲学。虽然西方哲学从未出现过中国哲学的这些理念，丁韪良却并没有排斥这种西方没有的思想，他比喻道：就像在刚果的丛林探险，由丛林深处顺溪流而下到达大海，或者是从溪流的入海口溯流而上，都是不同的思维体验；就像斯坦利和培根的哲学路径不同，丁韪良也接受中西哲学的思路方式不同，并认为都有价值。"无须赘言，其中某一种方法的倡导者也会不时地采用另一种方法。当培根的门徒得出一条伟大的原理时，他肯定会运用这条原理去推算事情的后果；另一方面，笛卡尔的门徒也不会完全忽视实验。对于前者来说，实验先于发现；对于后者，实验则被用来证明推理所得出的结论。"[1]

丁韪良从西方哲学的经验说道，实验的哲学和先验的哲学，会互用方法。培根的门徒也会运用原理推论事情的后果；笛卡尔的门徒不会完全忽视实验。对于前者，实验先于发现；对于后者，实验被用来证明推理所得出的结论。

第五，宋代哲学成就之"超越"。

丁韪良认为宋代哲学成就展现了种种超越：宋朝理学兴盛的时期"是一个奇特的哲学时代"。而此时的欧洲正处于"黑暗时代"，欧洲正遭受着战争的阵痛。[2]

通过比较，丁韪良指出：宋代哲学家与西方哲人也有相同之处。如：中国哲学家们对天体演化的认知。朱熹并不否认自然间有一种难以捉摸的力量在起作用。宋代五位哲人中最大胆的张载说："太虚为清，清则无碍，无碍故神；反清为浊。"为了解释物质的创造，他不太情愿地祈求一种神力的干预。这难道不就是贺拉斯所谓的"神佑情结"吗？[3] 张载这里的

---

[1] 丁韪良：《汉学菁华》，沈弘等译，北京：世界图书出版公司，2010 年，第 14 页。
[2] 同上，第 13 页。
[3] 同上，第 18 页。

200

"神"并不是神明的意思，而是指万物妙用的显现。丁韪良误将此认为是
贺拉斯的"神佑情结"。[1]

　　此外，丁韪良认为，宋代之后，中国哲学发展的脚步并未停止：在明
清两个朝代中，思想成果也是层出不穷。"说实在的，中国人心智的丰富
性似乎是难以穷尽的。"[2]

第三节　比较视野与佛道之新解

　　丁韪良认为：中国人的宗教经验值得悉心研究。[3]由于时代背景与历
史条件相同，丁韪良对佛道之研究方法、基本立场与观点，与其论述儒学
有着许多相似之处。丁韪良也擅长以比较视野和多角度论述佛教与道教。

一、丁韪良与佛教研究

　　1. 丁韪良研究佛教之学术背景

　　丁韪良早期对佛学研究感兴趣，受到麦克斯·穆勒影响。早期国际佛
学研究是在印度学的延续中进行的。早期西方佛教研究，与印度学有密切
的历史渊源。1814年法兰西学院设立欧洲第一个梵语教职，切兹（Antoine-
Leonard Chezy, 1773—1832）被聘为首任教授，而有"现代佛教学术之父"
美誉的布奴夫（E. Burnouf）则是他的继任者。[4]其后，梵文佛教的研究，
最主要的推动力来自"宗教学之父"麦克斯·穆勒（Max Muller），他对

〔1〕丁韪良：《汉学菁华》，沈弘等译，北京：世界图书出版公司，2010年，第18页。
〔2〕同上，"序篇"第8页。
〔3〕同上，第121-126页。
〔4〕李四龙：《欧美佛教学术史——西方的佛教形象与学术源流》，北京：北京大学出版社，2009年，第28页。

印度宗教与文化的研究做出了巨大贡献。1877 年以后，许多巴利文原典得以校订出版；佛教梵语文献的出版数量亦自 1881 年起大为增加，如穆勒接连出版他的《金刚经》《无量寿经》《阿弥陀经》的梵文校勘本。[1]欧美的佛教研究，从一开始就是以西方思想理解佛教的产物。[2]如前所述，丁韪良自述受到过麦克斯·穆勒的学术影响。

1865 年进入同文馆之后，丁韪良开始表现出对东方学与宗教研究的兴趣。丁韪良在《教务杂志》（*The Chinese Recorder*）的前身刊物《传教士记录》（*The Missionary Recorder*）上发表了两篇文章，分别是 1867 年 9 月第九期的《伊西斯和奥西里斯：普鲁塔克论埃及宗教》和 1867 年 10 月第十期的《伊西斯和奥西里斯：东方的二元论》。

第一篇文章主要是谈埃及宗教的问题。此时丁韪良之所以关心埃及宗教问题，是与美国东方学会（American Oriental Society）当时的研究方向契合的。值得注意的是，美国东方学会的研究范围虽然涵盖整个东方，但印度、波斯始终是其研究的重点；此外，埃及和小亚细亚也比其他地区受到更多的关注。丁韪良是美国东方学会的积极参与者，自然容易产生对埃及宗教等方面研究的兴趣。

第二篇《伊西斯和奥西里斯：东方的二元论》是第一篇的续篇，该篇放在《传教士记录》1867 年 10 月第十期第一篇的位置。说明此时丁韪良已表现出足够的影响力，也显示了时人对他这篇文章感兴趣。这篇文章是接着上一篇讨论埃及宗教的文章，同时也讨论了他对东方所有宗教中所谓"二元论"的看法。丁韪良主要观点如下：

第一，丁韪良将埃及、印度、巴勒斯坦、中国这些东方国家的宗教或哲学都定性为二元论，或具有二元论的因素。在讨论中国时，他谈到阴阳

〔1〕李四龙：《欧美佛教学术史——西方的佛教形象与学术源流》，北京：北京大学出版社，2009 年，第 7 页。
〔2〕同上，第 14 页。

202

观念和理学思想。他认为，跟其他国家有性质相反的神的二元论不同，中国有一种特别的二元论的形式，也就是阴阳学说。丁韪良认识到，阴阳思想是"精妙的哲学思想"，更是中国古代玄哲思想。[1]

　　第二，丁韪良认为，这些东方二元论的国家，都有一个一元论的起源。此时他还抱持基督教的神是一切文明的起源的观念，认为这些国家最初都是信仰一神，而后由于各种原因才出现二元论。[2]

　　第三，丁韪良作此推论的目的是阐述二元论的所谓弊端，而赞扬基督教（一元论）的长处，最终意图还是为了维护基督教的一神论。在比较了诸个东方国家的"二元论"思想以后，丁韪良说："比较不同国家的二元论观念，可以澄清人类宗教历史上一些模糊的地方"；"迷信让位给了自然力量的拟人化，诗的万神庙由自然统一的更高思想（即一神论）所取代"。[3]

　　丁韪良这篇文章带有强烈的护教学性质，将东方诸国的宗教及哲学都套上一个二元论的框架，以基督教的一元论一概贬低之。丁韪良此文运用了19世纪的比较宗教学，反映了19世纪传教士运用比较宗教学来护教的常见做法，丁韪良后期逐渐摆脱了这种明显的护教学模式。这篇文章也表现了丁韪良的东方学旨趣。

　2. 丁韪良与北京东方学会成员对佛教的研讨

　　李四龙指出：欧洲佛教学者建立他们的汉学传统，源起于法国巴黎的汉学家们。西方首位研究佛教的学者是布奴夫，他生前虽已很重视汉语佛典的重要性，但真正把这种重视落实到学术领域的，首先要数法国学者雷慕沙与儒莲（Stanislas Julier，1797—1873）师徒两人。[4]丁韪良对儒莲这

---

〔1〕"Isis and Osiris—Continued Dualism in The East"，*The Missionary Recorder*, Vol. 1, Oct. 1867, p. 98.
〔2〕"Isis and Osiris—Continued Dualism in The East"，*The Missionary Recorder*, Vol. 1, Oct. 1867, p. 98.
〔3〕"Isis and Osiris—Continued Dualism in The East"，*The Missionary Recorder*, Vol. 1, Oct. 1867, p. 99.
〔4〕李四龙：《欧美佛教学术史——西方的佛教形象与学术源流》，北京：北京大学出版社，2009年，第196页。

位汉学前辈颇为关注。儒莲去世后，丁韪良主编的《中西闻见录》1873 年 5 月第 10 号刊登《法国近事：名儒遗迹》一文，介绍了法国著名东方学家、汉学家儒莲的事迹，称他："于汉文为尤长，就西国通汉文者论之，以茹君为第一"；"于五十年前，曾将孟子全编，译为剌丁古文，自兹之后，岁有译书，如（儒）释道各门，暨农蚕等书，约译百余卷云。"[1]

19 世纪末 20 世纪初，法国、比利时培养了一批精通佛教的杰出汉学家，如沙畹（Edouard Chavannes，1865—1918）、伯希和（Paul Pelliot，1878—1945）、列维、布桑、戴密微、拉摩等。俄国、荷兰、英国等国，随之也都出现了一批专心研究中国宗教或佛教的学者。像俄国的瓦西里耶夫、荷兰的薛力赫（Gustav Schlegel，1840—1903）、高延（Jan Jakob Maria de Groot，1854—1921）、英国的理雅各（James Legge，1815—1897）、德国的卫礼贤（Richard Wilhelm，1873—1930）等，都是热心中国古典文化与宗教研究的汉学家，他们眼中的中国佛教，主要是理解其中的中国文化元素，形成了传统汉学框架内的中国佛教研究。美国的汉学与中国佛教研究后来居上，不再特别关注汉译佛典，甚至脱离了欧洲传统汉学的研究思路，侧重于研究中国本土的佛教典籍与佛教宗派，并在方法论上更多采用人类学与社会史的研究视角，尤其是 19 世纪 80 年代以后出现的学术成果，数量多、水准高，进入了中国佛教研究的重要时代。[2]

在 19 世纪末 20 世纪初研究佛教的西方汉学家中，有众多人物都是北京东方学会成员，如沙畹、瓦西里耶夫、薛力赫、理雅各、高延等。如李四龙所说，19 世纪 80 年代以后出现数量多、水准高的学术成果，进入了中国佛教研究的重要时代。而 19 世纪 80 年代以后恰恰是丁韪良主导的北京东方学会最为活跃的时期。丁韪良对包括佛教在内的中国宗教问题的进

---

[1] 佚名：《法国近事：名儒遗迹》，《中西闻见录》1873 年 5 月第 10 号，第 26 页。
[2] 李四龙：《欧美佛教学术史——西方的佛教形象与学术源流》，北京：北京大学出版社，2009 年，第 196 页。

204

一步研究，也发生在北京东方学会成立之后。以下事例可说明：北京东方
学会多名会员重视佛教研究。

　　欧洲最早一批佛教学者的兴趣是从汉语文献里寻找与印度相关的史
料。中国历史上西行求法高僧的游记或传记，最早受到西方学者的高度重
视。[1]1815 年，雷慕沙出任法兰西学院首任汉学教授，是欧洲第一位汉学
教授，译注《法显传》（《佛国记》），1836 年在其逝世后在巴黎出版。[2]
法显（约 367—422）是我国东晋时期的高僧，399—414 年间，毅然西行求
法，九死一生，撰成《佛国记》，保留了当时印度佛教的第一手资料。因
此该书很受西方印度学家的重视。这个法文译本，附有大量的注释，向西
方读者展示了公元 5 世纪初一位中国高僧的形象，为了求法而置个人安危
于不顾。该书的英译本，先由英国汉学家翟理斯（Herbert Allen Giles）译
为英文，1877 年出版[3]；后来理雅各重译，并于北京东方学会成立的次年
（即 1886 年）出版[4]。理雅各也是北京东方学会的成员。

　　英国牧师、佛学研究者毕尔（S. Beal，1825—1889），1852 年来华，
1885 年成为北京东方学会通讯会员。1837 年伦敦大学学院首次设立汉学教席，
毕尔于 1877 年至 1889 年被聘任为该院汉学教授。他的主要研究范围为中国
佛教，著作有《法显宋云游记》《汉文佛典纪要》《中国佛教》等。英国的
佛典是 160 年前由新教传教士带回国的，但是对于佛教的真正科学意义上
的研究却始于 19 世纪末。毕尔是英国早期研究佛教的少数先行者之一。[5]

〔1〕李四龙：《欧美佛教学术史——西方的佛教形象与学术源流》，北京：北京大学出版社，2009 年，第 221 页。
〔2〕雷慕沙和儒莲师徒两人，是欧洲汉学的奠基人，也是欧洲研究中国佛教的奠基人。参见李四龙：《欧美佛
教学术史——西方的佛教形象与学术源流》，北京：北京大学出版社，2009 年，第 222 页。
〔3〕H. A. Giles. *The Travels of Fa-hsien*（399—414），*or Record of the Buddhistic kindoms*, Cambridge, 1877. 转引自
李四龙：《欧美佛教学术史——西方的佛教形象与学术源流》，北京：北京大学出版社，2009 年，第 222 页。
〔4〕James Legge trans. *A Record of Buddhist Kingdoms: Being an Account by the Chinese Monk Fa-hien of His Travels
in India and Ceylon*（399—414），New York: Dover Publications, 1965. 该版英译本 1886 年最初在英国牛津出版，
题为 *The Travels of Fa-hien*. 参见李四龙：《欧美佛教学术史——西方的佛教形象与学术源流》，北京：北京大
学出版社，2009 年，第 222 页。
〔5〕熊文华：《英国汉学史》，北京：学苑出版社，2007 年，第 28 页。

曾任北京东方学会会长的艾约瑟，1880 年即出版《中国佛教》，这是目前发现的最早一部西方人编写的中国佛教史。1893 年再版。该书较有系统，既介绍中国佛教的发展简史与各个宗派，还比较了佛教和基督教的异同。[1]艾香德博士、毕尔牧师，可以说都是受艾约瑟影响才研究中国佛教的。

北京东方学会还专题讨论佛教问题。1893 年 1 月 29 日佛尔克（Alfread Forke）所撰《北京东方学会》一文报道说："星期四晚上在美国公使馆，'北京东方学会'开了一次会，这次我们进行的是一般的讨论而不是作报告，讨论的主题是：佛教的影响对中国是有利还是不利。"该论题"讨论得很热烈，批评佛教的德贞医生很激动"。会议由丁韪良做总结。[2]

1893 年 9 月世界宗教会议在美国芝加哥举行，丁韪良向会议提交了论文。关于佛教，他说："佛教相对比较好。"[3]

北京东方学会成员艾德（Ernest John Eitel，1838—1908，德国传教士），早于 1870 年即编写出版了中国佛教词典《中国佛教梵汉手册》。[4]艾德曾认为：汉传佛教以及藏传佛教的宗教派别之发展，也都曾受到基督教早期在中国流传的聂斯脱利派别（Nestorian）的影响，有着"明显的基督教的成分"。[5]艾德为了彰显基督教，即认为中国佛教的发展受到了景教的影响。实际上，从景教碑可以看出，景教受到中国文化尤其是佛教的影响很大，而其对中国文化几乎没有影响。艾德的想法可能是佛教刚在欧

---

[1] 参见李四龙：《欧美佛教学术史——西方的佛教形象与学术源流》，北京：北京大学出版社，2009 年，第227 页。

[2] Alfred Forke. *Briefe aus China*, 1890—1894, Hamburg: C. Bell Verlag, 1985, p. 23.（参考王文兵译，未刊稿）

[3] 孙江：《翻译宗教——1893 年芝加哥万国宗教大会》，载孙江、刘建辉主编：《亚洲概念史研究》第1辑，北京：生活·读书·新知三联书店，2013 年，第 98 页。

[4] 参见李四龙：《欧美佛教学术史——西方的佛教形象与学术源流》，北京：北京大学出版社，2009 年，第227 页。

[5] Emest J. Eitel. *Buddhism: Its Historical Theoretical and Popular Aspects, In Three Lectures*, Hongkong: Lane, Crawford & Co., 1884, p. 45. 聂斯脱利派别（Nestorian），又称东方教会（大唐时传入中土称景教），延伸出包括东方亚述教会和迦勒底东仪天主教派在内的近代东亚基督教团体。

206

美传播时基督教徒的一种说法。当时西方学者有两种不同的观点，一是认
为比佛教晚几百年出现且与佛教有一些相似之处的基督教受到佛教传播的
影响；另一种观点认为，佛教受到基督教的影响。

　　1880 年丁韪良出版《翰林集》，书中即讨论了佛教问题。[1]北京东方
学会成立之后，丁韪良在《佛教：基督教传入中国的准备阶段》一文中评
论说，艾德不该轻信诗人阿诺德的说法。作为诗人，阿诺德可以随心所欲
处理素材；但作为审慎的学者，需要辨别诗歌中所传达的信息在历史上真
实与否。丁韪良认为，基督教极有可能从佛教那里汲取了营养。[2]此外，
丁韪良也在《汉学菁华》中论及这一问题："人们不知道福音书是否会因
为被指控部分抄袭印度传统宗教，或者被证明没有像释迦牟尼的悲观主义
那样更有效地拯救人类的苦难，而变得不再可信。"[3]

　　丁韪良反驳了艾德的观点，承认基督教亦受到佛教的影响。这一观点
显然受到当时西方的印度学、佛学研究的影响，说明丁韪良持论比较客观。
当时来华汉学家几乎都存在于世界东方学及佛学研究的语境之中。

　　不管是认为在历史上佛教模仿了基督教，或基督教影响了大乘佛教，
抑或是针对佛教、基督教二宗教同源的探讨，不难看出西方传教士在面对
中国佛教这一独特宗教时，对于自我与他者身份定位的二难以及试图解决
二难的努力。传教士汉学家们虽然承认中国佛教积极的一面，认为佛教为
基督教入华预备了"道"，但基于基督教文化至上论与欧洲中心主义的观
点，他们始终认为基督教更加优越。[4]

　　丁韪良还评论说：与基督教相比，在中国宗教中地位最高、最有权要

〔1〕"The San Kiao, or Three Religions of China", *Hanlin Papers or Essays on the Intellectual Life of the Chinese*, London: Trubner & Co., 1880, pp. 126–162.
〔2〕W. A. P. Martin. *Essays on the History, Philosophy, and Religion of the Chinese*, Shanghai: Kelly & Walsh, 1894, p. 283.
〔3〕丁韪良：《汉学菁华》，沈弘等译，北京：世界图书出版公司，2010 年，第 163 页。
〔4〕李新德：《明清时期西方传教士中国儒道释典籍之翻译与诠释》，北京：商务印书馆，2015 年，第 364–365 页。

求人们进行认真研究的是佛教。近来它被人们推出来作为基督教的竞争者，这些人不仅仅是传统的佛教徒，而且还包括一些在基督教世界的学校中受过教育的诗人和哲学家（主要是阿诺德和叔本华）。诗人盗用了锡安山之女的饰品来打扮一位东方美女，而哲人则在努力说服西方思想家们，即西方的最高智慧，也在印度的天一派信徒的脚下甘拜下风。[1]

上述提到的叔本华（Arthur Schopenhauer，1788—1860）是德国哲学家。1819 年，他的著作《作为意志与表象的世界》首次出版，书中引用了佛教内容，这些佛教知识是间接通过当时关于印度哲学的德文译本获得的。叔本华说："在印度，我们的宗教永远不会生根发芽。人类古老的智慧不会因为加利利发生的事情而被取代。相反，印度哲学流传回欧洲，将对我们的知识和思想产生根本性的改变。"[2]叔本华甚至在基督教世界中宣称佛教是最高的宗教，消除痛苦的最好出路在于涅槃寂静。[3]

丁韪良说到的英国诗人阿诺德（Edwin Arnold，1832—1904），1879 年发表一首长诗《亚洲之光》，同时在美国纽约和英国伦敦出版。[4]这位东方学家以诗化的语言向西方社会介绍佛陀的生平与思想，赞美佛教是"亚洲之光"。

19 世纪佛教在欧洲的影响逐渐增大，丁韪良对欧洲学者关于佛教的研究与评论颇为关注。比起丁韪良自己早期文章中对东方学的关注，他在北京东方学会时期的研究，体现了对东方学和佛教的更深认知。丁韪良接触中国佛教后，一直都表现得比一般传教士更为客观与包容。

---

〔1〕丁韪良：《汉学菁华》，沈弘等译，北京：世界图书出版公司，2010 年，第 163 页。
〔2〕［德］叔本华：《作为意志与表象的世界》第 1 卷，沈阳：辽宁人民出版社，2016 年，第 471 页。加利利是以色列古王国，以耶稣基督的故乡而闻名于世。
〔3〕楼宇烈、张志刚主编：《中外宗教交流史》，长沙：湖南教育出版社，1998 年，第 468 页。
〔4〕Edwin Amold. The Light of Asia, New York & Boston: H. M. Caldwell, 1879. 该书的英国版本，同年由当时著名的特鲁伯纳（Trubner）公司出版。

208

二、丁韪良与道教研究

1. 比较视野中的老子

丁韪良释读与评价老子，同样采用了比较的方法，从多方面多视角展示老子的风采。

第一，与赫拉克利特之比较。

丁韪良在《汉学菁华》中称老子为"伟大的道教哲学家"[1]，并在《花甲忆记》中论述了老子创作《道德经》的重要性：《道德经》在公元前3世纪就已存在。道教的种子就是在该书中孕育和生长起来的。它就像赫拉克利特的著作残篇一样晦涩难懂，而且就像所有民族的早期哲学那样，藏匿在一种便于记忆的零乱韵文之中。它似乎是一组有关世界、人类社会和自治的独立思考。"作者原本也许会被指责为用似是而非的矛盾说法来进行狡辩和故作高深的姿态，可这两者对一个不落俗套的隐士来说再自然不过了。在这一点上，他与早期基督教作家颇为相似。"[2]

第二，老子与孔子性格迥异方面，可与古希腊两位大哲学家柏拉图与亚里士多德相比较。

丁韪良论述道：老子因睿智而闻名遐迩，孔子曾专门前来向他求教；"然而两者的性格截然相反，就像是柏拉图与亚里士多德之间的性格差异"。[3]

第三，老子的思想和精神与基督教相比较。

丁韪良论道："老子的思想和精神跟基督教是如此接近，以致有人竟在他的作品中找到了基督教三位一体的痕迹。"丁韪良将老子"一生二，

---

[1] 丁韪良：《汉学菁华》，沈弘等译，北京：世界图书出版公司，2010年，第77页。
[2] 丁韪良：《花甲忆记》，沈弘等译，桂林：广西师范大学出版社，2004年，第65—66页。
[3] 丁韪良：《汉学菁华》，沈弘等译，北京：世界图书出版公司，2010年，第115页。

二生三，三生万物"的观念，称作是"质朴的宇宙观"。此处"三物"并非存在的物质，而是作为宇宙有效法则的"道"之属性特征。"'道'的蕴义为'理念'和'言词'，它与圣约翰所说的'逻各斯'相类似，但不同的是它并不指个人的载体，而是非人格化的原则。"[1]

2. 从"科学史"角度论道教之贡献

丁韪良重视道教的炼丹术的研究，他认为中国古代炼丹术不仅与道教思想的源起关系密切，而且对人类科技发展有过重要贡献。丁韪良《汉学菁华》一书中第三章专门讨论《中国的炼丹术：化学的起源》，这可以看作是中国炼丹术和西方炼金术的比较论文。从该文可见，丁韪良阅读过许多道教关于炼丹术的书籍，探讨较为深入。

在丁韪良的时代，西方化学等学科早已专业化了。因此，此时传教士们一般不会把讨论炼金术等问题当作禁忌。早期在华耶稣会传教士，就已关注到"炼丹术与道教的关系"。丁韪良说：艾约瑟博士在四十年前发表的一篇论文中首次提出"欧洲的炼金术起源于中国"，他赞同此观点。[2]

丁韪良重视在中国古代道教思想中探讨科学的起源。丁韪良论道：道家们为了寻找食品和药物，"会不惜洗劫森林、钻透地球和探索遥远的海洋"。在道教的指引下，这种追求不朽的自然欲望就成为深入发现植物学、矿物学和地理学三大科学领域的巨大动力。[3]实际上，中国当时并无系统成熟的植物学、矿物学、地理学；但丁韪良认为，道家在寻找食品和药物的过程中，该三大科学领域均有"深入发现"。

丁韪良评论说：道教的炼丹术导致"其他一些大的追求目标也随之接踵而来"，"它还具有把人们的注意力特别引向矿物研究的效果，这正是化

---

[1]丁韪良：《花甲忆记》，沈弘等译，桂林：广西师范大学出版社，2004年，第66页。
[2]丁韪良：《汉学菁华》，沈弘等译，北京：世界图书出版公司，2010年，第27页。译者注：炼金术在中国古代一般称作炼丹术。因此，在涉及中国的部分，我们将 alchemy 这个词译为炼丹术。
[3]同上，第27页。

210

学发现中最多产的领域"。[1]丁韪良称道家们进行过各种实验，"极为精通实验化学"，证据就是：冶金领域所显示的技艺，出色的染料和众多的颜色，焰火，窒息和麻醉化合物。他们掌握火药、酒精、砷、芒硝、甘汞和氯化汞等物质的早期知识，道家们"奇怪配方的书里"记录了"生产隐显墨水、去除污迹、合成熔合金属、伪造黄金、漂白紫铜、在贱金属的表面贴贵金属等各种说明"等等。[2]中国人在与西方接触之前所掌握的上述各方面知识，"大都来自那些早期在炼丹炉的烟雾缭绕中度过了一生的实验哲学的实践者"。[3]

丁韪良强调中国古代炼丹术的科学意义和巨大影响：除了在植物学、矿物学和地理学三大科学领域具有许多"深入发现"之外，其积极意义还表现在如下诸多方面。

其一，中国炼丹术在科学史上的意义。丁韪良论道：对于科学史来说，它们显示了中国炼丹术士的精神和目标，而后者对于一个已经被证明具有取之不竭丰富性的领域来说，"可算是最执着和最早的探索者了"。中国的炼丹术要比欧洲早许多个世纪。[4]这是丁韪良对道家们从事炼丹活动在科技史上的历史地位的一个比较客观的评论。

其二，丁韪良认为道教的主要原则激发了中国人观察天象的热情。占星术与炼丹术结下了机缘，"人们相信，这五种地球上的元素（金、木、水、火、土）是分别来自这五颗行星，并且仍然归它们所管辖。它们并非世界，而是神灵，它们的移动轨迹控制着人们和事物的命运——这种想法在很大程度上激发了中国人记录天体星辰运行现象的热情"。[5]

其三，丁韪良通过研究还发现，中国的炼丹术士们率先提出了具

〔1〕丁韪良：《汉学菁华》，沈弘等译，北京：世界图书出版公司，2010年，第27-28页。
〔2〕同上，第35-36页。
〔3〕同上，第35页。
〔4〕丁韪良：《花甲忆记》，沈弘等译，桂林：广西师范大学出版社，2004年，第65-66页。
〔5〕丁韪良：《汉学菁华》，沈弘等译，北京：世界图书出版公司，2010年，第117-118页。

有"进化论"意义的思想。他论述道：著名物理学家 J. W. 德雷珀（John William Draper）有关欧洲炼金术士的评论同样适用于中国的炼丹术士们[1]，后者无论在思辨还是在调查方面，都有过之而无不及。"他们首先得出了最广泛意义上的进化论这一伟大思想，即认为在无生命和有生命的自然里，事物都是在从不完美向完美不断进化，从低层次向高层次不断进化。"在此，丁韪良借用德雷珀的观点，意在赞赏"进化论"也存在于中国古代哲学家的思想之中。丁韪良论道：进化论的观念在许多中国古代哲学家的论著里都十分抢眼。[2]

其四，道家的炼丹术唤醒了沉睡的想象力，并且创造了一个文学的时代。"它孕育了庄子的幻想，激发了吕祖（即吕洞宾）的雄辩，并且在《聊斋志异》的优雅故事中以上千个不同的形象出现。它使地球上布满了仙人和罗汉。"[3]

三、丁韪良论"三教"之关系

1. 关于"三教"起源与各自文化特色

丁韪良认为，中国宗教文化的起源及形成与西方宗教不同。在中国人的宗教经验中，各个主要的宗教体系都经历了充分的检验。竞技场所的广袤，以及实验所持续时间的漫长，均使得这些宗教的发展臻于完美的境界。由于这些实验是在一个高度组织化的社会里，并且是在一种高水平的智力文化背景下进行的，因而具有重要的意义。[4]

丁韪良论道，我们在此所观察到的一种思维过程与欧洲某些现代作家

---

[1] J. W. 德雷珀（John William Draper, 1811—1882），哲学家、史学家、科学家，所著《宗教与科学的冲突史》，在当时整体社会风气较为保守的时代背景下，对以基督宗教为基础的科学研究模式提出了质疑。
[2] 丁韪良：《汉学菁华》，沈弘等译，北京：世界图书出版公司，2010 年，第 18 页。
[3] 同上，第 27-29 页。
[4] 同上，第 105 页。

所主张的人类思维自然过程是截然相反的。按照他们的说法，人类一开始就有对于许多神祇的信仰，后来这些神祇逐渐被简化为一个单一的神，最终这个单一的神也因人类认识的逐步加深而被独立于一个人格化统治者的自然法则所取代。然而最早见于典籍记载的中国宗教是对于一个上帝的崇拜，偶像崇拜则是后来的发明。这一倾向在中国是如此的强烈，几乎每一种宗教都是由哲学先打下基础，然后再由偶像崇拜来完成整个宗教结构的。[1]

关于道教的起源，丁韪良强调：道教是在中国土生土长的。"我们有理由相信它就跟中华民族的历史一样古老。"[2]

道教与儒教均属土生土长，传入佛教之后，方形成三教局面。在长达两个世纪的时间里，儒教因政治原因受到排斥而衰落，汉明帝派遣了一个使团去印度邀请佛教高僧，于是便在中国形成了三足鼎立的局面。[3]

关于佛道与儒教之关系，丁韪良强调儒教在三教中的"排前"地位：儒教总是被排在前面的，它通常被描述为"大教"，即伟大的、具有普遍性的和宽容的宗教流派。它的信条组成了中华文明的基石。"中国的思想文化与佛教并非同一个源头。"[4]

三教各有自己相对独立的宗教文化。谈到三教在哲学方面有各自特点，丁韪良认为：三教，或三种宗教，现在已经经历了调整。每一门宗教都产生于一个哲学流派这一事实，对于人类思想的倾向来说是十分重要的。儒家哲学的显著特点是它注重伦理道德，主要关注社会关系和民事职责，刻意回避所有涉及本体论奥秘和怪力乱神的问题。由老子的追随者所发展起来的道教哲学，而非由老子本人所留下的那种形式，可以概括为具有注

---

[1] 丁韪良：《汉学菁华》，沈弘等译，北京：世界图书出版公司，2010 年，第 121-126 页。

[2] 同上，第 27 页。

[3] 同上，第 105 页。

[4] 同上，第 157 页。

重物质的特点。它要求个人进行严格的自我修炼，而且，在没有任何真正科学概念的情况下，它充满了各种隐藏在元素和大自然内部的无穷尽资源的观念。佛教的哲学主要是形而上学。它起源于一个远比中国人更热衷于玄妙猜想的民族，主要关注对自然和人类思想感官、知觉的真实性，以及我们对于外部世界独立存在所怀有虚幻信仰的基础等，进行十分微妙的探索。就这样，这三种宗教在其主要特征上有着很大的区别——其中一个是彻头彻尾的唯物主义，另一个是纯粹的唯心主义，第三个批驳所有这类问题，使自己持中立和超脱的态度——然而它们又显示出某些显而易见引人注目的共同之处。它们在最初省略和否定宗教思想的态度上是一致的；它们都在消极的基础上兼容并包，形成了一套宗教体系；它们都为民间的偶像崇拜提供了一定份额的内容。[1]

　　丁韪良认为三教有各自的信仰：孔子"不语怪力乱神"，并且告诫他的弟子们"敬鬼神而远之"；然而他所提倡的祭拜已故祖先的形式导致了把祖先们神化的做法，并且推动了国家对于英雄的崇拜。正如实证主义的现代辩护士孔德宣称要使自己的头脑完全充满实证观点那样[2]，孔子因缺乏人性宗教的资源而无法满足自己对于精神世界的渴望。佛教的信条否定物质世界的现实和一个支配世间一切的理智的存在。道教的信条绝不承认与物质形成对比的那些鬼怪种类，然而它又创造了一大批被民众视为神圣的监守天上和地下的守护神。[3]

　　2. 关于三教之融合

　　以"三教"统称儒释道，始于北周时期，约公元6世纪中后期，中国文化逐渐形成儒释道三足鼎立之势。经过隋唐时期的三教讲论与融通，三

---

〔1〕丁韪良：《汉学菁华》，沈弘等译，北京：世界图书出版公司，2010年，第121—126页。
〔2〕奥古斯特·孔德（Isidore Marie Auguste François Xavier Comte，1798—1857），是法国著名的哲学家，社会学、实证主义的创始人。
〔3〕丁韪良：《汉学菁华》，沈弘等译，北京：世界图书出版公司，2010年，第121—126页。

214

教合流在北宋已经大致成型，明代以后则成为社会主流思想。在明清时期，
"三教合流"是全社会共同推崇的主流思想。[1]

丁韪良认为三教历了从矛盾到融合的历史过程。三教曾经有过摩擦
与分歧：反对灵魂转世理论的道教变得更加唯物，儒家则变得更加无神
论化。[2]

丁韪良论述了三教融合的趋势：三种信条在平息下来以后都已经达成
了一种稳定的平衡关系，或者说已经结合成一种坚固的混合体。伦理的、
物质的和形而上学的因素都和谐地相互共存。否认物质存在的佛教流派，
关注于物质属性的道教流派，以及谴责前两者的故弄玄虚，把宝都押在了
伦理道德上的儒家流派，全都停止了它们的争论。前者的动机来自对于死
亡的恐惧，次者的动机是出于对伴随着人类生活而来的罪孽的恐惧，而后
者只关注当前，对于希望或恐惧都淡然处之。人们必须记住，三教中的每
一种体系都具有双重性——首先是一种秘传的哲学，后来又成为一种流行
的宗教。[3]尽管三教的基本原则相差悬殊，但是它们之间的分界线现在几
乎已经被消除了。[4]不仅这三门宗教在中国历史上同时共存，没有产生任
何的矛盾，而且它们还对中国庞大人口中的几乎每一个人都产生了共同的
思想影响。我们不可能把中国人按照这三种不同的信条来加以区分。他们
全都是儒家弟子，全都是佛教徒，全都是道教徒。他们全都崇拜孔子，而
且全都祭祖，并采用佛教的葬礼仪式；他们全都采用道教的巫术符咒来保
护自己不受恶鬼的侵扰，或在商业活动中得到"好运"。他们按照儒教的
礼仪来庆祝婚礼，但在建造房屋时，他们会请道士来看风水；在生急病时
也会请道士来做道场驱鬼。临死前他们会把灵魂托付给佛教的僧人。人们

[1]参见李四龙：《论儒释道"三教合流"的类型》，《北京大学学报（哲学社会科学版）》2011年第2期，
第44页。
[2]丁韪良：《汉学菁华》，沈弘等译，北京：世界图书出版公司，2010年，第121-126页。
[3]同上，第125-126页。
[4]同上，第154页。

会声称并且坚信，这三门宗教原来是分家的，现在已经合并成一门宗教。他们习惯于修建"三教堂"，即这三门宗教的庙堂，把孔子和老子置放在佛祖的两侧，以形成三位圣贤的格局。然而这种安排会给某些狂热的儒教弟子带来很大的伤害。几年前，有人上了一道奏折，请求皇帝拆掉建在孔陵附近的"三教堂"，因为孔子的地位"与天地参"。

丁韪良认为：这三种宗教各自都满足了一种需求，而且总的来说，三教合一之后，在提供自然所渴求的东西方面，做得并不比任何非神启的信条差。三教并不像某些本地人不假思索所认定的那样，意义完全相同，其差异只是在它们的表达方式上。把这三种信条看作完全不同或尖锐对立是不太可能的；在一定程度上，它们是互相补充的。正因为如此，它们才能统一成为联盟，并且保持了它们的永久性。[1]

丁韪良还分析了三教融合的如下原因：

第一，统治者的需要。有关三教中任何一门宗教是国教，从而排斥其他两门宗教的说法都是不正确的，尽管儒学因为对于统治阶级的影响更大，与国家礼仪的关系更密切而有时候被认为是国教。不仅这三门宗教各自都承认和容忍其他的两门宗教，而且它们也都分享了皇室的赞助。三教各自的神龛经常是在得到皇家资助的情况下建造起来的，而且它们的祭司、和尚、道士和宗教礼仪等也受到了皇家不偏不倚的赞助和对待。[2]

丁韪良以上观点符合历史事实。从帝王统治的角度来看，儒释道三教各有擅长的领域。南宋乾道七年（1171）孝宗皇帝写《原道论》，提倡"以佛修心，以老治身，以儒治世"。这一论断，成了儒家主张"三教平等"最重要的理由，点明了三教的特点以及三教的互补关系。[3]清雍正帝亦曾

---

[1] 丁韪良：《汉学菁华》，沈弘等译，北京：世界图书出版公司，2010年，第121-126页。
[2] 同上，第121-126页。
[3] 参见《佛祖历代通载》卷二十，《大正藏》卷49，第692页。转引自李四龙：《论儒释道"三教合流"的类型》，《北京大学学报（哲学社会科学版）》2011年第2期，第44页。

216

颁谕："以佛治心，以道治身，以儒治世。"[1]

第二，民众的信仰需要。这三者都被民众同样信任地接受了。他们并没有看到这三者的分歧之处，或是理解它们互补的方式，他们之所以接受三教，是因为它们各自都满足了他们内心的某一种渴望，所以民众们把三教融合成了一个庞大、异质和不协调的信条。[2]

第三，儒家受佛道文化之影响。丁韪良论道：宋代五位思想领袖（指周敦颐、张载、程颢、程颐、朱熹）全都是儒家的文人，但毫无疑问，他们的思想活动及其发展方向都受到了佛教和道教作家思辨的刺激和制约。[3]宋明道学乃是儒学与佛老汇通的结果；这种汇通又使"三教合流"渐渐成为中国人最主要的精神生活。[4]

3. 丁韪良论基督教与三教之关系

早期来华部分传教士，曾流行尝试在中国古代典籍中寻找基督教印证，被称为"索隐派"（Figurism），又被称为"形象派"。白晋是这一派的创始人。其基本倾向在于从中国古籍中，尤其是《易经》中寻找《圣经》的遗迹，从中国传统文化的典籍中寻找基督教的遗迹。白晋采取了西方神学历史上早有的"索隐派"的做法，从中国文化本身寻求与基督教的共同点，将中国文化说成是基督教文化的派生物。他们通过索隐考据的方法，将中国文化归于基督教文化，弥合了自身理论上的冲突，也能取得教廷的支持和欧洲社会对在中国传教的支持。[5]

丁韪良也曾采用"索隐派"的方法解读道教。丁韪良称"那些使他

---

〔1〕《道藏辑要雍正上谕》，转引自李四龙：《论儒释道"三教合流"的类型》，《北京大学学报（哲学社会科学版）》2011年第2期，第44页。

〔2〕丁韪良：《汉学菁华》，沈弘等译，北京：世界图书出版公司，2010年，第118页。

〔3〕同上，第13页。

〔4〕参见李四龙：《论儒释道"三教合流"的类型》，《北京大学学报（哲学社会科学版）》2011年第2期，第45页。

〔5〕参见张西平：《传教士汉学研究》，郑州：大象出版社，2005年，第129-130页。

（老子）同情基督教的原则是来自道教的源头，即一本叫作'道德经'的古书。这是一部通向'真理和美德'的指南"；"他的思想和精神跟基督教是如此接近，以致有人竟在他的作品中找到了基督教三位一体的痕迹"。[1]

如何认识道教文献中的"上帝"与"神谱"，是丁韪良所生活的那个时期中西宗教文化冲突的一个关键问题。丁韪良对此颇为重视，他在诠释道教的"上帝"与"神谱"问题上，有两个方面值得人们注意：

一方面，丁韪良思考与观察的出发点，就是延续利玛窦的传教思维与路线，竭力找出中国宗教及传统文化中某些与基督教相似的文字记载及现象，然后以所持基督教神学之立场加以阐释；为了减少基督教传播的阻力，一定程度上也观照与迎合了中国人的传统宗教信仰。在这方面，丁韪良有不少论述，略举几例：

其一，道教的"上帝"比儒家经典中的任何其他人物都更能表现绝对的神性。在中国人的《神谱》中，元始天尊、太上道君、太上老君排在最前面，称作"三清"。[2]丁韪良认为："元始天尊的属性与上帝的某些属性有暗合之处：他是道教中地位最尊的天神。"[3]

其二，在学习汉语和研究中国民间各种稀奇古怪的迷信过程中，发现一种深沉而真实的宗教情感的蛛丝马迹，这种宗教情感与任何一种大众膜拜对象都没有联系——那就是对天的崇拜，相信在可见的天上，存在着一种冥冥的力量，后者能够满足人的需求，奖善惩恶。这种令人敬畏却又不可知的存在被人格化地称作"老天爷"，而不是"天父"，后者表达了一种兼有慈爱和威严的基督教观念。这位"老天爷"有点像我们所说的"时

[1]丁韪良：《花甲忆记》，沈弘等译，桂林：广西师范大学出版社，2004年，第65—66页。
[2]丁韪良：《汉学菁华》，沈弘等译，北京：世界图书出版公司，2010年，第116—117页。《神谱》（Theogony）是古希腊诗人赫西奥德在公元前8世纪所创作的一首史诗，作品中全面介绍了希腊神话的故事和人物。
[3]赵毅：《丁韪良的"孔子加耶稣"》，《美国研究》1987年第2期，第74页。

光老人"，或被冠以其他各式各样的称谓。他虽被举世公认，但只是在一
个非常有限的范围内受到祈求和祭祀。有些人每逢除夕时节会向这位支配
世间万物的大神（Great power）献上感恩祭品，有些人每晚都会在天井里
焚香一炷；在婚礼上，所有等级的人都在供奉五种崇拜对象的牌位前向为
首的天鞠躬致敬。[1]

其三，天坛矗立于京师外城的南门之内，天坛只有唯一的一座大殿，
大殿屋顶上覆盖着碧蓝色的瓦片，象征着天穹的形状和颜色。天坛里面没
有神像，隆重的祭天仪式并不是在那座殿里举行，而是在大殿前面的一个
汉白玉祭坛上举行。皇帝每年都驾临此地，以牛作供牲，俯身下拜，祭祀
天这位宇宙之神。[2]天坛是中国人进行祭祀的最高场所，体贴入微的外国
来访者认为自己在踏进天坛庭院时，应该脱鞋以示敬意。因为这里丝毫没
有受到任何庸俗偶像崇拜的污染：在这座独一无二巍然屹立的祭坛上，依
然留有中国远古信仰的一丝微弱光辉。[3]

其四，中国古典文献中的"上帝"，是万国之仲裁者，虽以仁慈护佑
万民，但也会因人间的罪孽而大动肝火。在《易经》里，他被描绘为能使
春回大地，使昏睡的自然恢复生机。《礼记》记载古人"祈谷于上帝"，
以一头毛色完美无缺的小牛作为供牲，该牛在成为祭品之前还须被圈养三
个月。《诗经》主要由公元纪年前八百至一千年之间的作品所构成，也有
年代更为久远的古代作品片段。在这些作品中，上帝被描述为坐在高高的
宝座上，而善人的灵魂们在他周围来回游荡。在所有这些书里，上帝都没
有像古希腊的宙斯那样被贬低得以人的面目出现，同时身上还附有七情六

---

[1] 其他的四种分别是地、君、亲、师。——原注。（参见丁韪良：《汉学菁华》，沈弘等译，北京：世界图
书出版公司，2010年，第106页。）
[2] 另外一座结构相似但规模更大的大殿位于另一个分开的围墙里面，围墙有门，通往更为神圣的地方，皇帝
就是在这里祈求丰年。——原注。（参见丁韪良：《汉学菁华》，沈弘等译，北京：世界图书出版公司，2010
年，第106页。）
[3] 丁韪良：《汉学菁华》，沈弘等译，北京：世界图书出版公司，2010年，第107页。

欲。最近乎以人形来表现的地方，是把一只可能是留在某块岩石上的"巨大脚印"说成上帝的。受过教育的中国人在皈依基督教时坚持认为，他们祖先的上帝与基督教要他们崇拜的天主是完全一致的。明朝翰林和内阁大臣徐光启曾上书皇上，为他的新信仰及耶稣会士们进行了有力的辩护，在奏折中他就是这么宣称的。没有必要进而争辩说，早期的中国人根本就不缺乏关于上帝的知识。[1]

其五，中国人承认传统文化中的上帝在天上永远是最高的主宰，而且既无开端，也无末端。这种观念究竟始于何时？它是经年累月的冥思结果，还是通过宗法制传统而流传下来的远古概念？我们认为，后者是唯一可能的假说。中国早期典籍中并没有思辨性探究的迹象。对于上帝的本质，以及他们对于这一存在的信仰基础，中国人从没表达过任何的质疑。相反，在他们最初提到上帝时，后者就仿佛早已是众所周知了，而且在谈到人们从山顶向他贡献燔祭时，仿佛也是在说一种既有的仪式。[2]

另一方面，丁韪良同样从传教的现实需要出发，仍以基督教神学为依据，竭力找出中国传统宗教存在的种种所谓的"问题"，通过比较，以利于显示基督教信仰的优势所在。在这方面，丁韪良也有不少论述。

丁韪良论道：只有皇帝才配得上在祭天的祭坛上放置贡品。依照这种宗教情感，作为人民最高祭司和中间人的皇帝，才能在北京举行盛大的祭天仪式。若是指责中国人忘恩负义，不去敬奉他们赖以生存的神，他们就会众口一词地回答说："我们不祭拜上天，并非忘恩负义，而是出于敬畏之情。它是多么伟大啊，我们哪有资格去祭拜呢？只有皇帝才配得上在祭天的祭坛上放置贡品。"依照这种宗教情感，作为人民最高祭司和中间人的皇帝，才能在北京举行盛大的祭天仪式。[3]

---

〔1〕丁韪良：《汉学菁华》，沈弘等译，北京：世界图书出版公司，2010 年，第 108 页。
〔2〕同上，第 108 页。
〔3〕同上，第 106 页。

220

　　同样，丁韪良指出，就"上帝"这个概念而言，我们最初遇见它的时候，它已经不是处于一个发展的过程，而是开始衰落了。不过，使"上帝"这个概念几乎湮没无闻的偶像崇拜究竟开始于何时，却是可以清楚地追溯的。诸天体、山河之神，甚至亡魂也都被允许分享上帝的神圣荣耀。那种宗教情感，由于上帝逐渐被转移到了各种各样的崇拜对象上而消磨殆尽。大众的心灵似乎在由它自身的幻想所创造出来的生物中求得庇护，正如亚当在伊甸园的树木中间，从神圣的上帝这一极其令人敬畏的概念中求得庇护那样。尽管对于至高主宰的这种祭祀仪式宏大而庄严，但要说它对当前大众心灵有什么影响，也不过就是像一缕阳光照在冰山上罢了。它仅限于皇帝以及少数盛大而威严的国家礼仪活动，在寻常百姓家却没有这种祭拜，民众对之也是三缄其口。以天的形式而出现的上帝并不是与众人同在的。即使是在冰雪覆盖的奥林匹斯山巅上，它仍然显得过于遥远，尽管在某种微弱的程度上，中华民族的心灵已然感觉到了它的存在。[1]

　　冯友兰先生指出，中国传统文化，于百神之外，又有天、帝。《诗》《书》《左传》《国语》等典籍中，言天、帝之处甚多，多指有人格的上帝。大约上帝为至高无上之权威，亦设官任职。诸神地位权力，次于上帝，而服从之。此正中国一般平民之宗教的信仰，盖在古而已然者也。冯先生精辟地概括说，在中国文字中，所谓天有五义：主宰之天，即所谓皇天上帝，有人格的天、地；还有物质之天、命运之天、自然之天、义理之天。[2]

　　可见，丁韪良通过研读中国古典文献及社会考察，发现中国传统文化中的天、帝信仰由来已久，也符合事实。

　　但问题在于，丁韪良出于传教之目的，只要他依据基督教神学来阐释中国宗教与传统文化中的"上帝"与诸神，其必然就陷入严重误读之泥潭。

---

〔1〕丁韪良：《汉学菁华》，沈弘等译，北京：世界图书出版公司，2010年，第109页。
〔2〕冯友兰：《中国哲学史》，北京：商务印书馆，2006年，第23-24页。

东、西方不同民族不同国家的宗教信仰，有其自身特殊的历史与文化渊源及背景，有其自身特殊的社会背景、人文自然环境与国情。人类发展正反两方面的经验教训证明：凡是企图以一种宗教取代另一种宗教，往往导致二者之间的剧烈冲突与战争；若宗教之间相互尊重，和谐相处，则有利于人类的和平发展。

毫无疑问，丁韪良上述对道教"上帝"与"神谱"的种种释读，深深留下了列强侵华的时代烙印。丁韪良"居高临下"、以基督教为中心的心态是十分明显的；虽然他并不主张以基督教取代中国宗教，但他的确希望基督教在中国的传播取得压倒性优势。他这种处境也让他难以真正做到客观地、不带歧视与偏见地评价基督教与中国传统文化的关系。

在丁韪良看来，老子对于中国老百姓的影响决不在孔子之下。[1]丁韪良也意识到：如同不可能以基督教取代儒学一样，用基督教来排斥道教也是不现实的。

丁韪良论述基督教与三教的关系，这也是他分析三教关系的主要落脚点。他说：如果我们有足够的篇幅来深入探究一下这几个体系单独和合并之后会产生什么样的思想和道德影响，将会是很有趣的。它们各自都在对中国人民的长期教育中起了有益的作用，以及各自都代表了宗教思想发展中的一个明确的阶段。佛教大大地扩充了他们的宗教概念。打个数学的比方，在佛教被引入之前，中国人的思维只局限于两个维度，他们观察问题就像是看一块平地，只有长和宽，却没有高。佛教使他们看到了这个高的概念，把他们带上了天空，使他们发展了一种对于宇宙的看法，而宇宙的宏伟壮观也是其他东西所难以比拟的。在三维的宇宙之后，我们是否还能够看到一个四维的宇宙呢？"唯有基督教才能够弥补所有其他体系的缺陷，并且呈现一种和谐的统一。"中国人正面临着一种更好的信仰——这是一种

---

[1] 丁韪良：《中国觉醒》，沈弘译，北京：世界图书出版公司，2010年，第80页。

222

始终如一，适合于满足中国人所有精神需求的信仰。盲目接受矛盾体系的习惯已经使得中国人的思想不能够对证据作出判断，而且他们从不对一门宗教提出质疑："它是真的吗？"而只是问："它好吗？"但是持有排斥性和绝对性主张的基督教已经开始引起了他们的注意。一旦中国人的探究精神完全被唤醒，三教，或三种信仰，将不会长久地经受住考验。[1]即使是按现状来看，佛教的成功显示了外来的信仰在中国的土壤里扎根、发芽和生长的可能性。[2]

由上可见，丁韪良论述中国三教历史渊源与关系，比较注重文献资料与社会考察的结合运用，其研究方法确有可取之处。但上述阐述再次清楚地表明了丁韪良的主要用意：一方面，他坚持基督教比中国三教更为优越；但另一方面，却不主张以基督教取代中国三教——他意识到这绝无可能，而是提出基督教与中国三教共存的主张，即所谓"四维宇宙"。丁韪良的"四维宇宙"（或第四阶段）论，与前述"孔子加耶稣"新公式，其宗教立场与传教策略是完全一致的。

李新德评论道：一些汉学家，"在19世纪中后期西方汉学研究的大背景下，自觉不自觉地运用比较宗教学的方法对中国宗教进行了研究。不管他们最初的研究动机如何，他们在中国宗教研究上所做的贡献应予以承认，从某种意义上说，他们不愧为中国宗教研究的先行者，是中西宗教交流的大使。"[3]李新德这一评论，对丁韪良也是适用的。

综上所述，丁韪良对儒释道的研究，有一个逐步加深认识的过程，大体经过三个阶段。

第一阶段，宁波传教前后。该时期丁韪良采用利玛窦附儒策略，研读儒学完全服务于传教之需要。这在他的宣教作品《天道溯原》中表现最为

---

〔1〕丁韪良：《汉学菁华》，沈弘等译，北京：世界图书出版公司，2010年，第121-126页。
〔2〕同上，第121-126页。
〔3〕李新德：《明清时期西方传教士中国儒道释典籍之翻译与诠释》，北京：商务印书馆，2015年，第224页。

典型。此阶段丁韪良虽然已通读四书五经等典籍，但他与之关联的作品，基本不属于学术研究范畴。

　　第二阶段，19 世纪 70—80 年代前后，两方面因素促使丁韪良开始全面深入研究中国儒释道文化。一方面是西方汉学界比较宗教学的兴起，使得一些汉学家们对儒释道文化研究的学术含量与日俱增。一方面是 1877 年在上海召开了首届全体在华宣教士大会，在华传教士团体联手正式向儒释道文化宣战："中国文明是与基督教文明相抵触的"[1]；"要为基督而征服中国"，利用不平等条约千载难逢之机，"紧迫的问题是如何完全占领这片广袤的土地"[2]；"基督教来到中国，不是为了要成为儒教的补充，而是要取而代之"[3]，此类观点成为传教士团体的主流意识。以上两种因素都对丁韪良该时期的儒释道研究产生了影响：当呼应前一种因素时，丁韪良会比较客观地看待儒释道的文化价值与实际意义。当回应后一种因素时，丁韪良会把研究的注意力投放到寻找儒释道文化与基督教文化的通融之处。

　　第三阶段，1885 年汉学研究机构北京东方学会创立之后，丁韪良主张以自由思辨精神来研究汉学的一切领域。此后丁韪良以比较宗教学和比较哲学的方法研究儒释道文化，其学术性更加凸显。但丁韪良仍然无法回避现实中的传教问题。因此，该时期丁韪良对儒释道文化的释读同样存在复杂情形：当从东方学、汉学之学术层面思考时，丁韪良会情不自禁将孔子、老子、朱子等在世界范围的历史地位，评价到无以复加的高度，他似乎亦早已忘却利玛窦是如何排斥佛教而大谈佛教的文化意义。但面对传教现实

---

〔1〕《亿万华民》译友会译：《首届赴华宣教士大会的"中国呼吁"》，亦文编校，《教会》2015 年 11 月第 6 期，第 81 页。全文译自 "Appeal for China from the Conference of Protestant Missionaries", *China's Millions*, British Edition, Oct. 1877, pp. 119-121.

〔2〕阮仁泽等主编：《上海宗教史》，上海：上海人民出版社，1992 年，第 853-854 页。

〔3〕D. Z. Sheffield. "A Discussion on the Confucian Doctrine Concerning Man's Nature at Birth", *The Chinese Recorder and Missionary Journal*, Vol. IX, No. 1, 1878, pp. 22-23, 18. 转引自韩振华：《从宗教辩难到哲学论争——西方汉学界围绕孟子"性善"说的两场论战》，《中山大学学报（社会科学版）》2012 年第 6 期，第 159-160 页。

224

问题，丁韪良与理雅各又同样陷入另一种自相矛盾：当他们在证明儒释道
与基督教存在通融之处时，往往会尽量多发现儒释道文化与基督教文化的
一致性；可是，当受到儒释道文化是否会冲击基督教传教的质疑之时，他
们往往会贬低儒学，说儒学只是"支离破碎的说法"，"似乎更多是出于
权宜之计而被提出来的"，如此而已，因而用不着担心儒释道会冲击基督
教；等等。说到底，丁韪良和理雅各都无法根本摆脱基督教文化凌驾于儒
释道文化之上的观念。但考虑到，在当时完全排斥中国文化占据西方主流
思想意识的历史条件下，丁韪良和理雅各主张中西文化通融，尽管存在论
说上的种种自相矛盾，实际上，这正是合乎当时的时代特点的。这也是丁
韪良和理雅各在那个时代所无法超越的历史局限性。

　　应实事求是地看到：在美国早期汉学史上，像丁韪良这样能够熟读四
书五经和诸子百家的汉学家，凤毛麟角，十分稀罕。从总体上看，丁韪良
对儒释道文化肯定颇多，并将之置于"汉学菁华"核心地位。丁韪良是美
国汉学史上真正依据中国典籍并结合考察社会实际而释读儒释道文化的第
一人。

　　丁韪良对儒释道之新解，运用了近代西方所形成的比较宗教学、比较
哲学等人文学科的方法。这说明：在职业教育家生涯中，丁韪良的汉学研
究，已深深打上"专业汉学"之烙印。随后笔者将具体分析，这种"专业
汉学"特征，还体现于丁韪良的中国历史与文学领域的研究之中。

第五章　丁韪良论中国历史

在美国汉学发展史上，历史研究占据重要地位。卫三畏、丁韪良都是研究中国历史的开创者。卫三畏在受聘为耶鲁大学中国语言文学教授期间，于 1883 年 10 月完成了《中国总论》的修订与出版。卫三畏研究中国历史的成果，主要体现于《中国总论》。费正清称卫三畏是"一个天才的业余历史学家"。[1] 为什么卫三畏身为耶鲁大学教授，费正清仍称他为"业余历史学家"？笔者理解，原因主要有四：一是中国古代史研究内容，在《中国总论》所占分量不太大。全书共 26 章，只有第十七章"中国的历史与纪年"专论中国古代史。[2] 二是创新度不够，该章内容，基本上是对以往欧洲汉学家及当时在华各国汉学家和《中国丛报》相关成果之引用和梳理。[3] 三是研究深度不够，书中所谈内容基本为一般性历史常识，尚未对中国丰富历史文献做艰苦细致的深入研读与分析。四是缺乏理论指导和规律性总结提炼，而只是停留于一般史实之叙述。上述不足，卫三畏自有评说，1883 年 7 月卫三畏撰写修订版序时，他据实指出：历史和编年，补充

---

[1][美]费正清：《七十年代的任务》，载中国社会科学院情报研究所编：《外国研究中国》第一辑，北京：商务印书馆，1978 年，第 117 页。

[2][美]卫三畏：《中国总论》上册，陈俱译，上海：上海古籍出版社，2005 年，第 674-712 页。

[3]《中国总论》第十七章"中国的历史与纪年"尾注，卫三畏说明：关于这一主题的著作中，值得细读的有冯秉正《中国史》和包853埃《中国》，都是法文；杜哈德《历史》已译成英文；此外，编得更简短的还有慕瑞、格罗塞、郭士立、德庇时、布尔格尔和李希霍芬等人的著作。此外该章还引用了理雅各、伟烈亚力等汉学家成果。（参见[美]卫三畏：《中国总论》下册，陈俱译，上海：上海古籍出版社，2005 年，第 711-712 页。）

226

了若干事实和表格，使之更为完善；但是，这一方向的研究领域还不怎么明确，孔子之前的年代所发生的事件能够确定具体日期的还不多。整个亚洲大陆的地理、古迹和文献，有必要进行全面的调查，以便使东亚的情况能够明白显示出来。中国历史是个吸引人的课题，学者可以毕生致力其中，阐释大量的历史文献。[1]赖德烈评论说："然而，卫三畏博士众多文章中的大部分算不上严格意义上的历史专题研究。"[2]本章将着重讨论：卫三畏提及的上述不足，丁韪良做了哪些方面的弥补？丁韪良在中国历史研究方面获得了哪些主要成就？

第一节　丁韪良研究中国历史的动因与方法

一、丁韪良研究中国历史的四个出发点

丁韪良为什么对中国历史情有独钟？他说："在中国文学的各个门类中，我认为最值得欧洲学者研究的就是中国的历史。"[3]丁韪良之所以一生付出大量精力与心血研究中国历史，这与他的四个出发点是密切相关的。

第一个出发点，是为中华文明"打抱不平"。鸦片战争之后，西方社会主流意识，已将中国妖魔化到这种程度："从来没有一个伟大的民族受到如此大的误解"，中国人"被污蔑为野蛮人"。[4]1868年10月，同文

---

〔1〕［美］卫三畏：《中国总论》上册，陈俱译，上海：上海古籍出版社，2005年，"修订版序"第2页。
〔2〕赖德烈：《美国学术与中国历史》，载朱政惠编：《美国学者论美国中国学》，上海：上海辞书出版社，2009年，第3页。
〔3〕丁韪良：《汉学菁华》，沈弘等译，北京：世界图书出版公司，2010年，第261页。
〔4〕"The Renaissance in China", *New Englander*《新英格兰人》），Vol. XXVIII, New Haven: Thomas J. Stafford, January 1869, p. 47. 转引自丁韪良：《中国觉醒》，沈弘译，北京：世界图书出版公司，2010年，"译者序"第4-5页。

馆教习丁韪良以"中国通"身份出席在波士顿召开的美国东方学会，他以《中国与西方的现状及未来关系》为题发表演说。[1]这个演讲稿以《中国的文艺复兴》（"The Renaissance in China"）为题，很快发表在1869年1月出版的《新英格兰人》上。[2]该文体现了丁韪良为中华文明说公道话的鲜明态度，也正式揭开了他重视研究中国历史的帷幕。

第二个出发点，是为晚清社会变革寻找历史依据。丁韪良为中国辩护道：中国人"并不像一般人所认为的，在他们过去漫长的国家生活中是固定不变的。其民族精神在每个时代都有重大进步，虽然其变化不总是在一个直线的过程中"。[3]丁韪良论中国历史，重视梳理中国历史上社会变革的事例，为其文章观点寻找历史依据。"中华文明的不变因素确实很少，而各种变化因素却有很多。在他们漫长历史中，不时可见大胆的创新和激进的革命，我们可以对他们的未来抱有同样的预期。"[4]丁韪良往往把中国历史和中国社会现实改革联系在一起予以长期关注。

第三个出发点，是拓宽汉学研究领域之需要。1885年丁韪良担任北京东方学会首任会长，即提出了汉学研究四个方面的目标：东方领域的这四大分区丰富多彩、包罗万象，"我应当郑重地提议，将我们自己的研究划分为四个部分：第一部分是语文学，第二部分是哲学，第三部分是历史，第四部分是诗歌"。[5]丁韪良长期视中国历史为汉学研究的重点。北京东方学会成立一年后，丁韪良说：关于历史的研究，我想提醒大家，那些吸

---

〔1〕"The Present and Prospective Relations of China to the Western World", *Journal of the American Oriental Society*（《美国东方学会杂志》）, Vol. IX, 1871, pp. xlviii-xlix.

〔2〕"The Renaissance in China", *New Englander*（《新英格兰人》）, Vol. XXVIII, New Haven: Thomas J. Stafford, January 1869, p. 47.

〔3〕"The Renaissance in China", *New Englander*（《新英格兰人》）, Vol. XXVIII, New Haven: Thomas J. Stafford, January 1869, pp. 47.

〔4〕"The Renaissance in China", *New Englander*（《新英格兰人》）, Vol. XXVIII, New Haven: Thomas J. Stafford, January 1869, p. 54.

〔5〕W. A. P. Martin. "The Past and Future of The Peking Oriental Society"（《北京东方学会的过去与未来》）, *Journal of The Peking Oriental Society*, Vol. I, No. 4, Peking: Pei-Tang Press, 1886, p. 193.

228

引我们目光的历史知识宝库，有多么的广大和丰富。[1]丁韪良上述演讲，
1886年以《论中国的历史研究》为题，发表于《北京东方学会杂志》第
一卷第三期。[2]该文可视为丁韪良对中国历史认知的一次重要飞跃。

　　第四个出发点，是探寻历史上中西文明关系的渊源与互动。这也是丁
韪良一生中特别关注并最富有创见的研究论题。丁韪良认为：在蓬勃成长
的过程中，中国吸收了许多外来异质的元素，而她总是能将其转化为自身
元素，见证了中华文明的不可思议的同化能力。在外部和内部因素的影响
下，中国经历了许多变革，虽然这种转变过程往往是缓慢的，但是这些作
用力总是会一直延展到全国。[3]

　　丁韪良认为研究中国历史对西方国家具有重要意义，世界将重视中国
文明；中国与西方“两个文明”之间必然将更加重视“双方互动”。“但
是这些珍贵的遗存物对于我们西方人来说是否有任何价值呢？假如有的话，
它们怎么才能对西方世界的文学财富做出贡献呢？”丁韪良回答说：“中
国和欧洲的文明正如在海底涌动的暗流那样，无论相隔有多远，确实各自
都受到了对方的影响，尽管这些影响比较隐蔽。发现中国与西方的接触点，
并且展示双方互动的证据，这些将是中国历史研究者所将面对的最有趣的
问题。”[4]

　　上述四个方面的出发点，是相互关联与相互促进的，促使丁韪良在观
察与研究中国历史过程中，形成了自己的独特视角与开阔视野，并取得了
丰硕成果。

---

[1] W. A. P. Martin. "The Past and Future of The Peking Oriental Society"（《北京东方学会的过去与未来》），
Journal of The Peking Oriental Society, Vol. I, No. 4, Peking: Pei-Tang Press, 1886, p. 192.

[2] W. A. P. Martin. "Discourse on the Study of Chinese History"（《论中国的历史研究》），*Journal of the Peking Oriental Society*, Vol. I, No. 3, Peking: Pei-tang Press, 1886, pp. 121-138.

[3] "The Renaissance in China", *New Englander*（《新英格兰人》），Vol. XXVIII, New Haven: Thomas J. Stafford, January 1869, p. 49.

[4] 丁韪良：《汉学菁华》，沈弘等译，北京：世界图书出版公司，2010年，第267、272页。

二、丁韪良研究中国历史的理论与方法

丁韪良吸收与融合以往中西历史研究的某些治学之道，逐渐形成自己在研究中国历史过程中擅长运用的理论与方法。[1] 概括起来，主要表现在以下诸方面。

第一，重视中国丰富历史文献。

丁韪良熟知"中国人有比世界上任何其他民族都更为卷帙浩繁的历史文献"。[2] 他论述道，中国古老文明与悠久历史得以传承，与如下制度和传统是密切相关的：一是朝廷起居注制度[3]；一是中国古代史官制度[4]；一是中国修史传统[5]；一是野史记载。丁韪良认为野史可以补充正史之不足：正史总是通过跟野史进行校勘来加以订正的。[6]

丁韪良指出："中国历史珍宝浩瀚无际"，"正如黑格尔在《历史哲学》中所说的那样，在两个伟大的亚洲王国之间有非常鲜明的对比，即中国人有比世界上任何其他民族都更为卷帙浩繁的历史文献"，"而历史则是一种证据，通过这种证据他们可以把过去的遗产传给后代"。[7]

第二，精于考证。

丁韪良到同文馆任职前后，他的许多汉译作品，中国学者们都参与文字校勘，加上他长期与总理衙门中的桐城派官员徐继畲、董恂等相处，中国文人精于考证之学风，势必对丁韪良的汉学研究方法产生一定影响。

---

〔1〕如丁韪良引用黑格尔《历史哲学》的论述。参见丁韪良：《汉学菁华》，沈弘等译，北京：世界图书出版公司，2010年，第262页。

〔2〕丁韪良：《汉学菁华》，沈弘等译，北京：世界图书出版公司，2010年，第262页。

〔3〕同上，第262页。

〔4〕同上，第263页。

〔5〕同上，第262-263页。

〔6〕同上，第265页。

〔7〕同上，第262页。

230

第三，注重实地考察。

这是丁韪良一贯风格。年轻时丁韪良就具有实地考察的浓厚兴趣，思维敏锐，善于捕捉事物特征。丁韪良《中国觉醒》一书，"第一部分共十二章，是作者对清政府所辖十八省和边远地区的考察，通过游历中国的广袤地区，作者向读者介绍了各地的风土人情和人文景观"。[1]

第四，擅长中外比较。

丁韪良注重中外历史文化比较分析。此类例子举不胜举。通过此类比较，分析中西历史文化之异同，无疑给读者留下更深刻印象。

第五，提倡历史哲学思维。

丁韪良受黑格尔"历史哲学"等西方理论方法的影响，在肯定中国传统历史典籍编纂的文化价值的同时，也提出了自己的"改进"的思考。他认为，中国历史不能仅停留在编年的方式上，而应该进行"历史哲学"方面的思索与提炼；并且，中国历史不能停留在"概念"上，而应进行历史"艺术作品"的创作。

丁韪良研读中国历史后，对中国历史记载方式与西方不同提出了看法。他认为："在中国，历史的概念就是对于事实的简单记载，并非把它视为艺术作品。"[2]

第六，重视探寻与总结历史发展规律。

丁韪良认为，研究中国历史，可以从中领悟有益的启示。丁韪良表示：对于愿意掌握中文、探索中国社会源泉的人，"我可以向他们推荐中国历史研究，因为它既吸引人，又令人颇受教益"。[3]

由上可见：丁韪良积极倡导研究中国历史，是因为他充分认识到中国有自己悠久丰富的历史文化，有自己传承文明的独特方式；不仅可以从中

[1] 丁韪良：《中国觉醒》，沈弘译，北京：世界图书出版公司，2010 年，第 235 页。
[2] 丁韪良：《汉学菁华》，沈弘等译，北京：世界图书出版公司，2010 年，第 261 页。
[3] 同上，第 274 页。

获得有益启示，还有利于西方与中国"两种文明"的互动与相互借鉴、相互影响。

　　当然，丁韪良研究中国历史无疑存在局限性。这一问题，笔者稍后分析。

第二节　丁韪良论中国古代史

　　丁韪良《中国觉醒》一书"第二部分"题为"从远古到18世纪的历史纲要"，用了14章篇幅，论述了从远古到清代前期的中国古代史。[1]依此顺序为：中华民族的起源，神话时代，三皇五帝，周朝，中国的圣贤们，战国时期，秦朝，汉朝，三国、南北朝和隋朝，唐朝，宋朝，元朝，明朝，清朝。丁韪良《汉学菁华》第五卷题为"中国历史研究"。[2]丁韪良比较注重中国古代历史的系统性叙述，但在以下具体重大历史问题上，实践了他的治史理论方法之构想，即"中国历史不能仅停留在编年的方式上，而应该进行'历史哲学'方面的思索与提炼"。[3]

一、丁韪良论中国历史分期

　　丁韪良论述中国历史，首次向中国人提出了"历史分期"的概念。丁韪良将秦始皇奠定中央集权政治制度基本格局之后的两千余年，称为"中国人的现代历史"，始于公元纪年前两个世纪。丁韪良分成三个时期："第一个时期从布匿战争（前264年—前241年）的时代到经由好望角发现印

〔1〕丁韪良：《中国觉醒》，沈弘译，北京：世界图书出版公司，2010年，第59-120页。
〔2〕丁韪良：《汉学菁华》，沈弘等译，北京：世界图书出版公司，2010年，第259-323页。
〔3〕同上，第261页。

度的时代；[1]第二个时期包括三个半世纪有限制的贸易往来；第三个时期是
1839 年所谓的‘鸦片战争’开始。"[2]

当代中国史学界将鸦片战争视为中国近代史开端，是因为过去还从来
没有一个事件像鸦片战争那样给中国带来如此重大变化；鸦片战争之后，
中国逐步沦为半殖民地半封建社会。丁韪良认为鸦片战争标志着一个新时
期的开始，这一观点跟中国当代学术界看法有某些相似之处。

丁韪良对中国历史的分门别类，也提出了发展的阶段性演变问题。譬
如中国文学史，丁韪良提出：从春秋战国时期到唐朝，"还有好几个思想
觉醒的时期，这些构成了文学史上几个非常突出的阶段"。第一个这样的
阶段是由孔子的教诲所引起的。第二个阶段处于一个世纪以后孟子的时代，
当时儒教的伦理基础经历了一个彻底的修正，人们围绕着人性本善或是人
性本恶的问题展开了激烈的论战。第三个更为重要的觉醒过程是被秦始皇
所烧掉的典籍像凤凰涅槃浴火重生。"这是一个批评的时代，唤醒了民族
心态的环境本身也将这种努力导向了古代记载文本的确立，但它并没有停
止在那儿，竹简、木简等笨重的古书材料被麻布、丝绸和纸所取代。"[3]到
了唐代，这一时期最显著的特点并非书籍生产率的增长，而是原有的文
学得以改进，它以"诗歌的时代"而著称。[4]至宋朝，"中国人的心智
在当时有了一个新的发展"。文人们开始着迷于哲学的冥想，并且试图
阐释本体论中最为深奥的问题。[5]而明清两个朝代中，思想成果也是层

〔1〕布匿战争（the Punic Wars）是指古罗马与迦太基之间于公元前 3 世纪和前 2 世纪期间爆发的战争。1498 年，
葡萄牙航海家、探险家瓦斯科·达伽马（1469—1524）借由一位熟悉西印度洋季风规律的伊斯兰教徒领航员
之助，发现了通往印度的新航线。
〔2〕丁韪良：《汉学菁华》，沈弘等译，北京：世界图书出版公司，2010 年，第 291 页。
〔3〕同上，第 291 页。
〔4〕同上，第 291 页。
〔5〕"The Renaissance in China"，*New Englander*（《新英格兰人》），Vol. XXVIII, New Haven: Thomas J. Stafford,
January 1869, p. 50. 转引自丁韪良：《汉学菁华》，沈弘等译，北京：世界图书出版公司，2010 年，第 7-8 页。
丁韪良在 1869 年的《英格兰人》和 1880 年、1881 年的《翰林集》中都把理学称为泛神论的唯心主义学派
（pantheistic idealism），但在《汉学菁华》的序篇《中国的觉醒》中改为"泛神论的唯物主义学派"（pantheistic
materialism）。

出不穷。[1]

丁韪良关于历史分期的观点，未必严谨与完全正确，但他却从方法论角度，体现了现代历史学的某些特征。在这方面，他率先触及了中国近现代史学发展的前沿问题。

二、丁韪良论中国古代民族融合

丁韪良对中国古代民族融合问题，提出了全新思考与认识，其主要观点如下。

第一，中华民族有一个起源、融合与发展的过程。丁韪良认为，中华民族融合经过了"三个规模宏大的运动"，即：中国人对于中国的征服，鞑靼人对于中国的征服，中国内向心力量与离心力量之间的斗争。他论述道："其中每一个运动对于理解当前中国现状都是不可缺少的，就像开普勒（Johannes Kepler）解释太阳系的三大定律那样。"[2]丁韪良批评中国历代史家忽略了上述"三大运动"的重要性。[3]

第二，所有民族历史，尤其是游牧民族历史，在融合历史进程中，都会发生一种"两重性过程"。丁韪良论道：第一种过程可以称作异化阶段，每一个民族都会经过这么一个阶段，在它们仍然弱小的时候，就会使自己与邻族隔离开来；就连它们的语言也会在短时期内偏离到一个彼此无法理解的程度。"第二种过程是同化的阶段，即通过战争和贸易往来所产生的碰撞，每一个民族都给予并接收各种印象，而这种印象使他们趋同于一个

〔1〕刘伯骥：《丁韪良遗著选粹》，台北：中华书局，1981年，第151页。
〔2〕开普勒（Johannes Kepler，1571—1630），德国天文学家、数学家。
〔3〕丁韪良：《汉学菁华》，沈弘等译，北京：世界图书出版公司，2010年，第268页。丁韪良原注：鞑靼这个名称没有精确的定义，它泛指中国北部和西部的游牧民族。（参见丁韪良：《汉学菁华》，沈弘等译，北京：世界图书出版公司，2010年，第277页。）

234

共同的种类。"[1]

　　第三，民族文化融合"力量强大"。丁韪良以满族入主中原即为"新一轮文化融合"为例：当他们还在奉天的时候，便已经开始学习"内地"的语言和文学。他们采用了明朝旧制，尽量减少汉族对异族统治的憎恶，这一做法使清朝的统治越过了中国王朝的平均年限。"我们亲眼目睹这种力量强大得足以将满族这么一个勇猛的游牧民族改变成为中华民族中最中国化的民族。"[2]

　　第四，丁韪良受中国史学启发，认为"合久必分，分久必合"，统一是历史必然，也是中国人所重视的"历史规律"。丁韪良论道：汉朝灭亡后有"三国"之间的战争，晋朝灭亡后有南北朝四国的倾轧，唐朝灭亡后也有五个短命的"朝代"。更为重要的是中国作家从这种混战的场景中所归纳出来的一条历史规律，即：中国"合久必分，分久必合"。这被视为国家事务中的一个基本法则。[3]此处，丁韪良也注意到：中国古代史家亦重视总结历史规律。

　　丁韪良意识到中华民族酷爱统一："这一历史规律的概括在公众的心目中留下了如此深刻的印象，以至于假如中国现在被外国列强所瓜分的话，中国人民仍然会充满信心地期望它将会在他们自己种族统治者的努力下重新得到统一。"[4]

　　第五，民族融合促进中国不断发展与壮大。丁韪良指出：在这个蓬勃发展的进程中，中国吸收了许多各种各样的因素，这些因素又总是被一股显示出中华文明惊人能量的同化力转变成中国本身的价值。由于外部和内

---

〔1〕丁韪良：《汉学菁华》，沈弘等译，北京：世界图书出版公司，2010年，第288页。
〔2〕丁韪良：《中国觉醒》，沈弘译，北京：世界图书出版公司，2010年，第116页。
〔3〕参见丁韪良：《中国觉醒》，沈弘译，北京：世界图书出版公司，2010年，第104页；丁韪良：《汉学菁华》，沈弘等译，北京：世界图书出版公司，2010年，前言。
〔4〕丁韪良：《中国觉醒》，沈弘译，北京：世界图书出版公司，2010年，第104-105页。

部影响的结果，中国也经历了许多变革。[1]"历史表明，他们已经在所有组成这个民族伟大之处的方面都取得了一个总的进步"；"中国的国土向外扩张了，中国的人口增加了，中国人的智力也要比中华民族形成以来四十个世纪中的任何一个时代都提高了"。[2]

丁韪良上述关于中国古代民族融合的论述，是他实践"'历史哲学'方面的思索与提炼"的最精彩文字之一。[3]

三、丁韪良论中国古代政治制度

丁韪良在论述中国古代政治制度变化方面也有独到见解。其主要观点如下。

第一，丁韪良认为在政治观念的发展方面，中国人民并没有一成不变地生活在一个暴虐政府统治之下，而是经历了许多像古罗马或现代法国那样的政府形式。当古罗马人在经历从国王到执政官，再到皇帝的更换统治者这一过程时，中国人的统治者也经历了从"帝"到"王"，再到"皇帝"的变更过程。而且正如法国经历了封建集权的帝制、军事暴君统治和共和国等各种不同阶段那样，中国文官政府的形式也显示出了相同的多样性。[4]可见，丁韪良是以发展演变的中外比较视野，来观察和评论中国古代政治制度的变化的。

丁韪良以中国古代典籍为依据，他论道：《尚书》是由一些（多少经过校改的）残篇所组成的，主要讲述夏、商、周这三个中国最早朝代的历史，以及在夏朝之前（公元前 2200 年）的那个黄金时代，那时王位的继

---

[1] "The Renaissance in China", *New Englander*（《新英格兰人》）, Vol. XXVIII, New Haven: Thomas J. Stafford, January 1869, p. 47. 转引自丁韪良：《汉学菁华》，沈弘等译，北京：世界图书出版公司，2010 年，第 4 页。
[2] 丁韪良：《汉学菁华》，沈弘等译，北京：世界图书出版公司，2010 年，第 273 页。
[3] 同上，第 261 页。
[4] 同上，第 261 页。

236

承是按功劳来决定的，并非完全是世袭的——贤明君主会越过自己的子孙来挑选更好的继承人。[1]

丁韪良记述道，上古传说中的尧舜禹，经历了由推举制向世袭制的过渡：当历史之手在公元纪年前两千多年刚刚拉开帷幕时，显露了一个由选举产生的帝制（elective monarchy），人民的声音被当作表达了天意。作为古代圣君的尧是由贵族们推举（raise）到帝位上去的。尧本人也没有选择自己的儿子作为继承人。结果舜被选中继位。舜后来又越过了不成器的儿子，把皇位传给了一位能干的侍臣大禹。虽然大禹是一个好的君主，但他背离了这些著名贤君的做法，因此他被后人批评为"将国家变成了一个世袭的家天下"。"世袭制度从那时起便固定下来，帝王家族的分支都被分配了部分的国土，他们的后代继承了他们的封邑，封建制（the feudal system）得到巩固。"[2]

第二，丁韪良认为秦始皇建立中央集权制是历史进步。他记述道：秦始皇统一中国之前，中国政治制度是由各诸侯国围绕天子的分封制（亦称封建制）。"在中国历史记录上，二千年前由一次最大规模的革命，将其（分封制）完全推翻了。"晚清时期史家习惯用"吕政"之名贬低秦始皇。丁韪良说道："此名（吕政）有一种侮辱的意思，无疑地乃是根据这位大人物家系之假定传闻而来的。我采用它，因为这是本地历史家最常用的。"[3]丁韪良记述：吕政"并灭列国诸侯，废止周室最后衰蔽的胤嗣，自称为始皇帝"。他肯定秦始皇"所采行的中央集权制，正和万里长城一样，巩固地建立。由吕政所擅用的皇帝名号，终为中国各皇帝所沿用，以迄于今"。[4]

---

〔1〕丁韪良：《花甲忆记》，沈弘等译，桂林：广西师范大学出版社，2004年，第32页。
〔2〕丁韪良：《汉学菁华》，沈弘等译，北京：世界图书出版公司，2010年，第5页。
〔3〕刘伯骥：《丁韪良遗著选粹》，台北：中华书局，1981年，第167页。
〔4〕丁韪良：《花甲忆记》，沈弘等译，桂林：广西师范大学出版社，2004年，第177页。

237

丁韪良认为造成了中国现状的内在动力之一是"封建自治（即分封割据）和中央集权"的"原则之间的矛盾冲突"。他认为：直到他所处的晚清时期，中国史家之所以没能对秦始皇中央集权制的历史地位给予应有的积极评价，是因为"向心力量与离心力量之间的矛盾冲突形成了旧的史家所无法理解，需等待一位具有更深刻洞察力和综合性理解力的新作家来发掘的第三个大题目"。[1]

丁韪良指出中国史学家都没认识到"秦始皇焚烧儒家书籍的动机是想把中国人对于封建制（分封制）的记忆彻底抹去"。他认为：那些书籍后来重新出现了，但封建制（分封制）再也没有复活。封建制（分封制）是孕育无政府主义的温床。从那以后，中国经历了许多次革命，但由于秦始皇的天才预见，再也没有出现过那种诸侯纷争永无休止的局面。[2]

丁韪良赞扬秦始皇建立了三座丰碑：首先是他建设的中国长城，直至今日，长城仍被视为世界上的奇迹。[3]其次是他首先采用的皇帝称号。再次是秦王室使用的"中国"之名，在此名义之下，统一和融合了六国。丁韪良为秦始皇"打抱不平"说："然而，中国历史上没有一个人像秦始皇那样更遭人痛恨。在人们的记忆中，他是焚书坑儒的刽子手，而非长城的建造者或中国的缔造者。然而秦始皇的中央集权政府对于周朝那种松散的诸侯国政体来说是一种巨大的改进。"[4]

王文兵、张网成对此评论："以郭沫若为代表的中国马克思主义史学家对秦始皇的高度赞扬以及以秦朝为中国奴隶社会和封建社会的分水岭的看法与丁韪良的观点如果说不是巧合，则也证明丁韪良颇有过人的洞

〔1〕丁韪良：《汉学菁华》，沈弘等译，北京：世界图书出版公司，2010年，第270页。
〔2〕同上，第271页。
〔3〕参见丁韪良：《花甲忆记》，沈弘等译，桂林：广西师范大学出版社，2004年，第177页；丁韪良：《中国觉醒》，沈弘译，北京：世界图书出版公司，2010年，第203页。
〔4〕丁韪良：《花甲忆记》，沈弘等译，桂林：广西师范大学出版社，2004年，第177页。

见力。"[1]

第三，丁韪良评论说：随后的各大王朝全都采用了中央集权的原则，但是没有任何一个王朝能够像大清王朝那样成功地实行了这一原则，也没有任何一个王朝能够像大清王朝那样出现这么多令人尊敬的皇帝。[2]丁韪良说"没有任何一个王朝能够像大清王朝那样成功地实行了（中央集权）这一原则"，此说与当代史学界如下看法有着一致性，即：清代军机处的设立，标志着君主专制的中央集权制度达到顶峰。

丁韪良认为：鸦片战争前后中国的中央集权制已经不能适应社会发展，需要改革。有关这方面的内容，笔者将在本章第三节"丁韪良论中国近代史"中予以阐述。

四、丁韪良论中国古代科技

关于中国古代科技所取得的成就，丁韪良也有许多精彩论述。丁韪良之所以重视中国古代科技的研究，原因之一是反驳西方主流意识。他说："中国人被说成是毫无独创性的模仿者，尽管他们所借用别人的东西要比任何其他民族都要少；他们被认为缺乏创造力，尽管全世界都受惠于他们的一系列最有用的发明；他们被认为固执守旧，尽管他们在历史进程中经历了许多深刻的变化。"[3]丁韪良对中国古代科技发明重点做了如下阐述。

---

[1] 王文兵、张网成：《重建与解释：丁韪良的中国历史研究述评》，《学术研究》2009 年第 4 期，第 102-109 页。

[2] 参见丁韪良：《花甲忆记》，沈弘等译，桂林：广西师范大学出版社，2004 年，第 177 页；丁韪良：《中国觉醒》，沈弘译，北京：世界图书出版公司，2010 年，第 203 页。

[3] "The Renaissance in China", *New Englander*（《新英格兰人》），Vol. XXVIII, New Haven: Thomas J. Stafford, January 1869, p. 47. 转引自丁韪良：《中国觉醒》，沈弘译，北京：世界图书出版公司，2010 年，"译者序"第 4-5 页。

1. 中国古代四大发明

丁韪良对中国古代四大发明——造纸术、指南针、火药、活字印刷术，给予高度评价。

造纸：丁韪良论道，纸在中国是公元纪年的初期发明的，此前中国人的书籍是用铁笔的尖端将文字刻在竹片上的竹简。"中国人不仅比我们要先进得多，而且在用木头来生产纸浆这一特定技艺上也走在了西方人的前面。"[1]

公元前2世纪，蔡伦发明了造纸术，这个发明对于图书的繁荣贡献甚伟。这本身就是学问复兴的成果之一，因为后者创造出对更便宜书写材料的需求。在纸张出现以前，人们都使用丝帛和竹简进行写作。材料的便利和精美对于大量印制书籍和刺激文学创作做出了贡献。[2]

指南针：中国人发明航海罗盘是毋庸置疑的事实。指南针被用于海上航行是水到渠成的事。中国人早在公元5世纪就将它用于沿海地区的航行，很可能中国人的平底帆船和陆上马车早在那个时期之前就已经用上了罗盘。罗盘的使用在欧洲可以追溯到12世纪，也许更早。三个世纪以后，勇敢无畏的哥伦布（Christopher Columbus）手中的那个罗盘指向了一个新的世界。然而达·伽马（Vasco da Gama）在1497年前往印度的航行中却几乎没有使用罗盘，实际上他的航行路线都是紧贴着海岸线的。[3]

火药：丁韪良论道，以武备证之，则火药一品，实为军政要需。西人之制之用之者，现虽较华人精而且巧，然溯厥伊始，则先得其法者中国，先试其用者亦中国也。[4]他指出，火药应该算是中国人的发明。当时中国

---

〔1〕丁韪良：《汉学菁华》，沈弘等译，北京：世界图书出版公司，2010年，第7页。
〔2〕丁韪良：《花甲忆记》，沈弘等译，桂林：广西师范大学出版社，2004年，第178页。
〔3〕参见丁韪良：《汉学菁华》，沈弘等译，北京：世界图书出版公司，2010年，第6页。克里斯托弗·哥伦布（1451—1506），探险家、殖民者、航海家，出生于中世纪的热那亚共和国。达·伽马是葡萄牙探险家，他是历史上第一位从欧洲航海到印度的人。
〔4〕丁韪良：《论泰西新术新术多原于中华》，《新学月报》戊戌（1898）三月第11本，第8页。

240

人也许已经知道火药，正如阿拉伯人把火药称作"中国雪"，无疑这是指作为火药中主要成分的硝石。中国人当时从事炼丹术已经有许多个世纪的历史，很难想象他们没有偶尔遇见过某种类似这样的炸药。[1]

印刷术：丁韪良论道，以文事证之，则刻版印书，实为学士快事。有明中叶，西人虽先用活字聚珍版，然李唐初造，太宗皇帝命将十三经勒诸石碑，远近士夫，争往刷印帖式，已为印书之（征）兆矣。迨至后唐，石版改为木版，凹字改为凸字，黑纸改为白纸，印书之功遂成。西人之由陆路通商者，偶得片纸只字，虽能仿而效之，而华人之运其精心以成此盛事也，则已昭昭乎不可掩矣。[2]丁韪良对中国古代印刷术的科技发明，主要强调三点：其一，中国最早发明和使用印刷术，并影响欧洲。他说：印刷术在中国已经发明了七百多年，中国人并不像古登堡那样需要偷偷地干，而是将印刷术发展成为一个非常受欢迎的工业。印刷术的起源非常神奇。中国人使用印刷术，比欧洲人早发明六百多年。[3]其二，中国古代活字印刷术也早于欧洲。他说：中国古代有活字印刷术，但是用得比较少。材料主要用铜，中国文字至少要制作一万以上的活字，成本很大。发明雕版印刷开始到采用可以分开的活字来印刷，并没有隔很长的时间，但是中国人没有以此取代原始的印刷方法，他们没有幸运地发现那种被用来制"印刷工铅字"的合金材料。[4]中国古代主要还是使用雕版印刷。但他指出：没有必要去假设中国的木活字、铜活字和陶瓷活字曾经流传到美因茨（欧洲活字印刷术创始人古登堡的故乡和印刷工场所在地），只需作为陶瓷花瓶包装的一小张印刷字纸或是一匹丝绸，就足以向古登堡暗示整个活字印刷

〔1〕参见丁韪良：《中国觉醒》，沈弘译，北京：世界图书出版公司，2010年，第97-98页；丁韪良：《汉学菁华》，沈弘等译，北京：世界图书出版公司，2010年，第93页。
〔2〕丁韪良：《论泰西新学新术多原于中华》，《新学月报》戊戌（1898）三月第11本，第8页。
〔3〕丁韪良：《汉学菁华》，沈弘等译，北京：世界图书出版公司，2010年，第3-6页。
〔4〕同上，"序篇"第7页。

术的细节了。[1]"几乎可以肯定，古登堡发明的活字印刷，是受到了中国也存在类似印刷术这一看法的影响。"[2]丁韪良明确认为，西方活字印刷术也受到了中国类似印刷术的影响。其三，印刷术的发明促进了中国文化的发展。"而对振兴学术影响最大的，莫过于印刷术被发现之后的那个时期。"[3]

丁韪良评价说："我们在许多方面都受惠于中国人，如罗盘和火药，也许还有印刷术带给我们的一点启示。"这些技艺发明对于社会进步起了极其重要的作用——它们中间的一项发明已经导致了现代战争性质的彻底革命，而其他发明也都强有力地推动了思想文化和商业计划。[4]

2. 陶瓷与丝绸

丁韪良指出：西方人"亦不知有瓷器也。二三百年前，始竭力效中国制造，至今仍名之曰华瓷焉，是皆东来之确据也。"[5]陶瓷的生产技艺源于中国，迄今"陶瓷"这个词在英文中仍然意味"中国的器皿"。[6]

丝绸的生产也是同样的情况。丁韪良认为：西人素不知有蚕丝也，时至后汉，始有人由中国购买丝绸带至欧洲，至今仍名之曰华丝焉。考罗马古书云：丝之在树，如蛛之结网，每日早起，有人用罩猎取，实足一笑。[7]丝绸的名称跟中国虽说有点区别，但"silk"（丝绸）这个词显然是从拉丁语中指中国人的"Seres"一词演变而来的，因为它的形容词"sericum"去掉后缀就成了"serie"（silk），即中国货。不需要进一步争辩说"ser"就是中文中"蚕"的发音，尽管这种说法也是可以说得通的。[8]

丁韪良考证说：养蚕业的开端和指南针的发现被归功于尧的祖先。丝

〔1〕丁韪良：《汉学菁华》，沈弘等译，北京：世界图书出版公司，2010 年，"序篇"第 7 页。

〔2〕同上，第 3-6 页。

〔3〕同上，"序篇"第 7 页。

〔4〕同上，第 207 页。

〔5〕丁韪良：《论泰西新学新术多原于中华》，《新学月报》戊戌（1898）三月第 11 本，第 8 页。

〔6〕丁韪良：《花甲忆记》，沈弘等译，桂林：广西师范大学出版社，2004 年，第 172 页。

〔7〕丁韪良：《论泰西新学新术多原于中华》，《新学月报》戊戌（1898）三月第 11 本，第 8 页。

〔8〕丁韪良：《花甲忆记》，沈弘等译，桂林：广西师范大学出版社，2004 年，第 172 页。

242

绸生产是属于妇女干的活，所以被归属于黄帝的某一位妃子嫘祖，可是这
样的事情实际上是不可能的，因为她所居住的地方是在华北。中国的象形
文字讲述了一个截然不同的故事。泛指南方人的"蠻（蛮）"字，是由两
个"丝"字和一个"虫"字所构成的，它不仅指明了丝绸的发源地是在南
方，而且还说明丝绸跟蚕有关。[1]

　　3. 长城与运河

　　丁韪良将长城视为中华文明发展的里程碑。长城"可以被视为在编年
史上把中国的古代与中世纪分割开来的一个里程碑"。[2]他认为：要研究
埃及的历史，就应该登上金字塔的顶端；要研究中国的历史，就没有比长
城顶点更适于放眼远眺了。在烟云似的上古与我们生活的这个多事之秋中
间，长城矗立着，它支配着全部不断变幻的历史舞台。尽管它十分巨大，
成为地球表面一道独特的地理风景，但是对我们来说，它的重要之处在于
它的历史而非规模。一些时候我们的注意力主要集中在当代，但正是在这
个独特的地方我们可以给自己一点时间回想过去，远眺未来，把自己关于
中国全部历史的一点肤浅印象介绍给读者。[3]从上面丁韪良这段文字，我
们可以真切感受到丁韪良对中国历史文化的重视程度。

　　丁韪良对大运河亦给予很高评价：大运河全长 800 英里，从北京直抵
杭州。忽必烈的目标就是充分利用华中的水稻产区，建立一条不受海盗骚
扰的粮食供应线。大运河至今仍像它在 6 世纪以前那样有用，并依然是元
朝一个主要功绩的见证。[4]

　　丁韪良同时指出修建长城与大运河所付出的代价：对于长城，可以说
建造它时带来的压迫加速了秦朝的灭亡。大运河也遇到了同样的情况。无

---

[1]丁韪良：《中国觉醒》，沈弘译，北京：世界图书出版公司，2010 年，第 66 页。
[2]同上，第 85 页。
[3]丁韪良：《花甲忆记》，沈弘等译，桂林：广西师范大学出版社，2004 年，第 172 页。
[4]丁韪良：《中国觉醒》，沈弘译，北京：世界图书出版公司，2010 年，第 28 页。

数得不到报酬的劳工是从通过徭役而被征集的中国苦役中挑选出来的，后者或他们的后代随之揭竿而起，将残酷压迫汉人的蒙古族人赶走了。[1]

丁韪良对黄河的水利治理也颇为关注。他论述道：黄河以其河道的善变而著称，在某一时期它向东流入黄海，而在另一时期它又改道流入渤海湾。在历史的岁月里，它就像是一个巨大的钟摆，不断地在左右摇摆，间距长达 500 英里。有时候它还分叉为两条河道，将山东省变成了一个辽阔三角洲中的一个岛屿。1852 年黄河决堤，滔滔河水向北流去，举世为之震惊。1889 年，它的变化莫测更是史无前例的，因为决堤后的黄河水流向了南方，跟长江的水流汇合在一起。将黄河水引回它北方河道的工程耗资 1300 多万元，是水利工程的一个壮举，这充分反映出了中国人民的坚忍不拔和冒险精神。[2]

4. 其他创造发明

丁韪良指出，中华民族在遥远的古代就有众多各门技艺的发明者：伏羲奠定婚姻制度，黄帝发明医药，仓颉发明汉字，大挠是中国最古老历书的作者，他们都被尊崇为圣人。他认为，诸葛亮发明的那些军事器械精巧无比。传说诸葛亮还发明了"木牛流马"，称得上是中国古代最多才多艺的发明天才。[3]

丁韪良指出，当欧洲仍处于一种蛮荒状态的时候，中国还有许多科学处于领先地位。如：

天文学：丁韪良论道，公元前 2200 年左右中国就已有占星术。中国古代就设置了司天的灵台，配备了专职博士。在那个时代，中国人所制定的一年的时间长度要比努马（Numa Pompilius）执政时代的罗马人所制定的

〔1〕丁韪良：《中国觉醒》，沈弘译，北京：世界图书出版公司，2010 年，第 28 页。
〔2〕丁韪良：《花甲忆记》，沈弘等译，桂林：广西师范大学出版社，2004 年，第 24 页。
〔3〕参见丁韪良：《中国觉醒》，沈弘译，北京：世界图书出版公司，2010 年，第 97-98 页；丁韪良：《汉学菁华》，沈弘等译，北京：世界图书出版公司，2010 年，第 93 页。

长度更为精确。[1]

数学：丁韪良指出，中国人在公元前 2600 年的编年计算中已经包含了十进制，在这么早的时候就向印度借鉴似乎不太可能。中国最早的《周髀算经》中就有了十进制，正如书名所指出的那样，该书内容至少有一部分是源自公元前 1122 年的周朝。令人十分惊奇的是，这部古书中有一篇专门论述直角三角形的论文，署名为开创周王室的主要人物——周公。至于代数学，中国人具有一种叫作"天元"的原始形式，虽然在 1247 年以后的算学论著中才能够找到"天元"这种形式，但是有很多迹象表明，它是在中国土生土长的。"天"和"元"就相当于"x"和"y"，都代表一个未知数。[2]

化学与格致：丁韪良论道，"至新学之最有益者，首推化学，人皆知出于西国丹家，而不知华士之从事鼎炉者，较西人尤早数千余年也。观于《悟真篇》《参同契》等书，推及《周易》变化亦可概见矣。格物之学，人皆知四百余年前叩伦氏（即哥伦布）得指南针始能渡大西洋，而不知元公早已赐与越裳氏也；人皆知三百余年前，德嘎氏（即笛卡尔）首创电光火三者悉凭微气动荡之说，而不知周、张、程、朱诸儒早已藉《周易》以发其端也"。[3]

此外，丁韪良还指出道教对人类科学发展有着杰出贡献，主要体现在宇宙观、自然观、化学、冶金学、矿务学、地理学、植物学、医学等方面。笔者所撰于第四章"丁韪良中外比较视野下对儒释道之新解"已有论述，此不赘述。

丁韪良论道：中华民族"那么聪明和注重实际"，在漫长岁月中积累了大量的技艺和科学基础知识。他们并不缺乏原创性。当西方人在历史的

〔1〕努马·庞皮利乌斯（Numa Pompilius，前 753—前 673），古罗马王政时期第二任国王。
〔2〕丁韪良：《汉学菁华》，沈弘等译，北京：世界图书出版公司，2010 年，第 8 页。
〔3〕丁韪良：《论泰西新学新术多原于中华》，《新学月报》戊戌（1898）三月第 11 本，第 8 页。

发端与他们初次相遇的时候，中国的政治和社会制度显然是土生土长的。甚至在今天，西方旅行家也会对他所看到的一些中国人所特有的方法感到吃惊。正是这些独特的东西构成了中国人的物质文明。[1]——这是丁韪良一生研究汉学得出的非常重要的观点，即：中华文明的本土性和独立性。

丁韪良特别重视中国古代文明对西方的影响："作为一个历史跟埃及同样悠久，而因异邦征服造成其连续性被打乱的时间却要短得多的民族，中国人曾经有许多有价值的发现，这一事实本身并不令人感到奇怪。令人感到奇怪的倒是居然没有人肯花一点精力来指出远东古代文明对于西方人所带来的巨大影响。在很多情况下，西方人所受到的这类影响都可以得到证明。"[2]

五、丁韪良论中国古代科举制度

中国古代科举制也是丁韪良十分重视的研究课题之一。早于 1850 年丁韪良初次来华途经福州时，就注意到了福州的贡院，他说："目光所及之处倒是有一座建筑反映了中国文明中最好的一面。这就是举行科举考试的贡院。"他认为：这不仅可以被看作是中国教育制度的特征，而且除此之外，中国实际上没有别的公共教育。因为从理论上来说，中国政府鼓励教育的目的只有一个，那就是为自己提供有能力的官员。出于这个目的，公共学校就被认为没有存在的必要，尽管政府也出钱办了一些学校，并将这些学校置于官方的监督和管理之下。这儿最重要的是学习的动机——所有能够达到规定成绩标准的人都可以获得荣誉和报酬。[3]此后，丁韪良一直重视对中国古代科举制度的深入研究，他认为中国古代考试制度经过了漫

〔1〕丁韪良：《汉学菁华》，沈弘等译，北京：世界图书出版公司，2010 年，第 3 页。
〔2〕同上，第 3 页。
〔3〕丁韪良：《花甲忆记》，沈弘等译，桂林：广西师范大学出版社，2004 年，第 16-22 页。

长的发生与演变过程。

丁韪良论道：科举制度的基本特征可以追溯到有历史记载的最初阶段，起源来自先贤的一个四字警句——"举贤任能"。[1]生活在公元前2200年的先古圣帝舜每三年要对他的官员们进行一次考查，考查完毕之后决定对他们是提升或是贬低。[2]到了周朝建立之初的公元前1115年，政府就有了对官职候选人和官员进行考试的习惯和规定。所有官职的候选人都必须证明自己精通五艺——音乐、箭法、骑术、写作和算术；还必须在公共场合和社会生活中遵循礼仪——合乎礼仪规范被称作第六艺。"礼、乐、射、御、书、数"这六艺一起构成了那个时代通识教育的全部内容。[3]

丁韪良还论道：在汉朝随着学问的振兴而出现的科举考试制度到了唐朝已经臻于完善。唐宋时期生员分为三等，官员列为九品——这种分类法沿用至晚清。到了明朝和清朝，由舜帝创立的简易考试制度已扩展成了一个庞大的体制，这堪称是四千年来发展的结果。它仍然显示出早期的显著特征——"六艺""五学"和"三等"生员在科举制度的进步和发展中仍然是极为重要的方面。[4]

丁韪良发现：公元前2200年的先古圣帝舜每三年要对他的官员们进行一次考试，此后，每过一个千禧年，中国古代考试制度都会发生某些重要改革。此例亦可说明，丁韪良叙述中国历史，比较善于发现并揭示事物演变的阶段性与全过程。前后"四个千禧年"，"在经历了漫长的岁月之后，中国人仍然在坚持这个制度，这正说明其国民性中的保守因素，而科举制度所经历的重大变化也证明中国人并没有为传统所束缚而止步不前。这一考试机制的政治意义极其重要，不容忽视"。[5]

[1]丁韪良：《花甲忆记》，沈弘等译，桂林：广西师范大学出版社，2004年，第16-22页。
[2]丁韪良：《汉学菁华》，沈弘等译，北京：世界图书出版公司，2010年，第209页。
[3]同上，第209页。
[4]同上，第210页。
[5]同上，第218页。

　　丁韪良从以下诸方面概括总结了中国古代科举制度的"益处"：其一，科举制度有利于社会稳定。其二，科举制度是一种能够制约绝对皇权的力量。如果没有这种制度，政府的权力机构就会被世袭的贵族所把持，而成千上万的次要官职就会被皇帝属意的小人所瓜分。[1]其三，有利于统治者政权的巩固。它使政府得以控制受过教育的士绅阶层，并把他们跟现存的政治体制拴在了一起。[2]其四，通过考试制度选拔的官员，更容易被民众所接受，因此，带有"民主"色彩。至少在这个国家里，财富无法使它的拥有者登上权位，就连皇帝也无法把官职授予没有受过教育的宠幸者。[3]其五，科举制度有利于民族文化的传承。学生必须记忆所有公认的经典作品，并要熟悉每一个时代数量可观的最优秀的作家和作品。其六，科举考试对于维持中国统一和将中国的文明保持在一个像样的水平上所起的作用超过了任何其他一种事务。[4]

　　此外，丁韪良还特别赞赏中国科举考试体现了竞争机制。1883年丁韪良撰《西学考略》，即说道：中国科举制度"西国莫不慕之，近代渐设考试以取人才，而为学优则仕之举。今英、法、美均已见端，将来必至推广"。[5]"考试制度在英属印度的实施获得了极大的成功。在英国，外交和领事部门也已经建立了竞争机制"，"英国、法国、普鲁士都已经在公共服务部门的某些分支中实行了竞争性考试制度。在所有这些国家中，结果都是一致的——人们确信这样一个制度，假如能够实行，会成为了解政府雇员候选人资质的最佳方法。但是在这些国家中，这种实验最近刚刚开始，而且应用范围也很有限"。[6]丁韪良非常希望美国能借鉴中国科举制度中

〔1〕丁韪良：《汉学菁华》，沈弘等译，北京：世界图书出版公司，2010年，第218页。
〔2〕丁韪良：《花甲忆记》，沈弘等译，桂林：广西师范大学出版社，2004年，第16—22页。
〔3〕同上，第16—22页。
〔4〕同上，第16—22页。
〔5〕丁韪良：《西学考略：附二种》，长沙：岳麓书社，2016年，第89页。
〔6〕丁韪良：《汉学菁华》，沈弘等译，北京：世界图书出版公司，2010年，第219页。

248

的竞争机制以及它的一些优点。"将它的一些类似特征嫁接到美国的共和
政体上难道不是可行的吗？它更符合我们自由政府的精神，因而可以期望
它在这个国家结出比在中国更甜美的果实。"[1]"如果真的能像中国这样拥有
如此严肃、正规的科举考试制度（system of literary competition），使公共
职务成为文学成就的奖赏，并使得每一个人都有通过自己努力而出人头地
的机会，美国人也会马上放弃他们的选票箱的。"[2]这也说明，丁韪良研习
中华文化，抱有学习借鉴之目的。

　　丁韪良对科举制度的弊端也作了尖锐批评：这个标准是有缺陷的，因
为它只涉及文学，而把科学排斥在外，而且文学也只是指中国文学，任何
外国文学都不包括在内。更有甚者，它引导学生完全模仿古代的范本，从
而为进步设置了障碍。[3]随着社会发展，科举制度的改革也势在必行。丁
韪良指出：而在如今日益颓败的科举考试中，考官只欣赏那些赞美音乐的
骈文和论述古代骑术和射艺的八股文章。为了减轻疲软的财政负担，政府
还允许人们花钱认捐一个学位头衔，并向捐钱者发放特许状，使他们可以
跳过初级的考试，而直接参加乡试和会试。但尽管政府可以通过这样的方
式让货币贬值，但它仍然还要小心防备伪币的流通。几年前，北京的礼部
尚书柏葰因涉嫌倒卖了两三个举人、进士的头衔而被处死。这个案子本身
虽然不大，但它所造成的破坏性影响却不可估量。它会动摇人们对于政府
这一分支管理机构的信心，而后者是他们通往荣誉和官职的唯一途径。就
连皇帝也不敢贸然在这方面徇私舞弊。然而现在的思想领袖们开始怀疑这
种科举考试制度已经过时。[4]关于丁韪良对科举制度改革的分析与评论，

〔1〕丁韪良：《汉学菁华》，沈弘等译，北京：世界图书出版公司，2010年，第219页。
〔2〕"The Renaissance in China", *New Englander*（《新英格兰人》），Vol. XXVIII, New Haven: Thomas J. Stafford, January 1869, p. 50. 转引自丁韪良：《汉学菁华》，沈弘等译，北京：世界图书出版公司，2010年，"序篇"第6-7页。
〔3〕丁韪良：《花甲忆记》，沈弘等译，桂林：广西师范大学出版社，2004年，第16-22页。
〔4〕丁韪良：《汉学菁华》，沈弘等译，北京：世界图书出版公司，2010年，"序篇"第6-7页。

笔者详后分析。

　　在丁韪良研究中国古代史的过程中，春秋战国时期诸侯国所产生的外交智慧，也引起他的特别兴趣。光绪七年（1881 年）五月十五日丁韪良出席了在德国柏林举行的世界东方学大会，他在会议上宣读《中国古世公法论略》一文。丁韪良记述："余于斯时所建议者，乃本东周列国往来之例以示中国早有公法之意（旋以法文刊刻行世）。"[1]1888 年 10 月 25 日丁韪良在北京东方学会宣读《古代中国的外交》（"Diplomacy in Ancient China"），并发表于《北京东方学会杂志》1889 年第 4 期。[2]1901 年丁韪良在《汉学菁华》前言中指出：关于公法的基本观念最早萌芽于古代中国的春秋战国时代，"作者还可以丝毫不过分地宣称，古代中国的公法和外交是他独自发现的一个研究领域"。[3]丁韪良自称，关于"古代中国的公法和外交"，是属于他的原创性研究成果。丁韪良认为：早在战国时期中国就有了比较完备的公法基础，并十分注重运用和平的外交手段和技巧，苏秦、张仪、公孙衍等纵横家在诸侯国之间的政治和外交活动中发挥了重大影响。[4]

　　丁韪良认为晚清当局应当反思：尽管中国人的外交天赋为世人所公认，但中国与外国列强的冲突大都起源于中国缺乏外交手腕。[5]丁韪良论"古代中国的公法和外交"，是他竭力主张从中国历史中汲取智慧的又一个颇有说服力的实例。美国学者赖德烈评论说：丁韪良 1880 年出版的《翰林集》最为历史学家喜爱。这是一本纯粹的研究集，一些文章先前已发表，其中最广为人知的是对中国古世公法的描述，这是他培养中国外交官

---

〔1〕丁韪良：《西学考略：附二种》，长沙：岳麓书社，2016 年，第 40-41 页。
〔2〕"Diplomacy in Ancient China", *Journal of the Peking Oriental Society*, Vol. II, No. 4, 1889, pp. 241-262.
〔3〕丁韪良：《汉学菁华》，沈弘等译，北京：世界图书出版公司，2010 年，"前言"第 1 页。
〔4〕同上，第 326 页。
〔5〕同上，第 323 页。

250

时引发的兴趣。[1]

　　此外，丁韪良还广泛论及中国古代的地理、生态、物产、矿藏、人口等方面内容。其中，他从中国自然环境的优越性，分析了古代中国形成自给自足、闭关自守的原因：中国土地的肥沃和气候有益于健康。在华北的主食是小米、小麦和玉米，而华中和华南的主食为大米。南方盛产棉花和蔗糖，近三分之二的省份生产茶叶和丝绸。几乎所有的热带和温带水果都适合于在中国生长。中国地大物博，可生产出国民所需要的一切。若非欧洲人在工业领域中掌握了高超的技术，中国几乎可以不需要任何对外贸易。[2]

　　综上所述，丁韪良研究中国古代史，具有如下若干特点，值得我们思考：（一）在写作体例上，丁韪良表现了与中国古代传统编年体与纪传体史学作品的不同，他首次以黑格尔"历史哲学"为指导思想，重视探讨与揭示社会历史发展规律，实践了他的治史主要理论方法之构想，即："中国历史不能仅停留在编年的方式上，而应该进行'历史哲学'方面的思索与提炼。"[3]（二）为了矫正西方对中国历史文化的妖魔化，他尽力发现中国历史的闪光点，揭示中华文明的伟大成就。（三）重视总结历史经验教训，为现实（包括为当时美国社会改革）提供借鉴。（四）丁韪良主观愿望是试图将"全部中国历史"介绍给西方读者，乐于为中学西传效力。

　　关于丁韪良在历史研究方面存在的不足与局限性，笔者将于后文专题分析。

---

〔1〕赖德烈：《美国学术与中国历史》，载朱政惠编：《美国学者论美国中国学》，上海：上海辞书出版社，2009年，第3页。
〔2〕丁韪良：《花甲忆记》，沈弘等译，桂林：广西师范大学出版社，2004年，第25页。
〔3〕丁韪良：《汉学菁华》，沈弘等译，北京：世界图书出版公司，2010年，第261页。

第三节　丁韪良论中国近代史

一、裨治文、卫三畏与丁韪良研究中国近代史之缘起

　　与欧洲汉学家比较，在研究中国古代史方面，美国汉学家曾经是迟到者，这是不争事实。但随着鸦片战争之前美国传教士汉学家抵华及历史条件的变化，研究鸦片战争之后的中国近代史，美国汉学家与欧洲汉学家却处于同一起点。此后，研究中国近代史，逐渐成为美国汉学之强项。

　　裨治文、卫三畏主编的《中国丛报》，发表了大量与鸦片战争有关的信息与文章。卫三畏 1848 年出版《中国总论》时，第二次鸦片战争尚未发生，严格地说，此时关于中国近代史的创作理念与写作框架远未形成。但裨治文、卫三畏、丁韪良等美国早期汉学家，对鸦片战争后局势的逐渐变化，观察相当敏锐。正是有了这种持续观察与积累，到了 1883 年卫三畏修订出版《中国总论》时，该书已增补了中国近代史早期发展阶段的相关内容，其中包括第 21 章至第 26 章，各章标题为："中国的对外交往""第一次对英战争的起因""第一次英中战争的进程及其结果""太平军叛乱""第二次英中战争""中国近事（中法战争爆发之前）"等，前后历时 40 余年，初步开启了美国早期汉学研究中国近代通史之滥觞。围绕上述内容，卫三畏立足于陈述史实，其学术观点比较复杂，既明显维护列强利益与传教立场，也谴责鸦片贸易，并对清政府一些积极举措的评论持客观态度。如对 19 世纪 70 年代左宗棠消灭阿古柏侵略势力、收复新疆之壮举，卫三畏评论道："左宗棠成功地恢复了中断近二十年的政权"，此后清军以屯田方式驻守新疆，"士兵在建造设防阵地的同时还要耕种土地。这支'农业军'的发展史，如果能透彻了解的话，一定可以算是任何现代国家历史

252

上最卓越的军事成就之一"。[1]

丁韪良也是最早关注鸦片战争、太平天国、洋务运动等历史事件的汉学家之一。如：早在 1869 年丁韪良发表了《中国的文艺复兴》（"The Renaissance in China"）一文，就以近代化的敏锐眼光，称正在进行的"同治中兴"（洋务运动早期），在意义上等同于欧洲的文艺复兴运动。[2] 但严格意义上说，丁韪良比较系统地研究中国近代史，是发生在 1883 年卫三畏修订出版《中国总论》之后。如 1907 年丁韪良在《中国觉醒》一书中，第三部分题为"正在转变中的中国"，用六章的篇幅，简明论述鸦片战争之后中国近代史有关内容。[3] 从史实论述上说，丁韪良最大贡献之一，是弥补了卫三畏去世前后他所经历的诸多重要历史内容。

二、丁韪良论中国近代五次战争

丁韪良是近代"五幕"列强侵华战争的亲历者与记述人。丁韪良对 1911 年之前的中国近代史，做了内容丰富而翔实的论述。他重视把握两条发展脉络：一条是中外关系；一条是晚清改革。丁韪良在《中国觉醒》一书中对列强对华五次战争，进行了较为详细的描述。"在过去的七十年中，中华帝国至少有五次跟外国列强发生了冲突，而且每一次，它的政策都会经历一些多少有点广泛的修正"，"在迄今还活着的人们的记忆里，这里上演了一部可以分为五幕的悲剧。该戏剧的名称为'中国的开放'"。[4] 丁

---

〔1〕[美]卫三畏：《中国总论》下册，陈俱译，上海：上海古籍出版社，2005 年，第 1104 页。

〔2〕W. A. P. Martin. "The Renaissance in China", *New Englander*（《新英格兰人》）, Vol. XXVIII, New Haven: Thomas J. Stafford, January 1869, pp. 47-68. 刘伯骥对该文做了全文翻译。（参见刘伯骥：《丁韪良遗著选粹》，台北：中华书局，1981 年，第 146-167 页。）

〔3〕丁韪良：《汉学菁华》，沈弘等译，北京：世界图书出版公司，2010 年，"序篇"第 6-7 页。

〔4〕丁韪良：《中国觉醒》，沈弘译，北京：世界图书出版公司，2010 年，第 121-122 页。丁韪良写道，第一幕：鸦片战争；第二幕：亚罗战争；第三幕：中法战争；第四幕：甲午战争；第五幕：义和拳战争。

韪良主观愿望是"简要地叙述一下这些战争的来龙去脉，对读者来说将会有很大的便利"。因为这种叙述不仅能令他们警惕各种似是而非的说法，而且也能够提供一部关于中国对外交往的现代历史教材。[1]从主观愿望上说，丁韪良延续了同文馆时期编写教材的思路，试图把五次战争编写成"一部关于中国对外交往的现代历史教材"。

1. 关于第一次鸦片战争

丁韪良来华之前，有关第一次鸦片战争的信息，就给他留下深刻印象："我对中国发生兴趣最早是在1839年，当时英军的隆隆炮声使这个国家的'外部城墙'轰然倒塌。"[2]

来华之后，丁韪良对鸦片战争有了更多的了解。关于鸦片战争爆发的原因，丁韪良主要归纳为两个方面：

一方面原因，是英国主导的鸦片贸易。"鸦片导致了1839年中国与西方的第一次战争，它又导致了随后的一系列战争，致使京师两度被外国军队所占领。"[3]丁韪良始终谴责鸦片贸易。"在宁波，我开始研究抽鸦片烟所带来的后果，只要我仍待在中国，就不可放弃这项研究。我得出的结论是，抽鸦片对于中国来说，是一个不折不扣的诅咒。"[4]丁韪良认为，鸦片伤害道德，也会伤害中国人对传教士和外国人的看法。"传教士们目睹鸦片给人民带来的巨大危害，全都谴责它。中国官员们近来也断断续续地做了一些努力，以挽救一部分人，使之不再受鸦片的毒害。"[5]丁韪良还具体谈到鸦片对中国人的毒害：即使是偶尔抽鸦片也会使人不适合从事大多数的行业。有时候，清军一下子就打发走上千个鸦片鬼，因为他们再也不能行军打仗。长此以往，这种毒而诱人的鸦片会削弱人的力气，麻痹人的头

---

[1] 丁韪良：《中国觉醒》，沈弘译，北京：世界图书出版公司，2010年，第122页。

[2] 丁韪良：《花甲忆记》，沈弘等译，桂林：广西师范大学出版社，2004年，第4页。

[3] 丁韪良：《中国觉醒》，沈弘译，北京：世界图书出版公司，2010年，第232页。

[4] 丁韪良：《花甲忆记》，沈弘等译，桂林：广西师范大学出版社，2004年，第58页。

[5] 同上，第54页。

254

脑，当然也会缩短人的寿命。[1]丁韪良还记述道：他见过许多聪明伶俐的
学者因吸食鸦片而丧命，"我花了很大功夫收集的几十个病例都说明抽鸦
片这一习惯的有害倾向"。[2]丁韪良一针见血地指出："鸦片贸易向中国
输入了英国人从不涉及的吸食鸦片的恶习，然而英国人却试图美化这种
贸易。"[3]

　　另一方面，丁韪良也认为：鸦片战争之所以发生，与清朝当局落后世
界潮流也有直接关系。鸦片战争前，"这个被中国人骄傲地称作中央帝国，
其人口数量几乎相当于欧洲和美洲全部人口总量的国家实行闭关锁国的方
针，只留出广州的十三行这么一个弹丸之地作为它跟外国交往的场所"。[4]
丁韪良批评清朝当局落后世界潮流，夜郎自大，缺乏正常外交途径来解决
冲突与纠纷，落后挨打，这也符合历史事实。

　　丁韪良还抱怨说：鸦片战争结束后，清政府与列强签订的不平等条
约，如果加入禁止鸦片的内容，鸦片的祸害可及时制止。他说：中英两国
终于在 1842 年签订了条约，规定广州、厦门、福州、宁波和上海五个港
口对英国开放贸易。在条约中没有加入任何一个赞同鸦片贸易的字眼，然
而其结果，就像人们所预料的那样，是对这种贸易没有任何干预。于是鸦
片走私猖獗一时，不必惧怕有任何人来干涉，也不必缴纳任何关税。假如
英国得到适当的赔偿后，在条约中加入一个禁止鸦片的条款，中国无疑将
能躲过一场可怕的浩劫。英国的鸦片政策和它反奴隶制的法令之间真是有
着天壤之别！[5]他还说：在随后（1844 年）中国与法国和美国签订的条约
中也丝毫没有提及鸦片这个话题。假如顾盛先生当时在条约中明令禁止可

〔1〕丁韪良：《花甲忆记》，沈弘等译，桂林：广西师范大学出版社，2004 年，第 53 页。
〔2〕同上，第 54 页。
〔3〕丁韪良：《中国觉醒》，沈弘译，北京：世界图书出版公司，2010 年，第 122-123 页。
〔4〕同上，第 122-123 页。
〔5〕丁韪良：《花甲忆记》，沈弘等译，桂林：广西师范大学出版社，2004 年，第 6 页。

恶的鸦片走私[1]，并且促使法国也这么做，那将会在伦理道德上起到很好的效果。然而几乎 40 年之后，当安吉立（James Burrill Angell，1829—1916，于 1880—1882 年间任美国驻华公使）先生在条约中公开谴责鸦片走私时，已经为时过晚了。[2]丁韪良的上述愿望是良好的，但丁韪良忽略了列强的侵略本性：在那个弱肉强食的殖民主义时代，通过外交努力禁止鸦片，这显然是与虎谋皮。

　　2. 关于第二次鸦片战争

　　丁韪良对第二次鸦片战争期间发生的许多事件的细节，做了详细描述。1858 年春，英、法、美、俄四国代表在白河口会晤，就各自正在跟中国举行的缔约谈判实行了一种松散的合作。丁韪良此处"松散的合作"一说，揭穿了美、俄两国"中立"立场的虚伪性。丁韪良作为美国公使列卫廉（William Bradford Reed）的译员，"享有最好的机会，能从幕后来进行观察"。[3]

　　丁韪良记述了他之所以充当外交翻译的具体原因。丁韪良说：听到美国全权公使列卫廉将要北上的消息后，他觉得加入此行可以看到许多大事，也许还可以为传教事业开辟新的领域。好几年前他就掌握了中国的官话，会话水平通过他和中国官员的频繁接触得以提高。美国领事列卫廉正好没有雇佣翻译，便请他做自己的翻译，同时处理一些临时事务。由于丁韪良拒绝接受薪金，列卫廉便竭力为他在美国使团里谋到了一份差使。在列卫廉和卫三畏博士的推荐下，他对使团中文秘书一职的申请获得成功。列卫廉特派"羚羊号"汽船给他带来这一消息，并载他来到上海，列卫廉先生聘他为中国官话的翻译。[4]以上记述说明：第一，该时期，美国在华

〔1〕顾盛（Caleb Cushing，1800—1879），是 1843 年来华缔结《中美望厦条约》的美国众议员和政府特使。
〔2〕丁韪良：《花甲忆记》，沈弘等译，桂林：广西师范大学出版社，2004 年，第 7 页。
〔3〕丁韪良：《中国觉醒》，沈弘译，北京：世界图书出版公司，2010 年，第 130 页。
〔4〕丁韪良：《花甲忆记》，沈弘等译，桂林：广西师范大学出版社，2004 年，第 98-99 页。

256

外交官缺乏职业翻译；与第一次鸦片战争时期一样，依然只得借助掌握中
国官话的传教士汉学家们来充当翻译。第二，丁韪良本身希望充当外交翻
译，"觉得加入此行可以看到许多大事"，即表现了他对传教事务之外的
"许多大事"感兴趣。这种兴趣与日俱增，成了后来丁韪良越来越不专注
于传教的客观原因。第三，丁韪良认为"也许还可以为传教事业开辟新的
领域"。这方面丁韪良和裨治文、卫三畏是一致的——两次鸦片战争时期，
传教士汉学家充当外交翻译，的确都对扩张西方传教特权发挥了独特作用。

　　关于第二次鸦片战争爆发的原因，丁韪良评论道："亚罗号"事件只
是英国发动战争的借口而已。[1]他说：中外关系需要调整（指通过"修约"
扩大侵华特权），"亚罗号"提供了一个借口，这和鸦片曾经起到的作用
一样。在处理这两个争端时，只要涉及现实的问题，英国军队总是维护实
力较弱的一方。至于"亚罗号"事件，包令（John Bowring）似乎认为自
己采取特别措施是正确的。他把自己和叶名琛（两广总督）的通信公布出
来，让东南沿海的中国人传看。英国驻宁波领事星察理（C. A. Sinclair）先
生"曾经交给我一份通信副本并征求我的意见。我回答说，这使中国官方
比英国居于更有利的地位。他说他的印象也是如此，于是便不再在宁波散
发副本"。[2]此处，两点值得注意：一是丁韪良把"亚罗号"事件视为和
"鸦片曾经起到的作用一样"；二是包令似乎为了证明自己采取特别措施是
正确的，他把自己和叶名琛的通信公布出来，在丁韪良看来，"这使中国
官方比英国居于更有利的地位"。因此，在丁韪良眼里，英国以"亚罗号"
事件为借口挑起事端，是站不住脚的。

　　1858年6月18日，美国抢先英、法与清政府签订了《中美天津条约》。
丁韪良和卫三畏参与了《中美天津条约》的签订，丁韪良为卫三畏做翻译，

---

〔1〕"亚罗号事件"与"马神甫事件"分别成为英法两国发动第二次鸦片战争的借口。
〔2〕丁韪良：《花甲忆记》，沈弘等译，桂林：广西师范大学出版社，2004年，第98-99页。

因为当时卫三畏对官话还不够熟悉。丁韪良记述：条约第二十九款的所谓"宗教宽容条约"，即外籍传教士得入内地自由传教，的确是由卫三畏提出来的，这与卫三畏的自述是一致的。但丁韪良认为："如果认为中国对我们圣教的宽容全然依赖于中美条约的这条规定，那是错误的。"1844年，法国带头要求中国撤销禁教法令，并要求获得宗教宽容的上谕。法国已经得到了皇帝的许可，"因此怎么能说他们需要通过我们的所作所为来寻求条约保护呢？事实上，每一个缔约国都有一个关于基督教的条款，即使我们没有这一条款，（依据第一次鸦片战争签订的"片面最惠国"等不平等条款——笔者注）他国所享受的利益也同样适于我们"。但丁韪良也记述道："中方如此轻易地接受了宗教宽容条款，令人吃惊。"原因在于清政府"害怕一旦拒绝我们的要求，外国列强就会转而支持在华中省份尚有雄厚兵力的造反者（太平天国）"。[1]

　　丁韪良还目睹了第二次大沽之战英法联军"遭受了灾难性的失败"这一幕：1859年6月，英法联军企图强行打开白河通道。虽然他们有强大舰队，但无法跟大沽炮台守军相抗衡。许多炮舰被击沉，"英法联军遭受了灾难性的失败"。当听说英国舰队司令受伤之后，美国炮舰舰长大声说道"血浓于水"，驾驶炮舰前去表示他的慰问，"并且把中立抛到了一边。他的那句话传遍了世界，而他的行为，尽管从外交角度来看是不明智的，但却具有拉近两个兄弟国家纽带的效果"。[2]丁韪良客观地记述了英法联军遭受的惨败与美军抛弃"中立"之虚伪。

　　3. 关于中法战争

　　丁韪良记述了1885年在同文馆任职期间与中法战争有关的经历：丁韪良住在宝珠洞，即他在北京郊区的避暑之地，突然总理衙门派来了一位信

---

〔1〕丁韪良：《花甲忆记》，沈弘等译，桂林：广西师范大学出版社，2004年，第120-121页。
〔2〕丁韪良：《中国觉醒》，沈弘译，北京：世界图书出版公司，2010年，第131-132页。

使，要他赶快回城。大臣们告诉丁韪良法国人已经摧毁了他们在福州的舰队，并且占领了那里的军火库。"这就是战争，"他们说道，"我们想要知道，按照国际法，应该怎么对待敌方的非战斗人员。"丁韪良从教科书里找出了相关的内容，在纸上写了一小段，并将其翻译成中文，以便能供中国政府使用，但是他还没有写完，有一个文书便走进来说，军机处想要尽快得到这份材料，因为他们即将要就这个话题拟一份谕旨。第二天就下了一道谕旨，宣布中国进入战争状态，并向在华的法国人保证，只要他们不参加任何敌对行动，就可以在原来的地方继续待下去，并且可以指望得到完全的保护。当时的清政府极好地遵守了它的诺言。内地的传教士没有一个受到骚扰，丁韪良自己主管的那个学院（同文馆）里就有两名法国教习，他们被容许继续给学生上课。[1]丁韪良这段记述亦具有史料价值，说明当时清政府曾借助丁韪良的帮助，运用国际法来处理战争相关事宜。

　　丁韪良还记述道：法国人占领了台湾，双方都在准备一次决战，突然有一件似乎不太重要的事件使得他们达成了一个谅解。大清海关有一艘用来给灯塔提供补给品的小轮船被法国人所扣留，赫德请求法国总理朱尔·费里予以放行。这个请求很快就得到了批准，与此同时，法国人暗示他们将欢迎为停战而举行谈判。停战条件很快就达成了共识。[2]

　　丁韪良指出：就停战协议的内容来说，中法双方都没有得到或失去任何东西。然而事实上法国取得了实质性的胜利。从此以后，法国就悄悄地拥有了东京（越南），而中国过去一直把它视为一个藩属国，并且努力想要保护它。[3]丁韪良此处所说的"事实上法国取得了实质性的胜利"，与当今国内教科书所言清朝当局在中法战争中"不败而败"的提法颇为相似。

---

〔1〕丁韪良：《中国觉醒》，沈弘译，北京：世界图书出版公司，2010年，第133页。
〔2〕同上，第133页。
〔3〕同上，第133页。该书注释：东京是指清末中国南面的一个封邑，位置大约在现在的越南河内。

4. 关于中日甲午战争

丁韪良记述了他对战争结局的预测：1894 年日本大胆地向中国宣战，并用战刀为自己在列强中赢得了一席之地。[1]

丁韪良还谈到了战争对维新派的刺激：中国败在了一个受它蔑视的邻国手里，这种战败的屈辱，假如可能的话，比它 1860 年败在英法联军手里的屈辱强烈得多。它见证了采纳西方的方法如何使一个东方小国的人民具有了不可抵御的力量，于是中国最富有智慧的政治家们便努力致力于采取一种类似的方法，来改造中国这个古老的帝国。年轻的光绪皇帝表现出自己是一位聪明的学生，他发布了一系列改革谕令。[2]

丁韪良对《马关条约》之后的三国干涉还辽事件做了如下叙述：根据《马关条约》，日本将占有旅顺口和辽东。"在取得法国和德国的支持之后，俄国强迫日本退出了旅顺和辽东，并且在三年之内，俄国自己占领了这些地方。"这在日本人的胸膛里激起了复仇的火焰，因而埋下了另一场战争（日俄战争）的种子。[3] 可见，丁韪良一针见血地揭露了"三国干涉还辽事件"的本质，是列强对中国的争夺。

关于中日甲午战争导致列强加剧在中国划分势力范围，丁韪良客观地描述道：1897 年秋天，德国要求中国割让胶州，租借九十九年。"第二年春天，俄国以租借二十五年的形式得到了旅顺，以作为它漫长铁路线的终点站。"在此之后，英国租借了威海卫，而法国租借了广州湾。虽然列强对每一次割让领土都是以"租借"的名义，但是这种"租借"其实就是永久性的转让。[4] 显而易见，丁韪良此处点明了列强在中国划分势力范围的侵略本质与危害。

---

〔1〕丁韪良：《中国觉醒》，沈弘译，北京：世界图书出版公司，2010 年，第 133 页。

〔2〕同上，第 133 页。

〔3〕同上，第 133-134 页。

〔4〕同上，第 136-137 页。

260

5. 关于八国联军侵华战争

丁韪良称八国联军侵华战争为"义和拳战争"。丁韪良说道："为了避免在叙述事件梗概时的平铺直叙，我想更有效的方法就是把注意力集中在事情的根源上。"[1]重视分析历史事件发生的原因及其影响，这是丁韪良研究中国历史常用的方法。他认为"第五幕义和拳战争"的爆发原因有两方面：

一方面缘起于慈禧太后反对戊戌变法：1898 年，"当时的清朝皇宫里刚刚发生了政变。改革正在退潮，紧接着就是毁灭性的反弹"；"第五幕戏剧是以慈禧太后所发动的政变作为开端，并以八国联军占领北京作为结尾"。[2]

另一方面是列强在中国划分"势力范围"而导致民众反抗：于是有人呼吁抵制列强所谓的"瓜分"。"在掠夺最早发生的山东，义和拳这个早已存在的狂暴社团鼓吹对本地基督徒、洋人和包括铁路、电报和各种商品在内的洋货发动公开的战争。"[3]

丁韪良认为，上述两方面原因共同发生了作用：在"大阿哥"（溥儁）父亲（载漪）为首的反动集团影响下，导致重新摄政的慈禧太后废除了光绪皇帝在戊戌变法中所做的几乎一切。在诏令中，她冷嘲热讽地说："我们无须因噎废食！"对于洋办法的厌恶酿成了对于洋人毫不掩饰的仇恨。当时正好发生了一系列外国列强对于中国的侵略，后者更是具有煽风点火的作用。[4]

丁韪良对义和团运动和八国联军侵华战争也做了如下史实性叙述：

直到那些激进的义和拳成员进入了直隶省，并且公然叫嚣要前往北京

〔1〕丁韪良：《中国觉醒》，沈弘译，北京：世界图书出版公司，2010 年，第 135 页。
〔2〕同上，第 134、135、151 页。
〔3〕同上，第 137 页。
〔4〕同上，第 136 页。

时，外国公使团才开始采取步骤加强它们的卫兵。一队二百零七人的援兵赶在铁路线被破坏的前几天到达了北京。[1]

6月20日，德国公使克林德在去总理衙门请求延长最后通牒时间的路上，被一名身穿士兵制服的男子击毙。他的秘书虽然身受重伤，但还是逃回报警，于是所有的外国公使馆成员，连同他们的同胞们，都躲进了英国公使馆避难，只有樊国梁主教及其手下人，在四十名海军陆战队员们的帮助下，留在新建的北堂进行防御。[2]

当天晚上，"我们受到了清军的炮击。从那时起，我们就被团团围住，日夜受到致命的攻击，时间长达八周之久，直到八国联军攻占了北京的城墙。世上更大规模的屠杀并不少见，但是历史上从未记载过任何政府曾企图消灭整个外交使馆区，那里的每一位成员都受到神圣国际法的保护"。[3]

从以上叙述，可看出丁韪良的倾向性，即：他对慈禧太后及后党官僚的愚昧性、义和团"笼统排外"的做法责备较多；虽然他有提到列强划分势力范围是引起民众反抗的重要原因，但对战争过程中八国联军侵华罪行方面的史实几乎回避。

顺便指出：丁韪良《中国觉醒》一书第二十八章还专题论述"日俄战争"。这是1904年到1905年间，日本与俄罗斯为争夺在朝鲜半岛和中国东北地区势力范围而进行的战争。战争以俄罗斯失败而告终，日本经过此战跨入列强行列。丁韪良论道：日俄战争的特点是，战争"在中国境内进行，但中国并非参战国"，"这场战争并不是中华民族历史剧中的一幕，而是由中国提供舞台的一场大戏。这场戏之所以要在本书中来加以论述，是因为它对于中国的命运所施加的影响"。[4]他评论说：这场战争是人类历

---

〔1〕丁韪良：《中国觉醒》，沈弘译，北京：世界图书出版公司，2010年，第137页。

〔2〕同上，第137页。

〔3〕同上，第137页。

〔4〕同上，第141页。

262

史上最重要的战争之一。它打破了力量的平衡，"为黄种人无穷的潜力开拓了一个崭新的境界"。虽然清朝当局"在日俄战争中担当了一个窝囊的角色"，"但这件事还是在很大程度上激发了中国人的精神"。一些中国人把日本视为学习西方有成效的国家，"中国人迅即对他们新的信念做出了反应，他们向日本派出了一支有一万人的留学生大军，至今仍有八千余人留在日本"。[1]

综上所述，丁韪良对晚清时期发生的五次列强侵华战争的论述，具有如下特点：

第一，对战争爆发的原因，丁韪良注意分析两方面因素：既有列强攫取与维护其侵华利益的原因，也有清朝当局落后于世界潮流而导致落后挨打的原因。其说值得我们思考。

第二，丁韪良对列强侵华战争过程之史实，一般记述比较客观，特别是丁韪良亲身经历的史实，至今仍具有一定参考价值。

第三，丁韪良不乏同情中国之言论，但思想情感明显更为倾向于维护列强之利益，尤其维护西方国家在华传教特权。因此，丁韪良的一些论述，往往自相矛盾。

第四，丁韪良首次提出要编写"中国对外交往的现代历史教材"。丁韪良以中外冲突的重大事件为主线之一，这种表述方法为后来美籍海关洋员马士（Hosea Ballou Morse）编写《中华帝国对外关系史》（*The International Relations of the Chinese Empire*）所继承；该书叙述了1834年至1911年历史时期的中外关系史，第一卷出版于1910年，其余两卷在1918年出版。[2]在当代中国近代史教科书中，两次鸦片战争、中法战争、中日战争、八国联军侵华战争等，同样也是主要线索之一，并占据很大篇幅。

---

[1]丁韪良：《中国觉醒》，沈弘译，北京：世界图书出版公司，2010年，第149-150页。
[2][美]马士：《中华帝国对外关系史》，张汇文译，上海：上海书店出版社，2006年。

但丁韪良的上述作品，观点与立场暂且不论，就史实之陈述，严格地说，还缺乏系统性和深入研究，个人所见所闻描述较多，缺乏对中外官方档案的利用。因此，丁韪良的作品，距离"中国对外交往的现代历史教材"编写之基本要求，还差距甚大。

三、关于太平天国

丁韪良曾以浓厚兴趣考察过太平天国起义。"我怀着最浓厚的兴趣观察了太平天国运动兴起和衰落的过程，与作战双方活跃的代理人都进行了接触，并且至少对于事件的发展努力施加了某种影响。"[1]丁韪良对太平天国特别关注，最初动机源于他对扩张传教之思考。可是，在这个过程中，丁韪良不知不觉陷入了对中国历史进程与错综复杂中外关系问题的广泛关注。随着丁韪良各种兴趣的不断增多，结果却逐渐分散了他的传教热情。以下综合概述丁韪良论述太平天国的主要观点。

第一，丁韪良认为鸦片战争是激化社会矛盾、导致太平天国等历史事件发生的原因之一。他论述道："鸦片战争所带来的一个重要后果就是在帝国的不同部分纷纷爆发了起义和叛乱。"[2]丁韪良这一观点和马克思的观点有相似之处。马克思早在 1853 年指出："推动了这次大爆炸（指太平天国运动）的毫无疑问是英国的大炮。"[3]

丁韪良在中国亲身经过不少社会矛盾激化的事例，这有助于他深刻理解太平天国起义爆发的原因。以下仅举《花甲忆记》记述的三个事例。

其一，某盐商强征勒索导致民众反抗。"一个偏远地区的人民为了反抗一位盐商的强征勒索，集体进城烧毁了他的房子，但是没有对其他人造

〔1〕丁韪良：《花甲忆记》，沈弘等译，桂林：广西师范大学出版社，2004 年，第 86 页。
〔2〕丁韪良：《中国觉醒》，沈弘译，北京：世界图书出版公司，2010 年，第 124 页。
〔3〕马克思、恩格斯：《马克思恩格斯选集》第 2 卷，北京：人民出版社，1995 年，第 1-2 页。

264

成伤害。这就是守法的中国人有时被迫采取向父母官申冤的方式。"[1]

　　其二，宁波知府草菅人命，乱抓无辜百姓。1853 年秋，上海被小刀会起义军占领，宁波官府惊恐之下"搜捕叛匪的间谍"，"有送信者来报告说，一个我们很多人都认识的裁缝被当作间谍抓了起来，很快就要被杀头，事情十万火急"。丁韪良"赶紧去见知府"，知府出示一块铜牌并告诉丁韪良："他还没有认罪，但在他身上发现一块铜牌，可见他属于一个秘密会社。"铜牌的一面刻着一个女子的头像，上面用法语写着"圣于尔絮勒会创始人"；铜牌另一面用法语写着"她是我的母亲"。丁韪良将铜牌法语含义告诉了知府。"我还没有来得及回到家里，那个可怜的裁缝就被清兵押着追上来交给我。他全身几乎一丝不挂，身上青一块紫一块的，因经受了十天的虐待而显得非常憔悴。"[2]

　　其三，某地方官摊派苛捐杂税导致民众反抗。丁韪良记述他亲身经历目睹了一次民众反抗地方官的过程：这次斗争的矛头是指向官员的，暴动者纪律严明，并且对清廷的最高领导层仍然表示了忠诚。在进入知县衙门去观察动静时，丁韪良看见有一队人守卫着衙门的某一部分，而他们的同伴们则在抢劫其他地方。当丁韪良询问他们为何在此守卫时，对方只是回答："这里是银库，皇帝的钱碰不得。"他们的不满并不在于赋税本身，而是地方官员用以填补自己腰包的苛捐杂税。一个月以后，省里的巡抚派了一千五百名清兵前来镇压暴动者，但他们在路上中了埋伏，共有五十名士兵丢了性命，还有近百人受伤。丁韪良和麦嘉缔医生一起前往照料那些伤兵，"他们被众多手无寸铁的乡下佬殴伤或砍伤的情景，真可谓是惨不忍睹"。在用暴力迫使暴动者低头的方法失败以后，巡抚又尝试用劝降的方法。他解除了那些不得人心的官员的职务，并保证在交出暴动的头目之后

[1] 丁韪良：《花甲忆记》，沈弘等译，桂林：广西师范大学出版社，2004 年，第 58 页。
[2] 同上，第 45 页。

取消那些苛捐杂税。幸亏姓钱和姓张的那两位头领深明大义，主动前往官府自首，以换取这次暴动目的的实现，以及中止暴动的祸害。他俩最终还是被公开处决。这一点他们在自首前就已经料到。然而，因免受苛捐杂税困扰而对这两名好汉充满感激之情的当地人民修了一座庙宇来纪念他们，并将其尊为天神。"我不知道还有其他什么东西能比这个事件更能体现中国的民族特征。"〔1〕

可见，丁韪良对太平天国民众反抗官府压迫表示同情，是建立在他对当时社会矛盾状况做过现实观察的基础上产生的。

第二，丁韪良以赞美的笔调，记述了太平军自金田起义到定都南京的军事胜利：太平军下山进入湖南平原之后，以山洪暴发那样一泻千里的气势，横扫一切敌人，开始向一千五百英里之外的中央堡垒进发。当这股"洪流"在汉口汇聚到"大江"后，太平军攻陷了武昌、汉阳和汉口这三个富庶的城市，随后征用了所有的平底帆船，顺流而下，对于此行的目的没有丝毫的犹豫。尽管南京的城防体系素有固若金汤的美誉，还有两万五千名守城的八旗兵，但在凌厉的攻势下也未能幸免。〔2〕

第三，丁韪良通过采访太平军战士，生动描述了太平军镇江突围的细节：虽然"我想亲自观察太平天国的努力并没有成功，但幸运的是我遇到了一些曾经参加过太平军的本地人。其中有一位是在镇江加入叛军行列的宁波人。他曾参加过许多次决斗，前有清军的大炮，后有叛军的长矛。他也曾忍受过饥饿和寒冷，由于对单调的生活和前途无望而感到厌倦，所以他抓住第一个机会就做了逃兵"。尽管这个人可以被算作是一个胆小鬼，但他却特别强调原太平军战士的信心和勇气。由于相信太平天国领袖的神圣使命，太平军从不绝望，就是在灾难临头的情况下也是如此。有一次他们

〔1〕丁韪良：《花甲忆记》，沈弘等译，桂林：广西师范大学出版社，2004年，第58页。
〔2〕丁韪良：《中国觉醒》，沈弘译，北京：世界图书出版公司，2010年，第126页。

跟南京方面失去了联系，情况万分危急——身为江苏巡抚的清军将领率所有的兵力前来攻打镇江，就像伐木人想要从根部砍倒一棵大树那样。太平军向南京方面接连派出信使要求增援，但都没有回音。最后，当他们似乎再也不能坚持下去时，一位老军官自愿再做最后的努力来冲出包围圈，去搬救兵。他说："假如我成功地找到了首领，而且他也同意增发援军时，你们就会看到江面上有大量焦炭随流而下。"剩下的守军全都盯着那宽阔的江面，望眼欲穿！到了第三天，他们终于等来了期待已久的信号时，大家的心都不由得狂跳起来！这些漂浮的焦炭重新燃起了他们的希望。他们拼死突围，去跟南京派来的援军汇合，清军的营寨受到了前后夹击，那位巡抚被杀，清兵被驱散，镇江之围也得以解脱。[1]

第四，丁韪良把太平天国信奉"拜上帝"，视为"中国基督教徒"。"1852年，订立南京条约刚满十年，全世界就因很快读到下列新闻而感到兴奋不已，即一大批中国基督教徒因不堪官方的迫害而揭竿而起，进而成为反抗者的先锋队，并且领导他们走向胜利。"[2]丁韪良说："作为旧国都的南京落入任何起义者之手，对于全世界来说都是一个非常严重的事件。然而当人们得知这些起义者是基督徒时——不仅仅是为了夺取帝国，而且是对中国的异教主义发动圣战——他们便觉得激动不已。商人们开始盘算这一胜利对于商业的影响；传教士们则讨论起它对于传播基督教信仰可能会产生的意义；外交家们——他们是唯一能独立开展调查的阶层——寻找着最早的机会，通过访问南京来查清事实真相。"[3]

丁韪良亦指出太平天国宗教带有迷信色彩，与基督教不一致："在《十字巨笔》这首诗中，他（洪秀全）将一种著名的道教占卜方法'扶乩'加以改造，使之符合基督教精神。然而大部分的启示都是通过他的军师和

---

〔1〕丁韪良：《花甲忆记》，沈弘等译，桂林：广西师范大学出版社，2004年，第86页。
〔2〕同上，第86页。
〔3〕同上，第86页。

精神媒介杨秀清而获得的。这样就为无节制的腐化堕落和招摇撞骗打开了大门。"〔1〕

第五，丁韪良为太平天国辩护，称其为"革命"，并写信给顾盛（Caleb Cushing, 1800—1879）希望外国军队保持中立。丁韪良记述："除了其他人之外，我本人也曾经试图跟他们接触，但没有成功。由于无法说服我的船夫去闯封锁线，我在掉头回家之后用笔为他们进行了辩护，我写的那些信引起了很好的反响，但是它们并没有阻止像美国人华尔和英军上校戈登那样的雇佣兵将他们的屠刀砍入太平军的盔甲。"〔2〕他记述：这是受到太平军侵扰的广大地区，商业被中止。他们还严禁鸦片，这些都使得商人们对他们产生偏见；而外国公使们则倾向于采取任何形式的干涉，以镇压他们心目中的一伙强盗。就在这关键时刻，"我发表了写给顾盛的一系列信札，指出太平军的劫掠和残暴与中国历史上革命团体的特征相吻合，并且在他们所公开宣称的信条中包含着一种新秩序的萌芽"，而对一个因循守旧的没落王朝则不能有过高的期望，因此请求他们保持严格的中立。据说这些信札改变了舆论的走向，并且推延了干涉的日期。但尽管如此，西方列强们还是对此进行了干涉，而这决定了太平天国的命运。借用外来的力量镇压一场革命总是使进步的车轮倒转；而就太平天国这个例子而言，谁又能讲得清它使中国人信奉基督教的日子又推延了多少个世纪呢？〔3〕

丁韪良认为：太平军就像法国的革命者那样，借用司各特（Walter Scott）的话来说〔4〕，就是"改变一切——从宗教仪式到系鞋带的方式"。他们改变了服装式样，并下令不准刮头皮，后者是臣服清朝的标志，于是他们的信徒都留头发。这使得他们被人骂作"长毛强盗"。在许多情况下，

〔1〕丁韪良：《花甲忆记》，沈弘等译，桂林：广西师范大学出版社，2004年，第93-94页。
〔2〕同上，第95页。
〔3〕同上，第89页。
〔4〕司各特（Walter Scott, 1771—1832），18世纪末苏格兰著名历史小说家及诗人。

他们改变了汉语的正字法，例如他们写"魂"的时候，将"鬼"字偏旁改写作"人"字，因为据他们所说，"鬼"应遭到驱逐。他们将最高统治者的名号由"皇帝"改作"王"，因为前者冒犯了"上帝"，至高无上的主。他们又把"天朝"改成了"天国"，后者是《圣经》中的说法；将它置于"太平"之后，来表示一个"国无战乱"的时代即将到来。他们的首领被不无讽刺地称作"太平王"。他们保留了"万岁"这句对皇帝的赞美词，但从中衍生出一整套新的头衔，将座次第二的亲王称作"九千岁"，座次第三的称"八千岁"，第四的称"七千岁"等，按 n-1 的公式逐次递减。他们接受了科举考试的原则，但孔子的书被禁止，取而代之的是耶稣基督的书——考试所基于的文本选自《旧约》和《新约》，其版本是由他们在南京出版的。

倘若这一革新的极端重要性受到了应有的关注，西方政府是否就会对这个正在崛起的力量采取一种不同的态度呢？它反映出起义者的无比虔敬，与胡格诺派（Huguenots）或国民督约派（Covenanters）相比毫不逊色。[1]虽然禁止孔子的书会触犯文人雅士的敌意，但割断与古代的主要联系也为全新的生涯开辟了道路，而且这一个举动并非为了得到西方列强的承认，因为他们对于后者所知甚少，而且也并不关心。[2]

第六，丁韪良分析太平天国失败的原因。

丁韪良认为太平天国失败的重要原因之一，是来自传教士的反目与列强的武装镇压。起初传教士们误以为太平天国信奉基督教。1847 年，一个接受过良好教育，风度翩翩，叫洪秀全的年轻人现身于广州的美国浸礼会真神堂。于是他便得到了罗孝全教士对于耶稣教教义的亲自传授，而后他

---

〔1〕胡格诺派（Huguenots），16 世纪至 17 世纪法国基督新教归正宗的一支教派。17 世纪以来，胡格诺派普遍被认定为"法国新教"，信奉加尔文主义，在政治上反对君主专制。国民督约派（Covenanters），基督教新教加尔文宗派别。
〔2〕丁韪良：《花甲忆记》，沈弘等译，桂林：广西师范大学出版社，2004 年，第 93-94 页。

正式成为一个慕道友。在并未得到正式洗礼、尚未获得传道者信任的情况下，洪秀全回到了自己在花县的家，并且开始传播他的信条。他的才能热情使他赢得了信徒，于是他组织了"拜上帝会"。太平军定都天京后，全世界的眼睛都在盯着南京。外国军舰被派往那里进行侦察。随"赫耳墨斯"号前往的英国领事密迪乐写了一份对太平军充满同情的报告，但太平军北伐的失败阻止了英国对于太平天国政府做出任何正式的承认。传教士们也被太平天国所吸引，因为他们公开称信仰基督教。有两位主张在星期六守安息的基督教传教士听说太平军也把星期六作为他们的安息日，赶紧出发前往南京，以表示赞同他们遵守这一古老的做法。在南京周边的某个地方，他们得知这种看似跟他们自己信仰相符的做法实际是源于日期计算上的一个错误，所以他们没有再继续他们的旅行。唯一一位真正渗透到了太平军指挥部的传教士是罗孝全教士，即天王洪秀全的第一位传道者。天王曾给他写过一封信，邀请他往太平天国的宫廷。罗孝全在南京住的时间并不是很长。他发现这位过去的学生采纳了一种新的方法取代洗礼，既不是把水洒在人身上，也不是将人浸入水中，而是用毛巾蘸水洗肚脐眼儿！也许罗孝全对太平军所表示的异议比礼仪本身更为深刻。据说罗孝全在南京生命真的受到了威胁。"太平军的道德沦丧和他们对于圣物的滑稽模仿令基督教世界感到震惊。戈登无疑认为自己消灭那群亵渎者，是在为上帝效劳。"[1]"太平天国因外国势力的干涉而被镇压"，"在清政府与太平军的长期矛盾斗争中，外国力量的积极支持不止一次地拯救了清政府"。[2]

　　丁韪良认为太平天国失败的另一重要原因，是出自其首领。他论述道：同样千真万确的是，"太平天国首领的愚昧无知应对其惨败负主要的责任"。其领袖们的腐化堕落：他们把自己试图建立的新帝国称作"太平

---

〔1〕丁韪良：《中国觉醒》，沈弘译，北京：世界图书出版公司，2010 年，第 125-128 页。
〔2〕同上，第 125-128 页。

270

天国"。洪秀全就是天王，人称"万岁"，即能活上一万岁。天王在后宫塞满了无数的妃子。太平军所取的某些称号堪称千奇百怪。东王杨秀清被称作"九千岁爷"；其他的亲王在互相竞争"七千岁爷"和"六千岁爷"——"万岁"的十分之七和十分之六。[1]

丁韪良认为太平军北伐犯了孤军深入与兵力分散的错误。有一支战斗力很强的军队受派遣沿大运河北上。起初他们势如破竹——没有一个市镇或城市能够阻止他们的前进，这有点像拿破仑对俄国的入侵。在冬季开始的时候，他们遇上了蒙古亲王僧格林沁率领的一支精兵；紧接着是两位更加厉害的将军——正月和二月。"由于无法打开北上的道路，太平军便到了他们过冬的营地，并且犯了把部队分成两半，各自驻扎一个县城的错误，因此他们分别受到清军的围困，并被各个击破。"[2]

此外，忽视对外贸易的重要性，对太平天国极为不利。"由于笃信自己的命运和模仿洪武皇帝的榜样，他（洪秀全）在满足于向北方省份派出一支远征军之外，完全忽视了沿海的港口贸易。他并没有意识到，取得全国胜利的必要条件跟明朝相比已经有了天壤之别。尤其是他没有意识到自己是否能够坐稳雕龙宝座，西方商人手中还握有决定性的一票。他没有迅速挥师南下占领上海，用那儿的商业资源和外国军火来加强自己的力量，而是把这些优势拱手让给了他的敌人。对于这两者来说，上海被证明起了改变命运的关键作用。"[3]"我已经说过，他们对于上海的疏忽就是一个致命的错误。这种忽略的第一个结果就是上海被一群号称为红巾军（小刀会）的魔怪哈比（Harpies）所占领。[4]他们属于三合会，对于太平军提出的改革并不同情。"[5]

---

〔1〕丁韪良：《中国觉醒》，沈弘译，北京：世界图书出版公司，2010年，第125-126页。
〔2〕同上，第126页。
〔3〕丁韪良：《花甲忆记》，沈弘等译，桂林：广西师范大学出版社，2004年，第86页。
〔4〕魔怪哈比（Harpies），是古希腊神话中的一种怪物，性情残忍贪婪。
〔5〕丁韪良：《花甲忆记》，沈弘等译，桂林：广西师范大学出版社，2004年，第93-94页。

　　第七，丁韪良认为：不以成败论英雄，而应肯定太平天国的意义。"一次成功的起义绝不会被遗忘，因为它所造就的国家或王朝就是它的纪念碑。所有失败的起义因其流产而被遗忘。无论是匈牙利科苏特（Lajos Kossuth）所领导的运动[1]，还是几乎让美国解体的南北战争都毫无例外地要遵循这一命运法则。同样，曾经在中国半数以上的省份血流成河，并且威胁要推翻满清王朝和中国古代异教主义的太平天国因外国势力的干涉而被镇压。然而它值得人们缅怀，即使是为了该运动领袖所赋予的那种特殊精神。"[2]

　　在此，丁韪良明确指出，"太平天国因外国势力的干涉而被镇压"，但太平天国"值得人们缅怀"。

四、关于晚清改革

　　丁韪良是晚清改革的参与者和见证人。1865 年 3 月丁韪良进入总理衙门直属的同文馆任职之后，有条件与总理衙门大臣等上层高官密切相处，客观上为他持续观察晚清政局变化提供了有利条件。他说："我与清朝官场打了四十年的交道，熟识各个等级的文武官员，从衙门小吏到王公大臣。"[3]丁韪良对清朝当局从"同光中兴"（洋务运动）到戊戌维新，再到预备立宪的发展进程，几乎是在事件发展的第一时间，就做了许多报道与论述。自"洋务运动"到预备立宪的半个世纪中，丁韪良可称为唯一全程主动参与、观察、报道与论述晚清改革的汉学家。

　　1. 丁韪良评判"改革"之标准

　　尤为可贵的是，丁韪良评判晚清改革的认识标准相当明确，他主要强

---

〔1〕科苏特（Lajos Kossuth，1802—1894），是 19 世纪中期匈牙利独立运动的领袖。
〔2〕丁韪良：《花甲忆记》，沈弘等译，桂林：广西师范大学出版社，2004 年，第 86 页。
〔3〕同上，第 222 页。

272

调两点：一是有利于中国的近代化；一是有利于中国的独立富强。丁韪良
的近代化意识是十分明晰的。以下仅举他的一些言论予以佐证。

丁韪良在谈到戊戌维新时说：1898 年年轻的光绪皇帝从中国对日本的
惨败中得到了教训，决心对中国的教育制度进行彻底的改革。[1]

丁韪良在谈到报纸的"现代"功能时说："在现代社会运动中，新闻
最具有影响力。"[2]清廷中确实有一份称作《京报》的报纸，它被称作世界
上最古老的报纸，但是它的内容只限于登载诏令、奏折和对官员的任命。
自由讨论和普通新闻在其栏目中尚无立锥之地。"所以按现代的定义来说，
它还不是一份报纸。"[3]

丁韪良在赞扬张之洞时说："他就把跟赔款数目相同的一笔经费专门
用于建设校舍。一个修建校舍的帝国肯定要比一个修建炮台和要塞的帝国
更容易立于世界民族之林。"[4]

丁韪良在谈到新式邮局取代旧式驿站时说：中国古代驿站制度，骑马
的信使用来传递官方急件，步行的信使则为私人信件提供服务。"现代化
的邮局目前在每一个行省都提供以上这两种服务。"邮件可以用轮船或铁路
送达。[5]

丁韪良在谈到《万国公法》时说："国际法由我来教授，而且学生们
所学国际法的第一部课本就是由我翻译成中文的《万国公法》。"假如中国
人没有在平等条件下跟外国人的交往，国际法的书对于他们来说又有什么
用呢？[6]

丁韪良具有"妇女解放"之理念。他在《中国觉醒》论述道：如果培

〔1〕丁韪良：《中国觉醒》，沈弘译，北京：世界图书出版公司，2010 年，第 160 页。
〔2〕同上，第 222 页。
〔3〕同上，第 169 页。
〔4〕同上，第 178-179 页。
〔5〕同上，第 157 页。
〔6〕同上，第 159 页。

根和先于他的孔子所说的"知识就是力量"这句话没错,那么中国如此忽视妇女,该造成一个多么严重的虚弱源头。值得欣慰的是,新的国家教育制度没有将女子排除在外。所以有理由相信,一夫多妻制将与愚昧无知一起,作为一种使受教育女子感到厌恶的事物状态而同时消失。但假如慈禧太后颁布禁止娶妾的法令,岂不是可以加快妇女解放的步伐,并且使东方民族的美丽女性向往一种更高尚的人类生活概念吗?没有其他任何事情能比此更让西方世界对中国肃然起敬了。[1]

2. 关于同光中兴

自 1860 年第二次鸦片战争结束后设立"总理衙门"到 1894 年(光绪二十年)中日甲午战争爆发,这三十余年间,清朝当局持续推动改革,国内基本安定。该时期社会变革历史,史称"同光中兴",即同治帝、光绪帝时期的"中兴";当代史学界称之为"洋务运动"。"洋务运动"始于同治新政之发端。丁韪良认为:内忧外患是同治新政发生的重要原因;其中,外因是主要的。"中国最大的危机乃是来自西方的列强";两次鸦片战争,"中国人终于意识到了他们的处境"。[2]同治新政的"效果是立竿见影的"。[3]丁韪良是晚清"同光中兴"(洋务运动)时期文化教育变革的参与者。丁韪良对"同光中兴"有许多具体叙述,其中他最感兴趣且论述最多的是如下诸问题。

(1)对总理衙门官员的评价

丁韪良对奕䜣的评论。他认为奕䜣"思想开明"[4],称其为"老舵手",

〔1〕丁韪良:《中国觉醒》,沈弘译,北京:世界图书出版公司,2010 年,第 229 页。

〔2〕"The Renaissance in China", *New Englander*(《新英格兰人》),Vol. XXVIII, New Haven: Thomas J. Stafford, January 1869, p. 56. 转引自刘伯骥:《丁韪良遗著选粹》,台北:中华书局,1981 年,第 154 页。

〔3〕"The Renaissance in China", *New Englander*(《新英格兰人》),Vol. XXVIII, New Haven: Thomas J. Stafford, January 1869, p. 56. 转引自刘伯骥:《丁韪良遗著选粹》,台北:中华书局,1981 年,第 154 页。

〔4〕丁韪良:《中国文艺复兴》,载刘伯骥:《丁韪良遗著选粹》,台北:中华书局,1981 年,第 146-167 页。原文出自丁韪良的演讲《中国文艺复兴》("The Renaissance in China")。

"主持清廷内阁长达十五年，显示出高度的广博和干练"[1]。"恭亲王是总理衙门的领袖，靠了他的见识好，用意好，一切进步的政策才有实施的可能；但是这种种进步的政策都是他人献议的，其中有不少是赫德的主意。同文馆算是特别的幸运，有总理衙门作背景，有恭亲王作靠山，才能诞生。"[2]

丁韪良在 1865 年和 1866 年都曾发表关于恭亲王的文章，讨论恭亲王政治得失对中国改革之影响。1865 年 4 月 18 日，丁韪良在《纽约时报》（*New York Times*）上发表《恭亲王的倒台》（"Downfall of Prince Kung"）一文。[3] 1866 年 4 月，他在《哈泼新月刊杂志》（*Harper's New Monthly Magazine*）上发表《恭亲王》（"The Prince of Kung"）一文，该文比较完整地记录他与恭亲王的往来、他了解的恭亲王的政治活动过程，以及恭亲王下台又再次恢复部分权力的过程。[4] 此文后成为《花甲忆记》中关于丁韪良与恭亲王交往的一部分。

丁韪良《花甲忆记》记述说：恭亲王是刚愎自用、命运舛恶的咸丰帝的弟弟。25 年来，他始终担任总理各国事务的大臣与军机大臣。他得此高位，是由于他超凡的才智和勇气，在皇室危难的关键时刻，他曾不止一次挺身而出。他的命运之星升起在黑暗的暴风雨中。当时咸丰帝逃到了热河，驻华公使们因为京师没有负责的人展开谈判，开始考虑转向南京的太平军。然而，1860 年 10 月，年仅 30 岁的恭亲王作为全权和谈代表出现了。尴尬的局面愈发衬托出恭亲王的尊贵与镇定，公使们异常吃惊。[5]

丁韪良敏锐指出：此后大清王朝正在发生和演绎着一场改革与守旧的

〔1〕丁韪良：《中国觉醒》，沈弘译，北京：世界图书出版公司，2010 年，第 209 页。
〔2〕丁韪良：《同文馆记》，傅任敢译，载朱有瓛主编：《中国近代学制史料》第一辑上册，上海：华东师范大学出版社，1983 年，159 页。
〔3〕"Downfall of Prince Kung"，*New York Times*（《纽约时报》），Apr. 18, 1865.
〔4〕"The Prince of Kung"，*Harper's New Monthly Magazine*（《哈泼新月刊杂志》），Vol. XXXII, Apr. 1866, pp. 584-586.
〔5〕丁韪良：《花甲忆记》，沈弘等译，桂林：广西师范大学出版社，2004 年，第 233 页。

斗争。同光中兴时期"改革派"与"守旧派"双方力量的消长，事关晚清改革成败。在这场斗争中，奕䜣是关键性人物。丁韪良认为奕䜣"思想开明"，是"进步党"；批评倭仁等人"自负与偏见"，是"保守者"。[1]

丁韪良对文祥的评价。他称赞文祥"颇具远见卓识"，恭亲王执政时期的成功在很大程度上要归功于文祥。[2]"确切地说，中国像美国一样，并无总理一职，但文祥近十年担任军机大臣，称得上是实际上的清国总理。他影响之大，同时代的中国政治家中无人可比。"[3]

丁韪良对总理衙门官员徐继畲也给予好评。丁韪良对徐继畲十分敬佩，在结识徐继畲之前的 1864 年，他在出版译著《万国公法》时特意在开篇附上了徐继畲《瀛环志略》中的世界地图，在同文馆任职时对徐继畲更是礼敬有加。[4]1865 年（同治四年）"十月命（徐继畲）以三品京堂在总理各国事务衙门行走"。1866 年总理衙门重刻徐继畲《瀛环志略》，并作为同文馆教科书。1867 年（同治六年）"一月命先生（徐继畲）仍在总理各国事务衙门行走管理同文馆（亦称总管同文馆大臣或总提调，相当于校长），聘美人丁韪良字冠西及法人毕利干为教习，皆硕学之士，特为钦重先生"。[5]1868 年（同治七年），徐继畲为丁韪良编写的《格物入门》作序，称："同治五年奉旨陛见，派在总理各国事务衙门行走，管理同文馆事务，因而识冠西丁君，冠西学问渊博，无所不通。"[6]由此可知徐继畲与丁韪良关系之融洽。

〔1〕丁韪良：《中国文艺复兴》，载刘伯骥：《丁韪良遗著选粹》，台北：中华书局，1981 年，第 146-167 页。原文出自丁韪良的演讲《中国文艺复兴》（"The Renaissance in China"）。
〔2〕丁韪良：《中国觉醒》，沈弘译，北京：世界图书出版公司，2010 年，第 209 页。
〔3〕丁韪良：《花甲忆记》，沈弘等译，桂林：广西师范大学出版社，2004 年，第 243-244 页。
〔4〕参见王文兵：《丁韪良与中国》，北京：外语教学与研究出版社，2008 年，第 334-335 页。
〔5〕方闻编：《清徐松龛先生继畲年谱》，载王云五主编：《新编中国名人年谱集成》第十七辑，台北：台湾商务印书馆，1982 年，第 270、272、275 页。
〔6〕丁韪良：《格物入门》，同治七年（1868）京师同文馆刊本，"徐继畲序"第 1-2 页。

276

丁韪良对总理衙门大臣董恂、毛昶熙、沈桂芬等亦大加赞赏。[1]

（2）对曾国藩、张之洞等人的评价

丁韪良对封疆大吏中的洋务和维新官员也做出肯定之评价。

丁韪良在《中国的文艺复兴》一文中论道：在同治新政中，曾国藩堪称封疆大吏中主张改革的领头羊。1867 年发生旱灾，倭仁等顽固派官僚重新挑起论争，"直隶州知州更借此要求关闭同文馆以祈雨"。结果"倭仁被点名警告，令其反省为臣之责。上谕以明确的语言再次肯定了政府对总理衙门政策的支持，并且以曾国藩、李鸿章的经历说明儒学与西学是可以相辅而行的"。[2]上谕曰："曾国藩、李鸿章等均系翰林出身，于奉旨交办中外交涉事件，从无推诿，岂翰林之职专在词赋，其国家政务概可置之不问乎？"[3]

丁韪良最为赞赏的是张之洞。他说道："在居住京师的四十年中，我对张之洞的杰出生涯可谓是了如指掌。"他称湖广总督张之洞为"思想巨匠和功勋英雄"。[4]在《中国觉醒》一书第三十章，丁韪良以《张之洞总督：一位改革的领袖》为标题，较为全面地评述张之洞如何"首先觉醒"，如何成为"改革领袖"，如何表现为"巨人觉醒"。[5]概括起来，丁韪良对张之洞的如下作为给予很高评价：

其一，担任御史，"击倒权贵"。1878 年（光绪四年），崇厚充出使俄国大臣，次年私自与俄订约，许以多处通商、西北各城设领事馆、俄国永远占据伊犁城一带等条件。"张之洞就站出来谴责说，此次使命完成的

〔1〕丁韪良：《花甲忆记》，沈弘等译，桂林：广西师范大学出版社，2004 年，第 241、243、231 页。

〔2〕[美] 芮玛丽：《同治中兴——中国保守主义的最后抵抗（1862—1874）》，房德邻等译，北京：中国社会科学出版社，2002 年，第 306 页。

〔3〕《筹办夷务始末》同治朝卷四十九，第 24-25 页。转引自朱有瓛主编：《中国近代学制史料》第一辑上册，上海：华东师范大学出版社，1983 年，第 570 页。

〔4〕丁韪良：《中国觉醒》，沈弘译，北京：世界图书出版公司，2010 年，第 166、162 页。

〔5〕同上，第 166 页。

结果要比谈判破裂更加糟糕。正如张之洞所证明的那样，崇厚不仅允许俄国人占领了某些战略要地，而且还用肥沃的地区去换取了多岩石的山区和贫瘠的不毛之地。对于这样的结果，任何一位特使都决不会同意，除非他腐败透顶或尸位素餐。"[1]崇厚因此入狱，俄国侵占伊犁等地的企图也未得逞。

其二，兴办民用企业。丁韪良记述，他见证了一些工厂由官办或官督商办转型为商办企业："在这些工厂中还有一些是在亏损经营的。例如棉纺厂在我刚到那里的时候正在停工，因为在他（张之洞）手下官员的管理下，这个工厂连生产成本都收不回来。一位广州的商人以优惠的条件承包了这个工厂，并且把它办得如此成功，以至于他现在已经发了财。在中国有一句格言：假如把企业交给官员去管理，那么任何一家制造或商贸公司都挣不了钱。"[2]

其三，编练湖北新军。张之洞允许"警察和兵营里的士兵也穿着西式制服；有许多士兵剪掉了辫子，以示他们跟旧政权已划清了界限"。"张之洞的士兵们在行军时要唱由他亲自撰写的军歌"，歌词头几句为："洋人嘲笑吾病夫，侈谈瓜分我中华，四亿人民岂容他？黄种人同仇敌忾，众列强谁敢侵华？"丁韪良评论道：此军歌"可以激起士兵们的爱国情绪"。[3]

其四，重视新式教育。在晚清社会动荡的年代，张之洞却在湖北大兴新式教育。丁韪良记述道：张之洞亲自撰写《学堂歌》，他把自己的抱负写成了在五千万人口的辖区内所有的学生都必须要背诵的诗歌。其中有一首诗歌如下："湖北省，免捐项；早兴学，民盼望；各省开办无定章。湖北省，两百堂；武汉学生五千强。"这样的诗歌并不包含着多少诗意，然而

---

〔1〕丁韪良：《中国觉醒》，沈弘译，北京：世界图书出版公司，2010年，第170页。
〔2〕同上，第175-176页。
〔3〕同上，第176页。

"显示出这位湖广总督心系民众的教育"。[1]

其五，支持维新改革。张之洞在《劝学篇》中阐发了"中学为体，西学为用"思想。丁韪良评论说：张之洞享有（除康有为之外）第一个把光绪皇帝带上改革道路的美誉。"为了能更好地阐明改革的进程，我专门为他和为我在华中那三年中所观察到的东西另写了一个单独的章节。"[2]

其六，发起东南互保。1900 年义和团运动与八国联军侵华战争期间，湖广总督张之洞与两江总督刘坤一、两广总督李鸿章等，违抗慈禧太后命令，实行"东南互保"。此举客观上使得清廷颜面扫地，南方局势处于相对稳定。丁韪良评论说：张之洞与刘坤一"这两位总督协同一致地实行江南自保，很难说首先提出这个睿智倡议的荣誉应该归于其中的哪一位"。[3]

其七，反对美国迫害华工。由于美国迫害华工，1905 年中国发生了抵制美货运动。早在 19 世纪 40 年代，美国加利福尼亚州发现金矿，为了加速西部开发，美国采用各种手段"招募"华工。至 80 年代，旅美华工已达 30 多万人，为美国西部开发做出了巨大贡献。但随着美国制度性社会矛盾激化与种族主义抬头，从 70 年代开始不断发生排斥甚至杀害华工之暴行。1894 年美国当局迫使清政府签订不平等条约《中美会订限制来美华工保护寓美华人条款》，加剧了对华工的迫害。1904 年底该条约期满，中国人民特别是旅美华侨强烈要求废除不平等条约。在舆论压力之下，清政府向美国政府提出改约要求。美国政府却蛮横无理要求续约，声势浩大的抵制美货运动由此爆发。1905 年 7 月 8 日武昌两湖总师范学堂监督、道台梁鼎芬代表张之洞，致函因工作合同期满即将返回美国的丁韪良，信函说："美国驱逐华工，它严重影响了我们的商人和劳工。我们请求您记住您在中国五十年的旅居生活，希望您为我们在美国总统面前说话，以切实保障

---

〔1〕丁韪良：《中国觉醒》，沈弘译，北京：世界图书出版公司，2010 年，第 173 页。
〔2〕同上，第 162 页。
〔3〕同上，第 172 页。

商人和劳工这两阶层的利益。"（根据英译文转译）[1]丁韪良评论道："这封信并没有直接提到抵制行动，也没有暗示将来的谈判问题。然而毫无疑问，写信者提出这个请求时绝对含有这两层意思。张之洞总督及其幕僚们把当前这种情况看作两国交往中的危机。这种看法是正确的。"[2]丁韪良说道："在过去三年里，我曾经跟湖广总督张之洞朝夕相处。他是改革的先驱者"，"武昌道台这个广东人给我写了封信，请求我在美国总统面前为他的人民做辩护。张之洞总督在跟我会面时提及了这封信，并且亲口重复了这一要求。他举办宴会为我饯行，有众多幕僚作陪。在宴会上，他又一次提出了这一要求。而所有其他人也纷纷随声附和"。丁韪良"答应愿尽全力为他们说话"。丁韪良应邀在纽约出版社联盟 1905 年 11 月 8 日会议上作题为《美国在远东地区的影响力》的致辞，他评论道：张之洞总督及其幕僚们"所要求的是废除（美国）那些不光彩的禁令，要求中国人有跟来自欧洲的移民平等竞争的权利"。"11 月 6 日，罗斯福总统亲自接见了我。对于我交到他手上的文件，他很快地浏览了一遍，对每一点都表达了意见。他承认由排斥华工法确实造成了一些冤情。他答应对行政法规做些改进，缓和或去掉一些条款，但他表示要废除这个法律是不可能的。"[3]

丁韪良对张之洞的总体评价：他"是一位真正的爱国者，而且他的影响力在很大程度上帮助中国在朝着正确的方向前进"。[4]

丁韪良还认为，李鸿章对于中国的改革运动也做出了突出的贡献。[5]

（3）对外交官和同文馆师生的评价

丁韪良还特别关注改革派中新生力量的兴起，包括新设立的驻外使臣、同文馆中国教习和毕业生等。

---

〔1〕丁韪良：《中国觉醒》，沈弘译，北京：世界图书出版公司，2010 年，第 191 页。
〔2〕同上，第 192 页。
〔3〕同上，第 190 页。
〔4〕同上，第 179 页。
〔5〕同上，第 162 页。

280

丁韪良称赞晚清首位驻外使臣郭嵩焘："友好亲切，在中国文学界享有盛名。"[1]丁韪良与曾纪泽私交甚密。丁韪良评论曾纪泽"作为政治家，无论在海外代表他的国家，还是在国内参政议事，都表现出中国人最好的素质"。[2]

丁韪良对容闳颇为赞赏，评论道："当时最引人注目的一件事就是耶鲁大学毕业的法学博士容闳先生所倡导的海外留学。"[3]

丁韪良对同文馆中国教习李善兰评价很高，称李善兰为"中国最卓越的数学家"。[4]

丁韪良引以为豪的是：同文馆的毕业生许多人在外交界或领事馆任职，"有好几位已升任总领事和代办"，还有的被提升为特命全权公使。[5]张德彝和沈铎从海外归来，"被派去给光绪皇帝教授英语。为了对自己的教师表示尊重，光绪允许他们在王爷和大臣们跪见皇上时仍然坐在自己的身边"。有的学生被转入了武备学堂，有的学生进了电报局；还有学生被派到广东去担任军队中的工程师，因为他知道如何计算弹道轨迹。[6]"可见同文馆这种先导的运动也自有其重要的地位。"[7]

丁韪良对张斯桂亦大为赞赏。1861年（咸丰十一年）张斯桂入两江总督曾国藩幕府，曾协助曾国藩创建安庆内军械所。1863年（同治二年）张斯桂为丁韪良所译《万国公法》作序。[8]丁韪良称：张斯桂看了《万国公法》译本手稿，"他一下子就明白了这项工作的意义，这可是中国在世界

〔1〕丁韪良：《花甲忆记》，沈弘等译，桂林：广西师范大学出版社，2004年，第258-259页。
〔2〕丁韪良：《汉学菁华》，沈弘等译，北京：世界图书出版公司，2010年，"序篇"第10页。
〔3〕丁韪良：《花甲忆记》，沈弘等译，桂林：广西师范大学出版社，2004年，第260页。
〔4〕同上，第250页。
〔5〕丁韪良：《汉学菁华》，沈弘等译，北京：世界图书出版公司，2010年，"序篇"第10页。
〔6〕丁韪良：《花甲忆记》，沈弘等译，桂林：广西师范大学出版社，2004年，第214-215页。
〔7〕丁韪良：《同文馆记》，傅任敢译，载朱有瓛主编：《中国近代学制史料》第一辑上册，上海：华东师范大学出版社，1983年，160页。
〔8〕［美］惠顿：《万国公法》，丁韪良译，何勤华点校，北京：中国政法大学出版社，2002年，"万国公法序"第1页。

之林占有一席之地所不可或缺的"。[1]

　　综上所述，丁韪良评价晚清改革派人士，往往是将他们与"进步事业""推动进步事业""中国的改革运动""改革道路"紧密联系在一起的。随着晚清改革派力量的逐渐壮大，丁韪良对中国社会进步的展望，思路便更加明晰。正是因为丁韪良与洋务派众多官员们的特殊关系，他才可能如此细致地对他们做出较为客观的整体性评价。在这方面，在晚清各国在华汉学家当中，几乎找不出第二个类似丁韪良这样广泛熟悉洋务派官员的汉学家。

　　（4）对当局"求强"之评价

　　洋务派官员起初以"师夷长技以自强"为宗旨。1861年曾国藩率先在安庆设立内军械所。其后李鸿章、左宗棠等也兴办一批军用企业，并创办新式水师等，希望通过学习西方制造先进的坚船利炮来维护清王朝统治。对此，丁韪良给予如下评论。

　　军事工业方面：新式兵工厂配备外国机器，"在四个重要地点开办，其中一处雇工甚至多至九百人"。[2]对于左宗棠、沈葆桢创办的福州船政局，"作为物质革新和进步的一个标志，我应该提及在宝塔锚地的对岸现在有了兵工厂、海军学校和造船厂，从那儿已经制造出并装备了几十艘炮艇"。[3]

　　陆军方面：第二次鸦片战争结束后的一年之内，清军在外国教官率领之下，"学习外国军队的战术操练"。[4]"1860年中国的陆军还是用火绳枪、弓箭和长矛装备起来的一帮乌合之众，现在则大部分已经装备了连发枪，

〔1〕丁韪良：《花甲忆记》，沈弘等译，桂林：广西师范大学出版社，2004年，第137-138页。

〔2〕"The Renaissance in China"，*New Englander*（《新英格兰人》），Vol. XXVIII, New Haven: Thomas J. Stafford, January 1869, p. 56. 转引自刘伯骥：《丁韪良遗著选粹》，台北：中华书局，1981年，第154页。

〔3〕丁韪良：《花甲忆记》，沈弘等译，桂林：广西师范大学出版社，2004年，第22页。

〔4〕"The Renaissance in China"，*New Englander*（《新英格兰人》），Vol. XXVIII, New Haven: Thomas J. Stafford, January 1869, p. 56. 转引自刘伯骥：《丁韪良遗著选粹》，台北：中华书局，1981年，第154页。

用西式操练法进行训练。"[1]

海军方面："清政府终于建立起一支海军。"[2] "装备了两处海军要塞，
创办了船政和武备学堂。"[3] "现在正在建造的蒸汽炮舰，完全由本土的机械
工人来建造。"[4]

丁韪良论道："使用弓箭、竹枪、木造战船的时代已经结束，他们打
算如同其他各国一样，以基督教国家的方式来作战。他们希望保持国内的
和平，并维持在世界面前的自尊。"[5]

（5）对当局"求富"之评价

19 世纪 70 年代以后，洋务派官员开始兴办轮船招商局、开平煤矿等民
用企业。洋务活动开始由"求强"向"求富"过渡。丁韪良亦给予了多方
面评价。

关于轮船招商局。早于 1873 年 2 月丁韪良创办的《中西闻见录》第
七号，就在"上海近事"栏目中及时报道《华商置办轮船》："近闻华人
合伙共置轮船，设中国旗号，以与洋船争利，实为善举。"[6]

关于办工厂。丁韪良以张之洞的成就为例：如何发展他们的物质资源
一直是张之洞的一个主要目标。"他开办了棉纺厂、缫丝厂、玻璃厂、钢
铁厂，它们全都是采用外国机器和聘请外国专家的大型企业。"[7]

关于开矿山。丁韪良论道：中国人正在组建开发各种矿产的公司。政
府鼓励国人参股矿产企业。[8]

关于修铁路。丁韪良论道：中国人已经懂得铁路是辅助国防的最佳手

---

〔1〕丁韪良：《花甲忆记》，沈弘等译，桂林：广西师范大学出版社，2004 年，第 237 页。
〔2〕丁韪良：《中国觉醒》，沈弘译，北京：世界图书出版公司，2010 年，第 154、155、157 页。
〔3〕丁韪良：《花甲忆记》，沈弘等译，桂林：广西师范大学出版社，2004 年，第 237 页。
〔4〕同上，第 237 页。
〔5〕同上，第 237 页。
〔6〕丁韪良："上海近事"，《中西闻见录》1873 年 2 月第 7 号，第 32 页。
〔7〕丁韪良：《中国觉醒》，沈弘译，北京：世界图书出版公司，2010 年，第 175-176 页。
〔8〕同上，第 155 页。

段。[1]现在从北京坐火车至武汉的六百英里路程可以在三十六小时内到达。在铁路大干线完成之后，坐火车可以在三天之内从京师到达广州。"在一个大国的发展进程中，铁路是一个多么强有力的因素！"[2]

关于推广电报。丁韪良指出：中国的各个行省现在都布满了电报线。巡抚与都督们都使用电报来进行联络。[3]"铁路和电报正在把帝国各个互不相干的部位焊接为一个统一的整体。邮局也为这同一个结果做出了贡献。"[4]

（6）对科技进步与教育改革之评价

丁韪良评论道：清廷为了能够解决外交译员问题，1862年于京师开办了一个隶属于总理衙门的同文馆。学校延聘了英文、法文和俄文的教习，后来在西方世界这三大语言之外又增添了德文。教师队伍不断扩充，包括国际法、天文学、数学、化学和物理等教职。总理衙门的大臣们也把一个培养译员的同文馆升格到了外交学院档次。[5]丁韪良列举事实证明：1862年京师同文馆成立后，新式学校不可遏制地在各地兴起。如李鸿章于1863年仿效同文馆在上海设立了广方言馆。瑞麟于1864年在广州设立类似学校。左宗棠于1866年设立福州船政学堂，教授英语、法语、航海和工程学。[6]随之，还派遣留学生出国深造。[7]

（7）对同光中兴（洋务运动）之总体评价

丁韪良总体上做了如下评价：

---

〔1〕丁韪良：《中国觉醒》，沈弘译，北京：世界图书出版公司，2010年，第155页。
〔2〕同上，第156页。
〔3〕同上，第156-157页。
〔4〕同上，第157页。
〔5〕同上，第158页。
〔6〕[美]芮玛丽：《同治中兴——中国保守主义的最后抵抗（1862—1874）》，房德邻等译，北京：中国社会科学出版社，2002年，第301页。
〔7〕"The Renaissance in China", *New Englander*（《新英格兰人》）, Vol. XXVIII, New Haven: Thomas J. Stafford, January 1869, p. 57. 参见刘伯骥：《丁韪良遗著选粹》，台北：中华书局，1981年，第155页。

284

　　第一，丁韪良对"同光中兴"（即洋务运动）期间当局实行的一系列改革新政策所取得的显著效果，给予充分肯定。[1]

　　第二，丁韪良认为晚清当局通过自上而下的维新改良方式来实现社会变革，是完全可行的。在中国近代史上，是丁韪良第一次明确表示：晚清社会革新将在不颠覆清朝政权的条件下（即"无须遭受解体与改造之痛苦过程"），通过自上而下的改良方式进行。丁韪良甚至预言：同治皇帝将是一位革新皇帝。[2]虽然同治帝意外早逝，而继任的光绪帝确实成了维新皇帝，这与丁韪良的预言是相符的。

　　第三，丁韪良同时也认为，当局改革不可能一蹴而就。原因有二：一是上层守旧势力的阻挡；一是社会习惯势力的阻碍。"在中国，不论是政治、宗教或思想上的大革命，其实行过程总是缓慢的。"[3]

　　第四，丁韪良对同光新政持乐观态度，将其定性为"中国的文艺复兴"。[4]"中国的文艺复兴"之说，既是丁韪良对同治新政的适时评价，也是他对晚清改革发展之"预期"。

　　3. 关于戊戌维新

　　丁韪良是戊戌维新运动的亲历者和同情者。

　　丁韪良认为，中日甲午战争的失败，客观上对维新改革产生了刺激作用：中国败在了一个受他藐视的邻国手里，这种战败的屈辱，假如可能的话，要比他 1860 年败在英法联军的手里的屈辱强烈得多，它见证了采纳西

---

〔1〕"The Renaissance in China"，*New Englander*（《新英格兰人》），Vol. XXVIII, New Haven: Thomas J. Stafford, January 1869, p. 65. 参见刘伯骥：《丁韪良遗著选粹》，台北：中华书局，1981 年，第 161 页。

〔2〕"The Renaissance in China"，*New Englander*（《新英格兰人》），Vol. XXVIII, New Haven: Thomas J. Stafford, January 1869, p. 65. 参见刘伯骥：《丁韪良遗著选粹》，台北：中华书局，1981 年，第 161 页。

〔3〕"The Renaissance in China"，*New Englander*（《新英格兰人》），Vol. XXVIII, New Haven: Thomas J. Stafford, January 1869, p. 64.

〔4〕丁韪良的原话是：To this grand result, the intellectual movement, which it is the special object of this Article to indicate, will prove itself a powerful auxiliary, like the revival of letters in modern Europe, preparing the way for a work of spiritual reform. 参见 W. A. P. Martin. "The Renaissance in China"，*New Englander*（《新英格兰人》），Vol. XXVIII, New Haven: Thomas J. Stafford, January 1869, p. 67.

方的方法如何使一个东方小国的人民具有不可抵御的力量，于是中国最富有智慧的政治家们便努力致力于采取一种类似的方法，来改造中国这个古老的帝国。年轻的光绪皇帝表现出自己是一位聪明的学生，他发布了一系列改革的谕令。[1]

丁韪良对维新领袖康有为做了正面评价。丁韪良在《汉学菁华》"序篇"中写道："1897年，著名的广东学者康有为来到京师参加会试（丁韪良将时间写错，康有为参加京师会试应为1895年）。通过博取皇帝的信任，他为自己赢得了一个更加引人注目的地位。他深信中国若想要保证自身的安全，就必须模仿日本的榜样。他的一番话使皇帝充满了激情，想要率领臣民走改革的道路。皇帝颁下了一系列的诏书，所有这些诏令都经过深思熟虑，但又充满了革新的精神。"[2]

丁韪良记述道：光绪帝的改革谕令"吓坏了保守派，并激起了一股反动的逆流"。[3]1898年9月慈禧太后发动政变，"被剥夺了所有的权力之后，这位不幸的君王被关押在一个隐秘的宫殿里，成为国家的囚徒"。[4]

丁韪良批评慈禧太后囚禁光绪皇帝是开历史倒车，他对光绪皇帝表达了同情，并预见中国改革的步伐将不可阻挡。[5]

4. "新政"和预备立宪

20世纪初年以降，丁韪良感受到中国社会变革的步伐明显加快。

丁韪良称戊戌政变是"慈禧太后发起的反动政变"。但1901年慈禧太后面对内忧外患被迫开始推行"新政"后，丁韪良因此改变了对慈禧太后的看法。1902至1907年间在中国各地的所见所闻更使丁韪良确信，一个重大和激动人心的社会变革正在中国发生。丁韪良评论说："在赌上了她

〔1〕丁韪良：《中国觉醒》，沈弘译，北京：世界图书出版公司，2010年，第134页。
〔2〕丁韪良：《汉学菁华》，沈弘等译，北京：世界图书出版公司，2010年，"序篇"第11-12页。
〔3〕丁韪良：《中国觉醒》，沈弘译，北京：世界图书出版公司，2010年，第134页。
〔4〕同上，第135页。
〔5〕丁韪良：《汉学菁华》，沈弘等译，北京：世界图书出版公司，2010年，第3-4页。

286

的生命和皇权宝座的极端保守主义失败之后，慈禧太后吸取教训，成为进步政策的皈依者。"[1]

1905 年 9 月，清廷下令从 1906 年起停止一切科举考试，延续一千多年的科举制度终于被废除。丁韪良论道：对学问和官员资格的测试方式已经有了一个彻底的变化。许多个世纪以来在科举考试中最重要的八股文写作已经被废止，而取代它的是更为实用的策论。出国留学形成热潮，"结果必将鼓励莘莘学子赶赴欧洲和美国等科学的源头去求学"。[2]一个值得获取所有人称赞的新发展是由皇帝下谕令开办一个为海关系统训练官员的学校。虽然赫德爵士具有良好的公共意识，但这个建校方案并不是由他提出来的，因为它暗示着海关的外国职员将很快就会被受过训练的本地人所取代。[3]

丁韪良论道：1902 年清廷的回銮进京"至今，仅仅过了四年多一点。我们可以有把握地宣称，在这一时期内所诏令实施的改革已经超过了任何一个其他国家在半个世纪内所实施的改革"。[4]

对于五大臣出洋考察宪政，丁韪良也给予积极评价：中国将组建资政院，以便用君主立宪制政府来取代独裁政府，并视其为创造新中国的首要任务，这使所有对中国怀有善意的人都感到欢欣鼓舞。五大臣出洋考察团的报告尚未向民众公布。但是据了解，他们已经抓紧时间认真研究了西方的制度，并在选择推荐采纳何种政体一事上表现出了明智和判断力。[5]

丁韪良还以乐观态度观察和看待中国社会其他各方面变化，诸如他的如下评论。

新闻报纸方面：此前，整个大清帝国只有一份报纸，即世界上最古老

---

[1]丁韪良：《中国觉醒》，沈弘译，北京：世界图书出版公司，2010 年，第 153 页。
[2]同上，第 162 页。
[3]同上，第 159 页。
[4]同上，第 152-153 页。
[5]同上，第 225 页。

的《京报》。目前，中国新闻从业者模仿外国人，已经拥有了几十种日报，报道外国新闻，并且用外国人的铅活字来印刷。即使是最高层的官员，对于它们尖刻的批评也心怀畏惧。[1]

处置一夫多妻制和家庭奴隶制方面：已促成立法和正准备立法的改革数量如此之多，涉及范围如此之广，使得现任政府的工作成为大清国历史上最辉煌的一页。我们是否可以期望，在处置一夫多妻制和家庭奴隶制的过程中，中国所采取的行动是如此的彻底，使它可以从土耳其和摩洛哥的行列中脱颖而出，成为与欧美最开明国家完全平起平坐的伙伴呢？[2]

禁烟方面：总的来说，我们更愿意对采取这些禁烟措施的中国政府的诚意怀有信心，并相信他们会取得胜利。继教育的基础改变之后，这种为摆脱民族吸毒恶习而做出的大胆努力，堪称是一系列改革运动中最辉煌的成果。[3]

综上所述，作为见证人和参与者，丁韪良对晚清"同光中兴"、戊戌维新到预备立宪的社会改革进程，曾经进行过持续性的和较为全面的观察与论述。概括起来，有如下特点：

第一，时间跨度特长。他认为，晚清改革潮流在 1860 年《北京条约》签订之后就已经初见端倪。[4]此后半个世纪中，他一直以极大热情亲身参与并持续报道和研究晚清改革。丁韪良上述所作所为，在晚清来华各国汉学家中，实属罕见。

第二，对洋务派、维新派与预备立宪方面的观察相当全面。丁韪良观察同治新政，摆脱了就事论事之思维局限，而是以动态的目光，综合晚清改革在军事、教育、科技、外交、制度、观念诸多方面的变化，将其视为

---

〔1〕丁韪良：《中国觉醒》，沈弘译，北京：世界图书出版公司，2010 年，第 223 页。
〔2〕同上，第 231 页。
〔3〕同上，第 234 页。
〔4〕同上，第 153 页。

288

"思想运动""大智识运动""一种新的趋势"。由是，丁韪良说明了中国发生"文艺复兴"的现实根据。

第三，定性与预测较为准确。在中国近代史上，是丁韪良最早对洋务运动的社会改革性质与发展趋势，做出了类比于欧洲文艺复兴运动的评论。1901 年，当西方列强仍发出瓜分和灭亡中国的喧嚣之时，丁韪良提出了更为惊人的预言，即："20 世纪前几十年将看到新中国的崛起，它注定要在世界大舞台上发挥举足轻重的作用。"[1]

第四，重视知识阶层和思想家的作用。丁韪良论道：少数中国人士有开明思想，"而他们是这个国家最杰出的人"。[2]

第五，"中国觉醒"的比喻恰如其分。丁韪良在中国生活的时间大大超过半个世纪，并且是近代中国社会变革的参与者和实践者，这有利于他观察中国社会的变化与发展。丁韪良经历过鸦片战争后的五口通商时期；接着又在同文馆任职时见证了他所理解的"中国式文艺复兴运动"——洋务运动的发生与发展，"在总理事务衙门下设同文馆的职务使我有一个极好的机会来观察京师近三十年间外交活动的发展进程"[3]；再接着，到了戊戌维新、晚清新政与预备立宪时期，他亲身感受到中国进入了新的更高层次的社会变革，于是他做出了中国终于觉醒的判断。1907 年丁韪良出版《中国觉醒》一书，标志着他的"中国觉醒"观的形成。正如他所言："我对于中国改革运动进程的深度和真实性的见证与日俱增"，"中国是当今世界正在发生的最伟大运动的舞台"。[4]客观地说，比起列强的"黄祸"论、"东亚病夫"论，"中国觉醒"观显然有利于提升国人和改革者们的自强信

〔1〕丁韪良：《中国觉醒》，沈弘译，北京：世界图书出版公司，2010 年，第 153 页。
〔2〕"The Renaissance in China", *New Englander*（《新英格兰人》）, Vol. XXVIII, New Haven: Thomas J. Stafford, January 1869, p. 62. 转引自刘伯骥：《丁韪良遗著选粹》，台北：中华书局，1981 年，第 159 页。
〔3〕丁韪良：《花甲忆记》，沈弘等译，桂林：广西师范大学出版社，2004 年，"序"第 1 页。
〔4〕丁韪良：《中国觉醒》，沈弘译，北京：世界图书出版公司，2010 年，第 11-12 页。

心，并改善古老中国在国际舞台的形象与地位。[1]

五、丁韪良之局限性

丁韪良着实热爱中华文化；可是另一方面，他对自己祖国——美国，以及西方列强的对外扩张行径，却有一种天然的情感默认——从懂事开始，西方文化与价值观念就开始渗入到他的骨髓与血液里。因此，在中西实际利益与文化观念发生剧烈冲突的过程中，丁韪良的思想与情感，时不时亦出现复杂与矛盾的状态。有时还夹带着个人的情绪。主要表现为以下几方面。

第一，偏袒列强利益。

丁韪良将列强五次侵华战争描述为"中国的开放，一部五幕正剧"，其思想根源和基本立场，自觉与不自觉地流露出对列强利益的偏袒。[2]如：

东印度公司对华贸易垄断特权被英国政府取缔之后，1834年律劳卑被任命为英国驻中国商务监督。在英国与清朝当局尚未建立正式外交关系的背景下，律劳卑态度蛮横，单方面强硬要求改变以往用"禀"的方式通过行商与广州地方当局打交道的做法，"亲自将公函送到广州的城门处——这是任何外国人都不准逾越的一道障碍"。"这件事即是中国人苦难的开始，也是律劳卑苦难的开始"，律劳卑退回澳门"因抑郁得病而死"。丁韪良引用"著名的美国政治家约翰·昆西·亚当斯在鸦片战争后期发表评论时宣称，这次战争的原因并非鸦片，而是因为'禀'这个字，反映出了中国方面居高临下的傲慢态度"。[3]可见，在丁韪良的思想意识里多多少

---

[1] 丁韪良的思想情感是复杂的。他既有同情中国的一面；同时，其立场又有维护列强利益的一面。
[2] 参见丁韪良：《中国觉醒》，沈弘译，北京：世界图书出版公司，2010年，第124页；丁韪良：《汉学菁华》，沈弘等译，北京：世界图书出版公司，2010年，第276页。
[3] 丁韪良：《中国觉醒》，沈弘译，北京：世界图书出版公司，2010年，第123页。

290

少也蕴藏着西方列强弱肉强食之观念。列强通过侵略战争强行打开中国大门，在他看来，"这个庞大帝国对于其他国家无节制交往的开放并不是来自其内部的一个逐渐的演变过程——它是远东保守力量跟西方进步力量之间一系列碰撞的结果"。[1] 丁韪良显然抹杀了列强发动战争的侵略性质。

丁韪良还参与了美国使团在第二次鸦片战争期间的外交活动。显然，列强通过战争获取侵略利益和特权，丁韪良和卫三畏、裨治文等都乐见其成。

20世纪初年，随着中华民族觉醒，收回利权运动广泛展开。1906年（光绪三十二年），清廷设立税务处，管理关税的外籍总税务司及各关税务司，全隶税务处管辖。丁韪良对此表示不满，他记述道：1906年6月，朝廷任命了两位大臣来主持整个海关的事务。他们具有全权来对海关任意进行改革或改造。朝廷事先并没有跟赫德爵士商量，在上谕中甚至连他的名字也没有提到。赫德并没有被解雇，他实际上是被人取而代之了。英国、美国和其他列强因此事涉及各自利益的安全而感到震惊，并且联合提出了抗议。清政府解释说，这只是用一个仲裁机构来取代另一个，即为海关创建一个双重的领导机构，而不是把它只留给已经被各种职责压得疲惫不堪的外务部。他们做出了郑重承诺，只要赫德爵士还在海关工作，他的地位和权力都不会改变，于是这件事便平息了下来。上述抗议暂时拯救了形势。清政府的解释和承诺均被接受。[2]

以上丁韪良这种反映维护列强利益的立场和态度的事例还可以举出不少。

第二，维护传教立场。

丁韪良虽然主张中西文化平等对话，可是他无法从根本上摆脱西方传教士来华"救世"的基督教观念。丁韪良在谈到"传教工作的进一步扩展"

---

〔1〕丁韪良：《中国觉醒》，沈弘译，北京：世界图书出版公司，2010年，第121页。
〔2〕同上，第158-159页。

时，情不自禁地站在传教立场上赞赏道：从 1842 年结束鸦片战争的《南京条约》签订起，传教活动就进入一个新的时期。五个大型口岸城市对于外国居民开放，这跟原来狭小的广东郊区相比，是一个飞跃的发展；而法国驻华公使拉萼泥（Lagrene）首先得以废除传教禁令，更是鼓励传教士们前往全国各地去进行传教。就此而言，"我们可以公允地说，当 1860 年的北京远征（指第二次鸦片战争）清除了最后的障碍时，美国传教士得以进入内地一事仍然应该感谢法国人"。[1]

丁韪良在《中国觉醒》中说：对于新教教徒们来说，这场反对疾病和死亡的"十字军东征"是以伯驾医生于 1834 年在广东创办的眼科医院为开端的。[2] 笔者并不否认早期传教士在传播西方医学、救治中国病人方面发挥过作用。但丁韪良却据此将传教士美化成只是为解救中国人民苦难而来，却不符合历史事实。同样是这个伯驾，后来却竭力鼓动美国政府对华采取强硬侵略政策。

对于中国社会各阶层恢复国家主权意识的日益强烈，丁韪良的思想情绪处于非常复杂和矛盾的状态。一方面，作为热爱中华文化和一定程度认知社会发展规律的汉学家，他明白中国恢复国家主权的正当性和历史发展的必然性。他清醒意识到："目前在政治领域内又出现了一个更大的问题，即如何收回对外国人的控制权，无论他们在中国的哪个角落，如果有了控制权，中国人不仅会取消外国租界的特权，还会取消条约所规定的外国人不受中国地方政府控制的权利。"[3]

但另一方面，丁韪良怀有维护列强利益与传教立场的思想情感，又让他的另一些言论和想法无法自圆其说。他又颇为忧虑地说道：列强通过条约所获得的"这种特权对外国人来说是至关重要的，因为如果他们依赖于

---

〔1〕丁韪良：《中国觉醒》，沈弘译，北京：世界图书出版公司，2010 年，第 216 页。
〔2〕同上，第 216 页。
〔3〕同上，第 194 页。

292

目前由本地人组成的法庭，他们的生命和财产就得不到保障"。[1]

　　丁韪良说道："日本跟外国签订的条约中也承认这种豁免权。随着改革的深入，日本人越来越强烈地感觉到这种豁免权给他们带来的耻辱，它就像一个残暴的羞耻烙印那样难以抹去。当他们在一个国际大家庭里，以无懈可击的法律程序证明了自己的权利之后，各外国列强都很高兴地同意他们行使一个主权国家的所有特权。"[2]

　　从逻辑上说，既然日本有权利完全恢复国家主权，中国理所当然也应完全恢复国家主权。对此，丁韪良并不否认，但他却找出了一个中国应当推迟恢复国家主权的理由。他为此辩解道：日本的改革与它邻国的改革相比又如何呢？日本在 1868 年就下决心以西方国家为榜样推行国家的全面改革，中国直到 1900 年企图消灭外国人的尝试失败之后还没有下这样的决心。对于中国来说，改革是从 1902 年朝廷回銮进京时才开始的。中国与日本相比，可以说是以四年比三十年。丁韪良认为：由于中国改革进程比日本迟很多，"中国应该被告知，它正处于试用期，它想要恢复行使主权的唯一方法就是要显示出它是值得信任的"。[3]丁韪良这一说法，显然属于弱肉强食的殖民主义者的逻辑。与丁韪良的上述自相矛盾的想法完全不同的是：中国最终恢复国家主权并非列强恩赐——一部中国近代史，正是中国人民不屈不挠地通过反帝反封建而走向国家完全独立解放的历史。

　　第三，回避民主革命运动。

　　丁韪良在论述晚清社会改革的问题上，几乎只注重洋务派、维新派、立宪派所主导的以改良方式进行的社会改革。在 1912 年即民国元年之前，对于从 1894 年创立兴中会到 1911 年武昌起义如此漫长的孙中山领导的民主革命运动，丁韪良几乎完全视而不见、避而不谈。可见，丁韪良论述晚

〔1〕丁韪良：《中国觉醒》，沈弘译，北京：世界图书出版公司，2010 年，第 194 页。
〔2〕同上，第 194 页。
〔3〕同上，第 194 页。

清社会变革的历史，是有主观倾向性的，是很不完整的，因此，这方面也存在着不严谨和不科学。

　　顺便指出：1912 年中华民国成立，丁韪良已是 85 岁高龄。1912 年丁韪良撰写了英文著作《辛亥革命史》(*A History of the Revolution*)。该书稿旨在让美国读者了解中国政治革命的最新情况。长老会传教士约翰逊（E. L. Johnson）从 1909 年起就和丁韪良住在一起，这部书稿由丁韪良口述，约翰逊打印。当《辛亥革命史》完成后，丁韪良寄给他的儿子纽厄尔·马丁（Newell Martin），由马丁安排在纽约出版。或许是写作极度匆忙的缘故，让丁韪良感到难过的是，该书稿被出版商拒绝出版。其后这份未出版的手稿在退稿时遗失，此后不知下落。[1] 此事说明：中华民国成立后，丁韪良迅即撰写《辛亥革命史》，主观上显示了他试图弥补自己对中国近现代史研究的缺憾。这部书稿究竟内容与观点如何？因未正式出版而手稿亦下落不明，笔者无从评述。

　　丁韪良的上述不足与局限，其实就是那个时代来华汉学家们的普遍弱点，这应该从当时的历史条件加以说明。不宜因为他们存在这样或那样的不足甚至错误，而影响对他们积极贡献方面的评价。诚如《中国觉醒》一书"出版后记"所言：由于身份和背景的局限，作者在本书中的一些观点难免偏颇，但总体上说，"丁韪良对中国文化的了解要比其他的西方汉学家更为深刻，对于中华民族的感情和同情心也要比绝大部分西方人更为深厚"。[2]

　　综上所述，研究中国历史，是丁韪良一生汉学研究成果最为丰富的领域之一。其成就和积极意义可主要概括为如下几点：

　　第一，丁韪良研究中国历史的主要动机，是纠正当时西方主流意识对

〔1〕Ralph Covell. *W. A. P. Martin*: *Pioneer of Progress in China*, Washington: Christian University Press, 1978, pp. 262-263.
〔2〕丁韪良：《中国觉醒》，沈弘译，北京：世界图书出版公司，2010 年，第 237 页。

中华文明的歪曲和偏见。面对"从没有一个伟大的民族受到如此大的误解"，中国人"被污蔑为野蛮人"的现实[1]，他在美国汉学史上，第一次以中国权威典籍和史籍为依据，向包括美国在内的西方读者，满腔热情地颂扬和推介了中华民族五千年文明史。这是丁韪良所撰中国古代史作品的主基调。

第二，丁韪良以明确的近代化理念，在西方汉学史上，第一次梳理了从鸦片战争到中华民国诞生之前的中国近代史。赞扬社会改革，揭示中国正逐步朝着独立富裕的极少数世界强国的方向演绎，这成为丁韪良中国近代史作品的主基调。丁韪良本身是这个时期中国历史的亲历者与见证人，因此他的相关记述，具有重要史料价值。

第三，在中国史学发展历程中，丁韪良第一次运用西方哲学方法和比较研究方法，着力探寻中国社会历史发展规律，揭示中国社会发展的方向。这对后来中国本土社会历史科学的发展，具有启示与借鉴意义。

第四，尤其1885年北京东方学会成立之后，丁韪良明确倡导将中国历史作为汉学研究主攻方向之一；"对于那些掌握了中文，并且有闲暇去探索中国社会源泉的人，我可以向他们推荐中国历史研究，因为它既吸引人，又令人颇受教益"。[2]丁韪良去世之后，美国汉学界从马士到赖德烈，再到费正清，都把中国历史作为汉学研究的主攻方向，这显然与美国早期汉学家卫三畏、丁韪良重视中国历史研究是一脉相承的。

〔1〕"The Renaissance in China", *New Englander*（《新英格兰人》）, Vol. XXVIII, New Haven: Thomas J. Stafford, January 1869, p. 47.
〔2〕丁韪良：《汉学菁华》，沈弘等译，北京：世界图书出版公司，2010年，第274页。

第六章　丁韪良与中国文学

　　丁韪良所处的晚清时期，西方学者仍普遍处于"对中国文学缺乏了解"之状态。西方人把掌握中文视为"难度极大"，遭遇"种种困难"；而丁韪良却感到："学习中文的过程其实并非像在穿越沙漠或热带丛林，而更像是走在一个到处都能听见奇鸟歌声，都能闻到鲜花芬芳的森林里，人们会不时地为眼前那难以形容的美景而感到心旷神怡。"由此可知丁韪良对中国文学的热爱程度。西方学者们"会期望在古埃及的象形文字或亚述的楔形文字记载中找到优美的措辞，而不会在中国充满表意文字的方块字中去寻找同样的东西"。而丁韪良"正是想要纠正这种被普遍接受的印象"。[1] 因此，丁韪良研究中国文学，其主观愿望，即试图弥补汉学界之缺憾。这也是他用心研究中国文学的意义和价值所在。

第一节　丁韪良与中国诗歌

一、丁韪良欧美诗歌之修养

　　丁韪良重视中国诗歌，有一个发展过程，最初缘起于他早年的欧美诗歌之修养。

---

[1] 丁韪良：《汉学菁华》，沈弘等译，北京：世界图书出版公司，2010年，第68-69页。

296

丁韪良对西方诗歌之兴趣，来华之初就有充分表现。丁韪良刚到中国，曾在澳门稍做停留。他说：不知道什么缘故，澳门被称作"圣城"。那儿倒是有个洞穴可被视为一块圣地，据说卡蒙斯（Luís Camões）在那儿创作了不朽史诗《卢济塔尼亚人之歌》中的某些诗章[1]，赞颂瓦斯科·达·伽马（Vasco da Gama）开辟了从欧洲前往东方的新航线。[2]

宗教诗歌，是丁韪良传教时期常见的一种诗歌表达方式。丁韪良来华之初，在广州逗留十天，认识了英国领事包令（John Bowring）。[3] "当时的英国领事是身兼诗人和语言学家的包令博士，后来他成了约翰·包令爵士和香港总督。他最著名的诗作是我们传教用的赞美诗：《守夜人，向我们讲述那茫茫黑夜》和《我为基督的十字架感到自豪》。这两首作品充满了信仰和热忱，使人毫不怀疑其作者为唯一神教派忠诚的教徒。"[4]

丁韪良刚到中国，经过福州，参观了鼓山寺庙，写下了几行诗，前几行是：

　　The place where I stand is the Creator's shrine,

　　For, above and around, all, all is divine.

　　我站立之处堪称是造物主的神龛，

　　环顾头顶四周，所见之物皆为圣品。

诗的最后两行是：

---

〔1〕卡蒙斯（Luís Camões，约1524—1580），被公认为葡萄牙最伟大的诗人和西方最伟大的诗人之一。

〔2〕丁韪良：《花甲忆记》，沈弘等译，桂林：广西师范大学出版社，2004年，第12页。瓦斯科·达·伽马（Vasco da Gama，1460—1524），葡萄牙探险家，他是历史上第一位从欧洲航海到印度的人（1498年）。

〔3〕包令（John Bowring，1792—1872），1849年自英国来华任驻广州领事。1854年任香港总督兼驻华全权公使和中国商务监督。

〔4〕丁韪良：《花甲忆记》，沈弘等译，桂林：广西师范大学出版社，2004年，第9页。

Yet the "glory of man" is turned into shame,

And uttereth naught but an idol's name.

然而"人的荣耀"却沦为耻辱，

除了偶像的名字，什么也不能表达。[1]

丁韪良上述诗句，带有宗教诗歌色彩。从内容上看，这是丁韪良最早涉及佛教和基督教的比较，其立场自然是维护基督教。丁韪良刚来华时把佛教信仰当作"偶像崇拜"，拒绝理解和宽容。这种态度正如比较宗教学者埃里克·夏普在评价早期基督教对其他宗教的态度时说：犹太教—基督教教徒在宗教事务方面具有排他性和不宽容的态度。新约全书的意向并非要驳斥其他的神和其他的崇拜形式的存在，而是要强调，对于基督徒来说，若要与其他神或其他崇拜形式建立任何关系，那将是危险的。[2]

丁韪良 1905 年在宝珠洞写的题为《慈悲的升华——大乘佛教中的观音传说》这首诗，可以看出他对佛教态度的转变：

跟乔达摩一样，观音也出身高贵，

但她并不像他那样曾放弃王位。

她的王者地位就在于慈悲为怀，

她走的路长满永不凋谢的莲花，

她的同情心给人以愉悦和快乐，

它们减轻了心头的悲哀和忧伤。

她忘我劳作，为其他人谋求幸福，

她的功德之高，远超过了须弥山。

---

[1] 丁韪良：《花甲忆记》，沈弘等译，桂林：广西师范大学出版社，2004 年，第 17-18 页。

[2] [英] 埃里克·夏普：《比较宗教学史》，吕大吉等译，上海：上海人民出版社，1988 年，第 9-10 页。

> 你优美的面庞！我几乎已经崇拜你，
> 听见并感觉到了一个基督的身影！[1]

虽然此时丁韪良依然以基督教的思维理解佛教，但已经可以看出他对佛教的态度有很大转变，即由排斥和敌视转为部分理解和赞美。

丁韪良在宁波发明了宁波话拼音后，传教士们刊印了一些宁波话的传教作品。丁韪良说："用宁波话刊印的一本最有用的书就是由蓝亨利（H. V. Rankin）编纂的一部赞美诗集。我也为这部书写了两三首赞美诗，它们至今仍在被传唱，但该书中的大部分赞美诗是由我哥哥撰写的，他特别擅长于写押韵诗。"[2]

丁韪良记述哥哥喜欢写赞美诗："我哥哥孟丁元牧师（Samuel N. D. Martin）是我在中国传教事业的另一个伙伴。他比我年长两岁，对我来说就像是 dimidium anime（拉丁语：精神的另一半）。他所作的赞美诗依然在那个地区的教堂里传唱。"[3]

丁韪良刚到宁波就开始学汉学。学满一年半后，他用宁波话拼音撰写了第一首，也是他认为他最好的一首赞美诗，开头一行是："To dzing to dzing Tien-Vu Tsing-jing."（"多谢多谢，天父情人。"）[4]

丁韪良在谈论中国的洋泾浜英语时，曾用洋泾浜英语翻译了朗费罗（Henry Wadsworth Longfellow）诗歌《奋进》的一节，他想以此说明如何用洋泾浜英语来写赞美诗：

That nightee time begin chop-chop,

---

〔1〕丁韪良：《中国觉醒》，沈弘译，北京：世界图书出版公司，2010 年，第 91-92 页。
〔2〕丁韪良：《花甲忆记》，沈弘等译，桂林：广西师范大学出版社，2004 年，第 30-31 页。蓝亨利（H. V. Rankin），美国长老会来华传教士。
〔3〕同上，第 142 页。
〔4〕同上，第 31 页。

One young man walkee; no can stop.

Maskee de snow; maskee de ice!

He carry flag wid chop so nice...

Topside galow.

夜幕迅速降临，

壮士大步流星。

哪怕雪深冰滑，

举旗奋勇前进——

气冲云霄。[1]

其后丁韪良在考察晚清社会时，触景生情，时常引用欧美诗句，表达自己对所见所闻之感悟。以下举例说明。

如丁韪良《花甲忆记》一书谈到英国诗人丁尼生："从中英首次交战之序曲到如今大约为六十年——这恰好是中国一个甲子轮回的周期，尽管我想丁尼生（Alfred Lord Tennyson，1809—1892）也许更愿意把千禧年看作一个轮回。"[2]丁尼生是 19 世纪英国大诗人之一，1850 年成为英国桂冠诗人。丁尼生的一些诗作中涉及中国。

丁韪良在谈到中国人民受到鸦片的巨大戕害，而又不知改变困境时，引用丁尼生的诗句，并说："丁尼生在写这些诗句时，难道没有在心里想到中国吗？"

A land where all things always seemed the same;

And round about the keel with faces pale...

〔1〕丁韪良：《花甲忆记》，沈弘等译，桂林：广西师范大学出版社，2004 年，第 36 页。朗费罗（Henry Wadsworth Longfellow，1807—1882），美国诗人、翻译家。
〔2〕同上，"序"第 1 页。

300

The mild-eyed, melancholy Lotus-eaters came.

一个所有事物都一成不变的国度；

而船的龙骨周围全是苍白的面孔……

那温和而忧郁的贪图安逸者来了。[1]

　　以上丁韪良所引用的丁尼生诗句为沈弘翻译。黄杲炘有如下译文：

这里，万物似乎永远都不变样！

一些脸色苍白的人围向船边——

苍白是因为身后有火红残阳——

来的食莲人眼光柔和而神情忧伤。[2]

　　这首诗，中国一般翻译为《食莲人》，其中的 lotus，原意是源自古希腊故事《奥德修斯》中的一种致幻的果子。据陆谷孙考证，这并不是中国莲子，而是希腊的落拓枣，但翻译为枣子会失去美感，丁尼生和毛姆都在作品中用过古希腊故事中 lotus-eater 的典故。陆谷孙在翻译毛姆小说中涉及 lotus-eater 时，将其翻译为"吞食魔果的人"。[3] 如此，丁尼生这句诗应与鸦片有一些联系。可以说丁韪良的联想有一定道理。
　　又如：中国传统社会里，人们群居生活，缺少保持适度空间与隐私的条件。丁韪良在河南旅行的时候，说道："保定和开封的人口分别有一二十万。那儿几乎没有单独的农舍，为了生活的方便并互相保护，人们都聚居在村落里。这样，乡村就被剥夺了田园风光之美，而艾肯塞德

〔1〕丁韪良：《花甲忆记》，沈弘等译，桂林：广西师范大学出版社，2004 年，第 55 页。
〔2〕[英] 丁尼生：《丁尼生诗选》，黄杲炘译，上海：上海译文出版社，1995 年，第 60 页。
〔3〕陆谷孙：《"食莲"还是"吞枣"》（附录），转引自 [英] 毛姆：《毛姆短篇小说精选集》，冯亦代等译，南京：译林出版社，2012 年，第 474 页。

（Mark Akenside）所说的那种'私人生活之适度尊严'在中国是找不到
的。"〔1〕

　　丁韪良在黄河考察新河道时，他本想坐船考察，但是远距离运输船很
少。"河南和山东的省会相距三百英里，而且都坐落在黄河边上，人们却
告诉我只能由陆路前往。这说法的真实性是我亲眼所见，路上有大量的平
板车和独轮车队，后者扬帆如同船队一般在风中疾行。"丁韪良说，这不禁
使我们想起弥尔顿的诗句：

　　　　　塞里卡那贫瘠的荒原上，

　　　　　中国人驾车奔驰，

　　　　　风动帆起，

　　　　　他们的藤车临风轻扬。

　　丁韪良用这几句诗记录了他看到的场景。之所以有此感慨，丁韪良说
道："平底帆船不适于在此处航行，部分是由于河流的湍急，这使得顺流
而下的航行十分危险，而逆流而上则根本不可能。最好的解释，毫无疑问
是出于这个地区的不稳定状况。直到最近，河岸还被许多凶恶的土匪骚扰。
从地理学角度来看，勘测黄河是这个时代最有意思的难题之一。"〔2〕

　　丁韪良与在华欧美人士相处时，诗歌亦是沟通与交流情感的一种方
式。如丁韪良曾描述他与海关总税务司赫德的诗歌交流：赫德从本性和
趣味来说都是一个诗人，跟事实和数字打了一辈子交道并没有熄灭他想
象的火花。1876年7月4日，他递给丁韪良一首歌颂美国的，并准备在
美国公使馆庆祝建国百年的宴会上宣读的诗歌。那第一行诗读来显得铿

---

〔1〕丁韪良：《花甲忆记》，沈弘等译，桂林：广西师范大学出版社，2004年，第185页。艾肯塞德（Mark
Akenside，1721—1770），英国诗人和御医。
〔2〕同上，第191页。

铿有力：

Nebraska's flagstaff proudly central stands
内布拉斯加的旗杆傲然挺立在中央

　　丁韪良论述道："诗歌以简练的抑扬格诗句表达出一种对于美国制度的高度赞扬。他不时地会给我看一些自己写的绝妙好诗，但他什么也没有发表过。关于这一点我曾对他说过，'哪一天当你的诗集出版时，全世界都会像看到莱基（W. E. H. Lecky）的诗集问世一样惊奇'。[1]假如说像柯勒律治（Samuel Taylor Coleridge）那样在梦里作诗就是有灵感之证据的话[2]，那么他肯定算得上是个诗人。有一天早晨，他向我背诵了四行理智与音韵俱佳的绝妙好诗，它们就是在睡梦中想出来的。"[3]

　　丁韪良还记述道："三四年以前，我妻子给赫德的一张新年贺卡上画了一只猫在拉小提琴。他装作生气地回复了一首令胡德（英国著名滑稽诗人）都自愧不如的滑稽诗"，开头一句是"O unfeline Martin"（啊，不像猫的丁韪良）。在诗句巧妙的韵脚中有一个汉语字"miao"，意为"奇妙"。"你的诗歌真是很奇妙，"丁韪良的妻子在答谢信中说，"当我读到'miao'时，我禁不住喊道：'Micat Musa!'（缪斯显灵！）"晚上当丁韪良在宴会上碰到赫德时，赫德对丁韪良说："那句话太棒了——'My cat mews ah!'（我的猫喵喵叫！）"丁韪良说，没有人比赫德更喜欢开玩笑，也很少有人比他更会开玩笑。[4]

　　1894年丁韪良出版《中国传说与诗歌》（*Chinese Legends and Other*

---

〔1〕莱基（W. E. H. Lecky，1838—1903），爱尔兰历史学家。
〔2〕柯勒律治（Samuel Taylor Coleridge，1772—1834），英国诗人、文评家，英国浪漫主义文学的奠基人之一。
〔3〕丁韪良：《花甲忆记》，沈弘等译，桂林：广西师范大学出版社，2004年，第288页。
〔4〕同上，第287页。

Poems）一书。该书收录了几首自己创作的诗歌，包括：

《致珍妮》（"To Jeannie"）。这是丁韪良写给他认识的 8 岁小女孩的一首小诗，在她生日时写的。[1]

《致一位有天赋的女士，在她生日时》（"To a Gifted Lady, on her Birthday"）。丁韪良在该书的按语中写道："多年来，这位女士的声音迷倒了北京的社交圈。除了音乐，她还将绘画作为一种消遣，她在油画和水彩方面都获得了相当高的技巧。就在最近，她给我那德高望重的妻子写了一些关于'伦敦雾'的巧妙的诗句——唉！那是一年多以前的事了！"[2]这首诗赞美这位女士的天赋。

《晨思》（"A Morning Thought"）。丁韪良于 1889 年 8 月 19 日创作于宝珠洞，描述他凌晨的精神活动和思想火花。[3]此诗先发表于 1889 年 8 月 24 日《中国时报》（*The Chinese Times*），后收入 *Chinese Legends and Other Poems* 和 *Chinese Legends and Lyrics*。[4]

《喂喂之歌》（"Song of the We We"）。此诗丁韪良于 1888 年 8 月 11 日创作于宝珠洞。他在按语中写道，这首是他妻子要他写的关于 "We-We" 的小诗。这首诗里有他妻子的身影，但诗里孩子的存在是虚构的。[5]这首诗写的是，丁韪良全家经常在宝珠洞避暑，西山有一种蝉，整天发出 "We-We" 的叫声，就好像英文的 "我们、我们"。丁韪良以此为灵感来描述家庭生活和休闲氛围。此诗先发表于 1888 年 9 月 15 日 *The Chinese Times*（《中国时报》），后收入 *Chinese Legends and Other Poems* 和 *Chinese Legends and Lyrics*。[6]

---

〔1〕 W. A. P. Martin. *Chinese Legends and Other Poems*, Shanghai: Kelly & Walsh, 1894, pp. 65-66.

〔2〕 W. A. P. Martin. *Chinese Legends and Other Poems*, Shanghai: Kelly & Walsh, 1894, p. 67.

〔3〕 W. A. P. Martin. *Chinese Legends and Other Poems*, Shanghai: Kelly & Walsh, 1894, pp. 69-70.

〔4〕 *The Chinese Times*（《中国时报》）, Aug. 24, 1889.

〔5〕 W. A. P. Martin. *Chinese Legends and Other Poems*, Shanghai: Kelly & Walsh, 1894, p. 71.

〔6〕 *The Chinese Times*（《中国时报》）, Sept. 15, 1888.

304

　　《变化的循环》（"The Cycle of Change: A Hymn to the River Daya"）。
丁韪良与妻子在日本访问了晃山中禅寺。1890 年 7 月，他前往箱根，写下
诗歌《变化的循环：达雅河赞歌》。[1] 在这首诗的按语中，丁韪良写道：
在设计这本翻译诗集时，他原本不打算放任何的原创作品在这里面。由于
特别的原因，他放宽了这条规则，放入五六首原创诗。插入《变化的循环》
这首自己的诗的原因是，它是在前一首诗《华严瀑布歌》描写的地点附近
创作的。1890 年 7 月 5 日，他和妻子从他们住的中禅寺前往箱根游玩。当
天晚上，他走了 14 英里路，写下了这首达雅河赞歌。[2] 但这首诗在 1890
年 7 月 26 日的 *The Chinese Times*（《中国时报》）发表时，他说这首诗是
日本箱根附近的一条山溪岸边的一段字迹模糊的铭文，据说是一位佛教
徒写的。[3] 因此这首诗可能是丁韪良看到山上模糊的铭文，翻译再创作而
成的。

　　丁韪良还发表过研究西方诗歌的文章。如 1890 年 12 月，丁韪良创作
《路济塔尼亚人之歌，或东方的开放》（"The Lusiad, or The Opening of
the East"）。该文发表于同年 12 月《耶鲁评论》（*Yale Review*），后收入《翰
林集》第二编。《路济塔尼亚人之歌》（*Os Lusíadas*）是葡萄牙诗人贾梅士
（Luís de Camões，约 1524—1580）历时三十年所作的史诗，1572 年出版，
是葡萄牙文学史上最优秀的作品。丁韪良该文系对葡萄牙诗人贾梅士 1572
的名作《路济塔尼亚人之歌》（*Os Lusíadas*）的评论。[4]

　　1894 年丁韪良出版的《中国传说与诗歌》（*Chinese Legends and Other
Poems*）一书也收录了他介绍外国诗歌的作品，包括：

　　《我的天使鸟》（"My Angel Bird"）。丁韪良在按语中说：这首诗是

---

〔1〕W. A. P. Martin. *Chinese Legends and Other Poems*, Shanghai: Kelly & Walsh, 1894, pp. 101-102.
〔2〕W. A. P. Martin. *Chinese Legends and Other Poems*, Shanghai: Kelly & Walsh, 1894, p. 58.
〔3〕*The Chinese Times*, Vol. 4, July 26, 1890, p. 472.
〔4〕参见 *Yale Review*（《耶鲁评论》），Vol. XVII, No. 6, December 1890, pp. 542-560; *Hanlin Papers*, second Series,
Shanghai: Kelly & Walsh, 1894, pp. 379-412.

他认识的一位女士对他的一个问题的回答。这位女士患了 8 年的精神抑郁症，又因为情绪的突然爆发而恢复了健康。这里提及的事件是绝对真实的。这位女士是位诗人，写了一本诗集，此外还有许多散文诗。这首诗述说的是：这位女士患有忧郁症，偶尔遇到了一只衰弱的小鸟，小心地饲养它。小鸟去世了，她因为哭而恢复了精神健康。于是她将小鸟做成标本放在家里。[1]

《创造之歌》（"The Voice of Creation"）。丁韪良收录的这首诗原是德国诗人克里斯蒂安·弗希特戈特·盖勒特（Christian Furchtegott Gellert）用德语写的一首圣诗，题为《赞美造物主》（"Preis des Schopfers"）。这是一首基督教赞美诗。丁韪良说这首诗选自 1848 年的版本。[2]他将这首德文诗翻译成英文。

《吟游诗人》（"The Minstrel"）。这首丁韪良翻译的诗原是戏剧家、诗人歌德（Johann Wolfgang von Goethe，1749—1832）的德文诗。丁韪良连续翻译两首德国诗，表现了他对德国文学的兴趣。

《时间的片段》（"The Time Piece"）。这首丁韪良翻译的诗原是奥地利考古学家和诗人加布里埃尔·塞德尔（Johann Gabriel Seidl，1804—1875）的德文诗。他在按语中写道："斯图尔曼太太今天上午打电话要求我承担翻译这首诗的任务。因此，我将这首译文献给她。"[3]

《萨丽格人》（"The Sarigue"）。这是丁韪良翻译自法国诗人和浪漫主义作家德·弗洛里安（Jean-Pierre Claris de Florian，1755—1794）的一首诗。丁韪良翻译自他的寓言诗歌 La Mère, l'Enfant & les Sarigues，意为《母亲、儿童和萨丽格人》，这是一首赞颂母性的、有童话风格的寓言诗。翻译后的英文标题是 "The Sarigue"（《萨丽格人》）。从对德、法诗歌的选

---

〔1〕 W. A. P. Martin. *Chinese Legends and Other Poems*, Shanghai: Kelly & Walsh, 1894, p. 61.

〔2〕 W. A. P. Martin. *Chinese Legends and Other Poems*, Shanghai: Kelly & Walsh, 1894, p. 75.

〔3〕 W. A. P. Martin. *Chinese Legends and Other Poems*, Shanghai: Kelly & Walsh, 1894, p. 79.

306

诗可以看出丁韪良偏好浪漫主义的诗歌风格。

《路济塔尼亚人之歌》（"L'Envoi of the Lusiad"，片段）。这首是丁韪良翻译葡萄牙诗人贾梅士（Luís de Camões）的著名史诗《路济塔尼亚人之歌》（*Os Lusíadas*，又名《葡国魂》）的一个片段。贾梅士被公认为葡萄牙最伟大的诗人和西方最伟大的诗人之一，《路济塔尼亚人之歌》于 1572 年出版，是葡萄牙文学史上最优秀的作品。[1]丁韪良于 1890 年在《耶鲁评论》（*Yale Review*）上发表《路济塔尼亚人之歌，或东方的开放》（"The Lusiad, or The Opening of the East"），是对《路济塔尼亚人之歌》的评论。[2]后收入《翰林集》第二编。[3]

《华严瀑布歌》（"A Hymn to the Chuzengi Waterfall"）。丁韪良在按语中说："我第一次读到这首优美的诗是在可以俯瞰瀑布的巨石上。当我向东京的诺克斯牧师（Rev. Knox）提及此事时，他好心地为我弄来了这首诗的拓片。作者是个天才，在日本很有名。这首诗用很好的中文写的。"[4]诗的原作者是日本著名诗人小野湖山（1814—1910），《华严瀑布歌》是他的山水诗中的代表作。[5]1892 至 1893 年间丁韪良在北京东方学会宣读《从日本获得的两块碑铭译注》（"On Two Inscriptions Obtained in Japan"）。其中之一就是日本诗人小野湖山的诗歌《华严瀑布歌》的碑铭文。该文后发表在《北京东方学会杂志》第 3 卷第 5 期。[6]又作为附录收入《翰林集》第二编。[7]

---

〔1〕W. A. P. Martin. *Chinese Legends and Other Poems*, Shanghai: Kelly & Walsh, 1894, pp. 86-87.

〔2〕*Yale Review*, Vol. XVII, No. 6, December 1890, pp. 542-560.

〔3〕*Hanlin Papers*, Second Series, Shanghai: Kelly & Walsh, 1894, pp. 479-412.

〔4〕W. A. P. Martin. *Chinese Legends and Other Poems*, Shanghai: Kelly & Walsh, 1894, p. 55.

〔5〕高文汉：《日本近代汉文学》，银川：宁夏人民出版社，2005 年，第 60-62 页。

〔6〕*Journal of the Peking Oriental Society*, Vol. III, No. 3, 1893, pp. 259-264.

〔7〕*Hanlin Papers*, Second Series（《翰林集》第二编），Shanghai: Kelly and Walsh, 1894, pp. 413-419.

二、丁韪良重视中国诗歌之缘由

丁韪良喜欢中国诗歌，显然是发生在他对中国社会和中国文学深入了解之后的事。其中几点对丁韪良触动很大。

其一，现实感受：中国人善写诗歌令西方人吃惊。

丁韪良在现实中感悟：由于西方人平时接触到的一些中国人既功利又平庸，所以中国人善写诗歌这件事会令他们颇感吃惊。然而，一个受过教育的中国人比任何其他人都更热衷诗歌的陶冶。倘若出旅遇到奇峰秀水，他必会欣然赋诗。新年伊始，他要在门柱上题写新的对联。他的商铺和书房墙壁上往往挂有友人题赠的诗歌卷轴。闲暇居家，他会吟诗作对；携客游，他会援笔在墙上或柱子上即兴赋诗一首，以示到此一游。所有这些无疑都显得有点矫情，但它却是深深根植于民族情感之中。[1]

其二，深入研读中国文学典籍，进而认识：中华民族重视诗歌源远流长。

丁韪良赞叹：中国人极其重视对诗艺的培养，把它作为其教育制度的主要特色，这在任何其他国家都是绝无仅有的。威尔士人有赛诗会，即吟游诗人们一年一度的聚会；英格兰的著名学校中有各自的获奖诗歌。但中国的情况就不一样，年轻人要想博取功名，都必须在科举考试中一展诗才。若想当税务官，他所接受的考试不是算术，而是八股文——这是一种延续了千年的惯例。这种做法的起源还可以追溯得更远。[2]

丁韪良论道，孔子说："以诗为首，次礼，次乐。"诗歌是教育三要素中的首要因素。他钟爱诗歌，尊崇其教化作用。孔子爱诗的一个更有力的证据是，他搜集和保存了前朝流传下来的那些最脍炙人口的诗，并把它们

---

〔1〕丁韪良：《汉学菁华》，沈弘等译，北京：世界图书出版公司，2010年，第43页。
〔2〕同上，第43页。

308

编入了作为"五经"之一的《诗经》之中。相传由他编的《尚书》这部历史鸿卷中，同样保存了先世诗歌中的各种断章。"通过这些诗句，我们可以领略到早在特洛伊战争的一千年之前，中国王公贵戚、诸侯大臣们就在即兴和诗的盛大场面。"[1]

丁韪良认为：和希腊一样，中国诗歌的诞生要早于哲学。主掌抒情诗的缪斯女神为人类带来了第一缕文化的晨曦，然后用玫瑰色的手指灵活地编织出一袭色彩斑斓的华衣，遮盖住新生人类的赤裸身体。[2]

其三，丁韪良赞叹中国的各种诗歌类型。

丁韪良论述道：

风靡印度的史诗在中国却完全缺失，取而代之的是历史传奇。它具有韵文外的一切诗歌特征。

戏剧诗在中国大量存在，尽管它在一千年以前就已经出现，但它跟我们的现代戏剧相比，仍然停留在一个非常原始的阶段，还没有超越泰斯庇斯（公元前 6 世纪古希腊的演员）时代的戏剧水平。

教化诗非常流行。为了便于民众记忆，就连官府公文也普遍采用韵文体裁。半个世纪以前，英军的胜利致使中国向外国人开放五个口岸。为了抵御西方教义的影响，皇帝下令编辑圣人的教诲，并以韵文的形式刊印于世。诗歌作为教化的载体受到如此的崇尚，就连一部整整有四十卷的通俗百科全书都完全是用诗体来编撰的。[3]

丁韪良对中国的抒情诗情有独钟。他说："我想着重讨论一下抒情诗。在这个方面，中国人的作品可谓是浩如烟海，在与他国诗人的竞争中可以独占鳌头。"丁韪良认为，中国的抒情诗大致可分为三个时期：远古、中古和现代。远古的诗歌主要收录在孔子重新编辑，但并非他编纂的《诗经》

〔1〕丁韪良：《汉学菁华》，沈弘等译，北京：世界图书出版公司，2010 年，第 43 页。
〔2〕同上，第 43-44 页。
〔3〕同上，第 44 页。

之中。这部诗集含有三百零五首诗歌作品，其中包括了歌谣、颂歌和祭歌。书中所选的歌谣反映了周公当时所分封的诸侯国的风俗。它们所展现的社会分工的质朴，与当今社会生活中的繁文缛节形成了一个强烈的对比。

除了庆祝新婚、伦理上正确的颂歌之外，还有许多令后世道学家们瞠目结舌的爱情歌谣和故事。在思想禁锢较少的我们看来，除了大多空洞无聊外，这些作品并无可弹劾之处。总体而言，这些诗歌在伦理道德上比从异教古代流传至今的其他类似诗集谨慎得多。孔子或他的先辈们对这些作品进行修改来确保道德的纯洁性。[1]

其四，耳闻目睹，晚清士大夫们的诗歌素养加深了丁韪良对中国诗歌的认知。

丁韪良进入同文馆前后，有机会近距离与晚清士大夫们广泛接触与交游，由此他亲身感受到，在中国，互赠诗歌是文人官员们互相增进感情的方式。丁韪良也获得一些晚清高层文人赠送诗歌与表达友谊。举例如下。

关于奕山：

丁韪良在为签订第二次鸦片战争条约做翻译时认识了中方官员奕山，并结交为好友，奕山赠送给丁韪良诗文来赞颂他们的友谊。他记述道："奕山可以被看作满族男子的代表人物，他英俊而聪明，我被他友好而直率的态度深深打动了。他也同样注意到我身上的某种气质，究竟是什么，很难说清楚，也许是一种新奇感？因为他见到了一位既不野蛮又不愚蠢的洋人。他的父亲曾经统治伊犁，他对外国人的印象因而来自土库曼和卡尔马克的所见所闻。他回到京师后设法找到了我，我们的私交日益密切，直到他被外放任山西总督之职。他临行前赠给我题着两行诗文的一对卷轴，诗的内容是夸奖我，或者说是赞颂了我们的友谊：

---

[1] 丁韪良：《汉学菁华》，沈弘等译，北京：世界图书出版公司，2010年，第43-44页。

> 广闻博志求真识，
>
> 讲学传道为人师。
>
> 天涯海角遍为友，
>
> 惟吾与君最相知。

奕山习惯称呼我为'兄弟'，他经常对我说：彼此有缘。"[1]

关于宝鋆与董恂：

丁韪良任职的同文馆就在总理衙门隔壁，他与总理衙门的官员都很熟悉。

1869 年 11 月 26 日，丁韪良在总理衙门的几位大臣和美国代理公使卫三畏的陪同下，到同文馆就职总教习。"我的就职演说是用汉语来讲的，演讲时我用的一个比喻使颇负诗名的大学士宝鋆诗兴大发，当即赋了一首诗，抄写在一对装帧美观的卷轴上，赠给我留念。"[2]

丁韪良记述道："宝鋆以学识与巧智闻名，但没有像董恂那么多产。据我所知，他仅有两卷诗集（他曾送我一套）。其中一卷是他去杭州监考的路上作的，白天坐轿时吟诗，晚上在路边旅店投宿时便将它写在纸上。"宝鋆描写恭亲王下台的诗歌曾流行一时，但影射晦涩，就像印度圣贤们的技巧一样：

> 笑沐天恩四季春，
>
> 年年欢梦不知年。
>
> 猎鲸渔父望洋叹，
>
> 梦醒黄粱咒逝川。
>
> 丢马塞翁安非福？

---

[1] 丁韪良：《花甲忆记》，沈弘等译，桂林：广西师范大学出版社，2004 年，第 117 页。

[2] 同上，第 199 页。

劝君失意且保全。[1]

Through life, as in a pleasing dream,

Unconscious of my years,

In fortune's smiles to bask I seem—

Perennial, spring appears.

Alas! leviathan to take

Defies the fisher's art;

From dreams of glory I awake—

My youth and power depart.

That loss is often gain's disguise,

May us for loss console.

My fellow-sufferers, take advice,

And keep your reason whole. [2]

　　丁韪良只能译出大意，宝鋆用了多个典故，他都没法翻译出来。这也是中国古诗译成英文的困难所在。这样，宝鋆中规中矩的诗翻译成英文就逊色多了。

　　丁韪良记述："读了这一首，我不敢肯定读者会渴望读到那'两卷'诗。我前面没有提及，董恂也是位诗人。凡是受过教育的中国人都写诗，但董恂和宝鋆洋溢着诗情。"[3]有一次，蒲安臣先生拿一本有铜版画的书给恭亲王看，其中一幅画着两个女孩子坐在独木舟里，恭亲王对这幅美丽的图画大加赞赏，遂令宝鋆作诗。宝鋆当即从口袋中取出毛笔，十行诗一挥

---

[1] 此诗为沈弘回译，未找到宝鋆原诗。参见丁韪良：《花甲忆记》，沈弘等译，桂林：广西师范大学出版社，2004年，第241-242页。

[2] W. A. P. Martin. *A Cycle of Cathay or China, South and North With Personal Reminiscences*, New York: Fleming H. Revell Company, 1900, p. 359.

[3] 丁韪良：《花甲忆记》，沈弘等译，桂林：广西师范大学出版社，2004年，第241-242页。

312

而就，恭亲王大悦。既而记起董才子，恭亲王又把他叫出来。董恂也同样
一挥而就，作品精神饱满，诗风风雅，根本不像命题之作。两首诗都文不
加点，不假思索——一场名副其实的即兴创作竞赛。恭亲王同样对董恂大
加称赞，其要旨是说："Et vitula tu dignus ethic."（拉丁语：你应该得到
小母牛作为奖赏，他也是。——沈弘注：原文出自维吉尔《牧歌》第三首
第 109 行。）"我曾为蒲安臣译出了这两首诗，但遗憾的是，忘记留下副本。
试想美国的两位内阁部长，或者维多利亚女王的两位大臣，能够写出同样
的好诗吗？"[1]

　　丁韪良认为，宝鋆和董恂虽然文思敏捷、才华横溢，但是不具有科学
水平，认为在科学方面，他们跟维吉尔（Publius Vergilius Maro）和贺拉
斯（Quintus Horatius Flaccus）处于同样的水平。[2]

　　关于李鸿章：

　　丁韪良与李鸿章有很多往来。他看到李鸿章的七十大寿场面甚为壮
观；庆典的各种场面与祝寿诗被编成了一本厚厚的集子，李鸿章曾经送了
他一本，但后来被李鸿章的一个中国崇拜者据为己有。[3]

　　关于曾纪泽：

　　丁韪良记述：1877 年，曾纪泽奉诏到北京等候圣上旨意时，已年近不
惑。他已经开始学习英语，目的是便于参加外交工作。曾纪泽远居于内陆，
几乎从未见过白种人，主要靠语法和词典学习英语。不知是因为隔绝（它
使曾缺乏比较的机会）还是因为奉承（贵族总是少不了有人奉承，所以自
我膨胀），曾纪泽对自己的英语水平非常自负，常常向朋友们赠双语题诗
团扇，诗是他自己创作的。"下一页上有他送给我诗扇的复制件。"中文原

[1] 丁韪良：《花甲忆记》，沈弘等译，桂林：广西师范大学出版社，2004 年，第 243 页。
[2] 同上，第 243 页。维吉尔（Publius Vergilius Maro，前 70—前 19），是奥古斯都时期的古罗马诗人。贺拉
斯（Quintus Horatius Flaccus，前 65—前 8），奥古斯都时期的著名诗人、批评家。
[3] 同上，第 236 页。

诗深得风雅，但其译文则是典型的"巴布英语"：

> 学究三才圣者徒，
>
> 识赅万有为通儒。
>
> 闻君兼择中西术，
>
> 双取骊龙颔下珠。
>
> To combine the reasons of Heaven, Earth, and Man,
>
> Only the Sage's disciple, who is, can.
>
> Universe to be included in knowledge,
>
> All men are, should,
>
> But only the wise man who is, could.

　　1877 年，曾纪泽服完丁忧、进京觐见及候差期间，他常访见西人，并常写英华合璧诗赠西人。该年八月到十一月，他与梅辉立、必利南、赫德、丁韪良、德贞等结交，尤其与丁韪良、德贞等常来常往。曾纪泽向丁韪良学习英语，上述几行诗是曾纪泽第一次见丁韪良时写的，没有批改过的样子。[1]曾纪泽也阅读过丁韪良翻译的班婕妤《怨歌行》的英文版。[2]《曾纪泽日记》中常记录他学习英文，写中英双璧诗赠予外国友人德贞、丁韪良等。如光绪三年十一月初九："为丁冠西（丁韪良）做中西合璧诗，没完成。丁冠西来久谈。"[3]

　　关于斌椿：

　　斌椿曾为赫德的私人秘书，1866 年跟随赫德回英国并赴欧洲各国考察。斌椿被称为政府官员中赴西欧考察的"东土西来第一人"。丁韪良记述：

---

〔1〕丁韪良：《花甲忆记》，沈弘等译，桂林：广西师范大学出版社，2004 年，第 246 页。

〔2〕李恩涵：《外交家曾纪泽（1839—1890）》，北京：东方出版社，2014 年，第 32 页。

〔3〕曾纪泽：《曾纪泽日记》（中），长沙：岳麓书社，1998 年，第 707 页。

314

斌椿用一卷诗，还有一册笔记仔细记录了他的印象，后者的现实主义修正了前者的浪漫色彩。在"黑水洋"上坐蒸汽轮船时，斌椿不由得诗兴大发。（沈弘注：见斌椿《海国胜游草》之《黑水洋大风》。）接下来，他写诗歌颂上海的妙景，其中之一是舒服的弹簧马车，刷着漆，很耀眼，斌椿受邀与漂亮女郎共同坐。想一想，中国马车没有弹簧，清朝官员从来不与中国妇女共乘一车，斌椿的热情不是很自然吗？"但我必须让读者看看他的诗句"，未做一点儿改动：

> 西国佳人画不如，
>
> 细腰袅娜曳长裾；
>
> 异香扑鼻风前过，
>
> 携手同登油壁车。
>
> 傅粉施朱总莫加，
>
> 天然颜色谢铅华；
>
> 莺声呖呖人难会，
>
> 不让明皇解语花。[1]

　　在欧洲，铁道和电报都很新鲜，激发了斌椿的想象，大凡宫廷、军营、城市，在诗卷中都有反映。即便他的诗不是一流的，但也可以保险地说，中国诗人从未有过如此表达吃惊情绪的机会。[2]

　　由上可见，丁韪良自身的诗歌素养，加之他有条件亦有能力从现实和古典文献中全面接触与感受中国诗歌之魅力，这两方面的原因，均成为他重视深入研究中国诗歌的驱动力。

---

〔1〕沈弘注：见斌椿《海国胜游草》之《上海东门外滨临大江两岸起造洋楼十余里俗呼洋泾浜》。（参见丁韪良：《花甲忆记》，沈弘等译，桂林：广西师范大学出版社，2004年，第254页。）
〔2〕丁韪良：《花甲忆记》，沈弘等译，桂林：广西师范大学出版社，2004年，第254页。

三、丁韪良对中国古代诗歌之推崇

1. 丁韪良翻译中国诗歌的大体过程

在美国早期汉学发展过程中，关于中国诗歌的译介与研究，很长时间都处于薄弱状态。1880 年丁韪良出版《翰林集》(*Hanlin Papers or Essays on the Intellectual Life of the Chinese*)。在该书"附录"中，丁韪良以《两首中国诗歌》("Two Chinese Poems") 为题，将《秋扇歌》("Lines inscribed on a Fan") 和《木兰词》("Mulan, the Maiden Chief") 翻译成英文韵诗，由此揭开了美国早期汉学译介中国诗歌之帷幕。[1]

1881 年丁韪良在美国出版《中国人：他们的教育、哲学与信件》(*The Chinese: Their Education, Philosophy and Letters*) 一书。该书系 1880 年《翰林集》的修订版，《秋扇歌》和《木兰词》亦收录于该书"附录"中。[2]丁韪良为这两首诗添加了如下"按语"：

"由于前面几页包含一篇关于中国人散文写作的文章，我添加这些诗歌作为他们诗的样本。正如我在别的地方说过的，中国受过教育的人，都是诗人；而女作家的各种诗作表明，她们有自己的萨福（Sappho）和科里纳（Corinna）。[3]这首歌谣歌颂的是他们的一位女英雄，但省略了一些事件而有所删节，有些事件不够有诗性。"中国人倾向于用诗歌来表达自己，这一点在官方偶尔发布的押韵公文中得到了体现。这种民族趣味的最新例证，是曾侯爵（曾纪泽）在获知政府派他出使俄国后，通过电报寄往北京

〔1〕W. A. P. Martin. *Hanlin Papers or Essays on the Intellectual Life of the Chinese*（《翰林集》）, Shanghai: Kelly and Walsh, 1880. Also published by London: Trubner and Company, 1880, pp. 388–392.

〔2〕W. A. P. Martin. *The Chinese: Their Education, Philosophy and Letters*, New York: Harper and Brothers, 1881, pp. 313–319.

〔3〕萨福（Sappho，约前 630—前 570），古希腊的女诗人，著有诗集九卷，大部分已散轶。科里纳（Corinna），约活动于公元前 6 世纪前后，古希腊抒情女诗人之一。

的一副对诗：才陈智浅，闻电战栗。这几行字，简洁如德尔菲神谕的回答，
可以这样翻译：

> My knowledge is scant and my powers are frail,
> At the voice of the thunder I tremble and quail. [1]
>
> 直译为：
> 我知识贫乏，我能力薄弱，
> 在雷电声下，我战栗发抖。

　　1883 年卫三畏修订出版《中国总论》，其中第十一章"中国经典文
献"，以《四库全书总目》为"最好的向导"，在介绍第一部分"经"时，
他采用了英国汉学家理雅各的研究成果。卫三畏写道："《诗经》全书都值
得细读，通过理雅各博士的劳作，变得比过去更容易领会了。"[2] 卫三畏于
该书第十二章"中国的雅文学"中，继续介绍《四库全书总目》的"史、
子、集"三部分。卫三畏记述道："《总目》的第四部分是集部，意即杂
集，提及的著作主要是诗集。"接着，他以不多篇幅引用了英国汉学家德庇
时《中国诗》（伦敦，1870 年）、法国汉学家厄维·圣德尼（1823—1892）
《唐诗》（法译本，巴黎，1862 年）等成果，概略介绍了古代中国诗歌的相
关内容，简略谈到的诗人有屈原、苏蕙、李白、杜甫、苏东坡等。[3] 这应
该是美国早期汉学对中国诗歌的最初的概要性介绍。此外，未见卫三畏撰
有其他研究或译介中国诗歌的作品。

　　1885 年北京东方学会成立后，丁韪良提出了汉学研究的阶段性目标，

---

〔1〕W. A. P. Martin. *The Chinese: Their Education, Philosophy and Letters*, New York: Harper and Brothers, 1881,
p. 313.
〔2〕［美］卫三畏：《中国总论》上册，陈俱译，上海：上海古籍出版社，2005 年，第 448 页。
〔3〕同上，第 484 页。

即"将研究划分为四个部分：第一部分是语文学，第二部分是哲学，第三部分是历史，第四部分是诗歌"。[1]丁韪良希望通过汉学家们的共同努力，弥补当时对中国诗歌研究的不足。或许与研究志趣和难度有关，丁韪良的这一愿望，除了他作为首任北京东方学会会长身体力行外，其他美国汉学家响应者寥寥。

1888年4月30日丁韪良在北京东方学会宣读《苏武留别妻诗译本》。[2]这显示丁韪良已在实践上进一步重视中国诗歌的研究。

1894年丁韪良出版《中国传说与诗歌》(*Chinese Legends and Other Poems*)一书。该书包括了四方面内容，即：对中国诗歌的译介、对中国传说的译介、对外国诗歌的介绍以及丁韪良自己的其他诗作。其中对中国诗歌的译介，作品包括：《木兰词》("Mulan, the Maiden Chief")、《秋扇歌》("Lines inscribed on a Fan")、《长别词》("Su Wu to his Wife")、《长干行》("A Soldier's Wife to her Husband")、《月下独酌》("On Drinking Alone by Moonlight")、《蟋蟀在堂》("Adieu to the Year")、《鹏鸟赋》("A Chinese 'Raven'")、《长安寺颂》("Ode to the Buddhist Convent of Chang-an")、《宝珠洞》("Ode to Pearl Grotto")、《御笔诗》("Pearl Grotto")、《塞翁失马》("Reflections of a Fallen Statesman")、《妻子是最好的朋友》("A Wife the best Friend")、《炼丹术》("The Adept")、《白圭之玷》("The White Monitor")等。丁韪良有关对中国诗歌的译介、对中国传说的译介，详后分析。[3]

〔1〕W. A. P. Martin. "The Past and Future of The Peking Oriental Society"(《北京东方学会的过去与未来》), *Journal of the Peking Oriental Society*, Vol. I, No. 4, Peking: Pei-Tang Press, 1886, p193.
〔2〕见"The Peking Oriental Society", *The Chinese Times*, May 5, 1888, p. 291. 后收入"Su Wu to his Wife on setting out on his Embassy to the Court of the Grand Khan or Fartary, 100 B. C.", *Chinese Legends and Lyrics*, Shanghai: Kelly & Walsh Limited, 1912, pp. 52-53. 转引自王文兵：《丁韪良与中国》，北京：外语教学与研究出版社，2008年，第370页。
〔3〕*Chinese Legends and Other Poems*, Shanghai: Kelly & Walsh, 1894. 该书有关对外国诗歌的介绍及丁韪良自己的其他诗作，详见笔者前述本章本节"丁韪良欧美诗歌之修养"内容。

318

　　1897 年 5 月丁韪良在北京东方学会会议上宣读论文《论中国诗歌》，
获得所有与会人士的一致赞誉。[1] 此文后在《北美评论》上发表。[2]

　　1900 年丁韪良出版 *The Siege in Peking China Against the World*（《北京被
围记》）。该书附录中亦编入丁韪良的三首译诗作品，即《留别妻》《木兰
词》和描述满族祖先经历的《除夕异礼》（"The Midnight Offering"）。丁
韪良按语说道："接下来的三首诗本身就很有趣。本书由作者翻译，现在
首次在美国出版，它们对了解中国人的生活有很多启发。第一首表达了夫
妻的感情，第二首表明中国有她的女英雄，第三首证明中国不乏侠义情操。
有这些强烈情感的人，我们是同情的。在这三篇诗作中，有一点是可以肯
定的，那就是它们被本书引用是很有价值的。"[3]

　　1901 年丁韪良出版《汉学菁华》一书，其中第二卷第四章为"中国
的诗人和诗歌"。[4]

　　1907 年丁韪良出版《中国觉醒》一书，内有"诗圣与诗仙"之内容。[5]

　　1912 年丁韪良出版《中国传说与抒情诗》（*Chinese Legends and Lyrics*）
一书。[6] 该书是在 1894 年版《中国传说与诗歌》基础上增补而成，共收
作品 53 篇。1911 年 6 月 10 日丁韪良在北京为该书作"序言"，他说道：
"这本小书需要一个新的版本，应该说，它的内容做了一些增加。我的竖
琴，长时间地沉默，在 1905 年 6 月 21 日突然被家乡的思念唤醒。它的第
一个音符是关于'心灵感应'的诗句。在旅途的闲暇时光中，我翻译了著
名的《红线》故事。自从我回来以后，我又增加了许多其他内容，所以传

〔1〕"Proceedings of The Peking Oriental Society for the Year 1897/1898"（《北京东方学会 1897—1898 年度会
议纪要》）, *Journal of the Peking Oriental Society*, Vol. IV, Peking: Pei-Tang Press, 1898, pp. 143-149.
〔2〕"The Poetry of Chinese", *The North American Review*, Vol. CLXXII, No. 6, Jun 1901. 转引自王文兵：《丁韪
良与中国》，北京：外语教学与研究出版社，2008 年，第 370 页。
〔3〕W. A. P. Martin. *The Siege in Peking China Against the World*, New York: Fleming H. Revell Company, 1900, p. 171.
〔4〕丁韪良：《汉学菁华》，沈弘等译，北京：世界图书出版公司，2010 年，第 43-51 页。
〔5〕丁韪良：《中国觉醒》，沈弘译，北京：世界图书出版公司，2010 年，第 100 页。
〔6〕W. A. P. Martin. *Chinese Legends and Lyrics*, Second Edition, Shanghai: Kelly & Walsh Limited, 1912.

说和抒情诗的数量都增加了一倍多。"丁韪良又说："他们的文学作品，除了缺少史诗外，有各种各样丰富的诗歌。本卷中的一些抒情诗被引征为智慧和想象的典范。其中一首诗在古代和现代（西方）文学中发现了奇怪的巧合。我自己的少量诗作大部分和中国的人或地方有关系。这些诗使作者在严肃的工作中感到愉快。如果它们能够加深读者对中国人的兴趣，那就达到了一个更高的目的，而不仅仅是娱乐。"[1]

该书主要新增加了"传说"作品，新增的译介诗歌作品有《婴儿来临》（"Baby's Welcome"）、《行路难》（"Troubles of a Traveller"）、《僧侣与君王》（"Monk and Monarch"）等等。[2]

2. 丁韪良对中国诗歌的译介与评论

（1）关于孔子对诗歌的贡献

丁韪良论道：当孔子为中国的教育系统制定重要原则的时候，他没有参考我们祖先三要素的教育，即阅读、写作和算术，而提出了他自己的三要素："以诗为首，次礼，次乐。"因此中国是一个诗人的国家，尤其是抒情诗人。丁韪良补充说："中国人极其重视对于诗艺的培养，把它作为其教育制度的主要特色，这在任何其他国家中都是绝无仅有的。"[3]

丁韪良说道，孔子认为所有的不洁都已被删除殆尽，他宣称："诗三百，一言以蔽之，曰：'思无邪。'"我们不要以为，孔子总是睿智过人，或整天循规蹈矩地板起脸来宣教。他是最具有人性的一位圣人。经他之口流传下来的警世箴言有三千多条，即使不是他自己写的，但他仍然抽空编辑整理了大量引人入胜的歌谣，比所罗门王有过之而无不及。[4]作为乐师，他深谙韵律的和谐之美，而这种美感正是其他古诗在历经语言变迁后所匮

〔1〕W. A. P. Martin. *Chinese Legends and Lyrics*, Shanghai: Kelly & Walsh Limited, 1912, p. iii.

〔2〕W. A. P. Martin. *Chinese Legends and Lyrics*, Shanghai: Kelly & Walsh Limited, 1912.

〔3〕丁韪良：《汉学菁华》，沈弘等译，北京：世界图书出版公司，2010年，第43页。

〔4〕所罗门王，根据《希伯来圣经》记载，是以色列王国第三位国王，大卫家族第二位国王，是北方以色列王国和南方犹大王国分裂前的最后一位君主。

320

乏的。[1]

（2）译介《诗经》作品

《诗经》是中国古代第一部诗歌总集。丁韪良悉知，中国人有重视诗歌的传统，他在《花甲忆记》中论道：《诗经》是一本古诗选集，"在反映中国古代生活和风俗方面具有很高的价值"，其写作日期可追溯到公元纪年之前 600 至 1100 年。孔子曾经对他的儿子说："你应该读一下《诗经》，从中可以学到许多鸟兽和植物的名称。"[2]丁韪良评价道：《诗经》"在反映中国古代生活和风俗方面具有很高的价值"。[3]

1894 年丁韪良出版《中国传说与诗歌》，译介了《诗经》的两首诗歌。其中第一首是《国风·唐风·蟋蟀》，丁韪良译作《蟋蟀在堂》（"Adieu to the Year"）。他评论说：下面这首描写除夕之夜的诗歌感情真挚，至今仍能令人回味不已。

　　　　蟋蟀在堂，岁聿其莫。今我不乐，日月其除。

　　　　无已大康，职思其居。好乐无荒，良士瞿瞿。

丁韪良在《汉学菁华》中评论道：这是世界上最古老的节欲诗。正如中国人所说，这首诗提倡的是过年时节对各种欲望的节制，认为应"好乐无荒"。这首诗的创作年代甚至可以追溯到罗马城的创立之前。[4]

丁韪良评价《诗经》里诗的风格：在结构上，这诗歌大都采用叠句。它们通常以某个诗意形象作为开篇，如麋鹿的哀鸣、水鸟的啼叫等等。尽

〔1〕丁韪良：《汉学菁华》，沈弘等译，北京：世界图书出版公司，2010 年，第 44-45 页。

〔2〕丁韪良：《花甲忆记》，沈弘等译，桂林：广西师范大学出版社，2004 年，第 32 页。

〔3〕同上，第 32 页。

〔4〕丁韪良：《汉学菁华》，沈弘等译，北京：世界图书出版公司，2010 年，第 45 页。1894 年丁韪良在《中国传说与诗歌》（*Chinese Legends and Other Poems*）一书中，以《蟋蟀在堂》（"Adieu to the Year"）为题译介了这首诗。（参见 *Chinese Legends and Other Poems*, Shanghai: Kelly & Walsh, 1894, p. 28.）

管这形象与诗歌主题之间并无明确的联系，但总会在每个诗节的开头或结尾重复出现。在这一点上，彭斯（Robert Burns）的著名诗歌《啊，当灯芯草变绿的时候》可说是非常中国化。[1]

　　丁韪良译介的第二首《诗经》诗歌，取名为"The White Monitor"（《白圭之玷》）。原诗内容是：白圭之玷，尚可磨也。斯言之玷，不可为也。这首诗出自《诗经·大雅·抑》。丁韪良在《中国传说与诗歌》（*Chinese Legends and Other Poems*）一书的按语中说，这是"来自公元前500年的《诗经》"。他翻译如下：

> A speck upon your ivory fan,
>
> You soon may wipe away;
>
> But stains upon the heart or tongue,
>
> Remain, alas! for aye. [2]
>
> 象牙扇上的一个小点，
>
> 很快便可擦除；
>
> 但心和口上的污点，
>
> 不会消失。唉！永不消失。

　　在《汉学菁华》中，丁韪良提到这首诗时说：由于听见一位年轻小伙子不时地吟诵这四句诗，孔子让他做了自己的女婿。对自己的女儿慈爱有加，给她找了一位诚实的丈夫。[3]但实际上，孔子是将侄女嫁给了吟诵这首诗的年轻人。

　　丁韪良译介的第三首《诗经》诗歌是《诗经·小雅·斯干》。这首

---

〔1〕彭斯（Robert Burns, 1759—1796），苏格兰文学史上最杰出的民族诗人，19世纪英国浪漫主义诗歌的先驱。

〔2〕W. A. P. Martin. *Chinese Legends and Other Poems*, Shanghai: Kelly & Walsh, 1894, p. 54.

〔3〕丁韪良：《汉学菁华》，沈弘等译，北京：世界图书出版公司，2010年，第45页。

322

诗的译介，丁韪良发表在 1912 年出版的《中国传说与抒情诗》(*Chinese Legends and Lyrics*) 一书中，篇名为《婴儿来临》("Baby's Welcome")。[1] 丁韪良附上中文：

> 乃生男子，载寝之床，载衣之裳，载弄之璋。
> 乃生女子，载寝之地，载衣之裼，载弄之瓦。

丁韪良译为：

> A girl is born in coarse cloth wound,
>
> With a tile for a toy, let her lie on the ground.
>
> In her bread and her beer be her praise or her blame,
>
> And let her not sully her parents' good name.
>
> Her brother is wrapped in purple and red,
>
> And laid to rest in a lordly bed.
>
> Apparel bright and jewels bring,
>
> For the noble boy who shall serve the King.[2]

直译为：

> 女孩出生后被裹在粗糙的布里，
>
> 用瓦片当玩具，让她躺在地上。
>
> 在她的面包和啤酒里，有赞扬，也有责备，

---

〔1〕W. A. P. Martin. *Chinese Legends and Lyrics*, Shanghai: Kelly & Walsh Limited, 1912, p. 70.
〔2〕W. A. P. Martin. *Chinese Legends and Lyrics*, Shanghai: Kelly & Walsh Limited, 1912, p. 70.

323

　　不能让她玷污了父母的名声。

　　她哥哥被裹上紫色和红色的衣服，

　　安卧在高贵的床榻上。

　　衣着光鲜，珠光宝气，

　　这是将侍奉君王的高贵男孩。

　　丁韪良附加评注：这位古典作家在三千年前就被这种社会反差所震撼，但是他的讽刺作品并不能产生任何改善。[1]

　　这首诗歌，让丁韪良感觉《诗经》亦存在贬低女性的思想，并影响了中国传统社会对女性的歧视。他在《花甲忆记》中论道："更奇怪的是，作为东方圣书之一的《诗经》，居然也灌输这种对于女性的不尊重思想。而无论其文学传统多么深厚，这种把女性视作牺牲品的做法足以使一个民族声名狼藉。"[2]

　　为此，丁韪良对孔子批评道：孔子却在《诗经》中未加评注地收录了这首宣扬男尊女卑、对后世影响深远的歌谣。"倘若这位圣人当时能更为谨严，在这首歌谣后附一句评注，以示异议的话，那么他将能扭转后世的多少人间惨剧啊！"[3]

　　丁韪良以此批评中国传统社会中歧视女性和溺婴的恶俗。丁韪良不满于中国社会中的女性地位很低，他认为中国女性很有智慧。他说，中国妇女是中国更好的那一半人口，她们谦卑、优雅和俊秀。她们的潜质可以从以下的事实来推测，即在诗人、历史学家和统治者的名人堂里可以找到不少妇女。[4]

---

〔1〕W. A. P. Martin. *Chinese Legends and Lyrics*, Shanghai: Kelly & Walsh Limited, 1912, p. 70.
〔2〕丁韪良：《花甲忆记》，沈弘等译，桂林：广西师范大学出版社，2004年，第70页。
〔3〕丁韪良：《汉学菁华》，沈弘等译，北京：世界图书出版公司，2010年，第44–45页。
〔4〕丁韪良：《花甲忆记》，沈弘等译，桂林：广西师范大学出版社，2004年，第51页。

324

丁韪良还曾在生活中运用《诗经》。1863 年，丁韪良刚举家搬到北京，在京城寻找合适的住所期间，他和家人在北京西城门外三英里处的一所寺庙里度过了一个夏天。寺庙的一个庭院里有两株漂亮的雪松，这引起了正在筹备修复宫廷建筑的官员的注意。他们想要砍倒松树来做大梁，寺院的僧人不愿意，因此请他来协调一下。丁韪良请求他们留下松树，并引用《诗经》一句古诗。诗的头两句是："蔽芾甘棠，勿翦勿伐。"（见《诗经·召南·甘棠》）这句诗极为文雅地道出了"樵夫呀，放过那棵树吧"之意。"那官员听到我这个'蛮夷'援引这句古诗，非常吃惊。他答应我放过这两棵树。然而没过几天，他们便趁我不在时把树给砍了。"[1]

（3）关于屈原与贾谊

屈原（约前 340—前 278），战国时期楚国诗人、政治家。丁韪良说：有一本挽诗集也颇享盛誉，作者叫屈原，这是一个投江殉国，使后代难以忘怀的天才诗人。

丁韪良论道：屈原的《招魂》是汉语中最动人的一篇哀诗。屈原这位颇有才华的诗人在遭到放逐后，就把自己的处境比作这样的一个鬼魂，并写了一首长诗来恳求鬼魂回归。这个发生在大约公元前 300 年的悲惨事件如今被人们以一种最生动形象的传统习俗来加以纪念，即端午节的赛龙舟。屈原的诗歌是对楚国世风日下的长篇哀诉。它们反映出诗人乖戾而忧郁的性情，只要读完这些作品，你就不会对诗人的自杀感到奇怪。令人惊奇的是他居然受到人民这么崇高的尊敬和如此壮观辉煌的纪念仪式。由于楚国的高官贵爵、亲朋好友，甚至连楚王本人都唾弃了他的忠告，于是屈原便以亚西多弗（Ahithophel）的方式投水自尽。他的德行、才能和不幸的命运似乎不足以解释他所受到的异乎寻常的尊崇和纪念。[2]

---

〔1〕丁韪良：《花甲忆记》，沈弘等译，桂林：广西师范大学出版社，2004 年，第 156 页。
〔2〕同上，第 50 页。亚西多弗（Ahithophel）是《圣经·旧约》中以色列国王大卫的谋士之一，是协助王子押沙龙发动叛乱的主要人物。后来，亚西多弗因预见到押沙龙的失败而自杀。

　　亚西多弗是大卫手下的谋士，深受器重，后来跟大卫的儿子押沙龙一起造反，因预见到失败而自杀。以此类比，丁韪良自然不能理解屈原之高义，所以他对屈原受到这么高的崇敬感到奇怪。

　　丁韪良还描述了为纪念屈原而产生的龙舟民俗文化：这个发生在大约公元前300年的悲惨事件如今被人们以一种最生动形象的传统习俗来加以纪念。在夏至之前的端午节里，最主要的一种娱乐方式就是赛龙舟。之所以叫龙舟，是因为船的外形和装饰就像一条龙。人们名义上把龙舟划出去是为了搜寻投水而死的诗人尸体，但实际上，划龙舟只是为了比赛和娱乐。[1]这说明，丁韪良不仅重视体会中国诗歌的内涵，也注意考察古代中国诗人的社会环境与历史影响。

　　丁韪良论道：略过这个时代，让我们来谈谈中国文学史上中古时期的发端，当时正处于汉朝（前202—220），文学的兴盛加速了各种思潮的发展。这个时期的诗歌形式渐趋完美。

　　贾谊（前200—前168），汉族，洛阳人，西汉初年著名政论家、文学家。丁韪良说道：首先要提的是贾谊，他是公元前176年被流放的一位国相。他的这首《鵩鸟赋》，无论其神韵或其事例，都让人想起爱伦坡（Edgar Allan Poe）的《乌鸦》。[2]

　　1894年丁韪良《中国传说与诗歌》出版时，认为贾谊的《鵩鸟赋》与爱伦坡的《乌鸦》有很多相似之处，将标题翻译成"A Chinese 'Raven'"（《中国的"乌鸦"》）。[3]他在这首诗翻译后记里写道：翻译诗的前几行可能使大多数读者想起爱伦坡的著名诗歌《乌鸦》。这两首诗的相似之处甚至延伸到次要的方面，如：（1）诗人的精神抑郁状态，近乎绝望。（2）在不受欢迎的来访者出现之前或之后，他阅读书本寻求安稳。（3）入侵者无

---

〔1〕丁韪良：《花甲忆记》，沈弘等译，桂林：广西师范大学出版社，2004年，第50页。

〔2〕爱伦坡（Edgar Allan Poe，1809—1849），美国作家、诗人。

〔3〕W. A. P. Martin. *Chinese Legends and Other Poems*, Shanghai: Kelly & Walsh, 1894, p. 32.

礼放肆。（4）认为鸟儿是凶兆。（5）直接请求鸟儿解释谜团。（6）鸟儿答以忧郁的叫声。（7）两个诗人对于鸟的答复的解释都符合各自的境遇。[1]

丁韪良写道：如果这首中文诗是最近写的，而不是两千年前的，或者如果爱伦坡知道它的存在（他肯定不知道），那么这许多巧合不是给涉嫌抄袭提供了证据吗，或至少是对前者的模仿。"虽然我在创作这个版本的时候自觉地不去参考爱伦坡的作品，虽然我已经有好几个月甚至几年没有读过《乌鸦》了，但一些挥之不去的回音自然会被主题的相似性唤起。"这种模仿，如果有的话，也是无意识的。[2]丁韪良担心在诗歌的翻译过程中受到爱伦坡的无意识影响，所以他又用散文文体翻译了一遍《鵩鸟赋》，并附上了一部分中文原文。[3]

王文兵认为：在《乌鸦》与《鵩鸟赋》相似这一点上，丁韪良得益于艾约瑟。艾约瑟在 1888 年 4 月 30 日晚北京东方学会的会议上应邀宣读了《论战国和汉朝时的诗人》（"On the Poets of the Contending States and of Hans"）一文，首次提到爱伦坡的《乌鸦》与贾谊的《鵩鸟赋》有相似之处。但丁韪良显然对艾约瑟的发现做了进一步的阐述，并令这一相似为外人所熟知。[4]

（4）苏武的《长别词》（"Su Wu to his Wife"）

丁韪良翻译的《长别词》，直译为"苏武给妻子的信"（"Su Wu to his Wife"）。这是组诗《苏武与李陵诗四首》中的第二首。《苏武与李陵诗四首》是东汉无名氏假托苏武之名所作的一组五言诗歌，收入于南朝萧统《文选》卷二十九。[5]1888 年 4 月 30 日丁韪良在北京东方学会宣读《苏

---

〔1〕W. A. P. Martin. *Chinese Legends and Other Poems*, Shanghai: Kelly & Walsh, 1894, p. 34.

〔2〕W. A. P. Martin. *Chinese Legends and Other Poems*, Shanghai: Kelly & Walsh, 1894, p. 34.

〔3〕W. A. P. Martin. *Chinese Legends and Other Poems*, Shanghai: Kelly & Walsh, 1894, pp. 36-38.

〔4〕参见 "The Peking Oriental Society", *The Chinese Times*, May 5, 1888. 转引自王文兵：《丁韪良与中国》，北京：外语教学与研究出版社，2008 年，第 383 页。

〔5〕王夫之选编：《古诗选》，邹福清等注评，武汉：长江文艺出版社，2015 年，第 134 页。

武留别妻诗译本》。[1] 丁韪良在 1894 年出版的《中国传说与诗歌》前言中写道：这首诗影响了李白的诗句，也影响了林则徐在流放时写给妻子的诗句。后者可以在《中国丛报》中找到。[2] 丁韪良在《汉学菁华》中说道：苏武是一位外交特使。在大单于的宫廷里，由于试图以非外交手段来消灭一个敌人，苏武被投入了大牢，并因此被当作奴隶拘禁了十九年。在现存一首感情细腻的诗歌中，苏武在踏上这次危险使命的旅途时向妻子告别。[3] 丁韪良还论道：这首诗很好地抒发了中国人对于家室妻妾的情感，其格调对中国文学影响深远，以至于后世多有仿作，时至今日也不鲜见。[4]

（5）班婕妤《秋扇歌》（"Lines inscribed on a Fan"）

1880 年丁韪良出版《翰林集》（*Hanlin Papers or Essays on the Intellectual Life of the Chinese*），将《秋扇歌》（"Lines inscribed on a Fan"）收录其中。[5] 丁韪良在书中为该诗冠以中文篇名《秋扇歌》，即为西汉女诗人班婕妤所作的宫怨诗《怨歌行》，诗人以团扇自喻，借团扇的遭遇比喻自己的悲惨命运，抒发自己失宠的痛苦心情。丁韪良在书中贴出了中文诗：

怨歌行[6]

新裂齐纨素，鲜洁如霜雪。

裁为合欢扇，团团似明月。

出入君怀袖，动摇微风发。

常恐秋节至，凉飙夺炎热。

弃捐箧笥中，恩情中道绝。

〔1〕参见 "The Peking Oriental Society", *The Chinese Times*, May 5, 1888, p. 291.

〔2〕W. A. P. Martin. *Chinese Legends and Other Poems*, Shanghai: Kelly & Walsh, 1894, p. 20.

〔3〕丁韪良：《汉学菁华》，沈弘等译，北京：世界图书出版公司，2010 年，第 282 页。

〔4〕同上，第 47 页。

〔5〕W. A. P. Martin. *The Chinese: Their Education, Philosophy and Letters*, New York: Harper and Brothers, 1881, pp. 313-319.

〔6〕中文《怨歌行》篇名之下注："班婕妤虑飞燕之祸，求供养太后于长信宫而作怨歌。"参见 W. A. P. Martin. *The Chinese: Their Education, Philosophy and Letters*, New York: Harper and Brothers, 1881, p. 315.

328

原诗共 10 行，丁韪良译为 16 行：

Of fresh new silk, all snowy-white,

And round as harvest moon,

A pledge of purity and love,

A small but welcome boon.

新裁的丝扇，洁白如雪，

圆如收获之月，

纯洁和爱的誓言，

微小而令人欣喜的恩惠。

While summer lasts, borne in the hand,

Or folded on the breast,

'Twill gently soothe thy burning brow,

And charm thee to thy rest.

炎炎夏日长，捧在手心，

或折叠于胸前，

轻柔抚慰灼热的额头，

护你安睡。

But ah! when autumn frosts descend,

And autumn winds blow cold,

No longer sought, no longer loved,

'Twill lie in dust and mould.

但是啊！当秋霜降临，

秋风凛冽，

不再被寻觅，不再被宠爱，

它将静卧在尘土中。

This silken fan, then, deign accept,

Sad emblem of my lot,

Caressed and cherished for an hour,

Then speedily forgot. [1]

这把丝扇，请你收下，

它是我忧伤命运的象征，

曾被爱抚与珍惜半个时辰，

随后便被遗忘。

丁韪良在 1894 年《中国传说与诗歌》所作的按语中写道：由宫女班婕妤（Pan Tsieh Yu）撰写，并赠送给公元前 18 年的汉成帝。这首朴素的小歌已由 A. E. Pirkis 夫人谱曲，并在伦敦和纽约发行。[2]他在《汉学菁华》中记述：大约在公元前 18 年，有一位才华横溢的宫廷仕女班婕妤可谓是中国的萨福（Sappho）。[3]

（6）《木兰词》（"Mulan，the Maiden Chief"）

1880 年丁韪良的《翰林集》将中文的《木兰辞》翻译成英文韵诗《木兰词》（"Mulan, the Maiden Chief"）收录其中。丁韪良在书中贴出了中文《木兰辞》全诗，篇名之下注释："《木兰辞》，无名氏，一云木兰作。"中文原诗共 62 行，丁韪良译成 40 行，并以《木兰词》为题。[4]丁韪良在 1894 年《中国传说与诗歌》所作的按语中写道：一个军人残疾了，他的女

〔1〕W. A. P. Martin. *Hanlin Papers or Essays on the Intellectual Life of the Chinese*（《翰林集》）, Shanghai: Kelly and Walsh, 1880. Also published by London: Trubner and Company, 1880, pp. 388. 又见 *The Chinese: their education, philosophy, and letters*, New York: Harper and Brothers, 1881, p. 314.

〔2〕W. A. P. Martin. *Chinese Legends and Other Poems*, Shanghai: Kelly & Walsh, 1894, p. 18.

〔3〕丁韪良：《汉学菁华》，沈弘等译，北京：世界图书出版公司，2010 年，第 47 页。萨福（Sappho，约前 630—约前 560），古希腊著名女抒情诗人。

〔4〕W. A. P. Martin. *The Chinese: Their Education, Philosophy and Letters*, New York: Harper and Brothers, 1881, pp. 313-319.

儿穿上他的铠甲，伪装成男性去参军。[1]丁韪良最早以《木兰，女领袖》
（"Mulan, the Maiden Chief"）为题介绍花木兰的传说，后改题为《木兰，
中国的贞德》（"Mulan, A Chinese Joan of Arc"），收入 1901 年版的《北京
被围记》（*The siege in Peking*）。[2]在 1912 年出版的《中国传说与抒情诗》
（*Chinese Legends and Lyrics*）中，题目再次改回《木兰，女领袖》。丁韪良
是最早将花木兰的故事译为英文的汉学家。[3]

（7）李白诗三首

丁韪良论道：除了史诗之外，中国诗歌具备了各种形式。史诗的地位
被赋和骈文所取代。[4]唐代以"诗歌的时代"而著称，李白、杜甫和一批
不那么有名的诗人出现在地平线上。唐诗至今仍然被公认为标准诗歌的最
佳教材。[5]丁韪良还论道：在中国的私塾里有一本启蒙书叫作《千家诗》，
作者选自各个不同的朝代，但即便单从唐朝采选和编辑这样一本包含有
一千名诗人的诗集，也绝不是一件难事！[6]"中国诗歌创自蛮荒时代，却在
唐朝（618—907）达到了艺术的顶峰——李白和杜甫就是那个诗人辈出时
代的蒲伯（Alexander Pope）和德莱顿（John Dryden）。"[7]丁韪良还称李白
为"中国历史上最具有诗歌天才的诗人"[8]，"东方的阿那克里翁"（Oriental
Anacreon）[9]。此外，他还提到被誉为"一代文宗"的韩愈，以及苏氏父子

---

[1] W. A. P. Martin. *Chinese Legends and Other Poems*, Shanghai: Kelly & Walsh, 1894, p. 1.

[2] W. A. P. Martin. *The Siege in Peking China Against the World*, New York: Fleming H. Revell Company, 1900, pp. 172-173.

[3] 王文兵：《丁韪良与中国》，北京：外语教学与研究出版社，2008 年，第 380 页。

[4] 丁韪良：《花甲忆记》，沈弘等译，桂林：广西师范大学出版社，2004 年，第 178 页。

[5] 丁韪良：《汉学菁华》，沈弘等译，北京：世界图书出版公司，2010 年，"序篇"第 7 页。

[6] 同上，第 50 页。

[7] 丁韪良：《花甲忆记》，沈弘等译，桂林：广西师范大学出版社，2004 年，第 178 页。蒲伯（Alexander Pope, 1688—1744），是 18 世纪英国最伟大的诗人。德莱顿（John Dryden, 1631—1700），英国著名诗人、文学家。

[8] 丁韪良：《中国觉醒》，沈弘译，北京：世界图书出版公司，2010 年，第 100 页。

[9] 丁韪良：《汉学菁华》，沈弘等译，北京：世界图书出版公司，2010 年，第 48 页。阿那克里翁（Anacreon，约前 582—前 485），古希腊一位著名的抒情诗人。

三杰，等等；"还有一大群其他作者，后者的光芒尚未能照耀西方"。[1]

江岚指出：在唐诗西传的起步阶段，美国汉学界几乎无所作为。到 20 世纪 20 年代为止，美国本土的著名汉学家中只有丁韪良一个人关注过唐诗，他曾经在 1912 年出版的《中国传说与抒情诗》（*Chinese Legends and Lyrics*）一书中选译过三首李白的作品。[2]

江岚此处说的三首李白的作品，其中有二首，丁韪良于 1894 年出版的《中国传说与诗歌》一书中已做了译介：

第一首为李白的《长干行》（"A Soldier's Wife to her Husband"）。丁韪良把李白这首诗译作 "A Soldier's Wife to her Husband"（《士兵妻子给丈夫的信》），误称为远征丈夫而作的思妇诗，但实际上这首是李白所作的托商妇之口写给出远门经商的丈夫的诗。

丁韪良在译诗按语中介绍了李白的"谪仙"名号，评价道：李白无疑是中国最伟大的抒情诗人。这首小诗的特点是表达简洁、情绪自然，而不是力量和高度。[3]丁韪良在《汉学菁华》一书中评论李白这首诗具有英国著名诗人华兹华斯（William Wordsworth，1770—1850）的简约风格。[4]

刘立胜评论道：在《长干行》译文诗体方面，丁韪良译诗采用的是抑扬三音步民谣诗体（ballad meter），韵律为 abcb，每诗节四行，二四行押韵。同一时期其他诗歌如班婕妤的《怨歌行》、《木兰辞》、李白的《行路难》均采用此诗体。其诗歌讲究格律的严谨和形式的美感，以诗人之心最能抓住诗歌隽永之意味。但其诗歌翻译在内容上因其自由想象而干扰了对原作的忠实。原诗 15 行，只译了其中 7 行，凭空加了很多想象。其诗歌已经不是严格意义上的翻译，而是以原诗为基础而进行的创译，以西方读

〔1〕丁韪良：《汉学菁华》，沈弘等译，北京：世界图书出版公司，2010 年，第 78 页。
〔2〕江岚：《唐诗西传史论——以唐诗在英美的传播为中心》，北京：学苑出版社，2013 年，第 13 页。
〔3〕W. A. P. Martin. *Chinese Legends and Other Poems*, Shanghai: Kelly & Walsh, 1894, p. 22.
〔4〕丁韪良：《汉学菁华》，沈弘等译，北京：世界图书出版公司，2010 年，第 48 页。

332

者品味和口吻来翻译。[1]

　　第二首为李白的《月下独酌》("On Drinking Alone by Moonlight")。丁韪良在 1894 年《中国传说与诗歌》所作的按语中说，这是对中国最受欢迎诗人李白最著名诗歌的翻译尝试。[2]他于 1901 年《汉学菁华》评价，李白这首诗透露出胡德（1799—1845，以幽默诗作而闻名的英国诗人）式的幽默。[3]丁韪良于 1907 年《中国觉醒》评价：这首诗"即使被译成西方的文字，其特殊的诗歌才能也是显而易见的"。[4]

　　王文兵考证：李白的《月下独酌》共有四首，丁韪良翻译的是第一首。此诗译文最早收入《中国传说与诗歌》(*Chinese Legends and Other Poems*)中[5]，后收入《汉学菁华》中[6]。丁韪良翻译的这首诗歌因其丰富的想象力，曾为立德夫人（Mrs. Archibald Little）在 1899 年 5 月 26 日的《文学》(*Literature*)上论中国诗歌时引为示例。[7]立德夫人强调："由于这里要表现中国人的观念中的想象力而非他们风格的美丽，我斗胆附上丁韪良翻译的一首饮酒歌。原诗系中国最受欢迎的诗人李太白在公元 720 年所写"，"在原诗极其精细的古典中文中，这必定是现有的饮酒诗中最优雅、最具想象力的"。[8]

　　第三首为李白的《行路难》("Troubles of a Traveller")。这首诗的译

〔1〕刘立胜、廖志勤：《国学典籍海外英译中超文本成分研究——以李白诗歌〈长干行〉三译文为例》，《民族翻译》2011 年第 4 期，第 42 页。

〔2〕W. A. P. Martin. *Chinese Legends and Other Poems*, Shanghai: Kelly & Walsh, 1894, p. 25.

〔3〕丁韪良：《汉学菁华》，沈弘等译，北京：世界图书出版公司，2010 年，第 48 页。

〔4〕丁韪良：《中国觉醒》，沈弘译，北京：世界图书出版公司，2010 年，第 100 页。

〔5〕W. A. P. Martin. *Chinese Legends and Other Poems*, Shanghai: Kelly & Walsh, 1894, pp. 25-27.

〔6〕丁韪良：《汉学菁华》，沈弘等译，北京：世界图书出版公司，2010 年，第 50 页。

〔7〕立德夫人（Mrs. Archibald Little，1845—1926），中文习称立德夫人，英国旅游作家，1887—1906 年来华，创立天足会宣导清末妇女不再缠足而闻名，亦以其清末四川的游记与照片闻名。参见王文兵：《丁韪良与中国》，北京：外语教学与研究出版社，2008 年，第 381 页。

〔8〕"A Chinese Drinking Song", *The Peking and Tientsin Times*, Sep. 2, 1899. 转引自王文兵：《丁韪良与中国》，北京：外语教学与研究出版社，2008 年，第 381 页。

介，丁韪良发表在 1912 年出版的《中国传说与抒情诗》一书中。[1] 丁韪良译介的此诗系李白《行路难》三首中的第一首。丁韪良的英译离原诗意思过远。[2] 李白原诗如下：

行路难三首（其一）

金樽清酒斗十千，

玉盘珍羞直万钱。

停杯投箸不能食，

拔剑四顾心茫然。

欲渡黄河冰塞川，

将登太行雪满山。

闲来垂钓碧溪上，

忽复乘舟梦日边。

行路难，行路难，

多歧路，今安在？

长风破浪会有时，

直挂云帆济沧海。

丁韪良译作：

Troubles of a Traveller

旅人的烦恼

At meat I sat in lordly hall,

A weary hungry guest,

---

〔1〕W. A. P. Martin. *Chinese Legends and Lyrics*, Shanghai: Kelly & Walsh Limited, 1912, pp. 58-59.

〔2〕参见王文兵：《丁韪良与中国》，北京：外语教学与研究出版社，2008 年，第 381 页。

When forced to drop my cup and dish

And miss my needed rest.

我在庄严的大厅里用餐，

尽管疲惫饥饿，

却被迫搁下杯盘

放弃了必需的休息。

With sword and shield, for anxious hours

I paced the rampart high.

And strained my eyes on everyside

A lurking foe to spy.

带着剑和盾，我在高高的城墙上

焦虑地徘徊了几个时辰。

我竭力四处张望

寻找潜伏的敌人。

To reach the river's bank I push,

The boat beyond is seen,

Yet must I camp and wait a week

With floating ice between.

为到达河岸，我奋力向前，

远处的小船清晰可见，

但我不得不宿营等待一周

周围漂浮着浮冰。

Olympus'peak I strive to scale

To scan the world's wide face,

But blinding snow blots out the view

And back my steps I trace.

我努力攀登奥林波斯山峰

想要俯瞰世界的面貌，

但刺眼的雪遮蔽了视野

我跟随自己的足迹返回。

Like princely fisherman of yore,

Beside a babbling brook,

I sat upon a mossy bank

And watched my baited hook.

仿若昔日高贵的渔夫，

在潺潺的溪水旁，

我坐在长满青苔的岸边

看着我的鱼钩。

Then suddenly a favoring breeze

Called me to spread my sail,

To try again the treacherous seas

And tempt a furious gale.

一阵和风骤然吹来

召唤我扬帆起航，

再次挑战险恶的海洋

迎接猛烈的暴风。

How oft in danger and despair

Do hapless travellers roam!

By land or sea alike unsafe,

Why don't I stay at home? [1]

---

[1] W. A. P. Martin. *Chinese Legends and Lyrics*, Shanghai: Kelly & Walsh Limited, 1912, pp. 58-59.

> 多少次在危险与绝望中
>
> 不幸的旅人四处游荡！
>
> 陆上、海上都充满风险，
>
> 何不待在家里呢？

　　李白原诗共 12 行，丁韪良译成 28 行。丁韪良围绕李白诗歌之主题，显然做了相当程度的发挥与再创作。

　　（8）乾隆《御笔诗》（"To Pearl Grotto"）

　　丁韪良 1894 年《中国传说与诗歌》译介收录了乾隆皇帝的《御笔诗》（"To Pearl Grotto"）。他在按语中写道：这些诗句是乾隆皇帝在 1748 年访问宝珠洞寺庙时写的，刻在寺庙入口附近的一块岩石上，上面有他的亲笔签名。[1]沈弘查阅《乾隆御制诗文全集》，有五首名为《宝珠洞》的诗，但含义均与丁韪良所译英文诗不同。[2]1896 年丁韪良在《花甲忆记》也做了记述：不断地向上攀登，眼前越来越开阔，直到到达八大处中最高的宝珠洞为止。想来自己和家人已在此地度过了十五夏矣！登临其上，一切都豁然开朗了，可以远眺远处群山环绕的巨大平原。偌大的北京城及其闪闪发光的宫殿是最引人注目的。最后，两条蜿蜒流淌的小河与一片水光潋滟的湖泊构成了这优美壮观的全景。这片风景给诗人皇帝乾隆以深刻印象。刻在入口处岩石上的乾隆的亲笔御题诗里是这样描述的：

> 极顶何来洞穴深，
>
> 仙境疑非俗人居。
>
> 耳边林语伴奇景，

---

[1] W. A. P. Martin. *Chinese Legends and Other Poems*, Shanghai: Kelly & Walsh, 1894, p. 45.

[2] 丁韪良：《花甲忆记》，沈弘等译，桂林：广西师范大学出版社，2004 年，第 152 页。

松间妙手奏琅音。

足下王土连天际，

胸前舆图映眼帘。

华盖不足苍穹代，

金带蜿蜒点浮云。[1]

丁韪良评价道："作为一个皇帝，能写出这样的诗句来还算不错。其实诗歌就和山花一样，高处不胜寒。还是那些无名的吟游诗人即景抒情的句子来得纯朴自然。我努力记下了一些。"[2]

（9）宝鋆的《塞翁失马》（"Reflections of a Fallen Statesman"）

如前所述，丁韪良与总理衙门大臣奕䜣、董恂、宝鋆等关系都十分融洽。1894 年丁韪良在《中国传说与诗歌》所作的按语中写道：在中法战争爆发的时候，大臣宝鋆和恭亲王一起失势了。[3]他在《汉学菁华》一书中说道：宝鋆描写恭亲王下台的诗歌（《塞翁失马》）曾流行一时，但影射晦涩。[4]

《塞翁失马》这首诗系宝鋆有感于恭亲王倒台而作，意味绵长，当时特别流行，丁韪良特意将这首诗作为中国诗歌的一个代表作译为英文，名为"Reflections of a Fallen Statesman"（直译为"一个倒台政治家的反思"），多次收入其英文著作。该诗译文最先收入 1894 年版的《中国传说与诗歌》，后又相继收入 1896 年版的《花甲忆记》、1912 年版的《中国

---

[1] 丁韪良：《花甲忆记》，沈弘等译，桂林：广西师范大学出版社，2004 年，第 152 页。这首诗是沈弘根据丁韪良的英文诗回译。沈弘查阅《乾隆御制诗文全集》，有五首名为《宝珠洞》的诗，但含义均与英文诗不同。

[2] 同上，第 152 页。

[3] W. A. P. Martin. *Chinese Legends and Other Poems*, Shanghai: Kelly & Walsh, 1894, p. 50.

[4] 丁韪良：《汉学菁华》，沈弘等译，北京：世界图书出版公司，2010 年，第 242 页。

338

传说与抒情诗》及 1907 年版的《中国觉醒》。[1]

（10）丁韪良游览时记录与翻译的诗歌

丁韪良不仅从古代文学典籍中领略中国诗歌之风采，他在旅游考察名胜古迹期间，遇到流传于民间的诗歌，也颇有兴趣，足见其对中国诗歌痴迷之程度。以下仅举几例。

其一，丁韪良在旅店见到题壁诗之观感。题壁诗是古代诗歌中的瑰宝，这一文化现象引起丁韪良关注。1866 年，丁韪良在去河南的旅途中，看到不少小旅店，旅店的墙壁有一个用途，就是给旅客留言。店主把旅客的名字写在上面，旁边是住客散文体或诗体的留言。丁韪良见到，其中有一首是针对一位以河东狮吼闻名的县官夫人沈氏的讽刺诗。另一首是一个大烟鬼的自白：

> 几度伴灯枪，
> 快乐变苦辛。
> 无药解赤贫，
> 愿与化烟云。

丁韪良评论道，像他这样的人在中国还有很多。丁韪良从中看到老百姓的疾苦。[2]

其二，丁韪良关注八大处的题壁诗。晚清时，风景优美、历史悠久的北京八大处是外国人避暑纳凉、参观游玩的好去处。1894 年丁韪良出版《中国传说与诗歌》，其中一首为《长安寺颂》（"Ode to the Buddhist Convent

[1] 参见丁韪良：《花甲忆记》，沈弘等译，桂林：广西师范大学出版社，2004 年，第 242 页；W. A. P. Martin. *Chinese Legends and Lyrics*, Shanghai: Kelly & Walsh Limited, 1912, p. 123；丁韪良：《中国觉醒》，沈弘译，北京：世界图书出版公司，2010 年，第 209-210 页；王文兵：《丁韪良与中国》，北京：外语教学与研究出版社，2008 年，第 329 页。
[2] 丁韪良：《花甲忆记》，沈弘等译，桂林：广西师范大学出版社，2004 年，第 184 页。

of Chang-an"）。他在按语中记述：这里是以"八大处"命名的名胜古迹
的第一处。这些庙宇坐落在西山的山坡上，俯瞰着京城的平原，是外国人
避暑纳凉的好去处。[1] 1896 年丁韪良出版《花甲忆记》，亦收录该诗。他
记述：这个京师附近最美丽的山谷被选来兴建佛寺了。长安寺是这块圣地
的入口。一些诗人游兴所致，题诗壁上：

香客登临长安寺，
焉得勿忘尘世愁？
清泉翠峰交相映，
仙境览此观景楼。
幽居山谷似桃源，
鼙鼓不闻岁无痕。
钟声响处经声起，
静坐思深寡烦忧。[2]

　　丁韪良说，这些庙宇都非常美观，兴建它们的和尚在选择归隐之处的
时候都有很高雅的情趣。[3]
　　其三，《宝珠洞》（"Ode to Pearl Grotto"）。该诗收录于丁韪良 1894
年出版的《中国传说与诗歌》。他在按语中写道：这是游客在山壁的题诗。
宝珠洞寺是八大处最高的一座，它矗立在一座小山上，可以俯瞰北京城所
在的平原。这首题诗的作者表达他多年来一直在寻找一个避暑去处，以躲
避首都夏天的炎热和尘土。[4]

〔1〕W. A. P. Martin. *Chinese Legends and Other Poems*, Shanghai: Kelly & Walsh, 1894, p. 39.
〔2〕沈弘根据丁韪良的英文翻译回译。参见丁韪良：《花甲忆记》，沈弘等译，桂林：广西师范大学出版社，
2004 年，第 151-152 页。
〔3〕丁韪良：《花甲忆记》，沈弘等译，桂林：广西师范大学出版社，2004 年，第 151-152 页。
〔4〕W. A. P. Martin. *Chinese Legends and Other Poems*, Shanghai: Kelly & Walsh, 1894, p. 41.

340

（11）其他

《炼丹术》（"The Adept"）。该诗收录于丁韪良 1894 年出版的《中国传说与诗歌》。他在按语中写道：这首诗简明扼要地表现了两千年前中国炼丹者的狂热，欧洲历史上寻找长生不老药和点金石只不过是一种回应。[1]丁韪良附上了中文：

> 王子去求仙，
> 丹成升九天。
> 洞中方七日，
> 世间已千年。

丁韪良译为：

> A prince the draught immortal went to seek;
> And, finding it, he soared above the spheres.
> In mountain caverns he had dwelt a week;
> Of earthly time it was a thousand years.
> 王子觅长生术，
> 道成飞升上天。
> 洞中修炼一周，
> 尘世已过千年。[2]

《妻子是最好的朋友》（"A Wife the best Friend"）。该诗亦收录于丁韪

[1] W. A. P. Martin. *Chinese Legends and Other Poems*, Shanghai: Kelly & Walsh, 1894, p. 53.
[2] W. A. P. Martin. *Chinese Legends and Other Poems*, Shanghai: Kelly & Walsh, 1894, p. 53.

良 1894 年出版的《中国传说与诗歌》。他在按语中写道：此为"来自一位无名诗人的中文诗"。丁韪良附上了中文：

> 出门交寡入门求，
> 晤语居然近上流。[1]

丁韪良译为：

> For friendship's joys I need not far to roam,
> When all I wish of it I find at home;
> With her absorbed in conversation high,
> I envy not the dwellers in the sky.
> 为了友谊的欢乐，我不必远行，
> 因为我渴望的一切都在家中；
> 与她高谈阔论，
> 我无须羡慕上层名流。[2]

《僧侣与君王》（"Monk and Monarch"）。这首诗丁韪良发表在 1912 年出版的《中国传说与抒情诗》（*Chinese Legends and Lyrics*）一书中。诗的大意：描述一位皇帝退位隐居寺庙后，感到了安宁和愉悦。该诗注明：丁韪良 1910 年 7 月 28 日创作于宝珠洞。[3]

丁韪良对中国诗歌的译介，对当时汉学界产生了较大影响。如：

---

[1] W. A. P. Martin. *Chinese Legends and Other Poems*, Shanghai: Kelly & Walsh, 1894, p. 52.

[2] W. A. P. Martin. *Chinese Legends and Other Poems*, Shanghai: Kelly & Walsh, 1894, p. 52.

[3] W. A. P. Martin. *Chinese Legends and Lyrics*, Shanghai: Kelly & Walsh Limited, 1912, pp. 47-48. 该诗后几页插入中文的《世祖章皇帝诗》全文，是顺治皇帝出家时写的诗。但丁韪良并非照这首诗来翻译，可能是由此激发灵感而作。

342

美国来华的富善（Ghauncey Goodrich，1836—1925）牧师在 1894 年 2 月的《教务杂志》书评专栏中，评论丁韪良 1894 年出版的《中国传说与诗歌》（*Chinese Legends and Other Poems*）："我们早就知道丁韪良博士对中国古典文学有着非凡的造诣，更不用说其他六种语言了。凭着他惊人的记忆力，他对任何一种语言都能自如地引用。他的阅读量之大，造诣之广，我们总是感到惊奇。除了作为传教士、教师、作家、顾问的繁重工作外，他还取得了许多成就。这一切我们似乎一直都知道，但我们从不知道我们的丁韪良博士是个诗人。是的，我们知道他有诗人的想象力、直觉和心灵。但是我们不知道他的思想实际上可以以韵律和节奏唱出来。而我们的桌子上放着一本小巧玲珑的《中国传说与诗歌》，上面写着丁韪良博士的名字。我们怀着一种特殊的兴趣翻开这本书，发现献词本身几乎就是一首诗，是对他的天使妻子的一种深情和感激，她陪在他身边走过了四十年。当我们读诗的时候，有时会有一些节奏的跳跃——即使在像勃朗宁夫人这样神圣的诗人身上，不也是这样吗？但是我们常常被诗歌的思想和音乐的节奏所吸引，而诗歌的故事——因为诗歌主要是传说和故事——是以一种迷人的清新和简洁的方式讲述的，有时还带有一种离奇的幽默。前三首诗不仅顺序合理，而且引人入胜。第一首讲述了中国的圣女贞德和她的军事生涯。第二首讲述了乾隆从波斯掳来的新娘的故事，而第三首讲述了在北京铸造大钟的感人故事。如果读者喜欢一些轻松幽默的东西，他们会在诸如《喂喂之歌》这样的诗或《致珍妮的诗》中找到乐趣。在本书的最后有几首翻自德语、法语和葡萄牙语的诗。"[1]

1901 年，美国的《文学摘要》（*The Literary Digest*）杂志以《诗人之国》（"A Nation of Poets"）为标题，介绍丁韪良的英译中国诗歌，该文引用丁韪良的话说："中国是一个诗人的国家，尤其是抒情诗人。受过教育的中

---

[1] *The Chinese Recorder and Missionary Journal*, Vol. XXVI, Shanghai: American Presbyterian Mission Press, Feb. 1895, pp. 91–92.

国人不仅用诗歌来庆祝他一生中的重要事件，而且即使是最平常的事情也能唤起抒情的诗句。"该文称赞说："丁韪良博士主要研究中国抒情诗和翻译一些迷人的作品。"该文还转载了丁韪良翻译的三首诗，即：贾谊的《鵩鸟赋》、班婕妤的《怨歌行》、李白的《月下独酌》。[1]

美国汉学家明恩溥回忆："尽管这本小书（《中国传说与抒情诗》）的每一部分价值各有不同，但却是丁韪良在所写的作品中最引以为豪的，含有一些令人钦佩的译作以及一些早就该在美国闻名的情感和想象力的原始珍品。"[2]

英国著名汉学家波乃耶（James Dyer Ball）在其流传甚广且一版再版的《中国风土人民事物记》（*Things Chinese or Notes Connected with China*）中全文摘引了丁韪良翻译的《长干行》，并全盘抄录了丁韪良中国诗歌评论上的观点。由于该书在英美文学界得到进一步推广，也影响到其后美国著名汉诗翻译家庞德（Ezra Pound）对中国诗歌的了解，其用意象派笔法翻译的中国诗歌有两首与丁韪良翻译相同。[3]

丁韪良译介中国诗歌的主要特点和意义可概括如下：

第一，在历代中国抒情诗的介绍上，丁韪良选译了那些能表现中国人的喜怒哀乐情感、想象力以及道德诉求的抒情诗。[4]

第二，丁韪良为中文诗歌的认识提供了比较文学的视角[5]，为美国汉学界的中西方比较文学研究首开先河[6]。

第三，在翻译过程中，丁韪良并不注重对原作审美艺术价值的传递。

〔1〕"A Nation of Poets", *The Literary Digest*（《文学摘要》）, July 13, 1901, pp. 41–42.

〔2〕A. H. Smith. "The Late Dr. W. A. P. Martin", *The North China Herald*, Dec 30, 1916. 转引自王文兵：《丁韪良与中国》，北京：外语教学与研究出版社，2008年，第378页。

〔3〕参见刘立胜、廖志勤：《国学典籍海外英译中超文本成分研究——以李白诗歌〈长干行〉三译文为例》，《民族翻译》2011年第4期，第43页。

〔4〕参见王文兵：《丁韪良与中国》，北京：外语教学与研究出版社，2008年，第380页。

〔5〕参见郝田虎：《论丁韪良的英译中文诗歌》，《国外文学》2007年第1期，第47页。

〔6〕参见王剑：《对华传教与汉文外译——论丁韪良英译中国神话传说和诗歌》，《汉学研究通讯》2017年第36卷第2期，第9页。

344

他不求字句层面的忠实与准确，往往译意不译字，以便简明扼要地传达原作主题，甚至对原作加以改写和再创作。在具体细节的处理上，广泛使用了归化适应的策略，尽量符合西方读者的阅读习惯。[1]对于丁韪良译介中国诗歌未严格按照原文，多有增减，学界有不同评论。笔者以为，不宜以当今译诗标准衡量 19 世纪的汉学家。丁韪良作为美国汉学史上汉诗翻译的拓荒者，他采取的译诗方法，往往与其特定的历史环境相适应。

第四，丁韪良通过译介中国诗歌，主观愿望是让西方人重新认识中国文学的价值与地位。如他所说：中国"创作出几乎所有抒情诗歌体裁的诗人，其中有不少可以跟古希腊、古罗马的诗人相媲美"。中国人在四书五经的文化传承的坚实基础上，经过"二十三个世纪的漫长历程，树立起壮丽的文学丰碑"。[2]

第五，丁韪良以其英文翻译向西方传递了中国观念和中国形象，在客观上促进了中国文学在美国的传播，丁韪良可谓实至名归的美国汉学史上集中从事汉诗翻译和传播活动的第一人。[3]

第二节　丁韪良论中国寓言与民间传说

一、关于中国寓言

丁韪良重视寓言，由来已久。如前所述，丁韪良 1872 年创办中文期刊

---

[1]参见王剑：《对华传教与汉文外译——论丁韪良英译中国神话传说和诗歌》，《汉学研究通讯》2017 年第 36 卷第 2 期，第 9 页。
[2]丁韪良：《花甲忆记》，沈弘等译，桂林：广西师范大学出版社，2004 年，第 33 页。
[3]参见王剑：《对华传教与汉文外译——论丁韪良英译中国神话传说和诗歌》，《汉学研究通讯》2017 年第 36 卷第 2 期，第 9 页。

《中西闻见录》和 1897 年创办《新学月刊》，都刊用了不少寓言作品。概括起来，丁韪良之所以重视中国寓言，原因主要有三：

第一，在学习中国语言的过程中，丁韪良感受到了寓言的特殊作用。丁韪良谈到自己学习中文的经验时说道："在我来华的三个月之内，即当我刚刚可以理解老师的讲课时，我就开始用功地研究文言。先从宗教论文和中文故事入手。"[1]由此，他认为寓言对学习语言颇有帮助：学习中文的西方人往往寻找中国本土的寓言而不得，这就会给他们的学习带来不便，因为伊索、菲德拉斯、莱辛（Gotthold Ephraim Lessing）和拉封丹（Jean de La Fontaine）的寓言作品为学习古代或现代欧洲的经典语言提供了很大的帮助。[2]

第二，丁韪良对寓言和民间文学的兴趣，显然与当时欧洲的东方学思潮有一定关联。18—19 世纪，东方学、印度学在西方开始兴盛的时候，对各国民间文学、寓言的搜集与研究也引起了西方学者的兴趣。如格林兄弟一直被誉为国际民间文学研究的创始人，实际上，他们首先是语文学家与日耳曼学家。他们搜集与编纂民间文学研究，是在他们语文学的研究背景下来进行的。[3]季羡林认为：比较文学史的研究者是从追溯一些寓言、童话或其他故事的发展、演变、传播的过程而开始研究工作的。早期学者们发现了古希腊的《伊索寓言》和印度寓言集《五卷书》的相似性。印度的寓言故事，不但见于《伊索寓言》中，也见于许多欧洲古代和近代的书中，如《十日谈》《格林童话集》等。现在一般认为印度的《五卷书》是最古

---

〔1〕丁韪良：《花甲忆记》，沈弘等译，桂林：广西师范大学出版社，2004 年，第 31 页。
〔2〕丁韪良：《汉学菁华》，沈弘等译，北京：世界图书出版公司，2010 年，第 90 页。伊索，相传为《伊索寓言》的作者，生平不详，甚至难以肯定是否真有其人。菲德拉斯，公元 1 世纪罗马寓言作家。莱辛（Gotthold Ephraim Lessing, 1729—1781），是德国启蒙运动时期最重要的作家和文艺理论家之一，1759 年发表《寓言》。拉封丹（Jean de La Fontaine, 1621—1695），法国诗人，以《拉封丹寓言》（*Fables choisies mises en vers*）留名后世。
〔3〕王杰文：《格林兄弟的语文学与"口头传统"研究》，《长江大学学报（社会科学版）》2018 年第 5 期，第 1 页。

346

老的。学者们认为这些寓言故事不是独立产生的，而是互相学习的。[1]丁韪良在论述寓言时，就谈到了《伊索寓言》以及印度《五卷书》的传说作者毗湿奴沙玛（又译为皮尔佩），这绝非偶然。

第三，最重要的原因，是丁韪良发现了中国寓言的文化价值与意义。由此促使他饶有兴趣地对中国寓言和中国传说等民间文学资源进行长期的探寻与思考。丁韪良所撰《汉学菁华》第9章"中国的寓言"，就是他长期关注寓言这一文学品种的重要成果。

丁韪良在该书中指出一个现象，感觉在当时现实社会中，似乎人们不太关心和不太重视寓言。他说道："关于这一点，可以从中国人对罗伯聃先生的《伊索寓言》中译文的接受情况上窥见一斑，这部精彩的译作别说是家喻户晓，就连在书摊上也难觅其踪影。官员们认为狼和熊的故事不过是危险教义和恶毒讽刺的幌子，上至达官贵人，下至平民百姓，都对寓言故事不屑一顾。"[2]

中国寓言究竟如何表现？丁韪良认为，中国寓言有两种表现方式：

其一，中国大量谚语与成语包含了丰富的寓言故事。丁韪良指出：中文里的警句和比喻比比皆是，然而作为它们同类的寓言却似乎从来就没有出现过，或许存在过却又神秘地濒临灭绝了。[3]那些为数众多有关动物、鬼怪甚至骷髅的谚语乃是已经消亡了的寓言。但无论这些寓言是否曾经存在过，可以肯定的是，我们能很容易和自然地把这些谚语和成语扩展成相应的寓言故事。例如，"披着虎皮的羊""兔死狐悲"和"养虎为患"等成语，难道不像西方的"狐狸与葡萄""披着狮皮的驴"和其他谚语那样，乃是源自古代的寓言故事？如果这些寓言曾经存在过，它们又是如何逸失的呢？我们认为，它们或从来没有被以书面形式记录下来，或虽然有书面

---

[1] 季羡林：《比较文学与民间文学》，北京：北京大学出版社，2001年，第152-155页。
[2] 丁韪良：《汉学菁华》，沈弘等译，北京：世界图书出版公司，2010年，第91页。
[3] 同上，第90页。

记载，但没按照国家认同的风格形式。许多世纪以来，中国人在文学上形成了一种极端简练的风格，这使他们很自然地从民间传说中提取精神实质而弃其形式不用。[1]

　　其二，中国寓言流行于民间。丁韪良论道："中国民间或许有很多毗湿奴沙玛（Panchatantra）[2]和伊索，只是他们默默无闻，不为人所知罢了。"中国文学也蕴涵了大量想象力丰富的作品，如：堪比奥维德（Ovid）《变形记》的众多人物变形故事（尽管描写的典雅性可能还稍逊一筹）[3]，比格林童话还要荒诞不经的神话故事[4]，以及与辛巴达[5]、格列佛（Gulliver）的经历一样离奇曲折的冒险故事（一般都被接受为正史）[6]。

　　丁韪良以几个来源不同的简短的寓意故事，佐证中国人"并不缺乏创作寓言的能力"。

　　其一，楚王看到北方的人民非常害怕昭奚恤[7]，感到很惊讶，便向手下的人询问原因。一个大臣回答道："有一只老虎碰巧走在狐狸后面，它发现所有的动物都对狐狸避之不及，而丝毫没有意识到，动物们所害怕的其实是它自己。北方的人民恐惧的并不是昭奚恤，而是陛下您啊。"

　　其二，一只从没见过驴的老虎听到驴叫，感到非常害怕，转身想逃。这时，驴转过身扬蹄欲踢。"如果这就是你攻击的方式，"老虎说，"那我

<hr/>

〔1〕丁韪良：《汉学菁华》，沈弘等译，北京：世界图书出版公司，2010年，第90-91页。
〔2〕毗湿奴沙玛（Panchatantra），又译为皮尔佩，系古印度著名韵文寓言集《五卷书》的传说作者。
〔3〕奥维德（Ovid，前43—18），是奥古斯都时代的古罗马诗人。
〔4〕格林童话：德国格林兄弟出版的一部著名童话集，首版出版于1812年。
〔5〕辛巴达，是阿拉伯民间故事集《一千零一夜》中记载的阿拔斯王朝时期一位著名的英雄、航海家，他自巴士拉出发，游遍七海，有无数的奇遇。
〔6〕丁韪良：《汉学菁华》，沈弘等译，北京：世界图书出版公司，2010年，第90-91页。《格列佛游记》（Gulliver's Travels），是爱尔兰牧师、政治人物与作家乔纳森·斯威夫特以笔名执笔的匿名小说，原版因内容招致众怒而经大幅改编于1726年出版，1735年完全版出版。作者假借虚构人物外科医师莱缪尔·格列佛（Lemuel Gulliver）所写一系列神奇的旅行经历，对当时的科学家、辉格党与汉诺威王室进行了激烈的讽刺。
〔7〕昭奚恤，昭氏，战国时期楚国人。楚宣王封他于江（今河南省正阳），所以称为江君奚恤。为令尹，历经楚宣王、楚威王、楚怀王，名声振于中原。公元前353年，魏国攻打赵国邯郸，赵国求援于楚国，建议帮助魏国，昭奚恤不听。昭奚恤和江乙不和，江乙对楚王说狐假虎威之事，以狐暗喻昭奚恤。

知道该怎么对付你了。"

其三，一只老虎逮住一只猴子，猴子求老虎放过自己，并允诺带它去找更好的猎物。老虎答应了。猴子把老虎带到山坡上，有一只驴正在那儿吃草——这种动物老虎从没见过。"好兄弟，"驴对猴子说，"往日你总给我带来两只老虎，为何今天只有一只啊？"老虎一听，转身仓皇而逃。此即所谓"急中生智"也。

其四，老虎觉得猫计谋多端，便拜猫为师。最后，猫说它可以出师了。"你把所有计谋都尽数传给我了吗？"老虎问道。"是的。"猫回答。"既然如此，"老虎接着说，"你活着也没用了，我把你吃了吧。"猫闻言，轻轻一跃，便跳到了树枝上，得意地看着下面失望的老虎——幸亏它还留了一手。中国人觉得教他们练兵打仗的外国教官就像故事里的猫一样，对战略和战术也有所保留，秘而不宣。[1]

丁韪良强调："中国民间或许有很多毗湿奴沙玛（Panchatantra）和伊索，只是他们默默无闻，不为人所知罢了。"这话有二重含义：一是认为中国民间的寓言文学资源是非常丰富的，可与《伊索寓言》和《五卷书》相提并论；二是中国民间的寓言文学资源仍处于"默默无闻，不为人所知"的状态，有待发掘与开发。可以说，丁韪良是近代发掘与整理中国寓言的积极倡导者。

二、关于民间传说

丁韪良对中国的民间传说也颇为重视。1894 年丁韪良出版《中国传说与诗歌》（*Chinese Legends and Other Poems*）一书，他以诗歌形式，向西方读者推介中国的民间传说故事。作品包括：

---

〔1〕丁韪良：《汉学菁华》，沈弘等译，北京：世界图书出版公司，2010 年，第 91-92 页。

　　《望家楼》（"Almanna"）。丁韪良在按语中写道：此为北京的民间传说。传说乾隆皇帝从西部的战役中带回一位维吾尔族的女士，为她建了一个家乡观景亭，在亭子对面有一座伊斯兰的清真寺，她被允许接见自己的族人。[1]传说乾隆皇帝为了博得香妃欢心，在宝月楼对面，按照维吾尔族的礼拜寺建了一个伊斯兰礼拜寺楼。每当香妃思念家乡的时候，就登上宝月楼，眺望仿照她家乡样式盖的伊斯兰教楼，以解思乡之苦。因此这座楼就被叫作望家楼。[2]

　　《铸钟奇闻》（"The Maiden's Voice"）。丁韪良讲述了一个少女为了父亲铸钟而跳入炉火的传说故事。[3]

　　《除夕异礼》（"The Midnight Offering"）。这是一个关于鞑靼战争的故事，取材于一位满族部族人士的讲述。丁韪良说，这个传说故事的另一个版本可以在已故的司登德（G. C. Stent, 1833—1884，英籍中国海关雇员）先生的民谣中找到。这本书名为《大清传》（*A Legend of Ta Ching*），叙述的是来自中国民间的故事。[4]

　　《管鲍遗迹》（"The Two Friends"）。丁韪良说，在中国历史上，最著名的一对朋友就是管仲和鲍叔。鲍叔的慷慨给管仲带来了财富。丁韪良用诗歌的方式讲述了管仲和鲍叔的事迹。[5]

　　《比上不足，比下有余》（"A Cure for Discontent"）。丁韪良将标题翻译成"治疗不满的办法"，并附上中文标题"比上不足，比下有余"。丁韪良以这句中国人尽皆知的俗语创作了一首小诗，内容是：一个人骑着一

〔1〕W. A. P. Martin. *Chinese Legends and Other Poems*, Shanghai: Kelly & Walsh, 1894, p. 5.
〔2〕参见《望家楼的故事》，载中国民间文艺研究会北京分会编：《北京风物传说》，北京：中国民间文艺出版社，1983 年，第 22-25 页。
〔3〕W. A. P. Martin. *Chinese Legends and Other Poems*, Shanghai: Kelly & Walsh, 1894, p. 8.
〔4〕W. A. P. Martin. *Chinese Legends and Other Poems*, Shanghai: Kelly & Walsh, 1894, p. 14. 笔者以为：可能丁韪良指的是司登德在 1872 年出版的 *Chinese Legends*（《中国传说》），待考。
〔5〕W. A. P. Martin. *Chinese Legends and Other Poems*, Shanghai: Kelly & Walsh, 1894, p. 15.

头走得慢的驴子，看到骑马的人就感到自己悲惨，看到徒步的人就满足了。结论是两句诗："为了消除抱怨，我经常反复地说——'虽然有些人比我好，但更多的人比我更糟。'"[1]

《白龙出现》（"The White Dragon"）。这首诗讲的是丁韪良 1889 年夏天攀爬宝珠洞所在的山的时候，遇到"白龙"的经历（可能是四脚蛇）。[2]

1912 年丁韪良出版了《中国传说与抒情诗》（*Chinese Legends and Lyrics*）[3]，以诗歌表现的方式，对中国传说的作品做了大量增补。丁韪良将该书分为五个部分：（1）黄金时代的传说，摘自史书，内容是新增的。（2）其他经典来源的传说，也是新增的。（3）中国民间传说，其中《红线》（王宝钏的故事）、《观音菩萨》、《僧侣与君王》，相较于 1894 年版本，是新增的。（4）中国古典抒情诗，新增翻译李白的《行路难》、不知来源的《致睡莲》、翻译自《诗经·小雅·斯干》的《婴儿来临》（Baby's Welcome）。（5）杂诗。

1912 年版《中国传说与抒情诗》一书中"黄金时代的传说"（"Legends of the Golden Age"）有如下三则。丁韪良按语：这里的第一个传说是司马迁在《史记》中讲述的，他只收集为他的民族增光添彩的历史内容。另外两个传说选自《书经》的第一章。

（1）《政府的秘密》（"The Secret of Government"）。丁韪良说明：这篇译文是应约翰逊·威尔夫人（Mrs. E. L. Johnson Will）的要求而作的。他相信这会吸引其他年轻学生学习中国古典历史。该诗歌大意：尧作为黄金时代的统治者，有宽容民众无视政府的胸襟。[4]

（2）《如何选择一个君王》（"How to Choose an Emperor"）。诗歌大意

〔1〕 W. A. P. Martin. *Chinese Legends and Other Poems*, Shanghai: Kelly & Walsh, 1894, p. 31.

〔2〕 W. A. P. Martin. *Chinese Legends and Other Poems*, Shanghai: Kelly & Walsh, 1894, pp. 47-49. 转引自王文兵：《丁韪良与中国》，北京：外语教学与研究出版社，2008 年，第 488 页。

〔3〕 W. A. P. Martin. *Chinese Legends and Lyrics*, Shanghai: Kelly & Walsh Limited, 1912.

〔4〕 W. A. P. Martin. *Chinese Legends and Lyrics*, Shanghai: Kelly & Walsh Limited, 1912, pp. 1-2.

是，尧对他的部众说：自己老了，要族人推举新的大王。部众表示：他们推举舜，因为舜可以将不和的家庭变得和谐。尧决定让舜成为继承人，并让舜娶自己的两个女儿。[1]

（3）《大禹和洪水》（"Ta Yu and the Great Flood"）。诗歌大意：洪水肆虐，百姓受灾。舜让鲧来治水，没有成功，鲧被判了死罪。然后又让鲧的儿子大禹来治水。大禹用了九年的艰辛努力，三过家门而不入，最终使得洪水消退，百姓安居。舜把王位给了大禹。丁韪良注明：该诗1910年7月26日作于宝珠洞。[2]

1912年版《中国传说与抒情诗》一书中"经典来源的传说"（"Legends from other Classic Sources"）有如下三则：

（1）《和氏璧》（"The Gem of Ho"）。该诗分成两部分。第一部分：发现者的磨难。诗歌大意：一个姓和（Ho）的乡人，发现了一块宝石，即和氏璧，献给王子，被当作是假的，和氏被砍了一只脚。和氏又去了邻国献宝，被砍了一只手。他有勇气又将宝石送给另一个宫廷，被接受了。于是和氏璧被当成瑰宝。丁韪良称赞没有多少人的信念能这么坚定。丁韪良注明：该诗第一部分1910年7月30日作于宝珠洞。[3]

该诗第二部分：勇敢的使者。诗歌大意：秦国假意用十五个城池交换和氏璧，实际上想要欺诈。勇敢的使者蔺相如保护和氏璧。丁韪良注明：该诗第二部分1910年8月2日作于宝珠洞。[4]

（2）《秦朝的暴君》（"The Tyrant of Chin, or The Great Wall"）。丁韪良按语："秦始皇统一中国，给中国起名。伟大的恩人被骂为暴君。这里是通往满洲的关隘。"诗歌内容包括：秦始皇统一中国与修建长城时孟姜

［1］W. A. P. Martin. *Chinese Legends and Lyrics*, Shanghai: Kelly & Walsh Limited, 1912, p. 5.

［2］W. A. P. Martin. *Chinese Legends and Lyrics*, Shanghai: Kelly & Walsh Limited, 1912, pp. 6-8.

［3］W. A. P. Martin. *Chinese Legends and Lyrics*, Shanghai: Kelly & Walsh Limited, 1912, pp. 9-10.

［4］W. A. P. Martin. *Chinese Legends and Lyrics*, Shanghai: Kelly & Walsh Limited, 1912, p. 11.

女的故事。丁韪良把孟姜女写成公主，把她伤悲的对象当成一位王子。

　　丁韪良在该诗之后附录道光皇帝写孟姜女的御笔诗，贴上中文：

　　　　当年抗节塞门风，

　　　　凄惨孤芳付海东。

　　　　一点灵犀通冥漠，

　　　　想他好合两心同。

　　　　姜女祠叠旧作韵

　　　　道光九年己丑孟冬月　御笔

　　丁韪良写道：这是 1829 年皇帝经过公主墓时写下的诗句，原作刻在纪
念碑上。丁韪良按照自己的理解翻译为：

　　　　Thou model of devoted love,

　　　　Laid here so long ago!

　　　　Thy sorrows have not ceased to move—

　　　　Nor pilgrims' tears to flow.

　　　　你这献身爱情的典范，

　　　　早已安息于此！

　　　　你的悲伤依然动人——

　　　　朝圣者的泪水未曾干涸。

　　　　Beyond this fleeting mortal breath,

　　　　If spirit world there be,

　　　　In realms above the reach of death,

Thy prince has welcomed thee.[1]

稍纵即逝的人世之外，

假如存在灵魂的世界，

在超越死亡的王国，

你的王子已迎接了你。

（3）《青春之泉，或日本的发现》（"The Fountain of Youth, or the Discovery of Japan"）。丁韪良按语：秦始皇考察日本的动机跟庞塞·德莱昂（Juan Ponce de León）[2]到佛罗里达的动机一样，但对秦始皇来说只是借口。该诗大意：秦始皇想延长寿命，派遣人员去日本寻找"青春之泉"。结尾几句隐喻，日本给中国带来西学，就是青春之泉。[3]丁韪良在《中国觉醒》等书中，多次谈到，日本明治维新改革值得中国借鉴。丁韪良这一主张，与康有为、梁启超等维新派是一致的。

1912 年版《中国传说与抒情诗》一书中源自"中国民间传说"（"Legends from Chinese Folklore"）有如下三则：

（1）《红线》（"The Scarlet Thread"）。丁韪良按语：一个基于事实的传说。该诗歌讲述了一个民间故事：一个贵族女子抛红线选夫，被一个年轻农民捡到了。她毅然下嫁，通过鼓励和出谋划策，让她丈夫成为唐朝的名将。丁韪良说：这个故事在中国家喻户晓。[4]这可能是王宝钏和薛平贵的故事。

（2）《牛郎织女》（"The Shepherd Boy and Weaver Girl"）。丁韪良按语：从西藏的山峰流下的黄河，被认为是天河的延续。天河在中国被称为

---

〔1〕W. A. P. Martin. *Chinese Legends and Lyrics*, Shanghai: Kelly & Walsh Limited, 1912, p. 15.

〔2〕胡安·庞塞·德莱昂（Juan Ponce de León，1474—1521），文艺复兴时期西班牙探险家。传闻他在美洲期间曾经发现过青春之泉（Fountain of Youth）。

〔3〕W. A. P. Martin. *Chinese Legends and Lyrics*, Shanghai: Kelly & Walsh Limited, 1912, pp. 16-18.

〔4〕W. A. P. Martin. *Chinese Legends and Lyrics*, Shanghai: Kelly & Walsh Limited, 1912, pp. 19-25.

354

"银河"。该诗歌述说牛郎和织女的故事，但在丁韪良笔下，织女并不是仙
女而是普通女子。牛郎和织女相见时溺于洪水，所以神祇把他们变成了天
上的星星。[1]

（3）《观音菩萨》（"The Goddess of Mercy"）。丁韪良这首诗是对观
音菩萨的描述和赞美，也存在一些对佛理的误读。[2]

丁韪良在 1912 年出版的《中国传说与抒情诗》（*Chinese Legends and
Lyrics*）"序言"说道："一些传说被认为是历史，它们都证明了中国人不
像西方人认为的那种呆板、缺乏想象力的人。"[3]这也是丁韪良热衷以诗歌
形式向西方读者介绍中国古老传说的主要创作意图。

民间文学是"五四"新文化运动之后出现和流行的学术名词。丁韪良
对中国寓言、谚语、传说等方面的整理、发掘与再创作，在美国汉学史上，
可称为重视中国民间文学之滥觞。

此外，丁韪良《汉学菁华》一书第七章专论"中国的散文作品"。丁
韪良评论说：至于散文作品的种类，中文的特质为作者提供了无限的拓展
空间。别说是各地方言，即使是文言，或书面语言，也从通俗的行话到晦
涩的古文有着各种选择。在中国，一切都不会过时，作者可以根据需要随
意选择高雅或低俗的表达方式。[4]《汉学菁华》第八章专论"中国的书信
写作"。丁韪良论道：没有哪个国家的私人信件、公文急件，以及教诲和
叙述的文章能在各自的文体上具有如此鲜明的特征。[5]中国人写的正式信
函和官府文书大部分都清楚庄严。[6]

---

〔1〕W. A. P. Martin. *Chinese Legends and Lyrics*, Shanghai: Kelly & Walsh Limited, 1912, pp. 26-31.
〔2〕W. A. P. Martin. *Chinese Legends and Lyrics*, Shanghai: Kelly & Walsh Limited, 1912, pp. 32-34.
〔3〕W. A. P. Martin. *Chinese Legends and Lyrics*, Shanghai: Kelly & Walsh Limited, 1912, p. iii.
〔4〕参见 W. A. P. Martin. *The Lore of Cathay or The Intellect of China*, New York: Fleming H. Revell Company, 1901, p. 129. 转引自丁韪良：《汉学菁华》，沈弘等译，北京：世界图书出版公司，2010 年，第 69 页。
〔5〕丁韪良：《汉学菁华》，沈弘等译，北京：世界图书出版公司，2010 年，第 73 页。
〔6〕同上，第 75 页。

　　丁韪良对中国小说也有所关注，并给予很高评价。他论道：中国发展出现代小说体裁的小说家，他们要比西方的同行早了整整一千年。难道这么一座反映人类最伟大民族之一生活的文学丰碑将来不会在我们的知识殿堂中占据一席之地吗？[1]

　　由上可见，作为汉学家，丁韪良对中国文学欣赏达到很高境界。正如沈弘所指出的：在论述中国文学作品时，丁韪良会首先将中文的语法特点和行文特征跟英文进行对比，并由此总结出中文注重简洁、对仗和用典等的主要特点，还提请读者注意区分古文、文言文和白话文，以及公文、私人信函和八股文等不同文体之间的风格差异。这不仅对于一个初涉汉学的外国人来说，是很好的入门指南；就是对于中国读者来说，也富有启迪意义。丁韪良对中国文学的兴趣与推崇，从一个方面可以说明，他一生在中国度过了其漫长的主要时光，他已经将自己的思想情感融入了中国社会的各个方面；他为中国文学魅力所折服，中国情结表现得十分浓厚。[2]

　　综上所述，丁韪良在中国文学研究领域付出了辛勤耕耘，其成就与贡献主要体现于：第一，涉猎广泛。其作品涉及中国的诗歌、散文、寓言、成语、谚语、传说、书信作品等等。第二，取材丰富。其作品的资料与信息来源，是建立在对中国古典文献的长期、刻苦、扎实、深入研读的基础之上；同时，他非常重视对中国社会各阶层实际生活的细致考察，重视对民间文学的发掘与整理。第三，注重中外比较。丁韪良研究中国文学的一个有利条件就是他本身具备了西学和汉学这两个不同领域的深厚功底，因而他能够在这两个领域之间游刃有余。无论讨论什么问题，他都能把汉学置于西学的视角下来进行审视，因此他的评论也就具有更多的批判性和

〔1〕丁韪良：《花甲忆记》，沈弘等译，桂林：广西师范大学出版社，2004年，第33页。
〔2〕沈弘：《译后记：一位被世人所遗忘的汉学家》，载丁韪良：《汉学菁华》，沈弘等译，北京：世界图书出版公司，2010年，第327页。

356

客观性。[1]第四，尤为可贵的是：丁韪良研究中国文学的主要出发点，是
为了纠正西方对中国文化的偏见与错误认识，他充分肯定中华民族经过
"二十三个世纪的漫长历程，树立起壮丽的文学丰碑"[2]；他诚恳相信，"中
文在西方所有主要的学府中获得一席之地，以及中国古典作家被西方人所
认识和欣赏的那一天已经不会太远了"[3]；他由衷而执着地向世人展示中华
文化的原本价值与世界意义。

　　总之，丁韪良研究与译介中国文学，成果丰硕，向西方传递了中华文
化、中国观念和中国形象，在客观上促进了中国文学在美国的传播。在美
国早期汉学发展史上，丁韪良称得上是中国文学研究与译介的拓荒者与奠
基人。

―――――――――――――――――――――――――――――

〔1〕沈弘：《译后记：一位被世人所遗忘的汉学家》，载丁韪良：《汉学菁华》，沈弘等译，北京：世界图书
出版公司，2010年，第327页。
〔2〕丁韪良：《花甲忆记》，沈弘等译，桂林：广西师范大学出版社，2004年，第33页。
〔3〕丁韪良：《汉学菁华》，沈弘等译，北京：世界图书出版公司，2010年，第79页。

结　语　丁韪良汉学研究的主要贡献及其影响

1916 年 12 月 17 日丁韪良在北京去世，终年 89 岁。本书作结论之前，最后再简要回顾一下丁韪良去世前后，时人对他的评论。这比较能客观反映丁韪良对当时社会产生的真实影响，有助于加深对丁韪良的总体认识。

从清政府官方来说，恭亲王奕䜣给丁韪良起了一个"冠西"雅号。此后许多晚清士大夫都尊称丁韪良为"丁冠西"。[1] 管理同文馆事务的总理衙门大臣徐继畬称"冠西学问渊博，无所不通"。[2] 清政府驻美公使陈彬称赞丁韪良："居中土久，口其语言，手其文字，又勤勉善下，与文章学问之士游，浸淫于典雅义理之趣，故深造有得如是。"[3] 直隶总督李鸿章称："丁总教习冠西，远方之杰，掌教都门同文馆，能读经史百家之书。"[4] 另一位管理同文馆事务的总理衙门大臣徐用仪评论道："总教习丁冠西先生荟萃众学"，"以开学人之心思，以利生民之日用，功博矣"。[5]

丁韪良亦得到维新思想家高度评价。如《万国公法》出版后，王韬说："近日西儒入中国，通览中国文字，著书立说者纷然辈出，而皆具有

〔1〕丁韪良：《花甲忆记》，沈弘等译，桂林：广西师范大学出版社，2004 年，第 199 页。
〔2〕丁韪良：《格物入门》，同治七年（1868）京师同文馆刊本，"徐继畬序"第 2 页。
〔3〕吴尔玺、丁韪良译：《公法便览》，同文馆聚珍版，1865 年；"公法便览序"第 1 页。
〔4〕丁韪良：《增订格物入门》，光绪己丑（1889）同文馆集珍版，"李鸿章序"第 2 页。
〔5〕同上，"徐用仪叙"第 4-5 页。

精意卓然可传。——言律例之学者，如丁韪良之《万国公法》，采取广富
而断制详明，凡此撰述俱足以不朽。"[1]郑观应说："各国之借以互相维系，
安于辑睦者，惟奉《万国公法》一书耳。"[2]维新派领袖梁启超称丁韪良
是"公法专家"，"中国著译，惟同文馆本，多法家言，丁韪良盖治此学
也"。[3]《万国公法》还被收入梁启超主编的《西政丛书》(1897)。[4]

　　1897年《美国历史评论》(*The American Historical Review*) 评论丁韪良
说：近三十年，所有到访过北京的外国人都知道丁韪良，他对中国知识的
广博深入是众所公认的。[5]

　　1907年，美国英文杂志 *The Outlook*(《展望》) 在"有创造力的美国
人"栏目中，刊登了波特 (Albert Porter) 专访丁韪良的文章，文中称丁
韪良是与赫德 (Robert Hart，1835—1911) 齐名的在中国最著名的外国人：
"二者的经历在很多方面是相类似的。他们都在中国生活了半个世纪以上，
都熟练地掌握了被人们风趣地称之为'不是一门语言，而是一门秘术'的
中文，都在实际上使自己成为中国政府所必需的人物，前者掌管中国海关，
后者则成为中国政府国际法的顾问。……双方也都从中国皇帝那里得到了
特殊的荣誉。"至于丁韪良，"没有任何一个美国人能够像他样受到中国
人如此高度的尊重，无疑地也没有人能像他样，坚定相信这个国家能够
获得新生"。[6]

　　1908年英国人卜禄士 (C. D. Bruce) 在评论丁韪良《中国觉醒》一书
时说道："在与各级中国人的人际交往中，欧洲人中或许无人能比丁韪良

〔1〕王韬：《瓮牖余谈》卷五，同治十三年 (1874) 申报馆聚珍版印本，第1页。转引自王文兵：《丁韪良与
中国》，北京：外语教学与研究出版社，2008年，第120页。
〔2〕夏东元编：《郑观应集》，上海：上海人民出版社，1982年，第66页。
〔3〕孙玉祥：《丁韪良与〈万国公法〉》，《新闻出版交流》2003年第2期，第56页。
〔4〕王文兵：《丁韪良与中国》，北京：外语教学与研究出版社，2008年，第120页。
〔5〕"A Cycle of Cathay"(《〈花甲忆记〉书评》), *The American Historical Review*(《美国历史评论》), Vol. 2,
No. 3, April 1897, p. 521.
〔6〕Albert Porter. "An American Mandarin", *The Outlook*, Vol. 86, August 24, 1907, pp. 884-888. 转引自傅德元：
《丁韪良与近代中西文化交流》，台北：台大出版中心，2013年，第16页。

有更多的经历。从上到总督张之洞下到身份低微的基督教信仰的皈依者，丁韪良有机会探测到中国人精神中的所有不同阶段与深度，欧洲人中没有人能比他更好地告诉我们中国人精神的运转是如何的莫名其妙。"[1]

1916 年在丁韪良的葬礼上，民国总统黎元洪曾派秘书为代表宣读了他撰写的挽词，称"一向为我国学者视为泰山、北斗的这样一位人物的去世，让我特别充满悲痛，泪流双颊"。[2]

1917 年 12 月 30 日上海《民国日报》称，丁韪良"一生事迹有功于华人者甚多，兹录英国季理裴先生所述丁先生事略以致哀悼：先生……灌输西学开中国风气之先者，马礼逊而后是以先生为第一人矣！……尝自叹曰'吾奉上帝之命来华，此即吾父母之邦也，得老死于是足矣'，其爱中国有如此者……以先生一生才力皆牺牲于中国，视中国若其祖国"。[3]

丁韪良去世后，皇家亚洲文会北华支会在 1917 年 6 月 16 日召开的年度会议上，名誉秘书悼念丁韪良逝世称："他是我们的荣誉会员之一，也是学会的资深老会员。他于 1864 年当选并任会员 52 年。在过去一些年里，丁韪良博士对学会投入了积极和宝贵的兴趣，而 60 多年来，他在促进东西方之间的良好理解方面做了出色的工作。"[4]

1917 年 4 月，丁韪良母校印第安纳大学校友会杂志《印第安纳大学校友会季刊》(Indiana University Alumni Quarterly) 刊登了美国前国务卿科士达 (John Watson Foster，1836—1917) 以校友身份发表的文章，该文对丁韪良在中国的活动给予很高评价，认为他是"印第安纳大学最伟大的男性

〔1〕C. D. Bruce. "Review of Awakening of China", *Journal of Royal Asiatic Society North China Branch*, Vol. XXXIX, 1908, p. 196.

〔2〕A. H. Smith. "The Life and Work of the Late Dr. W. A. P. Martin", *The Chinese Recorder*, Vol. 48, Feb. 1917, p. 123. 转引自王文兵：《丁韪良与中国》，北京：外语教学与研究出版社，2008 年，第 476 页。

〔3〕《美国丁韪良先生逝世》，《民国日报》（上海）1917 年 12 月 30 日。转引自王文兵：《丁韪良与中国》，北京：外语教学与研究出版社，2008 年，第 477-478 页。

〔4〕"Proceedings, Annual General Meeting"（《年会会议记录》），*Journal of the North-China Branch of the Royal Asiatic Society*, Vol. 49, 1918, p. xiv.

校友"，"只有他兼备我们的毕业生中很多人从事的政治家、牧师、律师、大学教师、作家、学者、士兵的多种品格，而没有人能像他那样，在他所服务的人中受到如此的荣誉和称赞"；"如果问我们的上一代或更多的人，谁是在华最杰出的最有帮助的外国人，其答案只能是赫德爵士（Sir Robert Hart）或丁韪良博士。但赫德爵士的服务仅局限于政府的财政和行政机关，而丁韪良博士的服务没有这些局限，他对中国人的影响将更为持久"。[1]

在中国的《京津泰晤士报》《北华捷报》《教务杂志》等报刊都给予丁韪良较高评价。《京津泰晤士报》称丁韪良去世"使我们中间失去了一位杰出的人物，一位长期以来在中国人和外国人圈子中享有中国事务权威、涉猎广泛特别是知识广博的西方学者、在华传教以及教育的开拓者、在促进东西方了解上做出不可磨灭贡献等声誉的人"。[2]《北华捷报》称"丁韪良博士之死使中国过去六七十年间的历史人物又少了一位"。[3]《教务杂志》称"丁韪良博士去世了，但就他过去以及将来对中国的影响而言，他将永垂不朽"。[4]

由上可见，世人对丁韪良给予了极高的评价。在近代中国半殖民地半封建社会的历史条件下，丁韪良汉学研究的贡献与影响主要表现在哪些方面？哪些方面具有现实借鉴意义？这是本书结论要重点阐明的问题。笔者以为，这应从两方面加以总结概括。

一方面，从汉学思想、精神与汉学方法论层面考察，丁韪良如下突出

---

〔1〕John W. Foster. "An Appreciation of Dr. W. A. P. Martin", *Indiana University Alumni Quarterly*, Bloomington: Indiana University, Vol. 4, No. 2 , April 1917, pp. 129-135. 转引自傅德元：《丁韪良与近代中西文化交流》，台北：台大出版中心，2013 年，第 18 页。

〔2〕*The Peking and Tientsin Times*, Dec. 19, 1916. 转引自王文兵：《丁韪良与中国》，北京：外语教学与研究出版社，2008 年，第 477 页。

〔3〕"The Late Dr. W. A. P. Martin", *The North China Herald*, Dec. 30, 1916. 转引自王文兵：《丁韪良与中国》，北京：外语教学与研究出版社，2008 年，第 477 页。

〔4〕"The Life and Work of the Late Dr. W. A. P. Martin", *The Chinese Recorder*, Vol. 48, Feb. 1917, p. 123. 转引自王文兵：《丁韪良与中国》，北京：外语教学与研究出版社，2008 年，第 477 页。

表现值得高度重视。

第一，倡导"自由思辨精神"。

在美国早期汉学史上，丁韪良是最早提出和倡导"自由思辨精神"的汉学家。晚清时期，传教士汉学家们从事汉学研究的阻力之一，是来自教会机构的干预。早于裨治文在华时期，他就希望汉学研究保持一定程度的独立性而免受教会机构干预。费正清称裨治文主编的《中国丛报》为"早期的汉学刊物"。[1]而当时美国教会机构却试图停办该刊。结果是：裨治文有意让《中国丛报》不再"处于美部会的管辖范围之内"。[2]美国当代学者雷孜智称：多亏了裨治文的大胆叛逆和同孚行的慷慨资助，《中国丛报》才得以继续刊行，并脱离了与美部会的关系。[3]同时期英国汉学家们也遇到类似问题。直到1884年，汉学家德贞辞去伦敦会医学传教士职务之后，伦敦会还重新思考医学传教士的定位，要求传教士担保"其活动只是代表教会，永远不可能有个人兴趣"。[4]早在1851年卫三畏亦曾考虑创办一份新的中文报纸或刊物，打算办得"比原来活泼一些，宗教色彩少一些"。[5]卫三畏这一愿望由于种种原因并未实现。然而，丁韪良后来却成了卫三畏这一愿望的重要实践者。丁韪良早在传教时期就表露出"自由思辨精神"的苗头与倾向。如丁韪良进入同文馆之前就着手翻译《万国公法》，由于此举游离传教职业，长老会外国传道部执委会对丁韪良的翻译工作提出了质疑，丁韪良则针锋相对辩称"它将不亚于翻译《圣经》的影

[1] [美]费正清：《新教传教士著作在中国文化史上的地位》，吴莉苇译，载张西平编：《欧美汉学研究的历史与现状》，郑州：大象出版社，2006年，第103页。

[2] 裨治文致安德森，广州，1840年5月10日，美部会档案，卷257。转引自[美]雷孜智：《千禧年的感召——美国第一位来华新教传教士裨治文传》，尹文涓译，桂林：广西师范大学出版社，2008年，第170页。

[3] [美]雷孜智：《千禧年的感召——美国第一位来华新教传教士裨治文传》，尹文涓译，桂林：广西师范大学出版社，2008年，第170页。

[4] 参见高晞：《德贞传——一个英国传教士与晚清医学近代化》，上海：复旦大学出版社，2009年，第79、80、81、91、108页。

[5] [美]卫斐列：《卫三畏生平及书信：一位美国来华传教士的心路历程》，顾钧、江莉译，桂林：广西师范大学出版社，2004年，第103页。

362

响"。[1]同文馆任职后，丁韪良从此不受教会约束。1885 年丁韪良等汉学家创立北京东方学会，他即正式提倡学会成员以"自由思辨精神"研究汉学。[2]北京东方学会在拓展汉学领域、研究方法、学术创新等方面，取得引人注目的成就，并很大程度上脱离了西方宗教的负面影响，促进了美国早期汉学的转型。丁韪良之所以能在汉学领域成就卓著，显然和他提倡以"自由思辨精神"研究汉学密切相关。

第二，推崇比较研究之方法。

早在 1867 年丁韪良于《传教士记录》(*The Missionary Recorder*) 发表《伊西斯和奥西里斯：普鲁塔克论埃及宗教》与《伊西斯和奥西里斯：东方的二元论》两篇文章时，就运用比较研究方法，讨论了埃及、印度、巴勒斯坦、中国等国家的宗教与基督教的差异。[3]1885 年北京东方学会成立时，丁韪良即在汉学界极力推崇比较研究之方法。丁韪良强调说："如果我说我们学会的主要目标就是进行比较，我是否太过偏颇？别以为这一做法束缚了我们的才华。比较不正是亚里士多德在《诗学》中所指出的知识与审美愉悦的源泉吗？实际上，我们只能这样评价我们研究范围内的各国文化。正如我们这一年以比较开始又以比较而结束，我们应坚持不懈，将每个阶段的东方思想与我们的欧洲标准做比较。"[4]丁韪良此后30年的汉学研究，他将比较研究方法广泛运用于汉学的宗教、哲学、历史、文学等诸多领域。比较研究方法成了丁韪良研究汉学的基本方法，并由此推演出许

---

〔1〕 *China Letters*, VII, Peking, Martin to Board, #46, Nov. 23, 1863. 转引自 Ralph Covell. *W. A. P. Martin: Pioneer of Progress in China*, Washington: Christian University Press, 1978, p. 148.

〔2〕 W. A. P. Martin. "The Past and Future of The Peking Oriental Society"(《北京东方学会的过去与未来》), *Journal of The Peking Oriental Society*, Vol. I, No. 4, Peking: Pei-Tang Press, 1886, p. 192.

〔3〕 "Isis and Osiris; or, Plutarch on the Relligion of the Egyptians", *The Missionary Recorder*, Vol. I, No. 9, Sept. 1867, pp. 81-82; "Isis and Osiris—Continued. Dualism in the East", *The Missionary Recorder*, Vol. I, No. 10, Oct. 1867, pp. 97-99.

〔4〕 W. A. P. Martin. "The Past and Future of The Peking Oriental Society"(《北京东方学会的过去与未来》), *Journal of The Peking Oriental Society*, Vol. I, No. 4, Peking: Pei-Tang Press, 1886, p. 190.

多精彩论断。

　　第三，立足于深入发掘探索汉学新领域新论题。

　　自西方第一位基督教新教传教士马礼逊来华之后，不同阶段的汉学家，其汉学研究主攻课题的侧重点有所不同。马礼逊的突出贡献是编辑出版了中国历史上第一部英汉字典《华英字典》。裨治文的突出贡献是创办汉学刊物《中国丛报》。卫三畏最主要的成就是在《中国丛报》基础上，编撰出版《中国总论》。卫三畏修订出版《中国总论》之后，他表示："将来的作者不必像这本书那样进行包罗万象的概述，而是限定于对单一的或同类的主题进行探讨。"[1]卫三畏这一愿望亦由丁韪良付诸实践。丁韪良在北京东方学会首次提出汉学研究中的语文学、哲学、历史、诗歌"四个部分"的阶段性目标。[2]当有会员质疑说："我们储存的题库没有耗尽的危险吗？"丁韪良以开采煤矿作比喻，回答说："深入挖掘就能获取大量的煤炭！"当表层的储藏用完之后只要"挖掘得更深"，"东方学会研究领域的最后一个题目就不会完结。"[3]他主张："我们可以让学会形成视野更宏大的概念！更好地展示其研究领域的无限范围！"[4]丁韪良立足于深入发掘汉学新论题、开拓研究新领域的主张，对当时汉学研究从一般性"表层"论题，转向扩大学术视野、注重汉学深层次问题之研究，无疑起到了积极推动作用。

　　第四，勇于纠正西方谬误。

　　丁韪良是晚清时期特别重视纠正西方谬误的汉学家。他的许多作品，

---

〔1〕［美］卫三畏：《中国总论》上册，陈俱译，上海：上海古籍出版社，2005 年，"修订版序"第 3 页。

〔2〕W. A. P. Martin. "The Past and Future of The Peking Oriental Society"（《北京东方学会的过去与未来》），*Journal of The Peking Oriental Society*, Vol. I, No. 4, Peking: Pei-Tang Press, 1886, p. 193.

〔3〕W. A. P. Martin. "The Past and Future of The Peking Oriental Society"（《北京东方学会的过去与未来》），*Journal of The Peking Oriental Society*, Vol. I , No. 4, Peking: Pei-Tang Press, 1886, p. 190.

〔4〕W. A. P. Martin. "The Past and Future of The Peking Oriental Society"（《北京东方学会的过去与未来》），*Journal of The Peking Oriental Society*, Vol. I, No. 4, Peking: Pei-Tang Press, 1886, p. 190.

364

在这方面都具有很强的针对性。丁韪良早在 1869 年发表的《中国的文艺复兴》即指出，当时西方社会主流意识已将中国妖魔化到如此程度："从来也没有一个伟大的民族受到过更大的误解"；中国人"被指责为野蛮透顶"；"中国人被描述成毫无独创性的模仿者，尽管他们所借用别人的东西要比任何其他民族都要少；中国人也被说成是缺乏创造力，尽管世界上一系列最有用的发明创造都是受惠于他们；中国人还被认为是死抱住传统观念不放的，尽管在他们的历史中曾经发生过许多次深刻的变革"。[1] 又如1880 年 9 月 25 日丁韪良出席美国东方学会在纽约举行的会议，他发表《论中国的祖先崇拜》一文。[2] 该文亦与当时西方主流意识唱反调，大谈中华祭祖文化的积极意义。丁韪良在晚清"祭祖之争"过程中，发表了诸多论述中国祭祖文化的作品，这不仅对抵制该时期西方来华教会强势排斥中华文明具有重要意义，而且对于当时促进汉学之深入研究，传播中华文化，亦有实际意义。推介中华文化，肯定中华文明的实际价值与积极意义，是丁韪良许多汉学作品的主基调。

第五，高度重视中西文化双向交流。

丁韪良以英文对西方读者说：研究中国文化"对于我们西方人来说是否有任何价值呢？假如有的话，它们怎么才能对西方世界的文学财富做出贡献呢？"他回答说：世界将重视中国文明。"中国和欧洲的文明正如在海底涌动的暗流那样，无论相隔有多远，确实各自都受到了对方的影响，尽管这些影响比较隐蔽。发现中国与西方的接触点，并且展示双方互动的证据，这些将是中国历史研究者所要面对的最有趣的问题。"

同时，丁韪良用中文向中国官员、知识界与读者阐述了中西文化相互

〔1〕W. A. P. Martin. "The Renaissance in China", *New Englander*（《新英格兰人》）, Vol. XXVIII, New Haven: Thomas J. Stafford, January 1869, pp. 47-48. 转引自沈弘：《重新认识丁韪良——〈中国觉醒〉译者序》, 载丁韪良：《中国觉醒》, 沈弘译, 北京：世界图书出版公司, 2010 年, 第 4-5 页。
〔2〕丁韪良：《西学考略》卷上, 光绪癸未（1883）孟夏总理衙门印本, 第 19 页; "On the Worship of Ancestors in China", *Journal of the American Oriental Society*, Vol. 11, 1885, p. xxxvi.

交流与借鉴的必要性。他向中国人强调说：西方国家的强盛关键在于向其他诸国的效法和借鉴。"若一国独恃其智而不借镜于人，恐难精进，今诸国互通往来较前倍密，不但制造之新机莫不流传之遍及，即有关富强之要术亦无不效法之争先。"[1]

基于以上认识，在实践上，丁韪良为中西文化双向交流付出巨大努力。他向西方读者推介自己的大量英文版汉学研究成果。丁韪良除了在英文刊物上发表大量论文，还出版了许多英文汉学著作，如：*Hanlin Papers or Essays on the Intellectual Life of the Chinese*（《翰林集》，1880 年出版），*Chinese Legends and Other Poems*（《中国传说与诗歌》，1894 年出版），*A Cycle of Cathy or China South and North with Personal Reminiscences*（《花甲忆记》，1896 年出版），*The Lore of Cathy or The Intellect of China*（《汉学菁华》，1901 年出版），*The Awakening of China*（《中国觉醒》，1907 年出版），等等。

同时，丁韪良竭力向中国人推介由他主持翻译的大量中文版西学论著，包括《万国公法》《格物入门》《富国策》等等，第一次比较系统地将西方近代国际法、物理学、经济学等学科成果引入中国。

像丁韪良如此重视中西文化双向交流、在西学东渐与中学西渐两方面均取得显赫成绩的汉学家，晚清时期实属不为多见。

第六，注重汉学研究与社会改革紧密关联。

丁韪良的汉学思想与汉学方法论，除了以上诸方面之外，应指出：他还是一位特别关心并积极投身晚清社会改革的汉学家。丁韪良不少汉学作品均表达了他对晚清社会改革之思考。如：早在 1868 年 10 月，同文馆教习丁韪良以"中国通"身份出席在波士顿召开的美国东方学会会议，即以《中国与西方的现状及未来关系》为题发表演说。[2]这个演讲稿，很快以

---

〔1〕丁韪良：《西学考略·附二种》，长沙：岳麓书社，2016 年，第 90 页。

〔2〕W. A. P. Martin. "The Present and Prospective Relations of China to the Western World", *Journal of the American Oriental Society*（《美国东方学会杂志》），Vol. IX, 1871, pp. xlviii-xlix.

366

《中国的文艺复兴》（"The Renaissance in China"）为题，发表在 1869 年
1 月出版的《新英格兰人》上。该文认为清朝同治新政（即"洋务运动"
之兴起），在意义上等同于欧洲的文艺复兴运动。[1] 又如，丁韪良高度评
价中国古代科举制度的积极意义，称"科举考试在维持中国统一和将中国
的文明保持在一个像样的水平上所起的作用超过了任何其他一种事务"。[2]
他认为中国科举考试体现了竞争机制，这种机制值得其他国家学习。[3] 他
非常希望美国能借鉴中国科举制度中的竞争机制以及它的一些优点。"将
它的一些类似特征嫁接到美国的共和政体上难道不是可行的吗？它更符合
我们自由政府的精神，因而可以期望它在这个国家结出比在中国更甜美的
果实。"[4] 但同时，丁韪良对科举制度弊端也进行了尖锐批评。他认为：科
举制度是有缺陷的，因为它只涉及文学，而把科学排斥在外，而且文学也
只是指中国文学，任何外国文学都不包括在内。更有甚者，它引导学生完
全模仿古代的范本，从而为进步设置了障碍。随着社会发展，科举制度的
改革也势在必行。[5] 丁韪良这种学术研究与现实改革相联系的文风，与晚
清改革派官员和思想家倡导的"经世致用"相吻合，这无疑是丁韪良深得
晚清改革派官员好感的一个重要原因。

　　丁韪良受聘为同文馆总教习之后，不遗余力为同文馆的教育改革，包
括课程设置、教材建设、实验设备建设、人才培养等等，付出巨多心血。
同文馆职业之余，丁韪良还于 1872 年创办以介绍西方科学为主的中文综合
性杂志《中西闻见录》，为洋务运动造势。戊戌维新时期，短暂回美国之
后，丁韪良于 1897 年 1 月再次回到中国。对于这次回到中国的原因，丁韪

---

[1] W. A. P. Martin. "The Renaissance in China", *New Englander*（《新英格兰人》）, No. 1, 1869, pp. 47-68. 刘伯
骥对该文做了全文翻译，参见刘伯骥：《丁韪良遗著选粹》，台北：中华书局，1981 年，第 146-167 页。
[2] 丁韪良：《花甲忆记》，沈弘等译，桂林：广西师范大学出版社，2004 年，第 16-22 页。
[3] 丁韪良：《汉学菁华》，沈弘等译，北京：世界图书出版公司，2010 年，第 219 页。
[4] 同上，第 219 页。
[5] 丁韪良：《花甲忆记》，沈弘等译，桂林：广西师范大学出版社，2004 年，第 16-22 页。

良在《中国觉醒》一书中写道："正是出于对这种辉煌景观的憧憬，使我在短期访问了自己的祖国之后又回到了中国"，"倘若中国人民仍像半个世纪以前那样麻木不仁的话，我也许会对他们的未来感到绝望，然而当我看到他们像今天这样众志成城，怀着告别往昔的坚定信念，想通过采纳西方文明的精华来寻求新的生活，我感到自己对于他们未来的希望已经实现过半；我对于能够利用自己的声音和笔来帮助他们的事业而感到高兴"。[1]回到北京不久，丁韪良拒绝教会机构将《华北月报》办成纯粹教会刊物的要求，而另起炉灶创办《尚贤堂月报》（不久改名《新学月刊》），[2]为戊戌维新运动制造舆论。1898 年 8 月 9 日清政府管学大臣孙家鼐奏称：正是由于"丁韪良自以在中国日久，亟望中国振兴"，因而建议聘任为京师大学堂西学总教习。[3]

丁韪良先后被清政府聘为同文馆、京师大学堂总教习等职务，在其长达 40 年职业教育家生涯中，他始终注重汉学研究与社会现实相联系，并主动关心和积极参与晚清社会改革，受到洋务派改革官员和维新派人士高度赞赏。

第七，重塑中国观。

裨治文、卫三畏、丁韪良最初都是带着传教使命来"征服"中国的，应该说，他们初到中国都以"西方中心论"为出发点，对华夏文明基本采取否定的态度。但丁韪良任同文馆总教习后，随着他对中华文化的加深认知，他的中国观逐步转变为"承认与美国不同质的华夏文明的存在价值以及尊重中国独立发展的权利"。"中国社会应该重构在西方的模式上吗？"——丁韪良明确回答"不需要"，他预言中国未来将"跻身于世界

---

[1]丁韪良：《中国觉醒》，沈弘译，北京：世界图书出版公司，2010 年，"序"第 1-2 页。
[2]丁韪良：《尚贤堂月报告白》，《尚贤堂月报》丁酉（1897 年）五月第一本，第 1 页。
[3]孙家鼐奏复筹办大学堂情形折（光绪二十四年六月二十二日），载《谕折汇存》卷十七（光绪二十四年），《光绪朝东华录》（四）。转引自北京大学校史研究室编：《北京大学史料》第一卷（1898—1911），北京：北京大学出版社，1993 年，第 48 页。

368

上三四个最强大的国家"。

　　在重塑中国观的基础上，丁韪良对未来的中美关系也做出了乐观预测。1896 年丁韪良出版英文版《花甲忆记》一书，他在扉页的"题献词"写道："谨将此书献给我的孙辈和全体美国人民，希望它能使大家关注一个伟大民族的未来，美中之间的关系将来一定会变得越来越紧密和重要。"[1]这个"题献词"反映了他通过长期汉学研究而对中华民族所产生的真挚情感。

　　另一方面，从具体汉学研究作品与成就的角度，丁韪良的贡献与积极影响亦可主要概括为五个方面：

　　第一，丁韪良在近代西方人文学科方法的影响下，重视对儒释道文化的释读，肯定颇多。丁韪良是美国汉学史上真正依据中国典籍并结合考察社会实际而释读儒释道文化的第一人。

　　第二，丁韪良高度评价中华民族"壮丽的文学丰碑"；热衷向西方传递中华文化、中国观念和中国形象，促进中国文学在美国的传播。在美国早期汉学发展史上，丁韪良称得上是中国文学译介的拓荒者与奠基人。

　　第三，丁韪良热情颂扬与推介中华民族五千年文明史；同时以明确的近代化理念，在西方汉学史上，第一次梳理从鸦片战争到中华民国诞生之前的中国近代史。丁韪良是这个时期中国历史的亲历者与见证人[2]，他的相关记述具有重要史料价值。

　　第四，丁韪良所翻译的西学论著，侧重于近代化新兴学科与实用知识，大多是对西方科技、法律、经济等领域具有学科前沿特点的专著进行

----

〔1〕丁韪良：《花甲忆记》，沈弘等译，桂林：广西师范大学出版社，2004 年，"题献词"。
〔2〕丁韪良写道：1850 年，"初到宁波的日子里，我的印象还很新鲜，观察力也很敏锐，几乎每天都有某件事发生，使我每天对于当地人的特点总有新的认识。在本章和下一章中，我将挑选其中一些比较突出的事件，不加评论地叙述出来，以便让事实本身来说话"。丁韪良初到中国，他的观察力十分敏锐，他在中国前后60 余年亲身经历之记述，因而具有较高史料价值。（参见丁韪良：《花甲忆记》，沈弘等译，桂林：广西师范大学出版社，2004 年，第 47 页。）

首次翻译；其对相关理论、概念、名词及内容等方面的汉语表述，对中国近代相关新兴学科之构建，均具有创新与借鉴意义。从这个角度说，丁韪良汉译西学论著，同样具有汉学意义。

第五，丁韪良创办中文期刊《中西闻见录》与《新学月报》，并主导北京东方学会杂志，不仅对洋务运动和维新运动产生了积极影响，对推动汉学研究往更高层次发展，也发挥了重要作用。

丁韪良也存在种种弱点与不足。这应更多地从他所处时代的历史条件和历史局限性的角度加以说明。

总之，在美国早期汉学发展史上，美国汉学的开创、奠基与初步发展，主要是由清代美国来华汉学家们完成的。美国早期汉学发展的不同阶段，美国汉学家群体及汉学研究的热点与侧重点、特色与影响，变化较大，总体呈现逐步向前推进与提升之演绎趋势。综合丁韪良一生的汉学成就，丁韪良与裨治文、卫三畏作为美国历史上第一代著名汉学家，均可视为美国早期汉学的主要奠基人。丁韪良是汉学发展史上一位极具典型色彩的汉学家。他既有过早期纯粹传教士汉学家的丰富阅历，又经历了传教士汉学家向近代专业汉学家转型的历史过程。丁韪良在中国生活长达60余年，他是唯一横跨美国早期汉学发展历程三个阶段的汉学家，在将欧美汉学推入新的发展阶段方面发挥了重要作用。丁韪良称得上是汉学发展史上一位成绩卓著的巨匠。其在中学西渐与西学东渐双向文化交流中所做出的重要贡献和产生的积极影响，不仅值得充分肯定，而且至今仍有实际借鉴意义。

丁韪良年谱简编

● **1827 年　出生**

4 月 10 日，丁韪良出生在印第安纳州利沃尼亚的家中。丁韪良自述："道光七年（1827 年）吾生于美之婴省（印第安纳州），该省初垦时，先严（父亲）即迁居而传道设学焉。"[1]

● **1839 年　12 岁**

6 月，清政府委派林则徐在广东虎门集中销毁鸦片，最终销毁鸦片 200 多万斤，该事件成为英国发动第一次鸦片战争的导火线。鸦片战争也成为丁韪良选择来华的一个重要因素。他曾回忆说："我对中国发生兴趣最早是在 1839 年，当时英军的隆隆炮声使这个国家的'外部城墙'轰然倒塌。"[2]

● **1843 年　16 岁**

丁韪良和哥哥孟丁元（Samuel N. D. Martin）完成预科教育（preparatory education），被布卢明顿（Bloomington）的印第安纳大学录取。[3]

---

〔1〕丁韪良：《花甲忆记》，赵受恒译，上海：商务印书馆，1910 年，"花甲忆记序"第 1 页。

〔2〕[美] 丁韪良：《花甲忆记——一位美国传教士眼中的晚清帝国》，沈弘等译，桂林：广西师范大学出版社，2004 年，第 4 页。

〔3〕Albert Porter. "An American Mandarin", *The Outlook*, Vol. 86, August 24, 1907, p. 886. 转引自 Ralph Covell. *W. A. P. Martin: Pioneer of Progress in China*, Washington: Christian University Press, 1978, p. 13.

● 1845 年　18 岁

丁韪良在怀利校长的帮助下，从俄亥俄河畔利文沃思（Leavenworth）的一所学校（在路易斯维尔的俄亥俄河对岸的长老会教区学校）里谋得一份教职。他一边教书，一边继续神学院的学习，并于 1846 年从印第安纳大学毕业。[1]

● 1846 年　19 岁

丁韪良前往新奥尔巴尼神学院接受《圣经》培训。丁韪良自述："道光二十六年（1846 年）吾与家兄于婴省大学堂（即印第安纳大学）毕业。复于二十九年（1849 年）毕业于道学院（即新奥尔巴尼神学院）。"[2]在新奥尔巴尼神学院，丁韪良进行了《圣经》和加尔文主义神学体系的正式学习，此神学系统支持他从安德鲁·怀利处学到的苏格兰现实主义。[3]

● 1849 年　22 岁

1 月 10 日，丁韪良向美国长老会外国传道部提出申请，"表示愿意去中国或日本"。[4]

5 月，丁韪良在新奥尔巴尼神学院发表毕业演说，题为"传教士对物理学的运用"（"The Uses of Physical Science for a Missionary"）。[5]在启程前往中国之前，他表示希望有时间从事"科学研究"，并询问是否应该在离开之前学医。[6]

11 月 12 日，丁韪良和孟丁元都被重新分配到宁波，但怀着一个模糊的希望，即当上海的长老会工作开启时，他们能够去上海传教。[7]

〔1〕Ralph Covell. *W. A. P. Martin: Pioneer of Progress in China*, Washington: Christian University Press, 1978, p. 19.

〔2〕丁韪良：《花甲忆记》，赵受恒译，上海：商务印书馆，1910 年，"花甲忆记序"第 1 页。

〔3〕LeRoy Halsey. *A History of McCormick Theological Seminary of the Presbyterian Church*, Chicago, 1893, pp. 33, 46. 转引自 Ralph Covell. *W. A. P. Martin: Pioneer of Progress in China*, Washington: Christian University Press, 1978, p. 18.

〔4〕Ralph Covell. *W. A. P. Martin: Pioneer of Progress in China*, Washington: Christian University Press, 1978, p. 26.

〔5〕Ralph Covell. *W. A. P. Martin: Pioneer of Progress in China*, Washington: Christian University Press, 1978, p. 22.

〔6〕*Chinese Letter*, III, Martin to Board, #108, April 2, 1849. 转引自 Ralph Covell. *W. A. P. Martin: Pioneer of Progress in China*, Washington: Christian University Press, 1978, p. 22.

〔7〕*Minutes of the Executive Committee of the Board of Foreign Missions*, Vol. V, October 15, 1849, p. 136, and November 12, 1849, p. 140. 转引自 Ralph Covell. *W. A. P. Martin: Pioneer of Progress in China*, Washington: Christian University Press, 1978, p. 27.

372

11月13日，丁韪良与范善静（Jan Vansant）结婚。[1]

11月23日，丁韪良与妻子、兄嫂孟丁元夫妇以及美国公理会的卢公明（Justus Doolittle）夫妇乘蓝涛号（*Lantao*）从费城出发前往中国。[2]

1850年　23岁

4月10日清晨，经过134天海上航行，丁韪良乘坐蓝涛号由波士顿抵达香港。[3]这一天正好是他23岁生日。他住在美国浸礼会约翰逊（John Johnson）家中，曾登临维多利亚峰凭眺香港风景。[4]丁韪良在香港认识了理雅各。当时并无船只直接到宁波，丁韪良和其他传教士拟经沿海各口北上。趁船未备，他往游广州。[5]

4月，丁韪良在广州逗留了10天，认识了英国领事包令，美国驻华使团秘书伯驾（Peter Parker），美国传教士卫三畏（S. Wells Williams）、罗孝全（Issacher Roberts）、哈巴安德（A. P. Happer）[6]，英国传教士宾为霖（William Burns，又译为宝为霖），参观了行商伍浩官的花园，再经由澳门返回香港。[7]

5月7日，丁韪良搭乘"澳门"号帆船与一群传教士离开香港。"澳门"号在厦门停留了四五天，他们在此受到伦敦会传教士亚历山大·施敦力（Alexander Stronach）的热情接待。[8]随后他们乘船沿闽江行至福州，受到了美国公理会摩嘉立（C. C. Baldwin）夫妇的接待。[9]在福州度过一周后，他们继续海上的航行，但刚出发就因暴风折断主桅杆而返回，于是在福州又多待了五天。接着继续海上航程。[10]

6月26日，丁韪良到达此行的目的地宁波。从香港到宁波，海上航行一共

〔1〕*The North China Herald*, Dec. 23, 1916, p. 304. 转引自 Ralph Covell. *W. A. P. Martin: Pioneer of Progress in China*, Washington: Christian University Press, 1978, p. 27.
〔2〕丁韪良：《花甲忆记》，沈弘等译，桂林：广西师范大学出版社，2004年，第3页。
〔3〕同上，第3页。
〔4〕同上，第4页。
〔5〕同上，第7页。
〔6〕哈巴安德（Andrew Patton Happer，1818—1894），美北长老会最早派往中国的传教士之一。1844年11月，哈巴安德在香港的马礼逊教育协会学校协助工作。1865年，哈巴安德在广州同文馆担任英文教习。
〔7〕丁韪良：《花甲忆记》，沈弘等译，桂林：广西师范大学出版社，2004年，第10-11页。
〔8〕同上，第17页。
〔9〕同上，第22页。摩嘉立（Caleb Cook Baldwin，1820—1911），又译摩怜，是最早进入福州的传教士之一。
〔10〕同上，第16-22页。

用时 35 天。[1]宁波是美国长老会在华活动的主要据点，美国长老会传教士麦嘉缔（D. B. MacCartee, 1820—1900）首先到达这里传教。[2]

1851 年　24 岁

7 月初，丁韪良郑重地向宁波长老会出版委员会（Publication Committee of the Presbyterians in Ningpo）提出请愿，要求允许在女校和男童寄宿学校使用由他创作的拼音系统。该要求被转交给执行委员会（Executive Committee），执行委员会在（美国）国内与宣教部进行审议。丁韪良提出发明罗马化拼音的主要理由是，它为大多数不识字的中国人提供了一种快速学习识字的方法。他还认为，罗马化拼音将是教会教师的一个有用的课堂工具，它将提高妇女的识字能力，促进对《圣经》的理解。[3]

1854 年　27 岁

丁韪良著《天道溯原》（*Evidences of Christianity*），于宁波初次刊刻，共 3 卷，77 页。1858 年（咸丰八年）该书在宁波出版修订本，共 91 页。该书经再次修订后于 1860 年在宁波出版，共 118 页。[4]

1854 年为丁韪良《天道溯原》作序的四明企真子评价丁韪良的汉语能力已达这样的程度："学土音，习词句，解训诂，讲结构。不数年而音无不正，字无不酌，义无不搜，法无不备。"[5]从 1854 年到 1912 年间，《天道溯原》用中文、日文以及朝鲜文出了 30 至 40 版。[6]费正清评价说：丁韪良"是中文和英文方面的勤奋写作者"。1907 年，经过新教在中国一百年的努力，丁韪良的书《天道溯原》（基督教证据）被评价为所有传教士在中国出版的"最好的一本书"。[7]

〔1〕丁韪良：《中国觉醒》，沈弘译，北京：世界图书出版公司，2010 年，第 22 页。
〔2〕王文兵：《丁韪良与中国》，北京：外语教学与研究出版社，2008 年，第 32 页。
〔3〕*China Letters*, III, Ningpo, Martin to Board, #189, August 4, 1851. 转引自 Ralph Covell. *W. A. P. Martin: Pioneer of Progress in China*, Washington: Christian University Press, 1978, p. 63.
〔4〕[英] 伟烈亚力：《1867 年以前来华基督教传教士列传及著作目录》，倪文君译，桂林：广西师范大学出版社，2011 年，第 75 页。
〔5〕《天道溯原》四明企真子序，华北书会托印，民国二年（1913）天津公园印书处排印。转引自王文兵：《丁韪良与中国》，北京：外语教学与研究出版社，2008 年，第 33 页。
〔6〕Albert Porter. "An American Mandarin", *The Outlook*, Vol. 86, Aug. 24, 1907, p. 887.
〔7〕John King Fairbank. "Reviewed Work: W. A. P. Martin: Pioneer of Progress in China by Ralph Covell", *Journal of Presbyterian History* (1962—1985), Vol. 57, No. 2, 1979, pp. 179-180.

374

1855 年　28 岁

1 月 30 日，赫德记述："今天我的教师批评了这里各个英国人的汉语，他认为丁韪良是最好的——无论是说官话还是说土话都行。"[1]

3 月 30 日，赫德记述：傍晚去丁韪良先生家，得到儒莲（Stanislas Aignan Julien）的《孟子》一书。[2]此后，丁韪良与赫德长期交往甚密。后来赫德在北京出任中国海关总税务司，丁韪良到北京传教，二人在北京有了更多的交往。[3]丁韪良自述："在赫德的推荐下，我被任命为同文馆的总教习。"[4]

1856 年　29 岁

丁韪良花了几个月的时间写了一部关于鸦片问题的书。前两部分包括一个虚构的故事，描述了鸦片使用和贩卖的罪恶，揭示了鸦片贸易给中国、印度和英国带来的伤害。最后一部分是关于鸦片贸易和立法的相关事实的编年史。[5]尽管许多传教士认识到丁韪良所做的工作的价值，甚至提供帮助在英国或美国出版这本书，但显然该书未曾出版过。[6]丁韪良认为："如果早期的传教士在指出鸦片罪恶的严重性方面做得更多，那么中国就可能避免这个诅咒，基督教传教道路上的巨大障碍也会被扫除。"[7]

1857 年　30 岁

3 月 21 日，《北华捷报》刊登丁韪良文章《满族征服的故事——摘自卫匡国的拉丁文书》（"A Narrative of the Manchu Conquest Abridged from the Latin

---

〔1〕［美］凯瑟琳·布鲁纳等编：《步入中国清廷仕途——赫德日记（1854—1863）》，傅曾仁等译，北京：中国海关出版社，2003 年，第 142 页。

〔2〕同上，第 162 页。儒莲（Stanislas Aignan Julien，1797—1873），法国汉学家，翻译了《孟子》《三字经》等中国典籍。

〔3〕傅德元：《丁韪良与近代中西文化交流》，台北：台湾大学出版中心，2013 年，第 68-69 页。

〔4〕丁韪良：《花甲忆记——一位美国传教士眼中的晚清帝国》，沈弘等译，桂林：广西师范大学出版社，2004 年，第 198 页。

〔5〕*China Letters*, IV, Ningpo, Letter to Board, #83, February 25, 1856; Martin to Board, #86, May 22, 1856. 转引自 Ralph Covell. *W. A. P. Martin: Pioneer of Progress in China*, Washington: Christian University Press, 1978, p. 62.

〔6〕Ralph Covell. *W. A. P. Martin: Pioneer of Progress in China*, Washington: Christian University Press, 1978, p. 75.

〔7〕*China Letters*, IV, Ningpo, Martin to Board, #233, November 16, 1859. 转引自 Ralph Covell. *W. A. P. Martin: Pioneer of Progress in China*, Washington: Christian University Press, 1978, p. 62.

of Martini"）。[1] 该文说明，丁韪良此时已经阅读卫匡国的拉丁文作品。

● 1858 年　31 岁

是年春，英、法、美、俄四国代表在白河口会晤，就各自正在跟中国举行的缔约谈判实行了一种"松散的合作"。丁韪良此处"松散的合作"一说，揭穿了美、俄两国"中立"立场的虚伪性。丁韪良作为美国公使列卫廉（William Bradford Reed）的译员，"享有最好的机会，能从幕后来进行观察"。[2] 丁韪良记述了他之所以充当外交翻译的具体原因。他说：听到美国全权公使列卫廉将要北上的消息后，他觉得加入此行可以看到许多大事，也许还可以为传教事业开辟新的领域。好几年前他就掌握了中国的官话，会话水平通过他和中国官员的频繁接触得以提高。美国领事列卫廉正好没有雇佣翻译，便请他做自己的翻译，同时处理一些临时事务。由于他拒绝接受薪金，列卫廉便竭力为他在美国使团里谋到了一份差使。在列卫廉和卫三畏博士的推荐下，他对使团中文秘书一职的申请获得成功。列卫廉特派"羚羊号"汽船给他带来这一消息，并载他来到上海，列卫廉先生聘他为中国官话的翻译。[3] 以上记述说明：第一，该时期，美国在华外交官缺乏职业翻译；与第一次鸦片战争时期一样，依然只得借助掌握中国官话的传教士汉学家们来充当翻译。第二，丁韪良本身希望充当外交翻译，"觉得加入此行可以看到许多大事"，即表现了他对传教事务之外的"许多大事"感兴趣；这种兴趣日益膨胀，成了后来丁韪良越来越不专注于传教的客观原因。第三，丁韪良认为"也许还可以为传教事业开辟新的领域"；这方面丁韪良和俾治文、卫三畏是一致的——两次鸦片战争时期，传教士汉学家充当外交翻译，的确都对扩张西方传教特权发挥了独特作用。

6 月 18 日，美国抢先英、法与清政府签订了《中美天津条约》。丁韪良和卫三畏参与了《中美天津条约》的签订，丁韪良为卫三畏做翻译，当时卫三畏对官话还不够熟悉。

是年，丁韪良加入美国东方学会。[4]

---

〔1〕W. A. P. Martin. "A Narrative of the Manchu Conquest Abridged from the Latin of Martini", *The North-China Herald and Supreme Court and Consular Gazette*（《北华捷报》），March 21, 1857.

〔2〕丁韪良：《中国觉醒》，沈弘译，北京：世界图书出版公司，2010 年，第 130 页。

〔3〕丁韪良：《花甲忆记》，沈弘等译，桂林：广西师范大学出版社，2004 年，第 98-99 页。

〔4〕*Journal of the American Oriental Society*, Vol. 16, 1896, Member List, p. cclxxxiii.

376

1859 年　32 岁

　　6 月，丁韪良目睹了第二次大沽之战英法联军"遭受了灾难性的失败"。[1]
丁韪良客观地记述了英法联军遭受的惨败与美军抛弃"中立"之虚伪。丁韪
良为太平天国辩护，称其为"革命"；并写信给顾盛（Caleb Cushing，1800—
1879）希望外国军队保持中立。[2]

1861 年　34 岁

　　10 月 16 日，丁韪良首次出席美国东方学会纽约会议，在会议上宣读《中国
的道德图及其翻译——兼论中国伦理哲学》（"A Chart of Chinese Ethics，with a
Translation，and Remarks on the Ethical Philosophy of the Chinese"）。17 日，丁
韪良在美国东方学会会议上宣读《西安府景教碑的真伪》（"Genuineness of the
Nestorian Monument of Si-ngan Fu"）。[3]

1862 年　35 岁

　　丁韪良在上海美华书馆着手翻译《万国公法》。
　　4 月，丁韪良在《普林斯顿评论》上发表了一篇文章，主题为中国人的伦理
哲学。[4]

1863 年　36 岁

　　丁韪良出版《认字新法·常字双千》。该书有助于来华传教士学习汉语，而
且对汉语注音由《康熙字典》的切音发展到汉语拼音，具有一定的促进作用。[5]
　　是年春，丁韪良写信给蒲安臣，希望翻译完惠顿的书以供中国政府之用。蒲
安臣给予他很大鼓励，并承诺帮助将此书送到清朝官员面前。[6]

---

〔1〕丁韪良：《中国觉醒》，沈弘译，北京：世界图书出版公司，2010 年，第 131-132 页。
〔2〕丁韪良：《花甲忆记》，沈弘等译，桂林：广西师范大学出版社，2004 年，第 89 页。
〔3〕"A Chart of Chinese Ethics，with a Translation，and Remarks on the Ethical Philosophy of the Chinese"，
JAOS，Vol. 7，1862，pp. xlv，xlviii-xlix；"Genuineness of the Nestorian Monument of Si-ngan Fu"，*JAOS*，Vol. 7，
1862，pp. xlviii-xlix.
〔4〕［英］伟烈亚力：《1867 年以前来华基督教传教士列传及著作目录》，倪文君译，桂林：广西师范大学出
版社，2011 年，第 214 页。
〔5〕参见傅德元：《丁韪良与近代中西文化交流》，台北：台大出版中心，2013 年，第 198-201 页。
〔6〕参见丁韪良：《花甲忆记》，沈弘等译，桂林：广西师范大学出版社，2004 年，第 160 页；丁韪良：《中
国觉醒》，沈弘译，北京：世界图书出版公司，2010 年，第 150 页。蒲安臣（Anson Burlingame，1820—
1870），美国著名律师、政治家和外交家，是唯一一位既担任过美国驻华公使，又担任中国使节的美国人。

　　6 月，丁韪良携带《万国公法》译书初稿北上，在天津受到北洋通商大臣崇厚热情接待。崇厚认为此书特别适合中国外交的需要，许诺给文祥等写信推荐。[1]

　　9 月 10 日，在蒲安臣安排下，丁韪良与总理衙门官员首次讨论他的《万国公法》译稿。[2]

　　是年，张斯桂为丁韪良所译《万国公法》作序。[3]

1864 年　37 岁

　　8 月 17 日，丁韪良拜访赫德，谈论中国进步的前景甚欢，并给赫德看《万国公法》译文的第 1 页，赫德表示将设法促使清政府认可他的服务，批准给他 500 两银子的刊印费。[4]

　　8 月 20 日，总理衙门给赫德一封公函，指示从海关船钞中付给丁韪良 500 两银子，刊印《万国公法》。[5]不过，由于总理衙门内部一些人的反对，丁韪良译稿最初并未获准出版。1864 年春，由于俾斯麦与丹麦在欧洲的战争，普鲁士在天津大沽港扣留了三艘丹麦船只作为战利品。根据惠顿中文版著作里的解释，恭亲王奕䜣认为普鲁士没有权力在中国海事管辖权范围内扣留丹麦船只。这一事件得到成功解决，奕䜣出版丁韪良译稿的主张在总理衙门得到认可。[6]

　　是年，《官话约翰福音书》(*John's Gospel in the Mandarin Dialect*) 在上海出版。这是官话本《新约》的新译本，由丁韪良同艾约瑟、包约翰、白汉理等一起在北京合作完成。[7]

　　是年，包尔腾将《天道溯原》翻译成官话，并译作《天道溯原直解》。[8]

〔1〕参见丁韪良：《花甲忆记》，沈弘等译，桂林：广西师范大学出版社，2004 年，第 160 页；丁韪良：《中国觉醒》，沈弘译，北京：世界图书出版公司，2010 年，第 150 页。

〔2〕丁韪良 1863 年 9 月 14 日于北京给《纽约时报》撰写的新闻，参见 "Interesting from China", NYT, Jan. 8, 1864.

〔3〕［美］惠顿：《万国公法》，丁韪良译，何勤华点校，北京：中国政法大学出版社，2002 年，"万国公法序"第 1 页。

〔4〕［美］凯瑟琳·布鲁纳等编：《赫德日记——赫德与中国早期现代化》，陈绛译，北京：中国海关出版社，2005 年，第 233-234 页。

〔5〕同上，第 236 页。

〔6〕［挪威］鲁纳：《中国国际法术语的形成：1847—1903》，载［德］朗宓榭、［德］费南山主编：《呈现意义：晚清中国新学领域》(下)，李永胜、李增田译，王宪明审校，天津：天津人民出版社，2014 年，第 507 页。

〔7〕［英］伟烈亚力：《1867 年以前来华基督教传教士列传及著作目录》，倪文君译，桂林：广西师范大学出版社，2011 年，第 214 页。

〔8〕丁韪良：《天道溯原》，包尔腾译，天津：津汉基督圣教协和书局，1917 年，"天道溯原直解引"第 1 页。

是年，丁韪良编写《格物入门》，该书最初是供他 1864 年创办的崇实馆之用。因招生困难，崇实馆进展不大，但让丁韪良唯一感到欣慰的是撰写了《格物入门》一书。[1]

是年开始直到去世，丁韪良长期任皇家亚洲文会北华支会名誉会员。[2]

● 1865 年　38 岁

2 月，同治帝御批之后，丁韪良编译的《万国公法》正式出版。[3]

4 月 18 日，丁韪良在《纽约时报》(New York Times) 上发表《恭亲王的倒台》("Downfall of Prince Kung") 一文。[4]

5 月，海关总税务司第 7 号通令将《万国公法》发放到海关各口。[5]

是年，丁韪良开始在同文馆任职。《格物入门》的定稿和出版，是在丁韪良进入同文馆之后完成的。丁韪良《增订格物入门》自序言道："同治乙丑（1865 年），余蒙总署王大臣延入同文馆，拟于课余著书，仰酬知遇。窃以为实学莫先于格物，故略述西法，纂《格物入门》七卷。"[6]

● 1866 年　39 岁

4 月，丁韪良在《哈泼新月刊杂志》(Harper's New Monthly Magazine) 上发表《恭亲王》("The Prince of Kung") 一文；该文比较完整地记录了他与恭亲王的往来、他了解的恭亲王的政治活动过程，以及恭亲王下台又再次恢复部分权力的过程。[7]此文后成为《花甲忆记》中关于丁韪良与恭亲王交往的一部分。

---

〔1〕丁韪良：《花甲忆记》，沈弘等译，桂林：广西师范大学出版社，2004 年，第 160 页。

〔2〕"Proceedings, Annual General Meeting"（《年会会议记录》），*Journal of the North-China Branch of the Royal Asiatic Society*, Vol. 49, 1918, p. xiv.

〔3〕关于《万国公法》的出版时间，学术界有不同看法，有依据董恂序所署日期"同治三年岁次甲子冬十有二月"而主张 1865 年说，也有依据京都崇实馆刻本扉页"同治三年岁在甲子孟冬月"而主张 1864 年说。（参见田涛：《国际法输入与晚清中国》，济南：济南出版社，2001 年，第 40 页。）王文兵倾向于认为《万国公法》在 1864 年即刊刻完成，只是在 1865 年初增补董恂序而已。

〔4〕W. A. P. Martin. "Downfall of Prince Kung", *New York Times*（《纽约时报》）, Apr. 18, 1865.

〔5〕[美] 凯瑟琳·布鲁纳等编：《赫德日记——步入中国清廷仕途》，傅曾仁等译，北京：中国海关出版社，2003 年，第 487 页。

〔6〕丁韪良：《增订格物入门》，光绪己丑（1889）同文馆集珍版，"自序"第 2 页。

〔7〕W. A. P. Martin. "The Prince of Kung", *Harper's New Monthly Magazine*（《哈泼新月刊杂志》）, Vol. XXXII, No. 4, 1866, pp. 584-586.

丁韪良对总理衙门官员徐继畬也给予好评。

是年，丁韪良发表《1866 年 2、3 月间北京至上海的陆上之旅》（"Account of an Overland Journey from Peking to Shanghai, Made in February and March 1866"）一文。[1]丁韪良在该文中建议修一条大沽至开封的铁路，这样华北地区煤铁资源便可得到开发利用，河北的铁用来做铁轨，山西的煤做燃料。有了铁路，军队可以迅速调遣，举子可以赴京考试，商人转运商品不必再走运河、雇推车；"从政治和商业方面看，考察黄河是当务之急。如果开放黄河航运，中外都可受益"。[2]

1867 年　40 岁

9 月，丁韪良表现出对东方学与宗教研究的兴趣，发表《伊西斯和奥西里斯：普鲁塔克论埃及宗教》，载 The Missionary Recorder（《教务杂志》的前身）1867 年 9 月第九期。

10 月，丁韪良发表《伊西斯和奥西里斯：东方的二元论》，载 The Missionary Recorder 1867 年 10 月第十期。以上两篇文章，丁韪良运用比较研究方法，讨论了埃及、印度、巴勒斯坦、中国等国家的宗教与基督教的差异。[3]

1868 年　41 岁

10 月，同文馆教习丁韪良以"中国通"身份出席在波士顿召开的美国东方学会会议，即以《中国与西方的现状及未来关系》为题发表演说。[4]这个演讲稿，很快以《中国的文艺复兴》（"The Renaissance in China"）为题，发表在 1869 年 1 月出版的《新英格兰人》上。该文认为清朝同治新政（即"洋务运动"之兴

---

〔1〕W. A. P. Martin. "Account of an Overland Journey from Peking to Shanghai, Made in February and March 1866"（《1866 年 2、3 月间北京至上海的陆上之旅》）, *Journal of the North-China Branch of the Royal Asiatic Society*, Vol. 111, 1866, p. 27.

〔2〕W. A. P. Martin. "Account of an Overland Journey from Peking to Shanghai", *Journal of the North-China Branch of the Royal Asiatic Society*, Vol. 111, 1866, p. 27. 转引自上海图书馆编：《皇家亚洲文会北华支会会刊（1858—1948）：导论·索引·附录》，上海：上海科学技术文献出版社，2013 年，第 285 页。

〔3〕"Isis and Osiris; or, Plutarch on the Relligion of the Egyptians", *The Missionary Recorder*, Vol. I, No. 9, Sept. 1867, pp. 81-82; "Isis and Osiris—Continued. Dualism in the East", *The Missionary Recorder*, Vol. I, No. 10, Oct. 1867, pp. 97-99.

〔4〕W. A. P. Martin. "The Present and Prospective Relations of China to the Western World", *Journal of the American Oriental Society*（《美国东方学会杂志》）, Vol. IX, 1871, pp. xlviii-xlix.

起)，在意义上等同于欧洲的文艺复兴运动。[1]

10月14日，丁韪良出席在纽黑文（New Haven）召开的美国东方学会会议，宣读《中国的炼金术》一文，认为炼金术起源于古代中国，再传入欧洲。丁韪良还就中西关系、God 一词翻译问题发表看法，并展示了开封犹太人羊皮经卷。[2]

是年，丁韪良撰《格物入门》出版，总理衙门大臣董恂、徐继畬作序。[3]董恂和徐继畬等对丁韪良借此传播西方科技持高度赞赏态度。

● 1869 年　42 岁

5月19日，丁韪良出席在波士顿举行的美国东方学会会议，宣读《中国的古代发明》（"The Early Inventions of the Chinese"）、《中国的科举制度》（"On the Competitive Examination System in China"）二文。[4]

11月26日，丁韪良在总理衙门的几位大臣和美国代理公使卫三畏的陪同下，到同文馆就职总教习。丁韪良记述："我的就职演说是用汉语来讲的，演讲时我用的一个比喻使颇负诗名的大学士宝鋆诗兴大发，当即赋了一首诗，抄写在一对装帧美观的卷轴上，赠给我留念。"[5]

12月1日，丁韪良向美国长老会总部递交辞呈，辞去传教职务。[6]

是年，新铸铜版《天道溯原》。[7]此后，丁韪良又对《天道溯原》做过多次修订与再版。日本亦屡次翻刻。[8]据王文兵研究：《天道溯原》在日本有多个译本。现日本国会图书馆以及哈佛燕京图书馆存有中村正直训点的《天道溯原》1875年、1877年和1880年三个版本以及半田研吉译的1894年版《启蒙天道溯原》。[9]

---

〔1〕W. A. P. Martin. "The Renaissance in China", *New Englander*（《新英格人》）, Vol. XXIII, January 1869, pp. 47-68. 刘伯骥对该文做了全文翻译。（参见刘伯骥：《丁韪良遗著选粹》，台北：中华书局，1981年，第146-167页。）

〔2〕王文兵：《丁韪良与中国》，北京：外语教学与研究出版社，2008年，第365页。

〔3〕丁韪良：《格物入门》，同治七年（1868）京师同文馆刊本。

〔4〕"The Early Inventions of the Chinese", *JAOS*, Vol. IV, 1871, pp. liii-liv; "On the Competitive Examination System in China", *JAOS*, Vol. IV, 1871, pp. liv-lv.

〔5〕同上，第199页。

〔6〕王文兵：《丁韪良与中国》，北京：外语教学与研究出版社，2008年，第166页。

〔7〕丁韪良：《天道溯原》，同治八年新铸铜版印本，上海：苏松上海美华书馆，1869年。

〔8〕参见 *The Chinese Recorder*, Vol. XIX, 1888, p. 345. 转引自王文兵：《丁韪良与中国》，北京：外语教学与研究出版社，2008年，第48页。

〔9〕参见王文兵：《丁韪良与中国》，北京：外语教学与研究出版社，2008年，第48页。

1871 年　44 岁

　　10 月 12—13 日，丁韪良向在纽黑文举行的美国东方学会会议提交《对中国散文风格的评论》（"Remarks on the Style of Chinese Prose"）。[1]

1872 年　45 岁

　　8 月，丁韪良与英国伦敦会艾约瑟（Joseph Edkins）等成立"在华实用知识传播会"，以介绍"近代科学和自由思想"相标榜。他们看到香港、广州、上海、宁波等地都有报刊发行，唯独北京没有，于是决定于北京创办一种期刊。

　　8 月，丁韪良创办的以介绍西方科学为主的中文综合性杂志《中西闻见录》（*The Peking Magazine*）便应运而生。[2]首期《中西闻见录》刊登说明："《中西闻见录》系仿造西国新闻纸而作，书中杂录各国新闻近事，并讲天文、地理、格致之学。每月出印一次"，"并录中土西邦一切新闻近事。"[3]

　　1872 年 8 月至 1875 年 8 月，《中西闻见录》总共编辑出版 36 期（号）。据笔者统计，丁韪良前后为《中西闻见录》提供大大小小署名稿件共计 349 篇。[4]

1873 年　46 岁

　　10 月 15—16 日，丁韪良向在纽黑文举行的美国东方学会会议提交《中国的翰林院》（"On the Hanlin Yuan，or Chinese Imperial Academy"）。[5]

1874 年　47 岁

　　3—4 月，丁韪良在《教务杂志》上发表《中国的度量制度》。

1876 年　49 岁

　　是年，丁韪良按照学生资质不同，分别制订了同文馆五年和八年不同修业年

〔1〕"Proceedings at New Haven, Oct. 12 and 13, 1871", *JAOS*（《美国东方学会杂志》）, Vol. X, 1880, pp. xxxiii-xxxiv.

〔2〕张剑：《〈中西闻见录〉述略——兼评其对西方科技研究的影响》，《复旦学报（社会科学版）》1995 年第 4 期，第 57 页。

〔3〕《中西闻见录》1872 年 8 月第 1 号，扉页、告白。

〔4〕丁韪良未署名文章，不在此统计之内。

〔5〕"Proceedings at New Haven, Oct. 15 and 16, 1873", *JAOS*（《美国东方学会杂志》）, Vol. X, 1880, pp. lxxiii-lxxiv.

限的课程表。[1]

是年，丁韪良发表《中国的书信格式》（"On the Style of Chinese Epistolary Composition"）。[2]

是年，丁韪良任"上海博物院"（Shanghai Museum）院长，"上海博物院"是皇家亚洲文会北华支会的一个重要实体。

是年，丁韪良在其学生的帮助下，翻译出版德·玛登（De Marten）的《星轺指掌》。《星轺指掌》是专门论述公使领事问题的专著。同年夏，总理衙门大臣董恂为《星轺指掌》作序，他把国际法当作一种类似神圣、又符合传统儒家理想的规则。这正与丁韪良的主观愿望相符。

● 1877 年　50 岁

5 月 16 日下午，丁韪良和林乐知（Y. J. Allen）在首届在华传教士大会上，分别做了两篇关于"世俗性文字事工"（secular literature）的报告。丁韪良在会上发表了题为《论世俗文字事业》的演说。

是年，丁韪良翻译出版伍尔西（Woolsey）的《公法通览》、步伦（Bluntschli）的《民法典》。[3]

是年，丁韪良把《中西闻见录》杂志上的文章加以筛选，编选成四卷本的《中西闻见录选编》。他在选编自序中写道："同治壬申（1872 年），予与数友共辑《中西闻见录》，月出一本，比及三年而止。其内所载事理颇繁，而文则雅俗不等，有采取零星新闻以资管窥，有寓言以娱目而警心，并有格致测算之论以为实学之梯航；四方文士赐观，屡蒙谬赞，兹欲删其轻浮，撮其体要，成为一集。"[4]

是年，丁韪良在徐家汇博物院韩德禄（Pierre Heude）神甫的帮助下，将博

---

〔1〕中国史学会编：《洋务运动》（二），上海：上海书店，2000 年，第 85 页。

〔2〕W. A. P. Martin. "On the Style of Chinese Epistolary Composition"（《中国的书信格式》），*Journal of the North-China Branch of the Royal Asiatic Society*, Vol. XI, 1876, p. 135.

〔3〕参见丁韪良：《花甲忆记》，沈弘等译，桂林：广西师范大学出版社，2004 年，第 160 页。又见丁韪良：《中国觉醒》，沈弘译，北京：世界图书出版公司，2010 年，第 222、159 页。沈弘先生在《花甲忆记》中把 Woolsey 译成伍尔西，在《中国觉醒》中译成吴尔玺，实为同一作者。

〔4〕丁韪良：《中西闻见录选编》，载沈云龙主编：《近代中国史料丛刊三编》第三十二辑，台北：文海出版社，第 496 页。

物院内收藏的珍稀动物标本进行分类。[1]

是年，曾纪泽服完丁忧、进京觐见及候差期间，他常访见西人，并常写英华合璧诗赠西人。该年八月到十一月，他与梅辉立、必利南、赫德、丁韪良、德贞等结交，尤其与丁韪良、德贞等常来常往。曾纪泽向丁韪良学习英语。[2]曾纪泽也阅读过丁韪良翻译的班婕妤《怨歌行》的英文版。[3]《曾纪泽日记》中常记录他学习英文，写中英双璧诗赠予外国友人德贞、丁韪良等。如光绪三年十一月初九："为丁冠西（丁韪良）做中西合璧诗，没完成。丁冠西来久谈。"[4]

1879 年　52 岁

是年，《英文举隅》在同文馆出版发行。《英文举隅》由同文馆副教习汪凤藻翻译，总教习丁韪良鉴定。[5]该书系根据美国《喀而氏文法》（*A Common School Grammar of the English Language by Simon Kerl*）第 21 次刊本编译而成。

是年，《各国史略》（*Outlines of the World's History*）由同文馆学生杨枢、长秀翻译。[6]原书为英国历史学家泰特勒（Alexander E. Tytler，1747—1813）所著的 *Universal History*。译稿经丁韪良润色后出版。[7]

1880 年　53 岁

是年，丁韪良向总理衙门请假回国探亲，得到允准，"并札嘱乘顺历各国之便博采周咨，遇学业新法有补馆课者留心采择，或归述其事，或登诸载籍，则此行尤为有益馆课云云"。[8]

5 月 12 日，丁韪良自沪登舟，初六日行抵长崎。

五月二十九日（农历），丁韪良抵美国考察。丁韪良访美期间，拜访发明家

〔1〕上海图书馆编：《皇家亚洲文会北华支会会刊（1858—1948）：导论·索引·附录》，上海：上海科学技术文献出版社，2013 年，第 250 页。
〔2〕丁韪良：《花甲忆记》，沈弘等译，桂林：广西师范大学出版社，2004 年，第 246 页。
〔3〕李恩涵：《外交家曾纪泽（1839—1890）》，北京：东方出版社，2014 年，第 32 页。
〔4〕曾纪泽：《曾纪泽日记》（中），长沙：岳麓书社，1998 年，第 707 页。
〔5〕《同文馆题名录》光绪二十四年（1898）刊，转引自朱有瓛主编：《中国近代学制史料》第一辑上册，上海：华东师范大学出版社，1983 年，第 153 页。
〔6〕同上，第 153 页。
〔7〕王文兵：《丁韪良与中国》，北京：外语教学与研究出版社，2008 年，第 144 页。
〔8〕丁韪良：《西学考略：附二种》，长沙：岳麓书社，2016 年，第 15 页。

爱迪生（哀狄孙），并观看爱迪生试验电灯。[1]

10 月 28 日，丁韪良和卫三畏出席美国东方学会纽约会议，丁韪良宣读《论中国的祖先崇拜》（"On the Worship of Ancestors in China"）一文。[2] 据丁韪良陈述："美国东土文会（即美国东方学会）集于纽约之哥伦书院，是会之设，每遇春、秋则于三大城（即纽约、钮哈芬、亳斯敦）中轮流聚集，凡国内博士好东学者皆入会中讲求雅洲（亚洲）各国古今事迹，故谓之东土文会，其习犹太、亚剌伯（阿拉伯）、印度等文者居多，至探讨华文则属无几，此次搠管为文论中华典坟者仅有卫公廉士（卫三畏）及余二人而已。"从这段可知，当时美国的汉学还不是很兴盛。"其习犹太、亚剌伯、印度等文者居多，至探讨华文则属无几"，参会讨论汉学的只有卫三畏和丁韪良二人。[3]

十月初二日（农历），丁韪良由纽约登轮舟东行，旬日抵法国海口，复由铁路抵达巴黎考察。

是年，在丁韪良督率下，同文馆副教习汪凤藻将《富国策》翻译出版。总理衙门大臣崇礼为《富国策》作序。《富国策》较为系统地介绍了当时资本主义古典经济学理论。在公法与格致之外，丁韪良是第一个将近代西方经济学引入中国的人。[4]

是年，丁韪良出版《中国人：他们的教育、哲学、书信》。

是年，丁韪良出版 *Hanlin Papers or Essays on the Intellectual Life of the Chinese*（《翰林集》）。在该书"附录"中，丁韪良以《两首中国诗歌》（"Two Chinese Poems"）为题，将《秋扇歌》（"Lines inscribed on a Fan"）和《木兰词》（"Mulan, the Maiden Chief"）翻译成英文韵诗，由此揭开了美国早期汉学译介中国诗歌之帷幕。[5]

是年（光绪六年三月二十三日），丁韪良携眷起程，至 1882 年（光绪八年三月十八日）销假回京，历时近两年，"其程自沪取道东洋，自日本而东至美

[1] 丁韪良：《西学考略：附二种》，长沙：岳麓书社，2016 年，第 24-25 页。
[2] W. A. P. Martin. "On the Worship of Ancestors in China"，*JAOS*, Vol. 11, 1885, p. xxxvi. 参见丁韪良：《西学考略：附二种》，赖某深点校，长沙：岳麓书社，2016 年，第 28-29 页。
[3] 丁韪良：《西学考略：附二种》，赖某深点校，长沙：岳麓书社，2016 年，第 28-29 页。
[4] 王文兵：《丁韪良与中国》，北京：外语教学与研究出版社，2008 年，第 141-142 页。
[5] W. A. P. Martin. *Hanlin Papers or Essays on the Intellectual Life of the Chinese*（《翰林集》），Shanghai: Kelly and Walsh, 1880, pp. 388-392.

国，自美而东至欧洲诸国，复自欧洲东旋，即周行地球一匝不回而归（谓不改向而归）"。[1]

● 1881年　54岁

五月初七日（农历），丁韪良由铁路起程继续前往欧洲多国考察。丁韪良借赴欧美考察教育之难得时机，与各国学者频频交流汉学研究。丁韪良兴趣广泛，他对中国古代水利、地理等问题亦有所涉猎。此时他曾交流"论黄河之水易道北流"，并依据清康熙年间浙江大儒、地理学家胡渭（1633—1714）所撰《禹贡锥指》一书，将黄河"历代迁移约略言之"，该文"已译法文刊行"。1896年丁韪良出版《花甲忆记》一书，即有"黄河的新河道及其周期性变迁"之内容。[2]丁韪良在欧美考察结束后，回国撰写并向总理衙门呈递了《西学考略》。这是一份详尽的考察报告。其内容，除了报告考察经过和感想之外，还就教育改革等问题提出建议。

五月十五日（农历），丁韪良出席了在德国柏林举行的世界东方学大会（International Congress of Orientalists），他在会议上宣读《中国古世公法论略》一文。丁韪良记述：1881年"余诣布京赴东文大会，各国向有此等文会，迩来复设总会，例定每三载广延谙悉东土语言文字者互相砥砺。至文会事务则集于太学，列为三班，每班另室。其东雅细亚一班，以汉文、日文为重……余于斯时所建议者，乃本东周列国往来之例以示中国早有公法之意（旋以法文刊刻行世）"。[3]该文于1883年1月刊于 *The International Review* 中。[4]1883年9月，该文又以《古代中国国际法追溯》（"Traces of International Law in Ancient China"）为题，刊于《教务杂志》第14卷。[5]1884年，丁韪良的学生汪凤藻将此文翻译为中文，以《中国古世公法论略》为名，由同文馆刊印。1894年，丁韪良将这篇文章收入《翰林集》第二编。1901年，该文收录在《汉学菁华》中。[6]

〔1〕丁韪良：《西学考略：附二种》，长沙：岳麓书社，2016年，第15页。
〔2〕丁韪良：《花甲忆记》，沈弘等译，桂林：广西师范大学出版社，2004年，第190页。
〔3〕丁韪良：《西学考略：附二种》，长沙：岳麓书社，2016年，第40-41页。
〔4〕傅德元：《丁韪良与近代中西文化交流》，台北：台大出版中心，2013年，第133页。
〔5〕W. A. P. Martin. "Traces of International Law in Ancient China", *The Chinese Recorder*, Vol. 14, September 1883, pp. 380-393.
〔6〕傅德元：《丁韪良与近代中西文化交流》，台北：台大出版中心，2013年，第133-134页。

是年，丁韪良赴欧洲考察教育，时任牛津大学汉文教习的理雅各陪同丁韪良参观了该校。[1]

是年，丁韪良在美国出版《中国人：他们的教育、哲学与信件》(*The Chinese: Their Education, Philosophy and Letters*)一书。该书系1880年《翰林集》的修订版。[2]

1883 年　56 岁

四月初（农历），丁韪良著《陆地战例新选》出版，总理衙门大臣陈兰彬作序。

9 月，丁韪良在《教务杂志》第五期发表《古代中国国际法追溯》。

是年，丁韪良撰《西学考略》。

1885 年　58 岁

是年，北京东方学会（Peking Oriental Society）成立，同文馆总教习丁韪良任首届会长。丁韪良提出了汉学研究四个方面的目标：东方领域的这四大分区是如此丰富和广阔，"我应当郑重地提议，将我们自己的研究划分为四个部分：第一部分是语文学，第二部分是哲学，第三部分是历史，第四部分是诗歌"。[3]

是年，丁韪良《古代中国的北方蛮族》("The Northern Barbarians in Ancient China")一文发表于《美国东方学会杂志》第 1 卷。

1886 年　59 岁

5 月，丁韪良辞去北京东方学会首届会长职务，继续担任北京东方学会理事会成员。

是年，为便于学生实习，丁韪良在同文馆建立了一座星台（天文台），"上设仪器，顶盖四面旋转，高约五丈。凡有关天象者，教习即率馆生登之，以器窥测"。[4]

---

〔1〕丁韪良：《西学考略：附二种》，长沙：岳麓书社，2016 年，第 42 页。

〔2〕W. A. P. Martin. *The Chinese: Their Education, Philosophy and Letters*, New York: Harper and Brothers, 1881, pp. 313–319.

〔3〕W. A. P. Martin. "The Past and Future of The Peking Oriental Society"(《北京东方学会的过去与未来》), *Journal of The Peking Oriental Society*, Vol. I, No. 4, Peking: Pei-Tang Press, 1886, p. 193.

〔4〕《同文馆题名录》光绪二十二年刊，第 79 页。转引自朱有瓛主编：《中国近代学制史料》第一辑上册，上海：华东师范大学出版社，1983 年，第 158 页。

是年，丁韪良向总理衙门条陈改革意见，包括：添造馆舍、补算学教习缺、另建外科医院、派遣学生游学各国、咨调广东上海学生、扩充学生当差程途、奖励洋教习、建立天文台及购备仪器等等。[1]

是年，丁韪良又编纂《格物测算》八卷。

是年，丁韪良将演讲稿以《论中国的历史研究》为题，发表于《北京东方学会杂志》第一卷第三期。[2]

是年，丁韪良将同年 5 月会长离任讲演稿以《北京东方学会的过去与未来》为题，发表于《北京东方学会杂志》第一卷第四期。

是年，皇家亚洲文会北华支会进行了一项"用汉语传播西方知识的正反效果"调查。该项调查是由翟理斯提议、夏德发起，参加者有丁韪良、狄考文（C. W. Mateer）、慕维廉、傅兰雅、玛高温等人，除了丁韪良早已脱离教会组织之外，其他人几乎都是在华著名传教士。

是年，丁韪良编译《格物测算》（*Mathematical Physics*），原因主要有二：一是丁韪良编译《格物入门》受到清政府高官的高度评价并产生社会效果，从中受到激励，"辱承士大夫谬奖，内地既为广传，东洋亦屡行翻刻，旋于光绪丙戌（光绪十二年，即 1886 年）又纂《格物测算》八卷，冀学者借以深造，适校勘间敬闻拟将《入门》一书恭呈。"[3] 一是丁韪良考量格物与测算二者关系，格物与测算互为表里，"二者相辅而行，方能钩深致远"。[4] 可见，《格物入门》与《格物测算》二者关系密切，可视为姊妹篇。

● 1887 年　60 岁

10 月 20 日，丁韪良在北京东方学会宣读《笛卡尔之前的笛卡尔哲学》（"The Cartesian Philosophy before Descartes"）。该文主要探讨宋代理学与西方近代科学的一些观念之间的关系，强调在笛卡尔之前中国即有近代科学的观念。该文最

〔1〕《总理衙门拟复丁总教习条陈》，载席裕福等：《皇朝政典类纂》卷二百三十，学校十八，学堂。转引自沈云龙主编：《近代中国史料丛刊续篇》第 90 辑，台北：文海出版社，第 4442-4444 页。

〔2〕W. A. P. Martin. "Discourse on the Study of Chinese History"（《论中国的历史研究》），*Journal of The Peking Oriental Society*, Vol. 1, No. 3, Peking: Pei-tang Press, 1886, pp. 121-138.

〔3〕丁韪良：《增订格物入门》，光绪己丑（1889）同文馆集珍版，"自序"第 2 页。

〔4〕丁韪良等编译：《格物测算》，光绪九年（1883）同文馆排印本，丁韪良自序。转引自王扬宗编校：《近代科学在中国的传播——文献与史料选编》上册，济南：山东教育出版社，2009 年，第 205 页。

早在 1887 年 10 月 29 日《中国泰晤士报》上发表，后收入《北京东方学会杂志》
1888 年第 2 卷第 2 期。[1]

1888 年　61 岁

4 月 30 日，丁韪良在北京东方学会宣读《苏武留别妻诗译本》。[2]丁韪良
于 1894 年《中国传说与诗歌》前言中写道：这首诗影响了李白的诗句，也影响
了林则徐在流放时写给妻子的诗句。后者可以在《中国丛报》中找到。[3]丁韪
良在《汉学菁华》中说道：苏武是一位外交特使。在大单于的宫廷里，由于试
图以非外交手段来消灭一个敌人，苏武被投入了大牢，并因此被当作奴隶拘禁了
十九年。在现存一首感情细腻的诗歌中，苏武在踏上这次危险使命的旅途时向妻
子告别。[4]丁韪良还论道：这首诗很好地抒发了中国人对于家室妻妾的情感，其
格调对中国文学影响深远，以至于后世多有仿作，时至今日也不鲜见。[5]

10 月 25 日，丁韪良在北京东方学会宣读《古代中国的外交》（"Diplomacy
in Ancient China"），其内容首先摘要发表于 1888 年 11 月 17 日《中国泰晤士
报》。[6]后收入《北京东方学会杂志》1889 年第 2 卷第 4 期。[7]再重刊于 1894
年出版的《翰林集》第二编，以及 1901 年出版的《翰林集》。[8]

10 月 31 日—11 月 1 日，丁韪良向美国东方学会费城会议提交《柏拉图和孔
子对孝道的看法——一个奇怪的巧合》（"Plato and Confucius on Filial Duty—A
Curious Coincidence"）。

1889 年　62 岁

是年，丁韪良首次修订《格物入门》，称作《增订格物入门》。李鸿章以

〔1〕 *Journal of The Peking Oriental Society*, Vol. II, No. 2, 1888, pp. 121-141.

〔2〕 "The Peking Oriental Society", *The Chinese Times*, May 5, 1888, p. 291. 后收入 "Su Wu to his Wife on setting out on his Embassy to the Court of the Grand Khan or Fartary, 100 B. C.", *Chinese Legends and Lyrics*, Shanghai: Kelly & Walsh Limited, 1912, pp. 52-53.

〔3〕 W. A. P. Martin. *Chinese Legends and Other Poems*, Shanghai: Kelly & Walsh, 1894, p. 20.

〔4〕 丁韪良：《汉学菁华》，沈弘等译，北京：世界图书出版公司，2010 年，第 282 页。

〔5〕 同上，第 47 页。

〔6〕 *The Chinese Times*, May 5, 1888, p. 291.

〔7〕 *Journal of The Peking Oriental Society*, Vol. II, No. 4, 1889, pp. 241-262.

〔8〕 *Hanlin Papers*, Second Series（《翰林集》第二编）, Shanghai: Kelly and Walsh, 1894, pp. 142-172; 又见 *The Lore of Cathay or The Intellect of China*, New York: Fleming H. Revell, 1901, pp. 450-472.

"钦差大臣太子太傅文华殿大学士直隶总督"头衔为该书作序。[1]

● 1890 年　63 岁

三月（农历），户部右侍郎兼管钱法堂事务署刑部右侍郎管理同文馆事务徐用仪为丁韪良《增订格物入门》作"叙"。

5 月，第二届基督教在华传教士大会在上海召开。丁韪良撰《祖先崇拜——呼吁宽容》一文，托李佳白（Uilbert Reid）代为宣读。该文继续对当时"所有的传教士团体"排斥中国祭祖文化提出异议。[2]但丁韪良的主张遭到在华传教士团体强烈反对，大会结束前，当戴德生吁请所有反对丁韪良意见者起立，以表明立场时，差不多全体会众均站立表态。[3]大会通过决议："这次会议记录这个具有异见的结论，并确认偶像崇拜是祖先崇拜的重要组成部分。"[4]大会决议不仅谴责祭祖偶像崇拜行为，并把丁韪良的文章从大会印刷的报告中剔除。[5]

10 月 22 日，丁韪良在美国东方学会普林斯顿会议上宣读《中国对灵感的看法》（"On Chinese Ideas of Inspiration"）。[6]

12 月，丁韪良创作《路济塔尼亚人之歌，或东方的开放》（"The Lusiad，or The Opening of the East"）。该文发表于同年 12 月《耶鲁评论》（*Yale Review*），后收入《翰林集》第二编。《路济塔尼亚人之歌》（*Os Lusíadas*）是葡萄牙诗人贾梅士（Luís Vaz de Camões，约 1524—1580）历时三十年所作的史诗，1572 年出版，是葡萄牙文学史上最优秀的作品。丁韪良此文系对葡萄牙诗人贾梅士名作

---

〔1〕丁韪良：《增订格物入门》，光绪己丑（1889）同文馆集珍版，"李鸿章序"第 5 页。

〔2〕W. A. P. Martin. "The Worship of Ancestors: A Plea for Toleration", *Records of the General Conference of the Protestant Missionary of China*, Shanghai: American Presbyterian Mission Press, 1890, pp. 619–631. 后收入 *Hanlin Papers*, Second Series, Shanghai: Kelly & Walsh, 1894, pp. 327–355.

〔3〕H. Blodget. "The Attitude of Christianity towards Ancestral Worship", *Records of the General Conference of the Protestant Missionary of China*, Shanghai: American Presbyterian Mission Press, 1890, p. 659.

〔4〕"Resolutions adopted by the Conference", *Records of the General Conference of the Protestant Missionary of China*, Shanghai: American Presbyterian Mission Press, 1890, pp. lxiii–lxiv.

〔5〕*Records of the General Conference of the Protestant Missionary of China*, Shanghai: American Presbyterian Mission Press, 1890, pp. 619–631, 690–702. 参见王立新：《美国传教士对中国文化态度的演变（1830—1932）》，《历史研究》2012 年第 2 期，第 72 页。

〔6〕"On Chinese Ideas of Inspiration", *JAOS*, Vol. XV, 1893, pp. lxxvi‑lxxviii. 转引自王文兵：《丁韪良与中国》，北京：外语教学与研究出版社，2008 年，第 365 页。

"*Os Lusíadas*" 的评论。[1]

1892 年　65 岁

是年，丁韪良从美国返回后，再次担任北京东方学会会长，主持学会的日常工作，发展新会员。

10 月，丁韪良在北京东方学会宣读《孔子伪经考》一文，即从历史原因、行文文体风格等方面对儒家著作《礼记》《孝经》《孔子家语》中关于孔子记述的真伪进行了甄别、分析，他认为"总体上看，这些孔子伪书的成分远远超过真实记录的成分"。[2]

是年至 1893 年间，丁韪良在北京东方学会宣读《从日本获得的两块碑铭译注》（"On Two Inscriptions Obtained in Japan"）。这两块碑铭一为《孔子家语》中关于鲁庙之欹器铭文的英译，一为日本诗人小野湖山的诗歌《华严瀑布歌》的碑铭文。该文后发表在《北京东方学会杂志》第 3 卷第 5 期。[3]后作为附录收入《翰林集》第二编。[4]

1893 年　66 岁

1 月 29 日，佛尔克（Alfread Forke）所撰《北京东方学会》一文报道说："星期四晚上在美国公使馆，'北京东方学会'开了一次会，这次我们进行的是一般的讨论而不是作报告，讨论的主题是：佛教的影响对中国是有利还是不利。"该论题"讨论得很热烈，批评佛教的德贞医生很激动。"会议由丁韪良做总结。[5]

9 月，世界宗教会议在美国芝加哥举行，丁韪良向会议提交了论文。关于佛教，他说："佛教相对比较好。"[6]

---

〔1〕参见 *Yale Review*（《耶鲁评论》），Vol. XVII, No. 6, December 1890, pp. 542–560; *Hanlin Papers*, second Series, Shanghai: Kelly & Walsh, 1894, pp. 379–412.

〔2〕W. A. P. Martin. *Hanlin Papers*, Second Series, Shanghai: Kelly and Walsh, 1894, pp. 323–324. 转引自王文兵：《丁韪良与中国》，北京：外语教学与研究出版社，2008 年，第 393 页。

〔3〕*Journal of the Peking Oriental Society*, Vol. III, No. 3, 1893, pp. 259–264.

〔4〕W. A. P. Martin. *Hanlin Papers*, Second Series（《翰林集》第二编），Shanghai: Kelly and Walsh, 1894, pp. 413–419.

〔5〕Alfred Forke. *Briefe aus China*, 1890—1894, Hamburg: C. Bell Verlag, 1985, p. 23.（转引自王文兵译，未刊稿）

〔6〕孙江：《翻译宗教——1893 年芝加哥万国宗教大会》，载孙江、刘建辉主编：《亚洲概念史研究》第 1 辑，北京：生活·读书·新知三联书店，2013 年，第 98 页。

1894 年　67 岁

是年，丁韪良出版《中国传说与诗歌》(*Chinese Legends and Other Poems*) 一书。该书包括了四方面内容，即：对中国诗歌的译介、对中国传说的译介、对外国诗歌的介绍以及丁韪良自己的其他诗作。[1]

2 月，美国来华的富善 (Ghauncey Goodrich, 1836—1925) 牧师在《教务杂志》书评专栏中，评论丁韪良 1894 年出版的《中国传说与诗歌》(*Chinese Legends and Other Poems*)："我们早就知道丁韪良博士对中国古典文学有着非凡的造诣，更不用说其他六种语言了。凭着他惊人的记忆力，他对任何一种语言都能自如地引用。他的阅读量之大，造诣之广，我们总是感到惊奇。除了作为传教士、教师、作家、顾问的繁重工作外，他还取得了许多成就。这一切我们似乎一直都知道，但我们从不知道我们的丁韪良博士是个诗人。"[2]

5 月，丁韪良因健康原因，辞去同文馆总教习职务，回美国治病。北京东方学会的学术活动因而陷入停顿。[3]

1895 年　68 岁

4 月 19 日，丁韪良在美国东方学会耶鲁大学会议上以《中国对一些近代科学的预见》("On Chinese Anticipations of Certain Ideas of Modern Science") 为题重新宣读。[4] 该文后收入《翰林集》第二编[5]；又重刊于 1901 年出版的《汉学菁华》，改名为《中国的哲学与科学思辨》("Chinese Speculation in Philosophy and Sciences")[6]。

1896 年　69 岁

是年，丁韪良出版 *A Cycle of Cathy or China South and North with Personal Reminiscences*

---

[1] W. A. P. Martin. *Chinese Legends and Other Poems*, Shanghai: Kelly & Walsh, 1894. 该书有关对外国诗歌的介绍以及丁韪良自己的其他诗作，详见笔者前述本书第六章第一节内容。

[2] *The Chinese Recorder and Missionary Journal*, Vol. XXVI, Shanghai: American Presbyterian Mission Press, Feb. 1895, pp. 91-92.

[3] 王文兵：《丁韪良与中国》，北京：外语教学与研究出版社，2008 年，第 368 页。

[4] "Proceedings at New Haven, Conn., Apr. 18 and 19, 1895", *JAOS*, Vol. XVI, 1896, pp. ccx-ccxiii.

[5] "The Cartesian Philosophy before Descartes", *Hanlin Papers*, Second Series (《翰林集》第二编), Shanghai: Kelly and Walsh, 1894, pp. 207-234.

[6] W. A. P. Martin. *The Lore of Cathay or The Intellect of China*, New York: Fleming H. Revell, 1901, pp. 33-43.

（《花甲忆记》）。

1897 年　70 岁

1 月，70 岁高龄的丁韪良回到北京。当时正值维新运动如火如荼全面展开。

3 月，丁韪良于《教务杂志》第三期发表《帮助福音传播的西方科学》一文，反映了他长期坚持的观点，即传播西方科学有助于传教。

5 月，原北京东方学会理事会余下成员德贞医生和施德明（C. C. Stuhlmann）博士[1]，邀请丁韪良重返理事会，并在施德明的家中举行了一次非正式会议。在这次会议上，何德兰（Isaac D. Headland）以及纳色恩（A. von Rosthorn）被选为学会以及理事会的成员。新的理事会考虑逐步使学会恢复以前的活动。[2]理事会赞同丁韪良的观点，并通过了如下决议：丁韪良被选为副会长，窦纳乐同意保留会长之职。同时理事会还决定补充理事会的两名空缺，并增加一名理事会成员，从而使包括主持会议的会长、副会长在内的成员总数达到 7 名。新入选的理事会成员为：柏百福（P. S. Popoff）先生、甘伯乐（C. W. Campbell）先生、威达雷（G. Vitale Di Pontagio）伯爵。[3]

5 月，在北京东方学会全体大会上，丁韪良宣读论文《论中国诗歌》。这篇文章引得一致的赞扬。[4]丁韪良《论中国诗歌》一文后在《北美评论》上发表。[5]

6 月，丁韪良另在"京都宣武门内绒线胡同后小六部口西"的尚贤堂，正式创立《尚贤堂月报》。[6]他在《尚贤堂月报告白》中申明："本报此次即系创刊。"[7]尽管《尚贤堂月报》创办地点是"尚贤堂"，但并不是"尚贤堂"的机关刊物。[8]

---

〔1〕施德明，德国人，1893 年到同文馆，在化学馆及医学馆工作。（参见熊月之：《西学东渐与晚清社会》，北京：中国人民大学出版社，2011 年，第 312 页。）

〔2〕"Proceedings of The Peking Oriental Society for the Year 1897/1898", *Journal of The Peking Oriental Society*, Vol. IV, 1898, p. 143.

〔3〕"Proceedings of The Peking Oriental Society for the Year 1897/1898"（《北京东方学会 1897—1898 年度会议纪要》），*Journal of The Peking Oriental Society*, Vol. IV, 1898, pp. 144-145.

〔4〕"Proceedings of The Peking Oriental Society for the Year 1897/1898"（《北京东方学会 1897—1898 年度会议纪要》），*Journal of the Peking Oriental Society*, Vol. IV, 1898, pp. 143-149.

〔5〕"The Poetry of Chinese", *The North American Review*, Vol. CLXXII, No. 6, Jun 1901.

〔6〕"The Poetry of Chinese", *The North American Review*, Vol. CLXXII, No. 6, Jun 1901, p. 1.

〔7〕丁韪良：《尚贤堂月报告白》，《尚贤堂月报》丁酉（1897 年）五月第一本。

〔8〕张婷：《试论〈尚贤堂（新学）月报〉的创办原因》，《图书馆理论与实践》2010 年第 8 期，第 90 页。

8月，《尚贤堂月报》从第3期起改名《新学月报》。这是丁韪良又一重要举措，具有二重含义：其一，刊物名称与维新运动最亮眼的"新学"二字直接挂钩，表明了丁韪良对这场社会改革的鲜明态度与立场。其二，"尚贤堂"为李佳白所创，而由《尚贤堂月报》改名《新学月报》，即表明丁韪良自立门户之愿望，并为自己进一步投身晚清社会改革创造条件。《新学月报》只出版发行12期就停刊。《新学月报》创办于丁酉年（光绪二十三年，1897年）五月，停刊于戊戌年（光绪二十四年，1898年）夏季。这期间，正值戊戌维新运动进入高潮阶段。《新学月报》对维新运动产生一定积极影响。

是年，《新学月报》第7期刊登丁韪良《拟设西学会议》一文。

是年，丁韪良利用《新学月报》中文期刊平台，连续发表了他的心理学研究成果。1897年第7期有《性学发轫》，第8期有《性学发轫卷上论灵才》，1898年第9期有《性学发轫卷上论灵才》，第10期有《性学发轫卷上论灵才》，第11期有《性学发轫卷上论灵才》，第12期有《性学发轫卷上论灵才》。后来汇集成书，1898年正式出版时名为《性学举隅》。[1]

是年，丁韪良《万国公法》被收入梁启超主编的《西政丛书》。[2]

是年，《美国历史评论》刊文言道："近三十年，所有到访过北京的外国人都知道丁韪良，他对中国知识的广博深入是众所公认的。"[3]

1898年　71岁

3月8日，下午6点在英国公使馆举行北京东方学会全体会议。副会长丁韪良主持会议。[4]

4月6日，丁韪良在北京东方学会会议上宣读《中国在艺术及科学上的发现》。[5]《新学月报》以《论泰西新学新术多原于中华》（署名东学会）为题，

〔1〕阎书昌：《中国近代心理学史上的丁韪良及其〈性学举隅〉》，《心理学报》2011年第43卷第1期，第108页。
〔2〕王文兵：《丁韪良与中国》，北京：外语教学与研究出版社，2008年，第120页。
〔3〕"A Cycle of Cathay"（《〈花甲忆记〉书评》），*The American Historical Review*（《美国历史评论》），Vol. 2, No. 3, April 1897, p. 521.
〔4〕"Proceedings of The Peking Oriental Society for the Year 1897/1898"（《北京东方学会1897—1898年度会议纪要》），*Journal of The Peking Oriental Society*, Vol. IV, 1898, p. 146.
〔5〕W. A. P. Martin. "Chinese Discoveries in the Arts and Sciences"（《中国在艺术及科学上的发现》），*Journal of The Peking Oriental Society*, Vol. IV, 1898, pp. 19-28.

394

做了报道。[1]

　　8月9日，清政府管学大臣孙家鼐奏称：正是由于"丁韪良自以在中国日久，亟望中国振兴"，因而建议聘任为京师大学堂西学总教习。[2]

　　8月9日（光绪二十四年六月二十二日），光绪帝谕令"派充西学总教习丁韪良，据孙家鼐面奏请加鼓励，着赏给二品顶戴，以示殊荣"。[3]8月9日是清政府正式批准聘任丁韪良为京师大学堂总教习的时间。

　　是年，《新学月报》第11期刊登丁韪良《论泰西新学新术多原于中华》一文（署名东学会）。丁韪良在该文列举史实，证明中国古代在发明使用丝绸、瓷器、火药、印刷、化学与格物等等方面，都早于西方。

　　是年，丁韪良出版《性学举隅》。

　　是年，《同文馆题名录》记载，《同文津梁》（Chinese Students Manual）一书为"总教习丁韪良鉴定"。[4]

● 1899 年　72 岁

　　年底，丁韪良对《格物入门》做了第二次修订，改名为《重增格物入门》，保留了李鸿章序、徐用仪序，新增加许景澄序和自序。《重增格物入门》由京师大学堂印行，于1900年春由美华书馆出版。[5]

● 1900 年　73 岁

　　是年，丁韪良出版 The Siege in Peking China Against the World（《北京被围记》）。[6]

---

[1] 详见本书第二章第二节。

[2] 孙家鼐奏复筹办大学堂情形折（光绪二十四年六月二十二日），载《谕折汇存》卷十七（光绪二十四年），《光绪朝东华录》（四）。转引自北京大学校史研究室编：《北京大学史料》第一卷（1898—1911），北京：北京大学出版社，1993年，第48页。

[3] 光绪二十四年六月二十二日为孙家鼐奏大学堂大概情形谕，载《德宗实录》卷四二二，《谕折汇存》卷十七。转引自北京大学校史研究室编：《北京大学史料》第一卷（1898—1911），北京：北京大学出版社，1993年，第48页。

[4]《同文馆题名录》光绪二十四年（1898）刊，转引自朱有瓛主编：《中国近代学制史料》第一辑上册，上海：华东师范大学出版社，1983年，第154页。

[5] 王文兵：《丁韪良与中国》，北京：外语教学与研究出版社，2008年，第130页。

[6] W. A. P. Martin. The Siege in Peking China Against the World, New York: Fleming H. Revell Company, 1900, p. 171.

1901 年　74 岁

是年，丁韪良出版 *The Lore of Cathy or The Intellect of China*（《汉学菁华》）。

是年，美国的《文学摘要》（*The Literary Digest*）杂志以《诗人之国》（"A Nation of Poets"）为标题，介绍丁韪良的英译中国诗歌，该文引用丁韪良的话说："中国是一个诗人的国家，尤其是抒情诗人。受过教育的中国人不仅用诗歌来庆祝他一生中的重要事件，而且即使是最平常的事情也能唤起抒情的诗句。"该文称赞说："丁韪良博士主要研究中国抒情诗和翻译一些迷人的作品。"

1902 年　75 岁

1 月，丁韪良在《教务杂志》第一期发表《对地方方言进行罗马拼音化的请求》。

3 月，丁韪良在《教务杂志》第三期发表《我们怎样对待祖先祭拜》。

是年，清廷颁令恢复京师大学堂，丁韪良被重新任命为总教习。但随后新任管学大臣张百熙以经费紧张为由，集体辞退了丁韪良等西学教习。[1]

1903 年　76 岁

是年，丁韪良在武昌任湖广仕学院总教习时出版《公法新编》。该书译自霍尔（William Edward Hall）所著《国际法总论》（*A Treatise on International Law*, 1880）。丁韪良编译，綦策鳌笔述，光绪二十九年（1903）上海广学会铅印本。[2] 早在 1901 年（光绪二十七年九月）李鸿章已为该书作序。[3]

1905 年　78 岁

是年，湖广仕学院终未办成，丁韪良卸任。

是年，丁韪良在宝珠洞写的题为《慈悲的升华——大乘佛教中的观音传说》这首诗，可以看出他对佛教态度的转变：虽然此时丁韪良依然以基督教的思维理解佛教，但已经可以看出他对佛教态度的很大转变，即由排斥和敌视转为部分理

---

〔1〕"Correspondence", *The Chinese Recorder*, Vol. XXXIII, March 1902, p. 143.

〔2〕参见 *The Chinese Recorder*, Vol. XXXIV, Aug. 1903, p. 414. 转引自王文兵：《丁韪良与中国》，北京：外语教学与研究出版社，2008 年，第 129 页。

〔3〕李鸿章：《公法新编序》，载丁韪良：《公法新编》，上海：商务印书馆，1903 年。转引自刘禾：《帝国的话语政治》，北京：生活·读书·新知三联书店，2009 年，第 184—185 页。

解和赞美。

7月8日，武昌两湖总师范学堂监督、道台梁鼎芬代表张之洞，致函因工作合同期满即将返回美国的丁韪良，信函说："美国驱逐华工，它严重影响了我们的商人和劳工。我们请求您记住您在中国五十年的旅居生活，希望您为我们在美国总统面前说话，以切实保障商人和劳工这两阶层的利益。"（根据英译文转译）[1]丁韪良"答应愿尽全力为他们说话"。

11月6日，罗斯福总统接见丁韪良。对于丁韪良交到罗斯福手上的文件，罗斯福很快地浏览了一遍，对每一点都表达了意见。罗斯福"承认由排斥华工法确实造成了一些冤情。他答应对行政法规做些改进，缓和或去掉一些条款，但他表示要废除这个法律是不可能的"。[2]

11月8日，丁韪良应邀在纽约出版社联盟会议上作题为《美国在远东地区的影响力》的致辞，他评论道：张之洞总督及其幕僚们"所要求的是废除（美国）那些不光彩的禁令，要求中国人有跟来自欧洲的移民平等竞争的权利"。[3]

1906 年　79 岁

是年，丁韪良发表《开封府的犹太教纪念碑》（"The Jewish Monument at Kaifengfu"）。[4]

1907 年　80 岁

9月，丁韪良在《教务杂志》第九期上发表《关于罗马拼音的呼吁》。其目的在于继 19 世纪 50 年代初他发明宁波话拼音之后，持续致力于推广拉丁拼音体系。

是年，丁韪良出版 The Awakening of China（《中国觉醒》）。

是年，在新教百年大会（China Centenary Conference）召开前，基督教文学会（Christian Literature Society）进行了一次民意调查，《天道溯原》被评选为

---

[1] 丁韪良：《中国觉醒》，沈弘译，北京：世界图书出版公司，2010 年，第 191 页。

[2] 同上，第 190 页。

[3] 同上，第 190 页。

[4] W. A. P. Martin. "The Jewish Monument at Kaifengfu"（《开封府的犹太教纪念碑》）, *Journal of the North-China Branch of the Royal Asiatic Society*, Vol. XXXVII, 1906, p. 191.

"最佳中文单本"。[1] 窦乐安（John Darroch）称杨格非、丁韪良的书出版已经有三十多年，但至今却无作品能与之匹敌。[2] 明恩溥称"能写出有这样历史的一部著作，任何传教士花上一辈子也值"。[3]

是年，美国英文杂志 *The Outlook*（《展望》）在"有创造力的美国人"栏目中，刊登了波特（Albert Porter）专访丁韪良的文章，文中称丁韪良是与赫德（Robert Hart，1835—1911）齐名的在中国最著名的外国人。[4]

1908 年　81 岁

是年，英国人卜禄士（C. D. Bruce）在评论丁韪良《中国觉醒》一书时说道："在与各级中国人的人际交往中，欧洲人中或许无人能比丁韪良有更多的经历。从上到总督张之洞下到身份低微的基督教信仰的皈依者，丁韪良有机会探测到中国人精神中的所有不同阶段与深度，欧洲人中没有人能比他更好地告诉我们中国人精神的运转是如何的莫名其妙。"[5]

1912 年　85 岁

是年，丁韪良出版《中国传说与抒情诗》（*Chinese Legends and Lyrics*）。[6] 该书是在 1894 年版《中国传说与诗歌》基础上增补而成，共收作品 53 篇。

是年，中华民国成立，丁韪良已是 85 岁高龄。1912 年丁韪良撰写了英文著作《辛亥革命史》（*A History of the Revolution*）。该书稿旨在让美国读者了解中国政治革命的最新情况。美国长老会传教士约翰逊（E. L. Johnson）从 1909 年起就和丁韪良住在一起，这部书稿由丁韪良口述，约翰逊打印。当《辛亥革命史》完成后，丁韪良寄给他的儿子纽厄尔·马丁（Newell Martin），由马丁安排在纽

---

〔1〕Ralph Covell. *W. A. P. Martin: Pioneer of Progress in China*, Washington: Christian University Press, 1978, p. 109.

〔2〕John Darroch. "Evangelistic Tracts and Literature", *The Chinese Recorder*, Vol. XLII, June 1911, p. 338. 转引自王文兵：《丁韪良与中国》，北京：外语教学与研究出版社，2008 年，第 50 页。

〔3〕A. H. Smith. "The Life and Work of the Late Dr. W. A. P. Martin", *The Chinese Recorder*, Vol. 48, Feb. 1917, p. 118. 转引自王文兵：《丁韪良与中国》，北京：外语教学与研究出版社，2008 年，第 50 页。

〔4〕Albert Porter. "An American Mandarin", *The Outlook*, Vol. 86, Aug. 24, 1907, pp. 884-888. 转引自傅德元：《丁韪良与近代中西文化交流》，台北：台大出版中心，2013 年，第 16 页。

〔5〕C. D. Bruce. "Review of Awakening of China", *Journal of Royal Asiatic Society North China Branch*, Vol. XXXIX, 1908, p. 196.

〔6〕W. A. P. Martin. *Chinese Legends and Lyrics*, Shanghai: Kelly & Walsh Limited, 1912.

398

约出版。或许是写作极度匆忙的缘故，让丁韪良感到难过的是，该书稿被出版商
拒绝出版。其后这份未出版的手稿在退稿时遗失，此后不知下落。[1]此事说明：
中华民国成立后，丁韪良迅即撰写《辛亥革命史》，主观上显示了他试图弥补自
己对中国近现代史研究的缺憾。这部书稿究竟内容与观点如何？因未正式出版而
手稿亦下落不明，笔者无从评述。

1913 年　86 岁

3 月 8 日，丁韪良在文章中写道："3 月 6 日我应邀在北京东方学会宣读了一
篇文章，我的文章主题是钦差林则徐的生平，这个人 1839 年迫使交出 22283 箱
印度鸦片的专横的措施导致了所谓的鸦片战争。"[2]丁韪良一方面反对鸦片贸易，
一方面对林则徐禁烟缺乏公正评价。

1916 年　89 岁

12 月 17 日，丁韪良在北京去世，终年 89 岁。

是年，在丁韪良的葬礼上，民国总统黎元洪曾派秘书为代表宣读了他撰写的
挽词，称"一向为我国学者视为泰山、北斗的这样一位人物的去世，让我特别
充满悲痛，泪流双颊"。[3]

1917 年

4 月，丁韪良母校印第安纳大学校友会杂志《印第安纳大学校友会季刊》
（*Indiana University Alumni Quarterly*）刊登了美国前国务卿科士达（John Watson
Foster，1836—1917）以校友身份发表的文章，该文对丁韪良在中国的活动给予
很高评价，认为他是"印第安纳大学最伟大的男性校友"，"只有他兼备我们的
毕业生中很多人从事的政治家、牧师、律师、大学教师、作家、学者、士兵的
多种品格，而没有人能像他那样，在他所服务的人中受到如此的荣誉和称赞"；
"如果问我们的上一代或更多的人，谁是在华最杰出的最有帮助的外国人，其答

〔1〕Ralph Covell. *W. A. P. Martin: Pioneer of Progress in China*, Washington: Christian University Press, 1978, pp.
262-263.
〔2〕"The Opium War in China"，*Independent*, April 10, 1913, p. 815.
〔3〕A. H. Smith. "The Life and Work of the Late Dr. W. A. P. Martin"，*The Chinese Recorder*, Vol. 48, Feb.
1917, p. 123. 转引自王文兵：《丁韪良与中国》，北京：外语教学与研究出版社，2008 年，第 476 页。

案只能是赫德爵士（Sir Robert Hart）或丁韪良博士。但赫德爵士的服务仅局限于政府的财政和行政机关，而丁韪良博士的服务没有这些局限，他对中国人的影响将更为持久。"[1]

6月16日，在皇家亚洲文会北华支会的年度会议上，名誉秘书悼念丁韪良逝世称："他是我们的荣誉会员之一，也是学会的资深老会员。他于1864年当选并任会员52年。在过去一些年里，丁韪良博士对学会投入了积极和宝贵的兴趣，而60多年来，他在促进东西方之间的良好理解方面做了出色的工作。"[2]

12月30日，上海《民国日报》称，丁韪良"一生事迹有功于华人者甚多，兹录英国季理裴先生所述丁先生事略以致哀悼：先生……灌输西学开中国风气之先者，马礼逊而后是以先生为第一人矣！……尝自叹曰'吾奉上帝之命来华，此即吾父母之邦也，得老死于是足矣'，其爱中国有如此者……以先生一生才力皆牺牲于中国，视中国若其祖国"。[3]

---

〔1〕John W. Foster. "An Appreciation of Dr. W. A. P. Martin", *Indiana University Alumni Quarterly*, Vol. 4, No. 2, Bloomington: Indiana University, April 1917, pp. 129-135. 转引自傅德元：《丁韪良与近代中西文化交流》，台北：台大出版中心，2013年，第18页。

〔2〕"Proceedings, Annual General Meeting"（《年会会议记录》），*Journal of the North-China Branch of the Royal Asiatic Society*, Vol. 49, 1918, p. xiv.

〔3〕《美国丁韪良先生逝世》，《民国日报》（上海）1917年12月30日。转引自王文兵：《丁韪良与中国》，北京：外语教学与研究出版社，2008年，第477-478页。

参考文献

一、丁韪良中英文作品[1]

（一）丁韪良中文作品

1. 著作

［1］丁韪良：《天道溯原》，同治八年新铸铜版印本，上海：苏松上海美华书馆，1869 年。

［2］丁韪良：《天道溯原》，傅德元等编注，新北市：橄榄出版社，2013 年。

［3］丁韪良：《格物入门》，同治七年（1868）京师同文馆刊本。

［4］丁韪良：《中国古世公法论略》，汪凤藻译，载王健编：《西法东渐——外国人与中国法的近代变革》，北京：中国政法大学出版社，2001 年，第 31-39 页。

［5］丁韪良：《增订格物入门》，清光绪己丑（1889）同文馆集珍版。

［6］丁韪良：《西学考略：附二种》，长沙：岳麓书社，2016 年。

［7］丁韪良编辑：《中西闻见录》，南京：南京古旧书店，1992 年影印本。

［8］丁韪良等编译：《格物测算》，光绪九年（1883）同文馆排印本。

［9］丁韪良：《花甲忆记》，赵受恒译，宣统二年上海广学会藏版印本，上海：商

---

［1］此处仅列出笔者写作所引用的丁韪良的中英文作品。丁韪良还有大量中英文作品未列入本参考文献。如：据笔者统计，仅《中西闻见录》（共 36 期）中的丁韪良署名中文作品就有 349 件。

务印书馆，1910 年。

［10］［德］布伦：《公法会通》，丁韪良等译，清光绪庚辰（1880）同文馆聚珍版。

［11］［德］查尔斯·马顿斯：《星轺指掌》，联芳、庆常译，丁韪良鉴定校核，傅德元点校，北京：中国政法大学出版社，2006 年。

［12］［美］惠顿：《万国公法》，丁韪良译，何勤华点校，北京：中国政法大学出版社，2002 年。

［13］刘伯骥：《丁韪良遗著选粹》，台北：中华书局，1981 年。

［14］丁韪良：《中西闻见录选编》，载沈云龙主编：《近代中国史料丛刊三编》第三十二辑，台北：文海出版社，1987 年。

［15］丁韪良：《富国策凡例》，载汪凤藻等译：《富国策》，光绪六年（1880）同文馆聚珍版。

［16］吴尔玺：《公法便览》，丁韪良等译，光绪三年（1877）同文馆聚珍版。

2. 文章

［1］丁韪良：《泰西制铁之法》，《中西闻见录》1872 年 12 月第 5 号。

［2］丁韪良：《论土路火车》，《中西闻见录》1873 年 8 月第 1 号。

［3］丁韪良：《法国近事：东方文会》，《中西闻见录》1873 年 11 月第 16 号。

［4］丁韪良：《福州近事》，《中西闻见录》1874 年 3 月第 20 号。

［5］丁韪良：《上海近事：华商轮船》，《中西闻见录》1874 年 4 月第 21 号。

［6］丁韪良：《英国近事：东学文会》，《中西闻见录》1874 年 12 月第 28 号。

［7］丁韪良：《尚贤堂月报告白》，《尚贤堂月报》丁酉（1897）五月第 1 本。

［8］丁韪良：《拟设西学会议》，《新学月报》丁酉（1897）十一月第 7 本。

［9］丁韪良：《论泰西新学新术多原于中华》，《新学月报》戊戌（1898）三月第 11 本。

［10］丁韪良：《同文馆记》，傅任敢译，载朱有瓛主编：《中国近代学制史料》第一辑上册，上海：华东师范大学出版社，1983 年。

3. 编辑中文期刊

［1］《中西闻见录》（1872 年 8 月创刊）

［2］《新学月报》（前身为《尚贤堂月报》，1897 年 8 月改用此名）

（二）丁韪良英文作品（含译著）

1. 著作

［1］W. A. P. Martin. *The Analytical Reader: A Short Method for Learning to Read and Write Chinese*（《认字新法·常字双千》）, Shanghai: Presbyterian Mission Press, 1863.

［2］W. A. P. Martin. *Hanlin Papers or Essays on the Intellectual Life of the Chinese*（《翰林集》）, Shanghai: Kelly and Walsh, 1880. Also published by London: Trubner and Company, 1880.

［3］W. A. P. Martin. *The Chinese: Their Education, Philosophy and Letters*（《中国人：他们的教育、哲学和书信》）, New York: Harper and Brothers, 1881.

［4］W. A. P. Martin. *Hanlin Papers*, Second Series（《翰林集》第二编）, Shanghai: Kelly and Walsh, 1894.

［5］W. A. P. Martin. *Chinese Legends and Other Poems*（《中国传说与诗歌》）, Shanghai: Kelly & Walsh, 1894.

［6］W. A. P. Martin. *The Analytical Reader: A Short Method for Learning to Read and Write Chinese*, Shanghai: Presbyterian Mission Press, 1897.

［7］W. A. P. Martin. *A Cycle of Cathay or China, South and North with Personal Reminiscences*（《花甲忆记》）, New York: Fleming H. Revell, 1896. Also published by Oliphant, 1897; Anderson and Ferrier, 1900.

［8］W. A. P. Martin. *The Siege in Peking China Against the World*（《北京被围记》）, New York: Fleming H. Revell Company, 1900.

［9］W. A. P. Martin. *Chinese Legends and Lyrics*, Shanghai: Kelly & Walsh Limited, 1912.

［10］W. A. P. Martin. *The Lore of Cathay or The Intellect of China*, New York: Fleming H. Revell, 1901.

［11］丁韪良：《花甲忆记——一位美国传教士眼中的晚清帝国》，沈弘等译，桂林：广西师范大学出版社，2004 年。

［12］丁韪良：《汉学菁华》，沈弘等译，北京：世界图书出版公司，2010 年。

［13］丁韪良：《中国觉醒》，沈弘译，北京：世界图书出版公司，2010 年。

2．文章

［1］W. A. P. Martin. "Genuineness of the Nestorian Monument of Si-ngan Fu"（《西安府景教碑的真伪》），*Journal of the American Oriental Society*（《美国东方学会杂志》），Vol. VII, 1862.

［2］W. A. P. Martin. "A Chart of Chinese Ethics, with a Translation, and Remarks on the Ethical Philosophy of the Chinese"（《中国的道德图及其翻译——兼论中国伦理哲学》），*Journal of the American Oriental Society*（《美国东方学会杂志》），Vol. VII, 1862.

［3］W. A. P. Martin. "Downfall of Prince Kung"（《恭亲王的倒台》），*New York Times*（《纽约时报》），Apr. 18, 1865.

［4］W. A. P. Martin. "The Prince of Kung "（《恭亲王》），*Harper's New Monthly Magazine*（《哈泼新月刊杂志》），Vol. XXXII, April 1866.

［5］W. A. P. Martin. "Isis and Osiris—Continued. Dualism in The East"（《伊西斯和奥西里斯：东方的二元论》），*The Missionary Recorder*, Vol. 1, Oct. 1867.

［6］W. A. P. Martin. "The Renaissance in China"（《中国的文艺复兴》），*New Englander*（《新英格兰人》），Vol. XXVIII, New Haven: Thomas J. Stafford, January 1869.

［7］W. A. P. Martin. "The Past and Future of The Peking Oriental Society"（《北京东方学会的过去与未来》），*Journal of The Peking Oriental Society*, Vol. I, No. 4, Peking: Pei-Tang Press, 1886.

［8］W. A. P. Martin. "The Worship of Ancestors: How shall we deal with it?"，*The Chinese Recorder*, Vol. 35, 1904.

［9］W. A. P. Martin. "The Worship of Ancestors: A Plea for Toleration"，*Records of the General Conference of the Protestant Missionary of China*, Shanghai: American Presbyterian Mission Press, 1890.

［10］W. A. P. Martin. "Chinese Discoveries in the Arts and Sciences"（《中国在艺术及科学上的发现》），*Journal of the Peking Oriental Society*, Vol. IV, 1898.

［11］W. A. P. Martin. "Account of an Overland Journey from Peking to Shanghai, Made in February and March 1866"（《1866 年 2、3 月间北京至上海的陆上之旅》），*Journal of the North-China Branch of the Royal Asiatic Society*, Vol. 111, 1866.

404

[12] W. A. P. Martin. "Discourse on the Study of Chinese History"(《论中国的历史研究》), *Journal of the Peking Oriental Society*, Vol. I, No. 3, Peking: Pei-tang Press, 1886.

[13] W. A. P. Martin. "The Present and Prospective Relations of China to the Western World", *Journal of the American Oriental Society* (《美国东方学会杂志》), Vol. IX, 1871.

二、中英文其他史料

（一）中文史料

1. 文章

[1] 艾约瑟:《火轮船源流考》,《中西闻见录》1872 年 12 月第 5 号。

[2] 艾约瑟:《清文源流考》,《中西闻见录》1873 年 9 月第 14 号。

[3] 艾约瑟:《蒸汽论》,《中西闻见录》1873 年 8 月第 13 号。

[4] 艾约瑟:《中西祀典异同略论》,《中西闻见录》1873 年 11 月第 16 号。

[5] 包尔腾:《星学源流》,《中西闻见录》1872 年 9 月第 2 号。

[6] 德贞:《禁烟说略》,《中西闻见录》1875 年 1 月第 29 号。

[7] 德贞:《牛痘考》,《中西闻见录》1873 年 8 月第 13 号。

[8] 杜法孟:《同文馆壬申岁试汉文格物第一名试卷》,《中西闻见录》1873 年 2 月第 7 号。

[9] 刘业全:《聊斋志异辩解》,《中西闻见录》1873 年 1 月第 6 号。

[10] 佚名:《法国近事:名儒遗迹》,《中西闻见录》1873 年 5 月第 10 号。

[11] 映堂居士:《元代西人入中国述》,《中西闻见录》1874 年 4 月第 21 号。

[12] 朱格仁:《同文馆壬申岁试英文格物第一名试卷》,《中西闻见录》1873 年 2 月第 7 号。

［13］《记东学会》，《新学月报》戊戌（1898年）二月第10本。

［14］《壬申年同文馆岁考题》，《中西闻见录》1873年2月第7号。

2. 著作

［1］《康熙与罗马使节关系文书》，载沈云龙主编：《近代中国史料丛刊续编》第七辑，台北：文海出版社，1974年。

［2］方闻编：《清徐松龛先生继畬年谱》，载王云五主编：《新编中国名人年谱集成》第十七辑，台北：台湾商务印书馆，1982年。

［3］张静庐辑注：《中国近代出版史料初编》，北京：中华书局，1957年。

［4］北京大学校史研究室编：《北京大学史料》第一卷（1898—1911），北京：北京大学出版社，1993年。

［5］曾纪泽：《曾纪泽集》，喻岳衡点校，长沙：岳麓书社，2005年。

［6］曾纪泽：《出使英法俄国日记》，载钟叔河主编：《走向世界丛书》，长沙：岳麓书社，1985年。

［7］丁贤俊等编：《伍廷芳集》，北京：中华书局，1993年。

［8］董恂：《还读我书室老人手订年谱》，载沈云龙主编：《近代中国史料丛刊》第29辑，台北：文海出版社，1968年。

［9］方濬师：《蕉轩随录、续录》，北京：中华书局，1995年。

［10］郭嵩焘：《郭嵩焘奏稿》，长沙：岳麓书社，1983年。

［11］老子：《道德经》，南京：江苏古籍出版社，2001年。

［12］李天纲编校：《万国公报文选》，上海：中西书局，2012年。

［13］梁启超：《读西学书法》，载王扬宗编校：《近代科学在中国的传播》下册，济南：山东教育出版社，2009年。

［14］容闳：《容闳自述》，文明国编，合肥：安徽文艺出版社，2014年。

［15］宋原放主编：《中国出版史料：近代部分》第2卷，武汉：湖北教育出版社，2004年。

［16］王韬：《瓮牖余谈》卷五，同治十三年（1874）申报馆聚珍版印本。

［17］夏东元编：《郑观应集》，上海：上海人民出版社，1982年。

［18］薛福成：《出使四国日记》，长沙：湖南人民出版社，1981年。

［19］薛福成：《薛福成选集》，上海：上海人民出版社，1987年。

［20］杨伯峻译注：《论语》，长沙：岳麓书社，2017 年。

［21］姚贤镐编：《中国对外贸易史资料》第一册，北京：中华书局，1962 年。

［22］张星烺编注：《中西交通史料汇编》第一册，北京：中华书局，2003 年。

［23］朱有瓛主编：《中国近代学制史料》第一辑上册，上海：华东师范大学出版
　　　社，1983 年。

［24］中国第一历史档案馆编：《鸦片战争档案史料》第 7 册，天津：天津古籍出版
　　　社，1992 年。

［25］中国史学会主编：《鸦片战争》，上海：上海人民出版社，1957 年。

［26］中国史学会主编：《洋务运动》，上海：上海人民出版社，2000 年。

（二）英文史料（含译著）

［1］ *The Missionary Recorder*: *A Repository of Intelligence from Eastern Missions, and a Medium of General Information*（《传教士记录》）, Vol. I, Foochow: American M. E. Mission Press, 1867.

［2］ *The Chinese Recorder and Missionary Journal* （《教务杂志》）, Foochow: Rozario Marcal & Company, 1869—1872.

［3］ *The Chinese Recorder and Missionary Journal* （《教务杂志》）, Shanghai: American Presbyterian Mission Press, 1874—1917.

［4］ *Journal of the Peking Oriental Society*, Peking: Pei-Tang Press, 1886—1895.

［5］ *The North-China Herald and Supreme Court & Consular Gazette* （《北华捷报》）, Shanghai: North-China Daily News & Herald, 1850—1886.

［6］ *Journal of the North-China Branch of the Royal Asiatic Society* （《皇家亚洲文会北华支会会刊》）, Shanghai: Kelly & Walsh, 1858—1948.

［7］ "Rules of the Peking Oriental Society as Adopted in the Public Meeting of the 3rd of March 1885"（《1885 年 3 月 3 日公开会议上通过的北京东方学会章程》）, *Journal of The Peking Oriental Society*, Vol. I, No. 5, Peking: Pei-Tang Press, 1887.

［8］ "Proceedings of The Peking Oriental Society for the Year 1897/1898"（《北京东方学会 1897—1898 年度会议纪要》）, *Journal of the Peking Oriental Society*, Vol. IV,

Peking: Pei-Tang Press, 1898.

［9］A. H. Smith. "The Life and Work of the Late Dr. W. A. P. Martin", *The Chinese Recorder*, Vol. 48, Feb. 1917, pp. 123.（明恩溥在丁韪良去世后写的回忆纪念文章）

［10］Albert Porter. "An American Mandarin", *The Outlook*, Vol. 86, Aug. 24, 1907, pp. 884-888.（波特为丁韪良写的传记文章）

［11］George B. Smyth. "American Educators in China", *The Outlook*, Vol. 66, November 3, 1900.

［12］Gibert Reid. "Review of The Awakening of China"（《中国觉醒》书评）, *Chinese Recorder*, Vol. XXXVIII, Nov. 1907.

［13］Henri Cordier（考狄）. "Half a decade of Chinese Studies（1886—1891）"（《1886—1891 年间的汉学研究》）, *T'oung Pao*（《通报》）, Vol. 3, No. 5, 1892.

［14］*Imperial Chinese Maritime Customs: Service List*（《大清海关新关题名录》）, 北京：总税务司署造册处，1880—1913 年。

［15］"A Cycle of Cathay"（《〈花甲忆记〉书评》）, *The American Historical Review*（《美国历史评论》）, Vol. 2, No. 3, April 1897.

［16］Saburo Shioda（盐田三郎）. "Address of Mr. Shioda on Taking His Seat as President of the Society"（《盐田三郎就任学会会长时的讲话》）, *Journal of The Peking Oriental Society*（《北京东方学会杂志》）, Vol. II, No. 3, Peking: Pei-Tang Press, 1888.

［17］*Triennial Calendar Of The Tungwen College*（《同文馆题名录》）, Peking: published by authority, 1888.

［18］*Records of the General Conference of the Protestant Missionaries of China, Held at Shanghai*, 1877（《1877 年上海新教传教士大会记录》）, Shanghai: American Presbyterian Mission Press, 1878.

［19］［古罗马］奥卢斯·格利乌斯（Aulus Gellius）：《阿提卡之夜》，周维明等译，北京：中国法制出版社，2014 年。

［20］［英］丁尼生：《丁尼生诗选》，黄杲炘译，上海：上海译文出版社，1995 年。

［21］［美］亨特：《广州番鬼录；旧中国杂记》，冯树铁、沈正邦译，广州：广东人民出版社，2009 年。

［22］［美］凯瑟琳·布鲁纳等编：《赫德日记——步入中国清廷仕途》，傅曾仁等

译，北京：中国海关出版社，2003 年。

［23］［意］利玛窦、［比］金尼阁：《利玛窦中国札记》，何高济、王遵仲、李申
　　　译，桂林：广西师范大学出版社，2001 年。

［24］［美］马士：《中华帝国对外关系史》，张汇文译，上海：上海书店出版社，
　　　2006 年。

［25］［英］毛姆：《毛姆短篇小说精选集》，冯亦代等译，南京：译林出版社，
　　　2012 年。

［26］［美］卫三畏：《中国总论》，陈俱译，上海：上海古籍出版社，2005 年。

［27］［英］伟烈亚力：《1867 年以前来华基督教传教士列传及著作目录》，倪文君
　　　译，桂林：广西师范大学出版社，2011 年。

［28］朱维铮主编：《利玛窦中文著译集》，上海：复旦大学出版社，2001 年。

三、中外学者专著

（一）中国学者专著

［1］杜小安：《基督教与中国文化的融合》，北京：中华书局，2010 年。

［2］冯友兰：《中国哲学史》，北京：商务印书馆，2006 年。

［3］傅德元：《丁韪良与近代中西文化交流》，台北：台湾大学出版中心，2013 年。

［4］高文汉：《日本近代汉文学》，银川：宁夏人民出版社，2005 年。

［5］高晞：《德贞传：一个英国传教士与晚清医学近代化》，上海：复旦大学出版
　　社，2009 年。

［6］戈公振：《中国报学史》，长沙：岳麓书社，2011 年。

［7］葛桂录：《比较文学之路：交流视野与阐释方法》，上海：上海三联书店，
　　2014 年。

［8］葛桂录：《经典重释与中外文学关系新垦拓》，北京：人民出版社，2014 年。

［9］葛桂录：《跨文化语境中的中外文学关系研究》，上海：上海三联书店,2008 年。

［10］龚道运：《近世基督教和儒教的接触》，上海：上海人民出版社，2009年。

［11］顾钧：《卫三畏与美国早期汉学》，北京：外语教学与研究出版社，2009年。

［12］顾卫民：《基督教与近代中国社会》，上海：上海人民出版社，1996年。

［13］顾长声：《传教士与近代中国》，上海：上海人民出版社，1983年。

［14］郭廷以：《近代中国史》第一册，北京：商务印书馆，1979年。

［15］郭秀文：《清代广州与西洋文明》，汕头：汕头大学出版社，2006年。

［16］何寅、许光华主编：《国外汉学史》，上海：上海外语教育出版社，2002年。

［17］胡瑞琴：《晚清传教士与儒家经典研究》，济南：齐鲁书社，2011年。

［18］季羡林：《比较文学与民间文学》，北京：北京大学出版社，2001年。

［19］江岚：《唐诗西传史论——以唐诗在英美的传播为中心》，北京：学苑出版社，2009年。

［20］孔陈焱：《卫三畏与美国汉学研究》，上海：上海辞书出版社，2010年。

［21］赖骏楠：《国际法与晚清中国——文本、事件与政治》，上海：上海人民出版社，2015年。

［22］李恩涵：《外交家曾纪泽（1839—1890）》，北京：东方出版社，2014年。

［23］李四龙：《欧美佛教学术史——西方的佛教形象与学术源流》，北京：北京大学出版社，2009年。

［24］李新德：《明清时期西方传教士中国儒道释典籍之翻译与诠释》，北京：商务印书馆，2015年。

［25］刘耕耘：《诠释的圆环——明末清初传教士对儒家经典的解释及其本土回应》，北京：北京大学出版社，2005年。

［26］刘正：《海外汉学研究》，武汉：武汉大学出版社，2002年。

［27］Lian Xi（连曦）. *The Conversion of Missionaries: Liberalism in American Protestant Missions in China*, 1907—1932, Pennsylvania: The Pennsylvania State University Press, 1997.

［28］马少甫：《美国早期传教士中国观和中国学研究——以裨治文为中心的考察》，博士学位论文，上海：华东师范大学，2007年。

［29］马祖毅、任荣珍：《汉籍外译史》，武汉：湖北教育出版社，2003年。

［30］牟宗三：《中国哲学的特质》，长春：吉林出版集团有限责任公司，2010年。

［31］钱穆：《灵魂与心》，桂林：广西师范大学出版社，2004年。

410

［32］钱穆:《中国思想史 》,北京:九州出版社,2012 年。

［33］阮仁泽等主编:《上海宗教史 》,上海:上海人民出版社,1992 年。

［34］田涛:《国际法输入与晚清中国 》,济南:济南出版社,2001 年。

［35］王立新:《美国传教士与晚清中国现代化 》,天津:天津人民出版社,1997 年。

［36］王文兵:《丁韪良与中国 》,北京:外语教学与研究出版社,2008 年。

［37］王扬宗编校:《近代科学在中国的传播——文献与史料选编 》,济南:山东教
育出版社,2009 年。

［38］王夫之选编:《古诗选 》,邹福清等注评,武汉:长江文艺出版社,2015 年。

［39］韦政通:《中国思想史 》,长春:吉林出版集团有限责任公司,2009 年。

［40］韦政通:《中国哲学辞典 》,长春:吉林出版集团有限责任公司,2009 年。

［41］熊文华:《美国汉学史 》,北京:学苑出版社,2015 年。

［42］熊月之:《西学东渐与晚清社会 》,北京:中国人民大学出版社,2011 年。

［43］张登德:《求富与近代经济学中国解读的最初视角——〈 富国策 〉的译刊与传
播 》,合肥:黄山书社,2009 年。

［44］张美平:《京师同文馆外语教育研究 》,杭州:浙江大学出版社,2017 年。

［45］张施娟:《裨治文与早期中美文化交流 》,杭州:浙江大学出版社 ,2010 年。

［46］张西平:《传教士汉学研究 》,郑州:大象出版社,2005 年。

［47］张西平编:《德国汉学:历史、发展、人物与视角 》,郑州:大象出版社,
2005 年。

［48］张西平等主编:《西方汉学十六讲 》,北京:外语教学与研究出版社,2011 年。

［49］赵林:《基督教思想文化的演进 》,北京:人民出版社,2007 年。

［50］赵晓兰、吴潮:《传教士中文报刊史 》,上海:复旦大学出版社,2011 年。

［51］中国民间文艺研究会北京分会:《北京风物传说 》,北京:中国民间文艺出版
社,1983 年。

（二）外国学者专著

［1］Norma J. Burns. *W. A. P. Martin and the Westernization of China*. M. A. thesis,
Bloomington: Indiana University, 1954.

［2］Ralph Covell. *W. A. P. Martin*: *Pioneer of Progress in China*, Washington: Christian University Press, 1978.

［3］Suzanne W. Barnett, John King Fairbank, ed. *Christianity in China—Early Protestant Missionary Writings*, Committee on American-East Asian Relations of the Department of History etc., 1985.

［4］［德］艾林波等：《德语文献中晚清的北京》，福州：福建教育出版社，2012年。

［5］［美］安乐哲主编：《北美汉学家辞典》，北京：人民文学出版社，2001年。

［6］［英］埃里克·夏普：《比较宗教学史》，吕大吉、何光沪、徐大建译，上海：上海人民出版社，1988年。

［7］［美］费正清：《中国：传统与变迁》，张沛译，北京：世界知识出版社，2002年。

［8］［美］费正清等编：《剑桥中国晚清史（1800—1911年）》，中国社会科学院历史研究所编译室译，北京：中国社会科学出版社，1985年。

［9］［美］赖德烈：《早期中美关系史（1784—1844）》，陈郁译，北京：商务印书馆，1963年。

［10］［美］雷麦：《外人在华投资》，蒋学楷等译，北京：商务印书馆，1953年。

［11］［美］雷孜智：《千禧年的感召——美国第一位来华新教传教士裨治文传》，尹文涓译，桂林：广西师范大学出版社，2008年。

［12］［英］马礼逊夫人编：《马礼逊回忆录》，顾长声译，桂林：广西师范大学出版社，2004年。

［13］［美］芮玛丽：《同治中兴——中国保守主义的最后抵抗（1862—1874）》，房德邻等译，北京：中国社会科学出版社，2002年。

［14］［美］史景迁：《改变中国：在中国的西方顾问》，温洽溢译，桂林：广西师范大学出版社，2014年。

［15］［美］泰勒·丹涅特：《美国人在东亚》，姚曾廙译，北京：商务印书馆，1959年。

［16］［美］卫斐列：《卫三畏生平及书信：一位美国来华传教士的心路历程》，顾钧、江莉译，桂林：广西师范大学出版社，2004年。

［17］［美］卫三畏：《中国总论》（修订版），陈俱译，上海：上海古籍出版社，2005年。

412

［18］［法］谢和耐、戴密微等：《明清间耶稣会士入华与中西汇通》，耿昇译，北
　　　京：东方出版社，2011年。

［19］［法］谢和耐：《中国和基督教——中国和欧洲文化之比较》，耿昇译，上海：
　　　上海古籍出版社，1991年。

［20］［美］徐中约：《中国进入国际大家庭：1858—1880年间的外交》，屈文生译，
　　　北京：商务印书馆，2018年。

［21］［美］约翰·海达德：《初闯中国：美国对华贸易、条约、鸦片和救赎的故事》，
　　　何道宽译，广州：花城出版社，2015年。

［22］［德］朗宓榭、费南山主编：《呈现意义：晚清中国新学领域》，李永胜、李增
　　　田译，王宪明审校，天津：天津人民出版社，2014年。

四、中外学者论文

（一）中国学者论文

［1］程龙：《德国汉学家夏德及其中国学研究》，《社会科学辑刊》2011年第5期。

［2］仇华飞：《裨治文与〈中国丛报〉》，《历史档案》2006年第3期。

［3］仇华飞：《论美国早期汉学研究》，《史学月刊》2000年第1期。

［4］段琦：《丁韪良与西学东渐》，《世界宗教研究》2006年第1期。

［5］傅德元：《〈星轺指掌〉与晚清外交的近代化》，《江汉论坛》2008年第3期。

［6］傅德元：《丁韪良〈万国公法〉翻译蓝本及意图新探》，《安徽史学》2008年第
　　　1期。

［7］傅德元：《丁韪良研究述评（1917—2008）》，《江汉论坛》2008年第3期。

［8］葛桂录：《托马斯·卡莱尔与中国文化》，《淮阴师范学院学报（哲学社会科学
　　　版）》2004年第1期。

［9］顾钧：《美国汉学的历史分期与研究现状》，《国外社会科学》2011年第2期。

［10］顾钧：《卫三畏与〈中国总论〉》，《汉学研究通讯》2002年第3期。

［11］顾钧：《中国的第一份英文刊物》，《博览群书》2011年第10期。

［12］韩礼刚：《丁韪良生平简介以及对他的重新评价》，《内蒙古师范大学学报（哲学社会科学版）》2005 年第 3 期。

［13］韩振华：《从宗教辩难到哲学论争——西方汉学界围绕孟子"性善"说的两场论战》，《中山大学学报（哲学社会科学版）》2012 年第 6 期。

［14］韩振华：《夫子徂西初记——〈孟子〉在西方的早期接受（1593—1754）》，载张西平主编：《国际汉学》第二十六辑，郑州：大象出版社，2014 年。

［15］郝田虎：《论丁韪良的英译中文诗歌》，《国外文学》2007 年第 1 期。

［16］侯且岸：《论美国汉学研究》，《新视野》2000 年第 4 期。

［17］黄育馥：《20 世纪 80 年代以来美国中国学的几点变化》，《国外社会科学》2004 年第 5 期。

［18］李四龙：《论儒释道"三教合流"的类型》，《北京大学学报（哲学社会科学版）》2011 年第 2 期。

［19］李新德：《"亚洲的福音书"——晚清新教传教士汉语佛教经典英译研究》，《世界宗教研究》2009 年第 4 期。

［20］林金水：《试论艾儒略传播基督教的策略与方法》，《世界宗教研究》1995 年第 1 期。

［21］刘立胜：《国学典籍海外英译中超文本成分研究——以李白诗歌〈长干行〉三译文为例》，《民族翻译》2011 年第 4 期。

［22］孟庆波：《来华美国人对美国东方学会早期汉学研究的贡献（1842—1930）》，《西部学刊》2015 年第 3 期。

［23］莫兴伟：《美国的汉学研究现状》，《参花（下）》2015 年第 4 期。

［24］沈弘：《丁韪良其人其著》，《中华读书报》2009 年 1 月 21 日。

［25］沈晓鸣：《〈东印度公司对华贸易编年史〉的校订与补注》，《文汇报》2016 年 11 月 11 日。

［26］宋晞：《美国的汉学研究》，载宋晞、权德周等：《世界各国汉学研究论文集》第二辑，台北：中华大典编印会，1967 年。

［27］孙邦华：《简论丁韪良》，《史林》1999 年第 4 期。

［28］孙玉祥：《丁韪良与〈万国公法〉》，《新闻出版交流》2003 年第 2 期。

［29］田涛：《丁韪良与〈万国公法〉》，《社会科学研究》1999 年第 5 期。

［30］王杰文：《格林兄弟的语文学与"口头传统"研究》，《长江大学学报（哲学社会科学版）》2018 年第 5 期。

414

［31］王立新：《美国传教士对中国文化态度的演变（1830—1932）》，《历史研究》
　　　　2012 年第 2 期。

［32］王立新：《十九世纪在华基督教的两种传教政策》，《历史研究》1996 年第 3 期。

［33］王美秀：《丁韪良的中国宗教观》，《北京大学学报（哲学社会科学版）》1995
　　　　年第 2 期。

［34］王维俭：《丁韪良在宁波十年宗教活动述评》，《浙江学刊》1987 年第 3 期。

［35］王文兵、张网成：《重建与解释：丁韪良的中国历史研究述评》，《学术研究》
　　　　2009 年第 4 期。

［36］王文兵：《此〈花甲忆记〉非彼〈花甲忆记〉：丁韪良 A Cycle of Cathay 中译
　　　　本勘误补正》，《近代史研究》2008 年第 4 期。

［37］王文兵：《通往基督教文学的桥梁：丁韪良对中国语言、文学的介绍和研究》，
　　　　载任继愈主编：《国际汉学》第十五辑，郑州：大象出版社，2007 年。

［38］王毅：《亚洲文会会员分析》，《史林》2005 年第 4 期。

［39］邬国义：《映堂居士究竟是何人》，《近代史研究》2009 年第 6 期。

［40］伍廷芳：《论美国与东方交际事宜》，载丁贤俊等编：《伍廷芳集》，北京：中
　　　　华书局，1993 年。

［41］阎书昌：《中国近代心理学史上的丁韪良及其〈性学举隅〉》，《心理学报》
　　　　2011 年第 43 卷第 1 期。

［42］张剑：《〈中西闻见录〉述略——兼评其对西方科技研究的影响》，《复旦学报
　　　　（哲学社会科学版）》1995 年第 4 期。

［43］张铠：《美中贸易与美国中国史研究的奠基（殖民时期至第一次世界大战）》，
　　　　《中国史研究动态》1995 年第 5 期。

［44］张婷：《试论〈尚贤堂（新学）月报〉的创办原因》，《图书馆理论与实践》
　　　　2010 年第 8 期。

［45］张燕清：《丁韪良与〈万国公法〉——兼论国际法学东渐之肇始》，《徐州师
　　　　范大学学报（哲学社会科学版）》2003 年第 3 期。

［46］赵林：《中世纪基督教神学发展的逻辑线索》，《世界宗教研究》1996 年第 4 期。

［47］赵毅：《丁韪良的"孔子加耶稣"》，《美国研究》1987 年第 2 期。

（二）外国学者论文

[1] Fairbank. "John K. Assignment for the 70's", *American Historical Review*, Vol. 74, No. 3, February 1969.

[2] John King Fairbank. "Reviewed Work: W. A. P. Martin: Pioneer of Progress in China by Ralph Covell", *Journal of Presbyterian History*（1962—1985）, Vol. 57, No. 2, 1979.

[3] 山口要（Kaname Yamaguchi）:《从卫三畏〈汉英韵府〉看 19 世纪的官话音系》,《国际汉语学报》2014 年第 2 期。

[4][法] 巴斯蒂:《中国近代国家观念溯源——关于伯伦知理〈国家论〉的翻译》,《近代史研究》1997 年第 4 期。

[5][美] 费正清:《七十年代的任务》,载中国社会科学院情报研究所编:《外国研究中国》第一辑,北京:商务印书馆,1978 年。

[6][美] 费正清:《新教传教士著作在中国文化史上的地位》,吴莉苇译,《国际汉学》2003 年第 2 期。

[7] 黄美树（Thomas G. Oey）:《马礼逊教育协会（1836—1867）——关于中国和东南亚地区基督教教育慈善组织的个案研究》,载陶飞亚主编:《宗教慈善与中国社会公益》,上海:上海大学出版社,2012 年。

[8] 柯马丁:《德国汉学家在 1933—1945 年的迁移》,杜非译,载张西平等主编:《德国汉学:历史、发展、人物与视角》,郑州:大象出版社,2005 年。

[9][美] 赖德烈:《远东研究在美国:回顾与展望》,载朱政惠编:《美国学者论美国中国学》,上海:上海辞书出版社,2009 年。

[10][美] 谭维理（Laurence G. Thompson）:《一八三〇年至一九二〇年美国人之汉学研究》,《清华学报》（台北）1961 年第 2 卷第 2 期。

[11][美] 王晴佳:《美国的中国学研究评述》,《历史研究》1993 年第 6 期。

[12][美] 张海惠主编:《北美中国学:研究概述与文献资源》,北京:中华书局,2010 年。

五、索引与工具书

［1］故宫博物院明清档案部、福建师范大学历史系合编：《清季中外使领年表》，北京：中华书局，1985 年。

［2］上海图书馆编：《皇家亚洲文会北华支会会刊（1858—1948）：导论・索引・附录》，上海：上海科学技术文献出版社，2013 年。

［3］张西平主编：《〈中国丛报〉篇名目录及分类索引》，顾钧、杨慧玲整理，桂林：广西师范大学出版社，2008 年。

［4］赵晓阳编译：《北京研究外文文献题录》，北京：北京图书馆出版社，2007 年。

［5］中国社会科学院近代史研究所翻译室编：《近代来华外国人名辞典》，北京：中国社会科学出版社，1981 年。

后　记

　　这本评传是在我博士论文《丁韪良汉学研究述论——兼论美国早期汉学之嬗变》的基础上修改完稿的，该论文于 2020 年 5 月通过答辩。在完成论文及修订此书的过程中，我受益于多位学术前辈与同行的指导与支持，深感荣幸。

　　首先，特别感谢我的导师葛桂录教授在学科理论与研究方法上给予我的悉心指导，为我奠定了坚实的学术基础。孙绍振教授、蔡春华教授、高伟光教授、周云龙教授、冀爱莲教授等老师们在课程学习及论文方向等方面提供的学术传授与指导，也使我受益匪浅。

　　在查阅资料期间，我有幸得到了来自北京师范大学郑师渠教授、中国社会科学院周伟驰研究员和段琦研究员、复旦大学邹振环教授、浙江大学沈弘教授、宁波大学龚缨晏教授、天津财经大学王文兵教授等专家学者的赐教与帮助。他们不仅在学术研究方面给予了宝贵的指导，还慷慨提供了许多资料。王文兵教授将其多年搜集整理的北京东方学会珍贵资料赠予我，使我受益良多。在英文资料翻译方面，唐炯老师也给予了我宝贵的帮助。

　　我衷心感谢出席我论文答辩的各位老师，特别是答辩委员会主席季进老师和委员杨莉馨老师，他们的肯定和宝贵意见对我论文的进一步修改和后续研究方向的确定都起到了重要的指导作用。

此外，林日杖老师和张燕青老师也在我的学术研究过程中提供了宝贵的帮助。在此，向所有在我学术旅程中给予帮助的师长、同仁、朋友和家人致以诚挚的感谢。

博士学业完成之前，导师葛桂录教授就安排我参加由他主持的国家"十三五"重点图书出版规划项目"海外著名汉学家评传丛书"，这是导师在学术研究方面对我的信任与鞭策。2020年6月我于福建师范大学文学院博士研究生毕业后，导师即指导我对本丛书中的《丁韪良评传》初稿进行修订。葛老师主编本丛书的指导思想和系统编撰理念、理论，亦为我今后进一步从事海外汉学家研究指明了方向。本评传脱稿之际，我再次对葛桂录教授的多年教导与栽培表达深深敬意和衷心感谢！

国家重点图书出版规划与国家出版基金资助项目"海外著名汉学家评传丛书"的编撰出版，也给我提供了向撰写本丛书的各位专家学者学习与交流的机会。为此，我特别感谢山东教育出版社领导与编辑们为本丛书出版付出的宝贵支持；在《丁韪良评传》审稿与校对过程中，李俊亭、祝丽两位编辑老师对我帮助很大，本人深表敬意和感谢！

黄秋硕

2023年9月于闽江学院